# Patrimonio y Crisis

PATRIMÔNIO e CRISE

ORGANIZADOR
**Leonardo Barci Castriota**

# Patrimonio *y* Crisis

PATRIMÔNIO & CRISE

ORGANIZAÇÃO
**Leonardo Barci Castriota**

Copyright © 2020 by,
Leonardo Barci Castriota

Todos os direitos reservados. Nenhuma parte desta obra poderá ser reproduzida ou transmitida, por quaisquer processos, especialmente gráficos, microfílmicos, fotográficos e videográficos sem a permissão por escrito dos autores.

IEDS – Instituto de Estudos do Desenvolvimento Sustentável
Rua Além Paraíba, 442 – Lagoinha - Belo Horizonte / MG
institutoeds@ieds.org.br

Conselho Editorial / IEDS:
Eneida Maria de Souza (UFMG)
Jorge Ramírez Nieto (Universidad Nacional de Colombia)
José Geraldo Simões Junior (Mackenzie)
Lutz Katzschner (Universität Kassel)
Margareth de Castro Afeche Pimenta (UFSC)
Maria Cecília Loschiavo (USP)
Ramón Gutierrez (CEDODAL / Universidad de Sevilla)
Sylvia Fisher (UNB)

---

C355p    Patrimonio y crisis – Patrimônio & Crise / Leonardo Barci Castriota, organizador. – Belo Horizonte: IEDS; ICOMOS Brasil, 2020.

p.
ISBN: 978-1-946070-34-0

1. Patrimônio cultural. 2. Pandemia. 3. Sustentabilidade. 4. Crise. I. Castriota, Leonardo Barci. II. IEDS. III. Nhamérica. IV. Título.

CDD: 720
CDU: 72

---

Dados internacionais de catalogação na publicação
Bibliotecária - Carla Angelo (CRB-6/2590)

# SUMÁRIO

**Apresentação**

### AS DIVERSAS DIMENSÕES DA CRISE E OS DESAFIOS PARA O PATRIMÔNIO CULTURAL
*Leonardo Castriota (ICOMOS Internacional)*

**Miradas desde América Latina**

### EL PATRIMONIO CULTURAL EN TIEMPOS DE CORONAVIRUS
*Adriana Careaga (ICOMOS Internacional)*

### LA CRISIS DEL PARADIGMA: LOS NUEVOS DESAFÍOS QUE ENFRENTA EL PATRIMONIO
*Pedro Delheye / Gabriela Santibañez (ICOMOS/ARGENTINA)*

### PATRIMONIO Y CRISIS DESDE PERÚ(S). REFLEXIONES EN VOZ ALTA
*Crayla Alfaro / Giovanna Balarezo / Patricia Barrionuevo / José Hayakawa / Maya Ishizawa / Alberto Martorell / Silvia Quinto / Cecilia Sacsa / Claudia Uribe / Teresa Vilcapoma (ICOMOS/PERÚ)*

### LA TOZUDEZ DE LA MEMORIA
*Ángela Rojas (ICOMOS/CUBA)*

**EL FUTURO DEL PATRIMONIO CULTURAL COMO UNA RESPONSABILIDAD COMPARTIDA: UNA REFLEXIÓN DESDE EL ISTMO CENTROAMERICANO**
*Gloria Lara-Pinto (ICOMOS/HONDURAS)*

**PATRIMONIO CULTURAL, CRISIS Y RESILIENCIA: UNA VISIÓN ALTERNATIVA A LA VENEZUELA PETROLERA**
*Francisco Pérez Gallego / María Carlota Ibáñez / Ileana Vázquez / George Amaiz Monzón (ICOMOS/VENEZUELA)*

**PATRIMONIO Y PANDEMIA: ¿CÓMO LO AFRONTAMOS EN PANAMÁ?**
*Rebeca Somoza De Burgos / Katti Osorio / Anayansi Chichaco / María Elena Almengor / Julieta de Arango / Dionora Víquez (ICOMOS/PANAMÁ)*

**LA RESPUESTA DE LAS COMUNIDADES EN TIEMPOS DE CRISIS**
*María Claudia López Sorzano (ICOMOS/COLOMBIA)*

**O PATRIMÔNIO CULTURAL E A CRISE DA DEMOCRACIA**
*Yussef Daibert Salomão de Campos (Com. Assuntos Legais e Administrativos - ICOMOS/BRASIL)*

**DESENVOLVIMENTO SUSTENTÁVEL: ALTERNATIVA PARA SUPERAÇÃO DA CRISE GLOBAL**
*Luiz Philippe Torelly (GT/ODS - ICOMOS/BRASIL)*

**MUDANÇAS CLIMÁTICAS, PATRIMÔNIOS E A CRISE DA HUMANIDADE**
*Aline Carvalho / Luana Campos / Luciano Silva (Comitê de Mudanças Climáticas - ICOMOS/BRASIL)*

**CIDADES E VILAS HISTÓRICAS BRASILEIRAS, PATRIMÔNIO CULTURAL, RISCOS E RESILIÊNCIAS, NA ALVORADA DO SÉCULO XXI**
*Betina Adams / Antonio Hoyuela / Isabelle Cury / Monica Bahia Schlee (Comitê de Vilas e Cidades Históricas – ICOMOS/BRASIL)*

**A RELAÇÃO SIMBIÓTICA ENTRE O PATRIMÔNIO CULTURAL E O TURISMO NUM MUNDO PANDÊMICO: REFLEXÕES SOBRE A RESILIÊNCIA**
Ana Barbosa Pereira Barbosa / Ludmila Albuquerque da Costa / Cleyton Luiz Silva Rosa / Ana Elisa de Oliveira (Comitê de Turismo Cultural – ICOMOS/BRASIL)

**DO PASSADO AO FUTURO DAS FORTIFICAÇÕES BRASILEIRAS**
Cyro Corrêa Lyra (Comitê de Fortificações e Patrimônio Militar – ICOMOS/BRASIL)

**PRINCIPIO ATIVO DE HUMANIDADE: A COVID-19 E OS POVOS E COMUNIDADES TRADICIONAIS BRASILEIROS**
Marcos Olender / Luciano Pereira da Silva (Comitê do Patrimônio Imaterial - ICOMOS/BRASIL)
**ANEXO 1: COMUNIDADES CIGANAS NO BRASIL: RACISMO E EXCLUSÃO DURANTE A PANDEMIA**
Aluízio de Azevedo Silva Júnior
**ANEXO 2: DEPOIMENTO**
Kaianaku Fogaça Kamaiura

**POVOS E COMUNIDADES TRADICIONAIS EM DEFESA DA VIDA: PATRIMÔNIOS CULTURAIS E AMBIENTAIS**
Luciane Barbosa de Souza (Comitê do Patrimônio Imaterial - ICOMOS/BRASIL)

**DESCOLONIZAR O PATRIMÔNIO: EDUCAÇÃO PATRIMONIAL, INVENTÁRIO PARTICIPATIVO E MÚLTIPLAS NARRATIVAS**
Sonia Rampim / André Bazzanella / Claudia Feierabend Baeta Leal / Simone Scifoni / Mariana Kimie Nito / Sandra Schmitt Soster / Tiago Silva Alves Muniz (Comitê de Interpretações do patrimônio - ICOMOS/BRASIL)

APRESENTAÇÃO

# PATRIMÔNIO E CRISE – UMA PERSPECTIVA LATINO-AMERICANA

*Leonardo Castriota[1]*
*(Vice Presidente / ICOMOS Internacional)*

Quando parti para a reunião da ICOMOS INTERNATIONAL que seria em Paris no início de março de 2020, liguei para minha mãe do aeroporto de São Paulo. Ela então me perguntou se eu não tinha medo de viajar, por causa da pandemia que já parecia forte na Europa. Na época, a crise me parecia artificial e muito mais um episódio midiático que um perigo sanitário real. Respondi-lhe, utilizando uma interpretação então usual, representada, entre outros, naquele momento pelas posições do filósofo italiano Giorgio Agamben, que se tratava apenas de mais uma crise entre outras, que estaria sendo inflada pela mídia e por diversos governos, interessados em estabelecer e justificar novos mecanismos de controle sobre as pessoas, num mundo em que a globalização começava a mostrar sua disfuncionalidade[1].

Eu não podia ter me enganado mais fortemente! Já na semana seguinte pude constatar que não era bem como eu tinha pensado, quando assisti à explosão da epidemia na Europa e as respostas duras que as autoridades começavam a tomar contra a pandemia. Em dez dias, o período que durou minha estadia no Velho Continente, todo o quadro geral mudou radicalmente, e tive medo de não poder voltar ao Brasil, dada a diminuição e cancelamento de vários voos internacionais. No caminho de volta, passando pelo aeroporto de Barajas em Madri, as imagens pareciam as de filmes de ficção científica: poucos passageiros, lojas fechadas, pessoas usando máscaras. Desembarquei de volta no Brasil,

Hoje sabemos que a crise que vivemos é a maior que nossa geração, e o mundo, conhece desde a Segunda Guerra Mundial. Trata-se, de fato, de uma crise global e de múltiplas dimensões: crise sanitária, social, econômica e mesmo cultural, em alguma medida. Com a epidemia do covid19, tivemos que nos adaptar muito rapidamente a novos hábitos, a uma nova maneira de viver em nossas casas e cidades, a uma nova maneira de trabalhar. As transformações foram de tal monta que alguns chegam a dizer que estaríamos vivendo um "novo normal".

Entretanto, antes de nos adaptarmos rápido demais a essa nova "normalidade", parece-me necessário que reflitamos sobre o que pode ser essa nova normalidade e, no nosso caso, qual o papel que ela poderá desempenhar no patrimônio cultural. Para isso, um caminho interessante me parece ser se refletir sobre a pandemia usando a ideia de "crise", hoje muito evocada e que me parece adequada para circunscrevermos de uma forma mais profunda o que temos vivido.

Não vou recorrer aqui àquele lugar comum – muito usado pelos eternos vendedores de livros e programas de autoajuda – que apontam com frequência para a ideia chinesa contida no ideograma *"weiji"*, mais ou menos livremente traduzido como "crise", um ideograma formado pela junção de dois outros – um negativo, "perigo" *(wei)*, e um positivo, "oportunidade, ocasião propícia" *(ji)*. O fato é que essa analogia – forçada, como mostram alguns estudiosos que se debruçam com mais rigor sobre o ideograma –, acaba sempre por ser utilizada pelos arautos de uma nova prosperidade, para se justificar o injustificável, como, por exemplo, as dificuldades vividas por grande parte da humanidade pelo agravamento da competição e individualismo trazidos pelo neoliberalismo.

Não embarcando nessa canoa, quero me referir, ao invés disso, à própria etimologia da palavra "crise", que chegou ao português no século XVIII, a princípio no vocabulário da medicina, para designar o momento na evolução de uma doença em que esta se define entre o agravamento – e a morte – ou a cura – e a vida. O vocábulo vinha do latim *"crisis"*, "momento decisivo", decalque do grego *"krísis"*, "decisão", já utilizada com esse sentido por Hipócrates, o chamado "pai da medicina"[2]. A partir desse campo, vemos o termo se expandir para outros domínios: assim, por exemplo, embora o dicionário de Douglas Harper afirme haver registros do uso do inglês crisis, fora da terminologia médica – para nomear diversas "doenças" figuradas – desde o século XVII, de acordo com o Dicionário Houaiss, vai ser apenas no século XIX que a palavra passa a ter amplo emprego no vocabulário da economia.

O que eu quero reter aqui é a ideia, contida no termo "crise", de um momento de virada, um "evento" para usarmos o termo de Paul Ricouer, um acontecimento que marca um "antes" e um "depois", e que também não surgiria do nada: numa crise se cristalizariam, na verdade, tendências que já existiam antes e que se manifestavam às vezes de forma não muito visível.

Assim, um momento de crise vai ser não só um momento de virada, mas principalmente um momento em que certas tendências existentes se fazem evidentes, se explicitam. A meu ver, é isso que acontece com a crise trazida pelo coronavírus: ela torna visível certos traços com os quais já convivíamos há algum tempo.

Falar, então, sobre patrimônio e crise é falar sobre o nosso tempo, profundamente marcado por uma crise inédita, a maior que nossa geração já experimentou, aprofundada, sem dúvida, pelo advento da pandemia do covid19. Para falar sobre essa crise de dimensões inauditas talvez não haja lugar mais adequado que a América Latina, onde essa se manifesta de forma profundamente aguda em suas diversas dimensões – econômica, social, política e, desde 2020, sanitária.

Talvez tenha sido isso que tenha nos levado, ainda em 2019, quando começamos a organizar o Primeiro Simpósio Científico do ICOMOS da América Latina e do Caribe (ICOMOS/LAC), a adotar como tema exatamente "Patrimônio e crise". Naturalmente, não tínhamos ideia de que vivenciaríamos, no ano seguinte, uma crise tão profunda e com consequências tão amplas quanto aquela trazida pelo covid19, mas já sentíamos que vivíamos uma crise profunda em nosso continente. Na verdade, pensávamos, naquele momento, em analisar um aspecto duplo da crise do nosso tempo: por um lado, a crise social-econômico-política que vivíamos na América Latina (e para alguns não só da América Latina, mas do próprio capitalismo global, neoliberal[3]), e, por outro, a crise em nosso próprio campo disciplinar, no campo da memória e do patrimônio cultural. A ideia era escrutinar a confluência dessas duas dimensões da crise contemporânea, a partir da perspectiva de nosso continente, com suas especificidades e traços distintivos. Não tínhamos ideia, porém, do que aconteceria neste estranho ano de 2020, quando eclode a pandemia do covid19, colocando de ponta cabeça o mundo em que vivíamos e afetando o próprio Simpósio previsto, que termina acontecendo em novembro daquele ano em modalidade totalmente virtual.

## Um continente convulsionado: a crise social-econômica e política na América Latina

No caso da América Latina, parecia-nos muito claro, ainda em 2019, que estávamos em meio a uma forte crise social e política, depois de mais de uma década de relativa estabilidade. De fato, nosso continente, cuja história tem sido marcada por uma instabilidade crônica e ataques recorrentes à democracia, experimentara desde o início dos anos 2000 um período estável, com sucessivos governos eleitos e com um relativo sucesso econômico. De fato, no início da década de 2010, os fantasmas dos golpes políticos pareciam afastados de vez, com a redemocratização que vinha em curso desde os anos 1980 aparentemente consolidada, com a realização de seguidas eleições e a sucessão pacífica no poder de diferentes grupos. Naquele momento parecia também que, junto ao crescimento econômico, finalmente estávamos alcançando uma situação social mais justa e um grau de desenvolvimento mais elevado e, mais importante, sustentável.

Neste sentido, um relatório da CEPAL de 2011 apontava que, apesar de se manter "a rigidez das brechas produtivas e a pouca mobilidade desde os setores de baixa produtividade em grupos específicos", estariam diminuindo a pobreza e a desigualdade na região, sendo as principais causas disso "em primeiro lugar, o incremento nos rendimentos do trabalho e, em segundo, o aumento das transferências públicas aos setores mais vulneráveis" (NU. CEPAL, 2011) Chama a atenção aqui a diminuição do índice Gini, que mede a desigualdade, que decresce 1,5% anuais em média na região entre 2002 e 2008 (CEPAL, 2018). Também é notável que, particularmente entre 2003 e 2008, a região experimentara um crescimento, que por sua intensidade, duração e características, não tinha precedentes na sua história econômica, com o produto regional crescendo a uma taxa média anual de 4,8% e acumulando um crescimento do produto interno bruto (PIB) per capita de 22,1%, equivalente a 3,4% anual (KACEF; LÓPEZ-MONTI, 2010, p. 37)[4]. Assim, a situação parecia muito positiva e muito mais promissora que em qualquer outra época, com a conjugação de diversos fatores, como bem aponta Winter:

> Uma melhora nos níveis de educação, uma "janela de oportunidade demográfica" única, mais acesso a telefones celulares e outras tecnologias revolucionárias, a contínua ascensão da China, um panorama fiscal saudável e a disseminação quase universal da democracia — tudo isso era citado como fatores que continuariam a impulsionar a América Latina pelos próximos anos. (WINTER, 2019)

É importante anotar, no entanto, que a combinação do crescimento econômico com a diminuição da pobreza e da desigualdade não acontecera espontaneamente, mas fora, sim, provocada pela presença mais efetiva do Estado, que, em consonância com a orientação progressista da maioria dos governos da região, atuava como ator central nos processos de desenvolvimento, dotando-o de orientação estratégica, e fazendo investimentos significativos em infraestrutura, educação, saúde, e políticas distributivas.

O que aconteceu, no entanto, desde o início da década de 2010, frustrou essas esperanças: tanto o crescimento econômico da região se mostrou assentado em bases mais frágeis do que pensávamos, quanto nossos sistemas democráticos entraram em colapso, sob um ataque coordenado. Se no início dos anos 2010 a região ainda vivia o auge do boom das commodities, as perspectivas mudam completamente ao longo da década, apresentando a América Latina um crescimento econômico médio de aproximadamente 2,2%, muito menor que a média global (3,8%) e particularmente distante de outros mercados emergentes como a Ásia Emergente (7,1%) e em desenvolvimento como a África Subsaariana (4,1%) e o Oriente Médio e o norte da África (3,3%) (WINTER, 2019). Com a diminuição do crescimento, abre-se margem para o enfraquecimento dos governos progressistas e a introdução na América Latina daquilo que o historiador Olaf Kaltmeier denomina "refeudalização", com o retorno de governos de direita: à extrema polarização da estrutura social com a distribuição desigual da terra e uma marcada segregação espacial somam-se a reafirmação de uma economia extrativista com a acumulação através da expropriação e a duplicação do poder econômico através do poder político, em forma de milionários que, como Mauricio Macri ou Sebastián Piñera se convertem em presidentes. (KALTMEIER, 2019)[5]

A insatisfação difusa, derivada do baixo crescimento, resulta não somente na volta ao poder da direita, através de eleições, como nos casos da Argentina e do Chile, mas é utilizada muitas vezes para se justificar golpes contra o próprio sistema democrático. Desta maneira, sucedem-se na América Latina desde 2015 uma série de golpes de estado, que pensávamos já superados: primeiro na Guatemala, depois no Paraguai, no Brasil e finalmente na Bolívia. Não se trata aqui, no entanto, de golpes de estado nos moldes tradicionais, com a intervenção direta das forças armadas e forte repressão militar, como a região conhecera nos anos 1960 e 1970: as novas formas de golpe de Estado que se deram em nosso continente no século XXI estiveram ancorados numa pseudo legalidade institucional dos processos de impedimento nas esferas parlamentares e jurídicas, apoiados e divulgados amplamente pelos meios de comunicação de massa. De fato, como aponta Michel Löwy, a nova estratégia das oligarquias latino-americanas parece ser a prática do "golpe de Estado legal", forma que "se mostrou eficaz e lucrativa para eliminar presidentes (muito moderadamente) de esquerda" (LÖWY, 2016).

Nesta mesma linha, Caio Vinicius Roldão Agarie, num interessante trabalho, mostra como os processos de ruptura constitucional e a implantação do estado de exceção em "democracias tardias" da região tiveram uma ampla influência de suas cortes judiciais, o que faz com que esses processos se diferenciem substancialmente dos processos acontecidos no século XX. A seu ver, a política e a vontade de se manter o *status quo* interferem de maneira assimétrica nos próprios procedimentos jurídico-políticos, acabando por esvaziar seu sentido jurídico. Assim, veríamos emergir na região aquilo que bem define Rubens Casara como um "estado pós-democrático", que viria substituir o "estado democrático de direito", entendendo-se este como aquele Estado "que tem o compromisso de realizar direitos fundamentais e tem como principal característica a existência de limites legais ao exercício do poder" (CASARA, 2017, p. 19). Na sua forma atual, o Estado "pós-democrático", que estaria em vigor em vários países do continente atingidos pelo novo tipo de golpe de estado, já não teria "limites rígidos ao exercício do poder, isso em um momento em que o poder econômico e o poder político se aproximam, e quase voltam a se identificar, sem pudor" (CASARA, 2017, p. 23)[6]

À crise econômica soma-se, então, a crise política, que vem acompanhada por um extremo mal-estar social, um descontentamento cada vez maior da opinião pública, que muitas vezes se reflete em manifestações e agitação nas ruas do continente. A agitação social também cresce, e as manifestações de rua respondem – às vezes violentamente – às políticas governamentais. O exemplo mais significativo disso foi o chamado *"estallido social"* chileno, iniciado em outubro de 2019, quando milhões de pessoas se mobilizam para protestar não só contra políticas de austeridade circunstanciais, mas contra o próprio modelo que vinha sendo adotado ali desde a era pinochetista, e que não fora modificado com a redemocratização. "No son 30 pesos, son 30 años", ecoavam os manifestantes que se referiam ao aumento de 30 pesos da tarifa do metrô e aos 30 anos de implantação do que entrou para a história como o modelo chileno de neoliberalismo. No caso daquele país, os protestos, com uma pauta ampla e difusa, acabaram encontrando um objeto específico: a Constituição pinochetista de 1980, que funcionava como um elo entre o Chile atual e o passado ditatorial, configurando o pano de fundo legal para o neoliberalismo[8]. Como resultado das manifestações, arrancou-se do governo a convocação de um plebiscito, no qual quase 80% se manifestaram a favor da convocação de uma assembleia constituinte exclusiva, eleita finalmente em 2021, com a tarefa de redigir uma nova Constituição para aquele país.

## A luta pela memória e a crise no campo do patrimônio na América Latina

Laurajane Smith, em *"The Uses of Heritage"*, chama a atenção para o caráter conflitivo do patrimônio, ressaltando que o "processo ou momento do patrimônio" tem o potencial de ser "criticamente ativo", sendo através dele que "as pessoas podem negociar a identidade, os valores e os significados que subjazem a ele, mas também através do qual elas também desafiam e tentam redefinir a sua posição ou 'lugar' no mundo ao seu redor" (SMITH, 2006, p.7). Assim, o patrimônio não seria um bem ou processo apenas social e cultural, mas também político por excelência, com uma série de disputas sendo sempre negociadas por meio dele. Este "valor de conflito", sempre presente nos processos de patrimonialização, fica muito visível se observarmos a cena latino-americana nos últimos anos, em que se travaram verdadeiras batalhas pela memória e pelo patrimônio.

Para começarmos pelo campo da memória, chama a atenção o processo de contestação a monumentos oficiais, em todo o continente. Para retomarmos o caso do Chile, desde o "estalido social", entre outubro de 2019 e fevereiro de 2020 se registraram 1.353 monumentos danificados durante as manifestações que tomaram as ruas daquele país. Não é fortuito também que neste processo os principais focos de ataque e ressignificação tenham sido signos que remetiam à conquista hispana (séculos XVI a XVIII) e à república – incompleta – chilena (séculos XIX e XX). Como comenta Claudia Oliva Saavedra:

> A través de la transformación del patrimonio histórico y los monumentos, la sociedad civil cuestiona la validez de los mismos como objetos de memoria. La alteración de estos emblemas constituye un recurso que persiste a lo largo de la historia como símbolo de protesta. Las expresiones de descontento a través de barricadas, de grafitis y de afiches, han tomado cuerpo desde el 18 de octubre en Chile, como forma de alterar la vida cotidiana, un llamado de atención gráfico que se entrecruza con lugares consolidados claves para el funcionamiento de las ciudades. (OLIVA SAAVEDRA, 2020)

Assim, a crise de representação e a deslegitimação das instituições de governo e da ordem vão se expressar tanto na série de revoltas para melhorar as condições de vida, quanto no plano simbólico, na transformação e/ou destruição de monumentos históricos e espaços significativos que fazem parte do contexto urbano.

Este caráter conflitivo em muitas camadas é percebido já no calor do momento, refletindo-se, por exemplo, no interessante projeto virtual @MonumentosIncomodos[9], que aparece como uma plataforma para se discutir essas temáticas, com o registro visual das intervenções realizados sobre os monumentos públicos. O projeto vai nascer em pleno "estallido social", dias depois do 18 de outubro de 2019, quando começa a ficar claro que o descontentamento popular se dirigia a monumentos e a esculturas comemorativas, recolocando a questão da arte pública e de seu valor patrimonial. O projeto gerou um impressionante arquivo digital assim como a possibilidade de acompanhar, quase em tempo real, as intensas discussões e debates que se travavam. Seus objetivos e destino são muito bem descritos por Patrício Mora, Roberto Manríquez, Magdalena Novoa e Bárbara Oettinger, que estiveram envolvidos de formas diferentes no projeto[10]:

> Su archivo fotográfico colaborativo de más de 6.000 imágenes y videos de monumentos tras el 18 de octubre será donado al Archivo Nacional de Chile. Con una plataforma digital que posee más de 400 casos en el mundo, con diversos comentarios y aportes de más de 10.000 seguidores, este nuevo espacio virtual pretende una reflexión participativa sobre las diversas formas de resignificación del denominado patrimonio nacional en todas sus formas y manifestaciones (remociones, alteraciones, reemplazos, transformaciones). Un espacio de "diálogo" entre la estatuaria del "poder" y las formas alternativas de conmemoración que proponen espontáneamente diversos colectivos que no se había sentido representados. (MORA, Patricio et allí, 2020)

Se alguns dos monumentos foram modificados parcialmente por arranhões, pichações e adesivos, outros chegaram a ser destruídos, retirados ou substituídas[11]. Um dos casos mais significativos e amplamente divulgado, dado o seu simbolismo, aconteceu na cidade de La Serena, a cerca de 450 quilômetros ao norte de Santiago, onde os manifestantes substituíram um monumento em homenagem ao conquistador espanhol Francisco de Aguirre pela estátua "Milanka", em homenagem à mulher da cultura indígena diaguita.

Esse clima de contestação radical em relação aos monumentos, que culmina com a supressão de alguns deles, vem nos lembrar que o campo do patrimônio é sempre marcado intrinsecamente pelo conflito – existente e potencial, entre interesses e valores distintos, representados por diferentes sujeitos. O patrimônio envolve, como sabemos, um processo contínuo de negociação e releitura dos significados que o presente recupera do passado. Numa era como a nossa, caracterizada pelo antagonismo radicalizado entre narrativas sobre a história e a memória, não é de se estranhar que essa negociação não seja fácil, ganhando mesmo formas altamente competitivas e virulentas. A expressão "patrimônio dissonante", cunhada por Turnbridge e Ashworth (1996) para se referir aos patrimônios que incluem uma discordância entre diferentes histórias e uma falta de concordância na forma como o passado é representado e as memórias usadas na esfera pública, parece-nos servir bem para sublinhar esse caráter conflitivo presente em nosso tempo. Essa ênfase nos conflitos e nas desarmonias – mais que na harmonia e na identidade compartilhada – tem ensejado uma rica discussão teórica em todo o mundo, colocando em pauta questões como as do pertencimento do patrimônio, da sua comercialização e acessibilidade, do apagamento das memórias traumáticas, da herança colonial, do imperialismo, da exclusão social baseada em classe e etnia, entre outras[12].

No caso da América Latina fica muito clara a presença de fatores étnico-religiosos nas disputas pela memória, que espelham de forma bastante explícita as tensões políticas contemporâneas do continente. O recurso à memória indígena e à opressão da conquista estão sempre presentes em diversas manifestações dessa luta contemporânea, com o pêndulo inclinando-se para um ou outro lado conforme os vencedores do momento. Assim, por exemplo, na mesma linha das manifestações chilenas, grupos indígenas da comunidade Misak, na cidade de Popayán, na Colômbia, tombam a estátua equestre de um colonizador espanhol, Sebastián de Belalcázar, argumentando que ele cometera crimes como genocídio e expropriação de terras de povos que habitavam a região, ação que é combatida com dureza pelo governo local[13]. Em sentido inverso, a senadora de direita Jeanine Añez, que se proclamou presidente interina da Bolívia após o golpe de estado contra Evo Morales, exibiu orgulhosa não uma, mas duas Bíblias de grande tamanho ao assumir o cargo, prova, a seu ver, da força dos cristãos no cenário político boliviano[14]. "Deus permitiu que a Bíblia voltasse a entrar no Palácio. Que Ele nos abençoe", declara Añez na ocasião. Paralelamente, as forças golpistas promoveram a queima, por todo país, da *wiphala* — um quadrado com sete cores no qual se representa a visão indígena do mundo, com o verde da produção agrícola, o violeta do poder comunitário ou o vermelho da terra —, bandeira que tinha sido consagrada como símbolo oficial da Bolívia, durante o primeiro mandato de Evo Morales, entre 2006 e 2009.

Já no que se refere às políticas de patrimônio cultural propriamente dito, nelas também se espelham com força as lutas pela memória que atravessam o continente. Se as políticas nacionais são um campo ideal para percebermos o caráter seletivo do processo de patrimonialização, como já mostramos em trabalhos anteriores[15], essa seletividade fica ainda mais evidente, com o aparecimento na América Latina daquilo que definimos como um "estado pós-democrático", que viria substituir o "estado democrático de direito". Neste novo arranjo institucional, as políticas de patrimônio, que muitas vezes atravessaram diferentes governos, perdem os seus contornos mais universalistas e se põem de forma mais imediata a serviço das forças que ocupam o poder – sejam essas políticas ou econômicas (que, em muitos casos, como mostramos também, se identificam sem pudor.) Esta situação de fragilização das políticas institucionais de patrimônio pode ser acompanhada com muita clareza pela trajetória brasileira no período.

No caso do Brasil, este momento pós-democrático pode ser dividido, até o presente, em duas etapas, que se manifestam também de forma diferenciada sobre as instituições e as políticas públicas, entre elas aquelas concernentes ao patrimônio cultural. Assim, podemos identificar um primeiro momento, que se segue ao Golpe de 2016, com o afastamento da Presidente eleita e sua substituição por um governo liderado pelo Vice-Presidente Michel Temer, quando se tenta implementar uma agenda completamente diferente daquela do governo reeleito em 2014. Organizado em torno de um projeto conhecido como "Ponte para o Futuro", o governo do PMDB promove um gradual esvaziamento das políticas públicas, especialmente as políticas sociais, com cortes profundos de verbas para as áreas da saúde, educação e cultura, cujo ministério chega a ser extinto[16].

Esta agenda se reflete também nas políticas de patrimônio, tanto em nível federal, com a substituição da direção do IPHAN, quanto em nível estadual e municipal, onde se desmontam instituições e instrumentos de proteção legal, se aproveitando do clima vigente. Assim, de norte a sul do país se vivencia uma rápida regressão nas pautas do patrimônio cultural. Para ficarmos apenas na região sul, por exemplo, vamos ter em Porto Alegre, capital do Rio Grande do Sul, em novembro de 2017, a revogação da lei do Inventário do Patrimônio Cultural de Bens Imóveis do Município, um inventário de proteção que coordenava esse mecanismo com o desenho urbano e era uma referência no país já havia mais de uma década[17]. Enquanto isso, em Florianópolis, capital de Santa Catarina, se esvazia o órgão responsável pela proteção do Patrimônio Histórico Artístico e Natural do Município, o tradicional SEPHAN, que trabalhava na perspectiva da integração com o planejamento urbano desde décadas[18]. Se este continua existindo, vai estar hoje altamente enfraquecido, sem vinculação institucional explícita e abrigado de forma provisória no IPUF. Ainda em 2017, no Paraná, 17 dos 20 especialistas que integravam o Conselho Estadual do Patrimônio Histórico e Artístico (Cepha) renunciaram para denunciar o que consideravam uma "equivocada política cultural", que, a seu ver, colocava o patrimônio natural e cultural do Estado em risco, ao estabelecer – de forma regressiva – que os processos de tombamento só poderiam ter início com a anuência do governador[19].

Este quadro se aprofunda com o início do segundo momento da "pós-democracia" brasileira, quando em 28 de outubro de 2018, no bojo de eleições manipuladas pela intervenção violenta do Poder Judiciário e da mídia, elege-se como Presidente do país Jair Bolsonaro, deputado do Rio de Janeiro, que passa a capitanear, pela primeira vez na história nacional, a instalação de um governo declaradamente de extrema-direita.

O cientista político Leonardo Avritzer chama a atenção para uma clivagem importante para se entender o período atual no Brasil: se entre 2016 e 2018, o elemento central do processo de regressão democrática estaria no "desempoderamento das instituições eleitorais pelas vias judicial ou pela via do impeachment", com a ascensão de Bolsonaro, viveríamos um momento "marcado por elementos antidemocráticos, da proscrição da oposição e de movimentos sociais aos fortes enfrentamentos com o Judiciário e ameaças à liberdade de imprensa" (AVRITIZER, 2019, posição 1970). A regressão democrática, que expressa também fortes elementos de "degradação institucional", se aprofundaria no governo que se instala em 2019, que vai ser marcado, além disso, pela implementação de uma agenda neoliberal radical, com forte ataque às políticas sociais e desregulamentação generalizada. Segundo Avritzer, essa "radicalização do discurso liberal" não aceitaria nem mesmo "as moderações mínimas introduzidas ao longo do século XX no livre funcionamento do mercado", extinguindo-se o Ministério do Trabalho e esvaziando-se completamente o Ministério do Meio Ambiente, que vai ser ocupado "por um ministro condenado por crimes ambientais" (AVRITZER, 2019, posição 2057).

Esse direcionamento atinge em cheio as políticas de patrimônio: se se mantém inicialmente no IPHAN a diretoria nomeada pelo governo Temer, este órgão é paulatinamente esvaziado, com a diminuição de seu orçamento e do ritmo de seus trabalhos. Assim, o tradicional Conselho Consultivo do

Patrimônio Cultural, que fora atuante até nos períodos da ditadura militar, só se reúne uma única vez desde janeiro de 2019. Com a extinção do Ministério da Cultura, o IPHAN passa ao âmbito do Ministério da Cidadania e, em 2020, ao Ministério do Turismo. Apesar das tentativas de se aproximar das pautas do governo Bolsonaro, a equipe que comandava o órgão desde 2016 acaba destituída em 2019, nomeando-se para a Presidência do IPHAN uma técnica do Ministério do Turismo sem qualquer trajetória na área do patrimônio cultural, ocupando-se também as superintendências regionais e os postos de comando técnico com militantes do bolsonarismo. Para o importante Departamento de Patrimônio Imaterial (DPI), indica-se um pastor evangélico, o que mostra a tomada do aparelho do estado pelas forças que sustentam o atual governo. O jornal *Correio Brasiliense* analisa a substituição, chamando a atenção para os efeitos que ela poderia ter sobre as tradições de grupos étnicos e comunidades tradicionais:

> A mudança é vista como mais uma escolha ideológica no governo. A diretoria em questão é importante, quando cuida de políticas de salvaguarda do patrimônio imaterial, o que envolve celebrações e formas de expressão de comunidades tradicionais, quilombolas e indígenas, por exemplo. O órgão vem sofrendo mudanças questionadas por especialistas, servidores e ex-servidores do Iphan.[20]

## Conclusões provisórias: algumas reflexões iniciais sobre a crise sanitária e o patrimônio cultural

Finalizando, quero retomar aquela consideração inicial que fiz sobre a ideia de crise: se uma crise marca um "antes" e um "depois", é importante perceber que nela se cristalizam e se tornam visíveis tendências que já existiam antes. Assim, ao acompanhar a crise econômico-político-social da América Latina, e seus reflexos nas políticas de memória e patrimônio, quis chamar a atenção para o fato de que a crise trazida pelo coronavírus em 2020 apenas torna visível e mais salientes certos traços e tendências já existentes em nosso continente.

No entanto, no que se refere especificamente à crise sanitária, parece-me importante percebermos, para situarmos corretamente nossas reflexões, que a pandemia, além de ser um fato biológico, constitui um evento global no qual a *dimensão cultural* desempenha um papel muito importante, central mesmo. A este respeito, vou me referir ao filósofo coreano-alemão, Byung-Chul Han, que já em abril de 2020 nos contava:

> Os asiáticos estão combatendo o vírus com um rigor e uma disciplina inconcebíveis para os europeus. A vigilância é focada em cada pessoa individualmente, e esta é a principal diferença em relação à estratégia europeia. Os rigorosos procedimentos asiáticos fazem lembrar as medidas disciplinares adotadas na Europa do século XVII para combater a epidemia de peste". (Entrevista ao jornal *Clarín* 17/04/2020)[21]

As suas observações apontam para um fato indiscutível: uma doença, como já nos mostraram de forma exemplar vários autores como Michel Foucault e Susan Sontag, nunca é apenas um fato biológico, físico, mas se desenvolve no *nível das representações*, o que será decisivo para estabelecer tudo que se refere a ela, desde a forma como a percebemos até a forma que escolhemos para combatê-la. Se o patrimônio vai estar, como sabemos hoje, muito mais no *nível das representações* que das *coisas* em si, então, há toda uma série de questões que devemos nos colocar frente à pandemia, indo além daquelas mais imediatas referentes à manutenção da materialidade de nosso patrimônio.

Neste sentido, é muito útil recorrermos a um Relatório preparado por uma força-tarefa do ICOMOS internacional, que a partir de um questionário dirigido aos Comitês Nacionais de nossa organização, entre julho e outubro de 2020, indagou-se sobre o impacto do COVID-19 sobre o patrimônio cultural, além de trazer recomendações iniciais que poderiam constituir uma espécie de *"Resilience Framework"* para se construir comunidades resilientes e se propor medidas para a recuperação[22]. O Relatório traz três sessões principais: um panorama das respostas dos Comitês Nacionais, e exemplos significativos trazidos por elas; as implicações observadas nas três categorias de patrimônio (tangível, intangível e natural) e visões e recomendações para uma estrutura mais resiliente na área do patrimônio. Os questionários, respondidos por 45 Comitês Nacionais, mostravam um impacto profundo sobre o patrimônio. Os mais de 200 estudos de caso ali presentes ilustravam os impactos econômicos, sociais, físicos, ambientais, científicos sobre o patrimônio cultural ao redor do mundo, servindo de evidência sobre os efeitos da pandemia do covid19 sobre as atividades humanas envolvidas em nossa área (acesso, uso, desfrute, conservação e gestão). No que se refere ao *patrimônio tangível*, este foi mais afetado pelo rápido declínio de turistas e visitantes, cortes orçamentários, fechamentos de monumentos e lugares patrimoniais, e medidas de distanciamento social, que impactaram negativamente na conservação e gestão dos sítios. No que se refere ao *patrimônio cultural intangível*, todos os seus domínios foram severamente afetados, revelando o seu papel significativo na autoexpressão e recreação das comunidades e na transmissão de seus valores e identidade. Os efeitos mais relatados neste campo foram o cancelamento de festividades e celebrações, seguidos das implicações emocionais da ruptura da vida cotidiana das comunidades e da interrupção das suas práticas e rituais sociais. Finalmente, pode-se dizer que o covid19 criou desafios e oportunidades também no que se refere ao *patrimônio natural* ao redor do mundo: em essência, a conexão e o engajamento das comunidades com os sítios de patrimônio natural foram afetados pelas respostas implementadas pelos governos – medidas de distanciamento social, lockdowns totais ou parciais, uso de máscaras faciais etc. –, organizações e indivíduos para responder à transmissão rápida do covid19 (KONO et ali, 2020, p. 2-3).

Além deste diagnóstico, levando em conta o papel do ICOMOS, o relatório avança, propondo ações para ajudar os comitês nacionais a lidar com as transformações trazidas pela pandemia. Essas sugestões poderiam ser resumidas em oito linhas: promoção de intercâmbio e compartilhamento de melhores práticas, que incluiriam recomendações de medidas para o patrimônio relacionadas ao covid19; uma coleção de dados empíricos em nível internacional e pesquisa; o aperfeiçoamento de encontros *online* e o fortalecimento de redes regionais; o apoio em tecnologia da informação e na formação em medias digitais em outros países; a defesa continuada do patrimônio em cada país de acordo com a missão regular do ICOMOS; iniciativas e atividades educacionais com comunidades; o apoio ao monitoramento local dos sítios do patrimônio; recomendações e aconselhamento político para os governos nacionais sobre questões técnicas e financeiras, tais como a necessidade de se manter o nível de financiamento governamental pré-covid para atividades relacionadas ao patrimônio (KONO et ali, 2020, p. 3).

Aqui percebemos que não se trata de se indagar apenas sobre os efeitos mais imediatos da crise do covid19 sobre o patrimônio cultural, visíveis, por exemplo, no fechamento dos sítios, na desaparição de turistas, no cancelamento de festivais e cerimônias, entre outros, mas sobre os efeitos mais profundos que uma pandemia dessa natureza e magnitude tem provocado em todos os aspectos de nossas vidas. Talvez a questão que permeie todas as outras passa pela indagação de como vamos reorganizar nossas relações

– com o mundo e com os outros homens – frente ao advento do coronavírus. Trata-se de uma questão ampla e com diferentes dimensões, mas uma das características já visível nessa reorganização é o fortalecimento das *relações virtuais* em detrimento das *relações presenciais*, advindo do distanciamento social forçado a que fomos submetidos. Com isso, fenômenos que já estavam aparecendo no horizonte do século XXI, como o teletrabalho e o ensino à distância, têm se tornado onipresentes, substituindo mesmo em alguns casos totalmente as experiências presenciais. No caso do patrimônio, podemos notar um movimento duplo: por um lado, a quase inacessibilidade dos sítios patrimoniais, devido às restrições sanitárias; por outro, a multiplicação da sua difusão *online*, com páginas da internet mais completa e a possibilidade de passeios virtuais. Outro acontecimento marcante foi a intensificação dos encontros virtuais online, com organizações e mesmo indivíduos, talvez numa ânsia de romper o isolamento social, promovendo uma miríade de webinários (ou "conversatorios", como dizem nossos vizinhos de fala castelhana), sobre os mais diversos aspectos do patrimônio.

Para voltarmos ao Primeiro Simpósio Científico do ICOMOS da América Latina e do Caribe (ICOMOS/LAC), com o tema "Patrimônio e crise", ao qual me referi no início deste texto, este foi diretamente afetado pela crise do covid19, tendo que mudar sua realização, que aconteceria no Rio de Janeiro em maio 2020, para novembro daquele ano, acontecendo em formato inteiramente digital. Na organização desse evento pôde-se demonstrar aspectos da nossa experiência neste mundo marcado por um "novo normal": por um lado, ficamos privados da oportunidade dos contatos pessoais, sempre ricos, que esse tipo de evento propicia; por outro, ele pôde se tornar mais democrático. De fato: se antes, pessoalmente, era esperávamos reunir algo como 400 pesquisadores e agentes patrimoniais no Rio, com a forma virtual, pudemos reunir milhares de pessoas, que ao não precisar arcar com custos de viagem e deslocamento, puderam participar ativamente das discussões. (Aqui temos que observar que, se, naturalmente, isso já poderia ter acontecido antes da pandemia, foi exatamente a crise do coronavírus que, de certa forma, nos obrigou a acelerar uma tendência de disponibilizar canais virtuais de diálogo e intercâmbio.)

No entanto, para que todo o conteúdo que pudemos mobilizar com esse evento não se restrinja, como acontece muitas vezes com os produtos digitais, a uma existência efêmera, resolvemos organizar este livro, com textos de pesquisadores e agentes do patrimônio, que, de uma ou de outra forma, estiveram envolvidos com o evento. A ideia foi reunir de forma sistemática as reflexões que foram aparecendo ao longo da preparação e durante o próprio simpósio, convidando os diversos comitês nacionais do ICOMOS da América Latina e do Caribe, bem como os comitês científicos brasileiros que participaram da organização do evento, a contribuir com reflexões sistematizadas sobre o tema. Esta dupla entrada explica a divisão da obra em duas partes: "Miradas desde América Latina", com as contribuições dos comitês nacionais, e "A crise e os diversos aspectos do patrimônio", com os textos brasileiros. Com isso, acreditamos estar trazendo uma contribuição importante, a partir da perspectiva de nosso continente, para começarmos a refletir sobre a crise atual, que parece estar fazendo nascer um mundo modificado, no qual esperamos o patrimônio cultural possa continuar a desempenhar um papel central.

**NOTA**

[1] A esse respeito, confira: "La invención de una epidemia", texto publicado ainda em 26 de fevereiro de 2020 por Giorgio Agamben e que faz parte da coletânea A Sopa de Wuhan. 2020.

[2] A ideia de decisão, de separar o bom do ruim, explica que o crítico de arte seja chamado assim.

[3] A esse respeito, confira, por exemplo, BELLUZZO, 2009; NAYYAR, 2014; PIKETTY, 2014.

[4] "Em linhas gerais, esse período se caracterizou não apenas pela melhoria na conta corrente, mas também pela abundância de liquidez nos mercados internacionais de capitais com uma diminuição do risco país. Nesse contexto, as reservas internacionais foram aumentadas e se reduziu o endividamento líquido externo, fato para o qual contribuiu também a evolução das contas públicas. Além disso, as melhores condições financeiras permitiram melhorar o perfil da dívida, tanto em termos de prazos como de taxas de juros, e, ao mesmo tempo, aumentar a proporção da dívida em moeda nacional." (KACEF; LÓPEZ-MONTI, 2010, p. 38) Brian Winter relata o que viu, ao se mudar para o Brasil em 2010: "Por força do destino, eu me mudei para São Paulo em meados de 2010, bem no momento em que o Brasil e outros países estavam no auge de um boom econômico. A economia do Brasil cresceria 7,6% naquele ano, a Copa do Mundo e os Jogos Olímpicos se aproximavam e só se ouvia dizer que o "futuro finalmente havia chegado" para o país. As estradas estavam abarrotadas com milhares de carros novos que chegavam às ruas todos os dias. Os aviões viajavam lotados de passageiros que voavam pela primeira vez — era

fácil reconhecê-los pelos sorrisos tímidos em seus rostos enquanto procuravam por seus assentos. TVs de tela plana, máquinas de lavar e geladeiras eram vendidas como nunca antes e os restaurantes viviam cheios. Era uma visão verdadeiramente surpreendente e inspiradora, especialmente para um americano que acabava de passar pela Grande Recessão." (WINTER, 2019)

[5] "En las sociedades contemporáneas constatamos un estado de desigualdad social como en el viejo régimen: la acumulación de la riqueza en el 1% de la población, multimillonarios como presidentes, el aumento en el consumo de lujo, el surgimiento de una cultura de distinción, así como la concentración de la tierra y la segregación espacial." (KALTMEIER, 2019)

[6] Casara aponta que a expressão "pós-democracia" costuma ser atribuída ao cientista político inglês Colin Crouch, "que a usou para designar o momento em que há o pleno funcionamento (formal) das instituições democráticas (eleições, liberdade de expressão etc.), mas no qual a dinâmica democrática progressivamente desaparece." (CASARA, 2017, p. 23) Para Rubens Casara, apesar deste termo ser forjado na Europa, vai ser na América Latina e na África que a pós-democracia se manifestaria de forma mais direta, combinando-se a transferência do poder decisório para as grandes corporações, com "a ruptura com o Estado Democrático de Direito e mesmo com os valores da democracia liberal". (CASARA, 2017, p. 24-25) Em sua obra seguinte, Sociedade Sem Lei, Rubens Casara aprofunda sua tese, defendendo a tese de que "o capitalismo, e mais precisamente, o neoliberalismo, produziu uma nova subjetividade, uma nova economia psíquica, na qual os limites ao gozo não se situam mais na lei ou no discurso, para serem, por vezes, encontrados no imaginário ou no corpo (próprio ou do outro). Desaparecem os limites externos. A lei perde importância." (CASARA, 2018, p. 23)

[7] Como anota Winter, em 2018, apenas 16% dos latino-americanos diziam estar "satisfeitos" com a economia dos seus países, metade do nível de 2010, de acordo com o Informe *Latinobarómetro* 2018 (WINTER, 2019).

[8] "A desigualdade social vem se ampliando no país há décadas. Segundo a *World Inequality Database*, o Chile é uma das nações mais desiguais do mundo: os 10% mais ricos detêm cerca de 60% da renda produzida no país. Além disso, não dispõe de educação superior gratuita, a saúde pública tem pouquíssimos recursos e as aposentadorias dos idosos

dificilmente superam 300 mil pesos (cerca de 2,2 mil reais). O sistema de aposentadoria, baseado no sistema de capitalização e controlado pelas Administradoras de Fundos de Pensão (AFP), entidades privadas, foi concebido muito mais para capitalizar projetos de investimentos privados do que para pagar pensões dignas. Entre os trabalhadores, 50% recebem um salário menor que 400 mil pesos (em torno de 3 mil reais), mas a cesta básica tem custo de Primeiro Mundo: 70 mil pesos (aproximadamente 520 reais). A realidade do país é muito diferente da imagem que se projeta dele no exterior. O Chile é como uma pessoa triste que sorri para as visitas." (ROJAS, 2021)

[9] É interessante acompanhar a página do movimento no Instagram (https://www.instagram.com/monumentosincomodos/?hl=es-la), bem como ver sua versão mais recente, anglo-saxônica, *Uncomfortable Monuments*. A origem do nome é explicada pelos seus autores: "Llamamos "Monumentos Incómodos" a aquellos símbolos urbanos, tales como estatuas, nombres de calle, plazas u otros elementos conmemorativos y de homenaje en el espacio público que generan sentimientos de segregación, injusticia y odio en comunidades cuyos derechos han sido violentados sistemáticamente, producto de la colonización, racismo, xenofobia, patriarcado, homofobia, entre otros, y que representan una visión única de la historia de forma tangible, en que formas de abusos y discriminación no eran sancionadas ni menos reconocidas. Muchas veces en respuesta a estos monumentos incómodos se crean otros espacios de memorialización que pretenden reparar a las comunidades vulneradas, haciendo equivalentes ambos procesos." (MORA, Patricio et allí, 2020)

[10] Patricio Mora é arquiteto e fundador de *Monumentos Incómodos* e da *Fundación Proyecta Memoria*; Roberto Manríquez é jornalista e fundador de Monumentos Incómodos e diretor da *Fundación Proyecta Memoria*; Magdalena Novoa é doutora em Arquitetura e professora da Universidade de Illinois Urbana-Champaign; e Bárbara Oettinger é artista visual e Master of Fine Arts em *Integrated Practices* pela Pratt Institute, Nueva York.

[11] Segundo o cadastro do Conselho de Movimentos Nacionais do Chile, no período 24 obras foram perdidas por completo, tendo sido retiradas ou substituídas. (MONTES, Rocío. Protestos no Chile questionam história oficial de estátuas e monumentos nacionais. *O Globo*. 25.01.2020. https://oglobo.globo.com/mundo/protestos-no-chile-questionam-historia-oficial-de-estatuas-monumentos-

nacionais-24210241/ .

[12] TUNBRIDGE, J.E.; ASHWORTH, G.J. 1996.

[13] https://g1.globo.com/mundo/noticia/2020/09/17/grupos-indigenas-derrubam-estatua-de-colonizador-na-colombia.ghtml

[14] "A Bíblia volta ao Palácio: poder político cristão ganha força na Bolívia". Revista Exame. 13/11/2019. https://exame.com/mundo/a-biblia-volta-ao-palacio-poder-politico-cristao-ganha-forca-na-bolivia/ .

[15] A esse respeito, confira CASTRIOTA, 2009.

[16] Desde que assumiu interinamente a Presidência da República, em 12 de maio de 2016, Michel Temer anunciou a extinção do Ministério da Cultura e sua fusão com o Ministério da Educação. Recebendo críticas de personalidades e grupos ligados à produção cultural, ele rapidamente recua e recria o Ministério em 23 de maio.

[17] http://www.camarapoa.rs.gov.br/noticias/revogado-o-inventario-do-patrimonio-cultural-de-bens-imoveis. Para uma discussão da utilização dos inventários urbanos como instrumentos de conservação, e, em especial, o caso do Inventário do Patrimônio Cultural de Porto Alegre, confira CASTRIOTA, 2009, p. 189-206.

[18] O processo de preservação de Florianópolis iniciou-se em 1974, sendo a sua legislação a primeira iniciativa municipal de tombamento no Brasil. Na ocasião criou-se o SEPHAN - Serviço do Patrimônio Histórico, Artístico e Natural do Município, que, em 1980, foi incorporado na estrutura do IPUF (Instituto de Planejamento Urbano de Florianópolis), iniciando-se um novo ciclo de preservação, no qual a preservação, que até então só contemplava grandes monumentos isolados, passou a ser concebida como elemento integrante do Planejamento Urbano da cidade. (Cf. IPUF. Patrimônio cultural de natureza material. Disponível em: http://www.pmf.sc.gov.br/arquivos/arquivos/pdf/12_09_2012_17.31.42.c65cee49008bc7bc1d872630ece1317e.pdf)

[19] http://www.gazetadopovo.com.br/haus/arquitetura/patrimonio-historico-e-natural-do-pr-corre-risco-entenda-o-porque/

[20] "Pastor será nomeado diretor do Departamento de Patrimônio Imaterial do Iphan". Correio Brasiliense. 04.12.2020. https://www.correiobraziliense.com.br/politica/2020/12/4893223-pastor-sera-nomeado-diretor-do-departamento-de-patrimonio-imaterial-do-iphan.html.

[21] "Byung-Chul Han: vamos hacia un feudalismo digital y el modelo chino podría imponerse". Clarín. 17.04.2020. https://www.clarin.com/cultura/byung-chul-vamos-feudalismo-digital-modelo-chino-podria-

imponerse_0_QqOkCraxD.html.

[22] Kono, Toshiyuki (ed.), Adetunji, Olufemi, Jurčys, Paulius, Niar, Sanaa, Okahashi, Junko and Rush, Virginia (2020) *The Impact of COVID-19 on heritage: an Overview of Responses by ICOMOS National Committees (2020) and Paths Forward*. ICOMOS. [Other]. https://openarchive.icomos.org/id/eprint/2415/

## REFERÊNCIAS

AVRITZER, Leonardo. **O pêndulo da democracia**. Todavia. Edição do Kindle, 2019.

BELLUZZO, Luiz Gonzaga de Mello. **Os antecedentes da tormenta**. Origens da crise global. São Paulo: Editora UNESP, 2009.

CASARA, Rubens R R. **Estado** pós-democrático: neo-obscurantismo e gestão dos indesejáveis. Rio de Janeiro: Civilização Brasileira, 2017

CASARA, Rubens R. R. **Sociedade sem Lei**. Pós-democracia, personalidade autoritária, idiotização e barbárie. Rio de Janeiro: Civilização Brasileira, 2018.

CASTELL, Manuel. **Redes de Indignação e Esperança**: movimentos sociais na era da internet. Tradução Carlos Alberto Medeiros. Rio de Janeiro: Zahar, 2013.

CASTRIOTA, Leonardo Barci. **Patrimônio Cultural:** conceitos, políticas, instrumentos. São Paulo: Annablume, 2009.

CAVA, Bruno. **A Multidão Foi ao Deserto**: as Manifestações no Brasil em 2013 (Jun-Out). São Paulo: Annablume, 2014.

KACEF, Osvaldo LÓPEZ-MONTI, Rafael. **A América Latina e a crise internacional.** IPEA, 2010. https://www.ipea.gov.br/revistas/index.php/rtm/article/view/125

KALTMEIER. Olaf. **Refeudalización**. Desigualdad social, economía y cultura política en América Latina en el temprano siglo XXI. BIELEFELD: Bielefeld University Press, 2019.
https://www.clacso.org.ar/biblioteca_calas/detalle.php?id_libro=1817

KONO, Toshiyuki (ed.), Adetunji, Olufemi, Jurčys, Paulius, Niar, Sanaa, Okahashi, Junko and Rush, Virginia (2020) *The Impact of COVID-19 on heritage: an Overview of Responses by ICOMOS National Committees (2020) and Paths Forward*. ICOMOS. [Other]. https://openarchive.icomos.org/id/eprint/2415/

MORA, Patricio; MANRÍQUEZ, Roberto; NOVOA, Magdalena;

OETTINGER, Bárbara. "Monumentos Incómodos". **ARTSCHOCK.** Revista de Arte Contemporáneo. 05.07.2020. https://artishockrevista.com/2020/07/05/monumentos-incomodos.

NAYYAR, D. **A corrida pelo crescimento**. países em desenvolvimento na economia mundial. Rio de Janeiro: Contraponto, 2014.

PIKETTY, Thomas. **O Capital no Século XXI**. 1. ed. Rio de Janeiro: Intrínseca, 2014.

ROJAS, Carolina. A morte e a festa. Os chilenos se preparam para criar uma nova Constituição – e um novo país. **Revista PIAUÍ**. São Paulo, 15 jan 2021. https://piaui.folha.uol.com.br/morte-e-festa .

SANTOS, Wanderley Guiherme dos. **A Democracia Impedida**. O Brasil no Século XXI. Rio de Janeiro: FGV Editora, 2017.

**Sopa de Wuhan.** Editorial: ASPO (Aislamiento Social Preventivo y Obligatorio), 2020. https://www3.unicentro.br/defil/wp-content/uploads/sites/67/2020/05/Sopa-de-Wuhan-ASPO.pdf.

TUNBRIDGE, J.E.; ASHWORTH, G.J. 1996. **Dissonant Heritage: The Management of the Past as a Resource in Conflict.** Chichester: Wille, 1996.

WINTER, Brian. "A longa ressaca da América Latina". Época. 2019. https://oglobo.globo.com/epoca/a-longa-ressaca-da-america-latina-23584379.

# EL PATRIMONIO CULTURAL EN TIEMPOS DE CORONAVIRUS

*Adriana Careaga[1]*
*(ICOMOS Internacional)*

> *Deja que el tiempo pase y ya veremos lo que trae.*
> *(Gabriel García Márquez. El amor en los tiempos del cólera)*

2020 será recordado como la pandemia del covid 19. El 11 de marzo pasado, dos días antes de que comenzara a detectarse casos en Uruguay, estábamos terminando una de nuestras reuniones anuales del Consejo de Administración de ICOMOS en París. Mis planes eran quedarme una semana en Madrid para mis habituales recorridas culturales antes de emprender el largo regreso al Río de la Plata. Pero, ese mediodía un compañero me alertó que las escuelas en España estaban siendo cerradas, así como también una serie de lugares públicos. París aún permanecía ajena a alguna de estas medidas. Recordé por un momento todos los paseos que había realizado en la semana a través del subte y me inquieté.

El pánico se apoderó de mí y lo único que atiné fue a salir de la reunión y conectarme con mi agencia de viajes para planificar mi partida anticipada del viejo continente. Hecho que sucedió al día siguiente. Una vez arribada a Montevideo cumplí con mi cuarentena obligatoria. Días después supe que ese compañero español tenía coronavirus además de otro compañero australiano.

Desde este nuevo distanciamiento social que ya cuenta más de un mes y como un recordatorio del Día Internacional de los Monumentos y Sitios celebrado el 18 de abril esbozo unas ideas para invitar a la reflexión acerca del patrimonio cultural en tiempos de coronavirus. Para transitar la narrativa propuesta mencionaré una dimensión social, una cultural y por último una posible proyección para pensar el día después.

Las pandemias y las pestes no son ajenas a la Historia de la humanidad. Solo que esta ocurre en un siglo XXI donde nos sentíamos cuasi omnipotentes y re-descubrimos que estamos biológicamente conectados.

Estos nuevos tiempos nos evidencian radicales incertidumbres tanto sanitarias, sociales, culturales, económicas como políticas donde se pone a prueba, de acuerdo con Yuval Noah Harari, filósofo israelí y uno de los intelectuales contemporáneos más provocativos, la capacidad real del empoderamiento ciudadano.

¿Y en qué consistiría este empoderamiento ciudadano? En la capacidad de elección que tenemos si disponemos de información veraz en escenarios de confianza hacia las autoridades sanitarias y políticas. Esta confianza estaría dada por hilvanar lazos que dan sustento a la comunidad.

Asimismo, asistimos cada vez más al fenómeno de una centralidad de los estados y los dispositivos de control que se ponen en juego para medir la temperatura corporal y la condición médica, así como nuevas cámaras de seguridad en lugares públicos, lo que Harari llama "la vigilancia totalitaria". Por primera vez en la historia, los gobiernos tienen hoy la capacidad de monitorear a toda su población al mismo tiempo y en tiempo real, un control mayor, una "vigilancia subcutánea" para detener la pandemia.

Nos estaríamos moviendo así en una suerte de bucle entre la libre elección del ciudadano y la extrema vigilancia por parte del Estado, rememorando a George Orwell en "1984".

Sin embargo, asistimos a diferencias en las políticas de los estados. Según el filósofo y ensayista coreano Byung-Chul Han:

> Los asiáticos están combatiendo el virus con un rigor y una disciplina que para los europeos resulta inconcebible. La vigilancia se centra en cada persona en forma individual, y esto constituye la principal diferencia con la estrategia europea. Los rigurosos procedimientos asiáticos recuerdan a aquellas medidas disciplinarias adoptadas en la Europa del siglo XVII para combatir la epidemia de la peste[2].
> (CLARÍN, 2020)

Por otra parte, Harari en su reciente columna de opinión del 20 de marzo del 2020 en el *Financial Times*, "Cómo será el mundo después del coronavirus", menciona otra opción a la cual nos enfrentamos que estaría delimitada entre el aislamiento nacionalista y la solidaridad global. Y si bien estos escenarios son dinámicos y cambiantes a ritmos por demás acelerados, el autor advierte que las medidas de emergencia que se están adoptando tendrán que establecerse como rutinas fijas.

El distanciamiento social ha traído y en cierta forma cambiado nuevas formas de trabajo que se han transformado en un mes más que en los últimos años. Podemos preguntarnos cómo estas nuevas modalidades de trabajo desde casa están cambiando nuestras costumbres. ¿Cómo influye en nuestras relaciones sociales estas comunicaciones a distancia?

Desde una dimensión cultural podríamos indagar de qué forma los monumentos y sitios están siendo cuidados y conservados no solo a nivel local ni nacional sino a lo ancho y largo del planeta. ¿Cómo están de salud todos aquellos que de alguna u otra forma trabajan en la conservación de estos bienes? ¿Cuántas vidas de los trabajadores y profesionales del patrimonio cultural ha cobrado esta pandemia? Y si pensamos en el patrimonio intangible podríamos cuestionarnos de que forma las tradiciones culturales y las formas de vida están siendo afectadas y cambiadas por las nuevas disposiciones sanitarias. En estos días han circulado fotografías conmovedoras de lugares patrimoniales vacíos testigos mudos de esta pandemia que parecen decir: seguimos aquí.

En momentos en que el valor de la vida humana está en franco peligro y las prioridades de los gobiernos están puestas en las necesidades sanitarias y alimentarias, las manifestaciones culturales y artísticas ocupan un segundo lugar. No obstante, la vida sigue y observamos una pléyade de ofertas que van desde museos nacionales a mundiales que nos invitan a recorrerlos virtualmente, así como disfrutar desde el seguro recinto de nuestras casas excelentes piezas de teatro u óperas famosas.

¿Qué lugar ocuparía entonces el patrimonio cultural en esta coyuntura? Cómo se abordarían los tres pilares esenciales del patrimonio sin salir de casa: i) la protección, ii) la conservación y iii) la difusión?

Por otra parte, podríamos pensar acerca del impacto inmediato y a largo plazo de la pandemia en relación al sustento de las comunidades del patrimonio cultural y las personas vulnerables empleadas o que viven del turismo vinculado al patrimonio cultural y los sitios del Patrimonio Mundial.

El coronavirus constituye además una amenaza para los paisajes urbanos y culturales y los derechos y la seguridad personal de quienes habitan y trabajan en ellos.

Harari nos advierte que tanto la epidemia como la consiguiente crisis económica son globales y solo se podrían resolver con cooperación global. Para derrotar la pandemia debemos compartir globalmente la información y esa es la gran ventaja de los humanos sobre los microorganismos.

"Necesitamos un espíritu de cooperación y confianza" nos alerta.

La humanidad está ante un desafío histórico: ¿adoptamos el camino de la solidaridad global o la desunión que solo prolongará la crisis?

Desde ICOMOS el grupo de trabajo internacional OCDI –RBA sobre los enfoques de derechos humanos y patrimonio cultural advierten que esta pandemia puede dejar en evidencia la fragilidad de las comunidades patrimoniales y solicita a los gobiernos que se tomen en cuenta los apoyos necesarios para asegurarse su dignidad, así como su sustentabilidad.

Asimismo, este grupo de trabajo pone el énfasis en la necesidad de fortalecer los valores culturales patrimoniales y los derechos humanos de las comunidades brindando colaboración, incentivando la creatividad y la resiliencia en términos de empatía.

Por último, me gustaría reflexionar acerca del día después o la "nueva normalidad". Una cosa es cierta: no seremos los mismos una vez que las restricciones de movilidad se levanten y las fronteras se abran. Así como el planeta respiró y cambió así pasará con nosotros. Distintos sí, pero ¿cómo?: solidarios? individualistas? nacionalistas? globalizadores?

Muchos caminos y sugerencias se vienen planteando en el área de patrimonio cultural en este mes para seguir pensando y moviéndose hacia adelante. Tomamos el ejemplo de ICOMOS Nepal que brinda tres sugerencias: i) Continuar el estudio con actividades de impacto y resiliencia de las comunidades acerca de la pandemia y la posibilidad de articularlo con la resiliencia del patrimonio local cultural ii) Continuar la discusión acerca de la tecnología moderna y el acceso al patrimonio cultural a través de recorridos virtuales y sitios interactivos iii) Estudiar en el corto y mediano plazo el impacto económico de la pandemia. Se torna necesario relacionar la sustentabilidad de las actividades culturales y otros sectores como el turismo, el desarrollo local y la gestión del riesgo.

A modo de cierre para nuevas aperturas: corren tiempos de pandemia, de pestes, de cambios, de fines de ciclos, pero también de nuevas oportunidades y posibles promisorios escenarios. En palabras de Harari: *"This storm will pass. But the choices we make now could change our lives for years to come."*

**NOTA**

[1] Licenciada en Educación (Universidad Católica, Uruguay), con Maestría en Políticas Públicas (Universidad ORT Uruguay). Directora del Espacio Cultural Al pie de la Muralla, en Montevideo. Profesora en la Universidad ORT Uruguay. Miembro de la Junta Directiva del ICOMOS Internacional.

[2] (Entrevista en Diario Clarín 17/04/20)

# LA CRISIS DEL PARADIGMA: LOS NUEVOS DESAFÍOS QUE ENFRENTA EL PATRIMONIO CULTURAL

*Pedro Delheye[1] e Gabriela Santibañez[2] (ICOMOS Argentina)*

El patrimonio cultural no es un legado objetivo y neutro, sino que es fruto de elecciones y de recortes que reflejan la sociedad en que se inserta, en un determinado momento histórico y en un determinado territorio. El patrimonio actúa como agente legitimador de gustos, de valores y de necesidades históricas de grupos dominantes, de acuerdo con su proyecto político y su visión del mundo.

El patrimonio cultural requiere, siempre, de una valoración previa que implica una posición dominante con una manifiesta subjetividad. Define, a su vez, a quién lo imparte y desde el lugar que se realiza. Valorización que puede implicar visibilizar o invisibilizar prácticas, saberes y referencias culturales.

Como señala Llorenç Prats (1998) "el proceso de construcción del patrimonio posee un carácter ideológico, similar a otros procesos de representación y legitimación, y que, las activaciones de determinados referentes patrimoniales, está íntimamente vinculada al poder".

Como construcción social, colectiva, histórica, situada, cambiante, descentrada, el patrimonio cultural es valorado, resignificado o ignorado, de acuerdo a criterios que se van renovando o a intereses que se van generando. También a derechos que se van conquistando y al empoderamiento de nuevos actores y nuevas actoras sociales.

En este sentido, el derrumbe del paradigma del patrimonio asociado exclusivamente a las expresiones de la "alta cultura" y a los hechos significativos de la historia oficial ocurrido en las últimas décadas, ha dado lugar a procesos de reconocimiento y valoración de otros saberes y de otras prácticas no institucionales y a manifestaciones de sectores contrahegemónicos.

Problematizando, por lo tanto, la simplificación del patrimonio como objeto, como tesoro histórico y estético, para ingresar en una concepción más amplia que incluye el contexto físico, el social y el cultural. Todo ello como referente y comprensión del sentido de pertenencia y de identidades de una comunidad.

Por otro lado, y frente a los efectos abrumadores de la globalización de la cultura y a la mundialización de la economía, el patrimonio se refundó en el reconocimiento de la diversidad cultural como valor a proteger.

El libre tránsito de bienes y servicios culturales está muy lejos de ser democrático y equitativo en el actual mundo globalizado. Las llamadas industrias culturales y creativas, vinculadas a los países desarrollados, operan a través de las fronteras nacionales en busca de rentabilidad y a costa de manifestaciones de valor cultural y no comercial, que no producen beneficios económicos.

Varias alertas se han encendido en las últimas décadas en defensa de la diversidad y en contra de un sistema económico que tiende a ser monopólico, homogeneizado y que barre las referencias culturales y patrimoniales que no se insertan en un mercado de oferta y demanda.

En 2005, la UNESCO ratificó, en París, la *Convención sobre la Protección y Promoción de la Diversidad de las Expresiones Culturales*, donde se reafirma que "la diversidad cultural crea un mundo rico y variado que acrecienta la gama de posibilidades y nutre las capacidades y los valores humanos y que por tanto constituye, uno de los principales motores del desarrollo sostenible de las comunidades, los pueblos y las naciones." (UNESCO, 2005).

Como señala Renato Ortiz en *Otro Territorio* (1996), el reto de este tiempo es cómo pensar la heterogeneidad, de ahí que el desafío de las políticas patrimoniales sea gestionar la diversidad. Para lo cual es indispensable entender el valor y la importancia de las políticas culturales en el mundo diverso de hoy, lo que también implica comprenderlas como una herramienta eficaz para la transformación personal y social.

Es posible entonces hablar de una crisis de los paradigmas tradicionales que convierte en necesario repensar conceptos y redefinir el marco teórico en función de esa complejidad para ponerlo al servicio de una práctica sostenible, de defensa de la diversidad.

Abordar el patrimonio implica, entonces, una comprensión amplia que incluye entornos naturales y culturales, paisajes, sitios históricos, emplazamientos y entornos construidos, la biodiversidad, objetos diversos, tradiciones pasadas y presentes, conocimientos y experiencias vitales. Se asume que el patrimonio registra y expresa procesos de desarrollos históricos y culturales, constituyendo la esencia de diversas identidades, por lo que tiene un carácter dinámico y constituye un instrumento insustituible para el desarrollo actual y futuro. (ICOMOS, 1999)

En estos últimos meses y como consecuencia de la pandemia, el denominado Aislamiento Preventivo, Social y Obligatorio (APSO) sumado al distanciamiento social, impusieron cambios culturales que afectaron profundamente las formas de relacionarnos y de comunicarnos.

Esta situación ha revelado, también, aspectos destacables, entendidos como oportunidades, que permiten potenciar los vínculos cercanos, reconocer la valoración del espacio propio y la recuperación del ámbito de proximidad y, fundamentalmente, establecer una red de relaciones acercando distancias y saberes mediante los recursos tecnológicos de la virtualidad, para revelar problemas comunes y abordarlos en forma compartida. La creación de tramas, muchas de ellas impensadas, a través de la interacción de plataformas de videollamadas y reuniones virtuales como Zoom, Meet y otras, es uno de los recursos que nos deja este *Annus Horribils.*

De cara a un futuro próximo, la "nueva normalidad" seguramente adquiera algunos de los hábitos practicados durante la etapa de confinamiento. En todo el mundo, la solidaridad frente a la emergencia sanitaria fue una constante, demostrando que la cooperación contribuye a un futuro mejor. Pero es probable que, cuando se termine el proceso de desconfinamiento volvamos a nuestras conductas habituales, sin tener en cuenta el impacto de lo que consideramos "normal" para el medio ambiente, la economía, la salud pública y nuestras sociedades.

En rigor a la verdad, el concepto de "nueva normalidad" no es precisamente "nuevo" y menos "normal", sino que comenzó a circular a partir de la crisis económica que en 2008 afectó a todo el mundo. En realidad, el estudio de la historia permite revelar que las comunidades han atravesado momentos de circunstancias extremas y se han adaptado a "nuevas normalidades". Justamente esa capacidad de responder y recuperarse de manera efectiva del impacto es lo que conocemos como resiliencia.

En este sentido, el patrimonio representa un verdadero desafío y una gran oportunidad para contribuir a la sostenibilidad al mismo tiempo.

## La cultura frente al Covid-19

El 20 de abril de 2020, ICOMOS junto a la Comisión de cultura de Ciudades y Gobiernos Locales Unidos (CGLU) y otras organizaciones han publicado la

Declaración sobre la Cultura pandemia del COVID-19. Firmada por ocho redes culturales internacionales, la declaración se elaboró en el marco del trabajo a realizar por la Agenda 2030, así como en el compromiso para garantizar que la cultura se sitúe en el centro de la Década de Acción de las Naciones Unidas para la realización de los ODS. La declaración de la campaña Culture2030Goal iniciada el 20 de abril de 2020, en su primer párrafo, afirma:

> El mundo se enfrenta hoy a la pandemia de COVID-19 y deberá abordar mañana la necesidad de reconstruir nuestras sociedades, en un proceso que debe incluir a la cultura en el centro de la respuesta. La cultura es fuente de inspiración, consuelo y esperanza en la vida de las personas. Para aprovechar este potencial, la campaña Culture2030Goal, en el contexto de su compromiso con la Agenda 2030 de las Naciones Unidas, hace un llamamiento a los organismos de las Naciones Unidas, a los gobiernos y a todas las demás partes interesadas para que actúen.
> (Declaración Culture2030Goal, 2020)

Nos encontramos, entonces, ante una emergencia sanitaria y económica en la región y en el mundo, sin precedentes, que parece no tener una fecha clara de caducidad y sin poder medir todavía sus terribles consecuencias. La aparición de la pandemia en Argentina se dio en un contexto de enorme complejidad: en el marco de una crisis económica generalizada, con los sectores de la producción, la industria y el comercio, paralizados al inicio del aislamiento. El proceso del denominado APSO, en nuestro país, en sus distintas etapas, se inició el 18 de marzo de 2020 y se ha prolongado por más de ocho meses, sin tener a lo largo de ese tiempo una fecha probable de finalización.

Este combo resultó letal para el universo de la cultura y del patrimonio cultural, dañando gravemente a los sectores vinculados a la producción, la promoción, la difusión y/o la comercialización de bienes, servicios y actividades de contenido cultural, artístico o patrimonial, modificando las prioridades y los presupuestos de los Estados, clausurando las partidas destinadas al cuidado del patrimonio y a la gestión cultural.

La mayor parte de nuestros bienes inmuebles con valor patrimonial y protegidos por ley se encuentran en mal estado de conservación, lo que dificulta su uso social y su rol en los planes de desarrollo turístico. Esta falta de recursos afecta también la gestión integral de los mismos, su habitabilidad y su seguridad. Podemos decir lo mismo de nuestro sistema museal, conformado por más de 1500 museos de distintas reparticiones, ubicados en nuestro territorio nacional.

De igual manera no queremos dejar de mencionar la enorme vulnerabilidad que hemos dejado a nuestro sitios patrimoniales y museos, cerrados, al menos en Argentina, desde mediados de marzo, sin ventilarse, sin seguridad, sin monitoreo por cámaras, expuestos a la inclemencias del tiempo, a la humedad y al expolio.

*Figura 1* - Museos en Argentina (marzo, 2020)

## La crisis del patrimonio frente al cambio climático

En los últimos años, el acelerado y notable deterioro de nuestros ecosistemas, ha desnudado la compleja realidad en que vivimos. La relación entre naturaleza y cultura ha perdido su vital equilibrio a causa del denominado cambio climático, entre otros factores.

Esta amenaza concreta demuestra no sólo el abuso sostenido que el ser humano ha ejercido sobre su hábitat, sino, fundamentalmente, la pérdida de valores y de respeto hacia sus semejantes, hacia su propia cultura, es decir, hacia su patrimonio cultural.

En relación al cambio climático, desde los años 90 hasta la actualidad, la comunidad científica internacional se ha ocupado no sólo de generar conciencia, sino además de promover acciones concretas vinculadas al desarrollo y al medio ambiente, pero aún no es suficiente. En los últimos años las consecuencias del cambio climático se han intensificado: condiciones climáticas extremas, contaminación, procesos de desertificación, aumento de las temperaturas de los mares, derretimiento de hielos, fenómenos meteorológicos severos, inundaciones, erosión, incendios, sequías, entre otros, demuestran que los compromisos no alcanzan.

Recientemente, en 2015, y como resultado de la *Convención Marco de las Naciones Unidas sobre el Cambio Climático se aprobó el Acuerdo de París*, un documento histórico que entró en vigencia en enero de 2020 y cuyo objetivo fundamental es "combatir el cambio climático mediante acciones concretas para reducir las emisiones de carbono y contribuir, de esta forma, a un futuro sostenible". (NU, 2015)

A principios de 2016, quedó efectiva la *Agenda 2030 para el Desarrollo Sostenible*. Sus 17 objetivos (ODS) enumeran una serie de metas a alcanzar, entre ellos el cambio climático y la necesidad de lograr ciudades inclusivas, seguras, resilientes y sostenibles.

El informe elaborado por ICOMOS en 2019, *El futuro de nuestros pasados: comprometer el patrimonio cultural en Acción por el clima* constituye un instrumento muy valioso para contribuir, desde el patrimonio cultural a mitigar los efectos del cambio climático. En él, los especialistas destacan la urgencia en "repensar los estándares del patrimonio en materia de autenticidad e integridad atendiendo al frágil equilibrio entre desarrollo y conservación". (ICOMOS, 2019)

Se insiste en la necesidad de afrontar el cambio climático en forma responsable desde la acción combinada del patrimonio y el desarrollo sostenible. Al respecto, el informe dice:

> El cambio climático nos llevará más allá del delicado equilibrio entre conservación y desarrollo, a cuestiones fundamentales de derechos humanos y el papel de la cultura en la facilitación de transiciones sociales difíciles. Los profesionales del patrimonio, los académicos, los educadores y la sociedad civil tienen un papel central y una responsabilidad urgente de apoyar a las comunidades en la protección y defensa de los importantes roles del patrimonio cultural en la acción climática. Las múltiples capas interconectadas de los impactos del cambio climático deben convertirse en una competencia básica de la gestión del patrimonio, al igual que los principios del desarrollo sostenible. (ICOMOS, 2019)

La pandemia, ocasionada por Covid -19, que estamos atravesando nos deja aprendizajes cotidianos, puntualmente, respecto al cambio climático. La reducción de actividades por confinamiento en todo el mundo ha permitido disminuir las emisiones de gases de efecto invernadero. El mundo se ha puesto en pausa y esta circunstancia nos da la oportunidad de replantear nuestras acciones.

*Figura 2 -* El futuro de nuestros pasados: comprometer el patrimonio cultural en Acción por el clima
Fonte: ICOMOS, 2019

## La crisis del patrimonio frente al turismo masivo

La práctica del turismo cultural en las últimas décadas, experimentó un crecimiento exponencial afectando el delicado equilibrio entre las culturas locales y la masiva invasión de visitantes. Esta abrumadora y descontrolada llegada de turistas se puso de manifiesto en centros urbanos de gran escala, originando fenómenos como el overtourism o turismofobia, aunque no quedaron exentos de sus amenazas los pequeños y tradicionales poblados.

Algunas consecuencias preocupantes al respecto del patrimonio:

*1.* los centros históricos sometidos a procesos de gentrificación, tanto por recambio de usos y funciones como por el creciente fenómeno AIRBNB (entendido como el aumento de viviendas e inmuebles para uso turístico y la consecuente erradicación del habitante local.

*2.* la construcción de edificios en altura en los centros históricos alterando sus características patrimoniales.

*3.* el avance del comercio que promueve la venta de objetos industrializados en sitios históricos afectando el desarrollo de las producciones locales y los procesos inmateriales.

*4.* la pérdida del poder adquisitivo por parte de los y las residentes en los destinos.

*5.* la privatización de los servicios turísticos en grandes grupos económicos, incluso muchas veces foráneos.

Estos aspectos, entre muchos otros, generan recursos que generalmente no benefician a la población de acogida, la cual queda exenta de los beneficios económicos que posibilitarían su propio desarrollo. (DELHEYE, SANTIBAÑEZ, 2020)

La llegada de la pandemia interrumpió esta práctica desbordada, pero generó al mismo tiempo nuevas complicaciones. El Aislamiento Preventivo, Social y Obligatorio, con las restricciones de movilidad y los problemas económicos de vastos sectores de la población, han paralizado un modelo turístico masivo que cada año movilizaba a millones de personas en busca de destinos de sol y playa, profundizando así la crisis generalizada y aumentando la pérdida de empleos y el deterioro de la economía.

Posiblemente, con el inicio de desconfinamiento, con las distintas fases y el acceso a lo que denominamos "nueva normalidad", es que se empiecen a diseñar nuevas estrategias para abordar la problemática del turismo y atenuar las enormes pérdidas de este sector. Sobre todo, teniendo el verano en ciernes y la presión que ejerce la crisis económica y los prestadores de servicios turísticos.

Una nueva demanda se va a orientar, probablemente, hacia el turismo cercano o de proximidad, convirtiendo a los sitios vinculados a referencias culturales, patrimoniales y naturales, que no generen aglomeración y que no tengan índices altos de contagios, en destinos aconsejados. Los pueblos con menos de 5000 habitantes en nuestro país, con cascos históricos de valor patrimonial y reconocidos por sus características históricas, paisajísticas y culturales, son excelentes propuestas para realizar turismo de cercanía.

El turismo de proximidad que se ha planteado como primer paso en la desescalada de la pandemia, promete una nueva y sensible mirada, priorizando a la comunidad local y al visitante cercano en una experiencia que, sin duda, favorecerá el arraigo de los valores patrimoniales.

También será el automóvil el medio de transporte a utilizar por ser considerado como el más seguro, en esta modalidad turística que intentará acortar distancias y extender la estancia a un fin de semana o a tres días.

Esto nos lleva a reflexionar sobre el papel que va a cumplir el patrimonio cultural, de distintos sitios o poblados o barrios en el desarrollo del turismo de proximidad y en la dinamización de la economía. También a la necesidad de atención a un sector, el patrimonial, por parte de las políticas públicas de los gobiernos nacionales, provinciales o municipales.

La primera y fundamental observación que se debe considerar es la necesidad de normativas actualizadas y de herramientas de financiación y de gestión adecuadas para dar respuesta este importante este sector, esencial en las políticas de desarrollo territorial y turístico, al cual no se le ha prestado la debida atención.

*Figura 3 -* Turismo en la Quebrada de Humahuaca

## A MODO DE CONCLUSIÓN

### La crisis del patrimonio y el derecho al medio ambiente, al patrimonio cultural y natural

El confinamiento nos ha brindado la oportunidad de bajar el ritmo de vida cotidiano, acelerado y vertiginoso, y nos ha obligado a una necesaria introspección. El aislamiento reveló, quizás como nunca antes, sensaciones de enorme incertidumbre y desasosiego, que se manifestaron de manera individual como colectiva. De un momento a otro, las ciudades se vaciaron, perdiendo el sentido de sus espacios públicos y de construcción de vínculos sociales.

Sin embargo, esta impensada situación encierra una oportunidad para repensarnos y reencontrarnos con nuestros aspectos esenciales: ante la angustia del encierro obligatorio se han restaurado relaciones familiares, se han renovado los vínculos sociales y se han puesto en valor las economías de proximidad. Las distancias y los tiempos han perdido su rigor a fuerza de redes sociales y reuniones virtuales que han fortalecido los vínculos humanos, generado tramas, antes impensadas. Aunque seguramente modificado, el contacto físico, propio del instinto humano, prevalecerá en la nueva normalidad: la supervivencia se basa en la interacción social.

Reubicarnos en nuestro entorno ha resultado esencial. Hemos aprendido a valorar los espacios privados como escenario simultáneos de la vida cotidiana y laboral; un notable desafío que ha expuesto el verdadero rol de la arquitectura doméstica. Asimismo, hemos redescubierto nuestro entorno cercano como el centro de nuestra vida social: el intercambio, el mercado, el deporte, la recreación, el descanso. Podemos asegurar que en momentos de crisis, los valores inmateriales se imponen porque son ellos los que encierran verdaderamente la esencia de nuestra cultura.

Como cada año, el *Día Internacional de Monumentos*, celebrado por ICOMOS, reviste una oportunidad para difundir, reflexionar y concientizar sobre nuestro patrimonio. El 2020 nos encontró atravesando la pandemia y el confinamiento impuesto. Con ciudades silenciosas, con espacios públicos vacíos y ámbitos de la cultura cerrados, entendimos que debíamos acompañar ese sentir colectivo, destacando que el patrimonio esencial es la vida misma.

La pandemia pasará y el confinamiento terminará. Debemos estar atentos al interrogante que requiere comprender el tiempo por venir: ¿cuál es la "nueva normalidad" que queremos? ¿hemos desarrollado un sentido de compromiso hacia las amenazas que se ciernen sobre la humanidad? Y quizás lo más importante: ¿estamos preparados para dejar de considerar "normales" situaciones que en realidad no lo son?

En este sentido, UNESCO ha realizado una campaña de concientización sobre los efectos de la pandemia y la posibilidad de contribuir a un mundo mejor. Al respecto, los y las especialistas han llamado la atención sobre una serie de aspectos que nos interrogan acerca de lo que consideramos "normal". (UNESCO, 2020)

Por ejemplo, hemos aprendido a considerar que es "normal" que la contaminación genere más de ocho millones de muertes por año, pero nos asombra que los picos del Himalaya sean visibles por primera vez en treinta años o que las aguas de Venecia se vean transparentes; lamentamos pero no nos sorprende la desaparición de especies y ecosistemas, pero nos emociona que los animales reaparezcan en sitios urbanizados;

En los últimos veinte años los conflictos bélicos han destruido más de treinta sitios de patrimonio mundial, pero eso nos resulta un dato cuantitativo, mientras que a causa del confinamiento once países han declarado un alto al fuego y eso nos resulta increíble; es parte de las estadísticas cotidianas que, aun existiendo una vacuna contra la neumonía infantil desde hace cuarenta y tres años muera un niño cada 39 segundos en el mundo, pero nos resulta increíble y anormal que no se logre dar con una vacuna contra el coronavirus.

Es momento de reflexionar sobre todos estos aspectos y comprender nuestra responsabilidad individual y colectiva. Debemos aprender a involucrarnos en los problemas y hacer frente a las amenazas que nos afectan en lo individual, a nuestras familias, a la Humanidad.

En ese sentido, UNESCO ha desarrollado el *Programa Memoria del mundo*, en el que enfatiza la oportunidad que este momento representa para el registro documental, tanto físico como digital. Esta recomendación se orienta a cuatro ámbitos fundamentales: los valores educativos, sociales, científicos y artísticos, los cuales exigen una responsabilidad compartida por parte del Estado, las instituciones de la memoria y los ciudadanos. Se pretende así responder al Covid-19 pero también generar una base de procedimientos para responder a futuras eventualidades de este tipo. (UNESCO, 2020)

De esta forma se apunta a promover la creatividad, la sensibilización y la participación de todos los estratos de la sociedad en los procedimientos de resiliencia.

Por su parte, ICOMOS elaboró un documento titulado "ICOMOS y Covid-19: el patrimonio como piedra angular de la recuperación humana, social y económica" en el que advierte que los desafíos de la recuperación postpandemia no son sólo económicos, sino también humanos y sociales. ICOMOS cree que el patrimonio no solo es un impulsor del desarrollo sostenible, sino también una piedra angular de la recuperación humana y social después de los desastres, por lo que estructura su aporte en dos escalas: en primer lugar a largo plazo, sabiendo que la recuperación será larga y tomará varias formas; y en segundo lugar, comprendiendo que la presencialidad genera una experiencia diferente a la de ver imágenes en una pantalla, por lo que no subestima el poder de cada sitio. Desde su propio ámbito, ICOMOS considera que su labor es fundamental para aportar a la elaboración de planes equilibrados que apunten a mitigar los efectos de la pandemia, sosteniendo la importancia de que toda previsión económica incluya al patrimonio en sus planes". (ICOMOS, 2020)

## NOTAS

*¹* Arquitecto (FAU UNLP). Máster en Gestión Cultural (Universidad de Barcelona). Director del Programa de Posgrado en Gestión Cultural (UNLP). Presidente de ICOMOS Argentina. Entre 2018/2019 director de la Comisión de Patrimonio Arquitectónico de la Legislatura porteña. Autor de libros y artículos relacionados a su especialidad.

*²* Arquitecta (FAUD UM). Cursó la Maestría en Historia de la Arquitectura y el Urbanismo Latinoamericanos (UNT). Docente e investigadora en UM, UC y UNCuyo. Miembro de la Comisión Directiva de ICOMOS Argentina y del Comité Científico Internacional de Paisajes Culturales ICOMOS-IFLA. Subdelegada por Mendoza CNMLyBH.

## REFERÊNCIAS

DELHEYE, P. y SANTIBAÑEZ, G. Turismo cultural y patrimonio. Algunas notas para contribuir a un desarrollo sostenible, **Revista del Consejo Profesional de Arquitectura y Urbanismo**, año XIII, Buenos Aires, 2000.

ORTIZ, R. **Otro territorio**. Ensayos sobre el mundo contemporáneo. Buenos Aires: Universidad de Quilmes, 1996.

PRATS, LL. **El concepto de patrimonio cultural**. Madrid: Política y Sociedad, 1998.

**Cartas y documentos internacionales**

ICOMOS. **Carta Internacional sobre Turismo Cultural**. La Gestión del Turismo en los sitios con Patrimonio Significativo, México, 1999. (En línea). Disponible en: https://www.icomos.org/ charters/tourism_sp.pdf

ICOMOS. **El futuro de nuestros pasados: Involucrando el patrimonio cultural en la acción climática**. Bakú, República de Azerbaiyán, 2019. (En línea). Disponible en: https://www.icomos. org/en/77-articles-en-francais/59522-icomos-releases-future-of-our-pasts-report-to-increase-engagement-of-cultural-heritage-in-climate-action

UNESCO (París). **Convención para la protección del patrimonio cultural inmaterial**, 2003. (En línea). Disponible en: http://portal.unesco.org/es/ev.php-URL_ID=17716&URL_DO=DO_TOPIC&URL_SECTION=201.html

UNESCO (París). **Convención para la protección del patrimonio mundial cultural y natural**, 1972. (En línea). Disponible en: https://whc.unesco.org/archive/convention-es.pdf

UNESCO (París). **Convención sobre la protección y la promociòn de la diversidad de las expresiones culturales**, 2005. (En línea). Disponible en: http://www.unesco.org/new/es/culture/themes/cultural-diversity/cultural-expressions/the-convention/convention-text

## RECURSOS WEB

DECLARACIÓN de la Campaña Culture2030goal presentada el 21 de mayo de 2020, Día Mundial de la Diversidad Cultural para el diálogo y el desarrollo. Disponible en: http://culture2030goal.net/wp-content/uploads/2020/07/ES_culture2030goal_declaration-Culture-and-covid19-jul2020.pdf

ICOMOS. **ICOMOS y COVID-19:** el patrimonio como piedra angular de la recuperación humana, social y económica. (En línea). Disponible en: https://www.icomos.org/images/DOCUMENTS/Secretariat/2020/Covid19/ICOMOS_Covid19_ES.pdf

UNESCO. **Campaña por la "nueva normalidad"**. (En línea). Disponible en: https://es.unesco.org/campaign/nextnormal

UNESCO. **Convirtiendo la amenaza del COVID-19 en una oportunidad para un mayor apoyo al patrimonio documental**. (En línea). Disponible en: https://www.ica.org/sites/default/files/unesco_spanish.pdf

# PATRIMONIO Y CRISIS DESDE PERÚ(S). REFLEXIONES EN VOZ ALTA[1]

*Alfaro, Crayla[2]; Balarezo, Giovanna[3]; Barrionuevo, Patricia[4]; Hayakawa, José[5]; Ishizawa, Maya[6]; Martorell, Alberto[7]; Quinto, Silvia[8]; Sacsa, Cecilia[9]; Uribe, Claudia[10]; Vilcapoma, Teresa[11] (ICOMOS-Perú)*

El presente documento es una aproximación a la situación en que se encuentra la salvaguarda del patrimonio cultural en el Perú desde sus dimensiones tanto institucional como social. Esta reflexión conjunta realizada desde la Asociación ICOMOS Perú, responde a las preguntas:

1. ¿Cómo pensar la relación entre patrimonio y crisis en el Perú?
2. ¿A qué nos referimos con resiliencia en términos del patrimonio cultural del Perú? y;
3. ¿Qué esperar en el futuro?

Para responder a estas interrogantes, los autores se basaron en su experiencia como profesionales especialistas de los distintos Comités Científicos Nacionales de ICOMOS Perú. Para sustentar y complementar este diagnóstico, se realizaron también búsquedas de fuentes en línea, revisiones bibliográficas e intercambio en grupos de trabajo.

Abordamos el tema presentando el estado del patrimonio cultural inmueble (arqueológico y arquitectónico) e inmaterial en el Perú antes de la pandemia, evidenciando que, la crisis se origina muy atrás en nuestra historia y no obedece únicamente a los impactos de la situación sanitaria mundial actual. Sin embargo, reconocemos que estos antecedentes han sido también motores en la sociedad civil, la cual ha ido generando cambios en sus enfoques patrimoniales a lo largo del tiempo. La crisis acentuada por la pandemia se ha constituido como una oportunidad para potenciar la gestión del patrimonio, al dejar mayor espacio de acción y participación a la sociedad civil. Es en base a este entendimiento que analizamos de modo crítico, la planificación, los marcos de gestión y administración, así como los dispositivos legales y financieros y su aplicación en el contexto actual.

Luego de este análisis, explicamos algunos ejemplos concretos que nos permiten reconocer cómo las crisis pasadas trazaron caminos de resiliencia que hoy en día resultan esenciales para pensar a la sociedad post-pandemia. Finalmente presentamos nuestra mirada hacia el futuro: Planteamos que la "nueva normalidad" para el patrimonio cultural debe construirse en cooperación con los diversos actores patrimoniales y sugerimos una agenda para los profesionales del patrimonio cultural en el Perú que sirva de base para la acción.

## ¿CÓMO PENSAR LA RELACIÓN ENTRE PATRIMONIO Y CRISIS EN EL PERÚ?

*Crayla Alfaro, Alberto Martorell, Silvia Quinto e Cecilia Sacsa*

### Estado situacional del Patrimonio Cultural en el Perú antes de la pandemia

Svampa (2016, p.132) introduce a su análisis del concepto de crisis citando a Koselleck (2002, p.236) "Quien abra el diario hoy se encuentra con el término crisis. El concepto indica inseguridad, desgracia y prueba, y refiere a un futuro incierto, cuyas condiciones no pueden ser lo suficientemente elucidadas". En relación dicho análisis, Svampa (2016, p.132) añade: "En su uso contemporáneo, este término remite a una fractura entre lo que acontece en el tiempo presente, los patrones precedentes y las posibilidades que arroja el futuro cuando no cabe pensar en una continuidad".

La Constitución Política, las leyes y normas técnicas referidas al patrimonio cultural en el Perú han estado orientadas a proteger o salvaguardar los bienes culturales y determinar las sanciones correspondientes en caso de afectaciones. El cumplimiento del marco legal, sin embargo, no siempre ha sido firme. Durante la segunda mitad del siglo XX y ante la ausencia de una política cultural nacional oficial, este marco jurídico representó una línea de protección del patrimonio cultural carente de objetivos concretos. Luego de decenios de subsistir con una plataforma institucional desarticulada en sus competencias, roles y actividades y a pesar de la creación del Ministerio de

Cultura en 2010, hasta julio del 2020 solo contábamos con los Lineamientos de Política Cultural 2013-2016 que proponían establecer vínculos entre patrimonio, desarrollo, preservación, ciudadanía e identidad (MINISTERIO DE CULTURA, 2012). Su mayor valor se encontraba en proponer una perspectiva transversal de la cultura como punto de partida. Así, el Lineamiento 5 "Defensa y apropiación social del patrimonio" recogía las nuevas tendencias globales que distinguen la importancia de la participación de la ciudadanía en la protección de los bienes culturales, considerando que el patrimonio cultural debe convertirse en un elemento primordial para el desarrollo local. Sin embargo, como veremos a continuación, la base histórica del marco jurídico que sigue vigente no ha permitido dicho acercamiento entre sociedad y patrimonio de manera efectiva.

Ilustramos esta problemática estructural primero, con el ejemplo del patrimonio arqueológico inmueble. Durante casi todo el siglo XX se gestó y consolidó un "pacto patrimonialista" (ASENCIO, 2013, p.26) en el que el Estado y los arqueólogos se convirtieron en agentes patrimonializadores y los denominados monumentos arqueológicos prehispánicos[12] en bienes intangibles, propiedad del Estado, deslegitimando el vínculo de éstos con las poblaciones locales. Este discurso fue hegemónico hasta finales de la última década del siglo XX, en que empezaron a manifestarse los enfoques neo-patrimoniales. Como resultado de cambios en las políticas públicas se fomenta una mayor participación de la población en actividades que antes se consideraban exclusivas del Estado (ASENCIO, 2013, p.27), generando que los agentes patrimonializadores requieran involucrar a la población en la gestión y puesta en valor de los vestigios arqueológicos.

En el Perú, lo que se ha definido como "participación comunitaria", presenta dos modalidades:

> *1)* La participación utilitaria, "porque es positiva para los objetivos de los agentes patrimonializadores y porque es beneficiosa también para los objetivos de la población" (ASENCIO, 2013, p.28). Este tipo de iniciativas tienen esquemas institucionales distintos dependiendo de su agente u órgano promotor: a) Directamente por el Estado, como en el caso del Proyecto Qhapaq Ñan del Ministerio de Cultura y en menor escala por los proyectos de inversión pública que realizan sus Unidades Ejecutoras; b) Por los arqueólogos a cargo de un sitio o parque arqueológico; c) Por las ONGs y fundaciones vinculadas a proyectos de desarrollo,

como el Centro Mallqui, con proyectos en Algarrobal en Ilo y Leymebamba en Chachapoyas, la Fundación Wiesse, el Patronato Huacas de Moche y el Patronato del Valle de Las Pirámides de Lambayeque en la costa norte del Perú; d) Por la propia población, con menos frecuencia, como en el caso de la reconstrucción del Santuario del Señor de Luren en Ica, promovida no sólo desde la comunidad local sino desde su feligresía.

*2)* La co-gestión, en la que no sólo se reconoce el derecho de de la población a beneficiarse de la puesta en valor, sino que se va más allá y se reconoce también el derecho a decidir sobre la pertinencia de esta puesta en valor. En el Perú, este tipo de experiencias de co-gestión son mucho más limitadas, ya que no existen dispositivos legales que las enmarquen. Sin embargo, se han dado casos, como el de la Señora de Cao en la Libertad, en el que las élites culturales regionales, el equipo arqueológico y los diseñadores de la museografía negociaron las condiciones de la exposición del personaje en mención en el museo de sitio para la difusión del hallazgo arqueológico (ASENCIO, 2013, p.28).

Es importante señalar que estas experiencias se han dado mayoritariamente en el espacio rural. En el ámbito urbano, la expansión de la ciudad, un proceso iniciado en la década de 1950, ha ocasionado una creciente presión sobre numerosos sitios arqueológicos localizados en áreas expuestas a la rápida transformación del uso de suelo para priorizar el desarrollo urbano.

Sin embargo, a pesar de la puesta en práctica de estas modalidades que enfatizan la participación, el cuerpo jurídico de protección del patrimonio arqueológico inmueble no se ha adaptado aún a los enfoques participativos. Las modalidades de intervención arqueológica como los Proyectos de Evaluación Arqueológica y de Rescate Arqueológico, ejecutados en el marco del Reglamento de Intervenciones Arqueológicas, han dado viabilidad al saneamiento de áreas para proyectos inmobiliarios y de transporte público, entre otros, a pesar de tener un impacto en el patrimonio cultural. Aunque la normativa técnica que permite estas intervenciones ha sido objeto de afinaciones, existen posturas encontradas respecto a las características y resultados de este tipo de intervenciones, principalmente cuando su ejecución tiene como objetivo final, el levantamiento de la condición del patrimonio cultural de un monumento arqueológico.

Por otro lado, en el caso del patrimonio arquitectónico, muy a pesar del esfuerzo de los profesionales de la conservación, las autoridades de gobiernos regionales y locales actúan mayoritariamente bajo la premisa que "la ruina es un factor de desorden y desestabilización que con frecuencia desafía la traza urbana" (BUSTAMANTE et al., 2019, p.111) o como señalaba Prats (1997) "la ruina molesta e incómoda porque desordena los preceptos del progreso presente y del futuro". Los recientes casos en el Centro Histórico de Lima son muestra de esta visión, que, en lugar de buscar la integración del patrimonio cultural en el desarrollo de la ciudad, lo descarta.

El caso de la demolición del inmueble histórico denominado *"El Buque"* en Barrios Altos por parte de la Municipalidad Metropolitana de Lima es un ejemplo ocurrido durante la pandemia (abril/2020). Su demolición fue argumentada en base a un supuesto desmontaje de sus partes, sin embargo, éste no contó con la autorización del Ministerio de Cultura, ni tampoco con un proyecto de intervención. El edificio se encontraba ya en pésimo estado de conservación, y las autoridades pertinentes no lograron desarrollar un proyecto de conservación e intervención en este edificio histórico declarado bien integrante del Patrimonio Cultural de la Nación (Ley 28296). A pesar de encontrarse en el corazón del Centro Histórico de Lima dentro del Área inscrita en la lista del Patrimonio de la Humanidad, el edificio donde vivían 54 familias en forma precaria, nunca fue puesto en valor, sufriendo daños de incendios, colapsos parciales, hasta su inminente demolición.

Este ejemplo evidencia que las afectaciones a las edificaciones históricas obedecen a una falta de políticas de rehabilitación integral, de una normativa que promueva la revitalización del espacio patrimonial y de dispositivos financieros eficaces que sean gestados desde el Ministerio de Cultura en conjunto con la Municipalidad Metropolitana de Lima que hagan factibles las intervenciones en pro del patrimonio cultural.

Situaciones similares en las que el patrimonio arquitectónico ha quedado expuesto y ha sido vulnerado se han evidenciado en otros Centros Históricos también inscritos en la lista del Patrimonio Mundial: En Arequipa, se ha pintado el mobiliario urbano y las piezas ornamentales de la Plaza de Armas, sin considerar la documentación histórica y las características que mantienen su valor universal excepcional; en Cusco, se ha instalado un estacionamiento de bicicletas sin ciclovías conectadas al mismo, mostrando una intervención que no considera una visión de sistema vial holístico a nivel urbano. Además, ocurrió un incendio durante la pandemia (junio / 2020) que destruyó el techo de una casona histórica donde no había un control de las actividades que se realizaban en dicho edificio, y que pueden haber contribuido a su vulnerabilidad.

En ese contexto, podemos señalar que, la percepción social sobre el patrimonio cultural inmueble tanto arqueológico como arquitectónico se ha manifestado de manera diversa. Por un lado, se ha ido desarrollando la sensibilidad social acerca de la importancia que tiene su preservación y conservación, pero, por otro lado, en el marco del crecimiento económico del Perú en los últimos 20 años, el patrimonio cultural inmueble es considerado como un obstáculo para el desarrollo urbano y la modernización de la infraestructura. Es visto como una posibilidad de bienestar únicamente desde la perspectiva económica, a través de su puesta en valor y utilización en beneficio del turismo.

En relación al patrimonio cultural inmaterial, éste ha sobrevivido en base a la continuación de las prácticas culturales desde las comunidades portadoras. Las prácticas culturales ancestrales fueron oprimidas durante toda la época virreinal (siglos XVI-XIX) en incluso hasta la República. Sin embargo, estas prácticas han sido resilientes y se han sincretizado con otra religiosas llegadas al Perú con las misiones católicas y evangelizadoras desde el Reino de España. Si bien existen declaratorias de expresiones culturales como bienes integrantes del Patrimonio Cultural de la Nación desde 1986, sólo es, a partir de la ratificación en el 2005 por parte del Estado Peruano de la Convención para la Salvaguarda del Patrimonio Cultural Inmaterial adoptada por la UNESCO en el 2003, que se establecen formalmente los requisitos para solicitar dichas declaraciones. Danzas, festividades, saberes locales e indígenas y rituales comienzan a reconocerse, valorarse y ser parte de un registro oficial. A partir de entonces, los procesos se hacen participativos y esto motiva cambios de perspectiva en el paradigma de gestión del patrimonio cultural. En adelante, lo participativo se iría perfilando como un enfoque para fortalecer los vínculos entre el patrimonio y la sociedad.

Como señalase Alfaro (2005, p. 48-49), a inicios del siglo XXI se evidenció una diferenciación en la conceptualización del patrimonio cultural inmaterial entre los diversos sectores del Estado, expresada en situaciones tales como: la carencia de un proyecto nacional que planteara un plan maestro de salvaguarda del patrimonio cultural inmaterial, la inadecuada planificación y legislación sectorial de las instituciones estatales, y la falta de referencia a organismos multilaterales vinculados al sector cultura, como la UNESCO.

Para ese entonces, fenómenos como las migraciones, la modernización y globalización habían ampliado el espectro de los involucrados en la salvaguarda del patrimonio cultural inmaterial: universidades, organizaciones no gubernamentales, empresas privadas. Alfaro (2005, p.49) resalta que "en el Perú la salvaguarda del patrimonio inmaterial no solo se sostiene por iniciativas estatales o empresas privadas, sino también por asociaciones civiles, especialmente de origen provinciano", es decir con una dinámica gestada desde fuera de Lima.

La normativa relacionada a estos procedimientos ha ido cambiando durante la última década. La Dirección de Patrimonio Inmaterial del Ministerio de Cultura, el órgano de línea encargado de las acciones de salvaguarda desarrolla un inventario participativo. Para ello, se requiere que las comunidades portadoras lleven a cabo un proceso de reflexión-acción sobre la importancia, el significado y la situación de la expresión postulada. El Ministerio de Cultura (2014) desarrolló una guía para estos fines, detallando el procedimiento que las comunidades portadoras deben seguir para lograr que una expresión de su patrimonio cultural inmaterial sea declarada como bienes integrantes del Patrimonio Cultural de la Nación y qué requisitos debe cumplir el expediente de postulación. Entre los requisitos más importantes, se deben incluir Planes de Salvaguarda y un acta de compromiso de los solicitantes y los portadores asegurando la colaboración con el Ministerio de Cultura para elaborar cada cinco años, un informe detallado sobre el estado de la expresión.

En este panorama, que es anterior a la pandemia pero se entrelaza con situaciones ocurridas durante la pandemia, consideramos, como lo plantea Prats (2012, p.68), que puede abordarse "la crisis como un contexto de oportunidades para corregir estos problemas" y plantear a partir de ésta, las líneas de desarrollo o transformación que deberían construirse entre las instituciones relacionadas a la gestión del patrimonio cultural y la sociedad civil, para contribuir a la cohesión social y al bienestar comunitario.

La continuidad de los patrones que hemos descrito líneas arriba no es una opción. La crisis del COVID-19 tendrá un impacto importante en la economía peruana y aunque según el Banco Mundial, se espera una fuerte recuperación el siguiente año 2021, cabe preguntarse si la inversión pública y privada en patrimonio se reducirá, y si el mantenimiento de las activaciones patrimoniales que se fueron logrando, motivadas sobre todo por la gentrificación o la demanda turística, se verá garantizado.

Sumada a esta problemática, la crisis política actual no garantiza que el Estado priorizará la inversión en cultura frente a responsabilidades críticas y urgentes en materia de salud y educación. Hace falta también la voluntad política para promover e implementar la Política Nacional de Cultura al 2030 pues no ha sido suficientemente consensuada y ya ha tenido muchas críticas en relación, justamente, a su limitado carácter participativo. Este documento, después de décadas de ser postergado, fue aprobado en pleno Estado de Emergencia Nacional el 21 de julio de 2020.

## El patrimonio cultural en la pandemia

La estructura de gestión para el patrimonio cultural en el Perú está liderada por el Ministerio de Cultura, ente estatal que tiene como funciones

> "...formular, ejecutar y establecer estrategias de promoción cultural de manera inclusiva y accesible, realizar acciones de conservación y protección del patrimonio cultural, fomentar toda forma de expresiones artísticas, convocar y reconocer el mérito de quienes aporten al desarrollo cultural del país, planificar y gestionar con todos los niveles de gobierno actividades que permitan el desarrollo de los pueblos amazónicos, andinos y afroperuanos, todo ello propiciando el fortalecimiento de la ciudadanía e identidad cultural y abriendo espacios de participación de todas las culturas, mediante lo cual democratizamos la cultura para acercarla al ciudadano"

(https://www.gob.pe/666-ministerio-de-cultura-que-Hacemos)

A pesar de contar con un organigrama que cuenta con Direcciones Desconcentradas de Cultura (DDC) con responsabilidad jurisdiccional, los lineamientos del accionar presupuestal de las DDC dependen de la Sede Central Lima. En este contexto, el escenario patrimonial de la pandemia presentó muchos desafíos a lo largo de todo el territorio, que necesitaban acción descentralizada inmediata.

En el caso del patrimonio arqueológico, se presentaron numerosas denuncias desde las mismas Unidades Ejecutoras del Ministerio de Cultura y sobre todo desde la sociedad civil. Estas evidenciaron una serie de daños que se producían en todo el Perú: usos entendidos como incompatibles (e.g. siembra en áreas que forman parte de los restos arqueológicos protegidos, uso de restos arqueológicos protegidos como canteras o como áreas para practicar actividades deportivas, entre otros), afectaciones y daños (e.g. pintas, quemas, incendios). Tanto sitios arqueológicos protegidos de uso público como otros sin uso fueron impactados.

Quizás el patrimonio cultural más afectado durante la pandemia y también en el futuro de la "Nueva Normalidad" sea el patrimonio cultural inmaterial, que en muchos casos depende de reuniones multitudinarias como son la Procesión del Señor de los Milagros - recorrido realizado en Octubre de todos los años desde hace más de 300 años en el Centro Histórico de Lima - o fiestas como la Fiesta de Paucartambo y Corpus Christi en Cusco - realizada en febrero y junio respectivamente - o la peregrinación del Qoyllur Ritti al Apu Ausangate -realizada en junio de cada año - también en Cusco. Así mismo, los artesanos portadores de los saberes tradicionales también se han visto afectados por la falta de turismo y la imposibilidad de abrir sus tiendas durante varios meses a causa del Estado de Emergencia declarado por el gobierno peruano en marzo del 2020.

Las poblaciones vulnerables que guardan saberes, prácticas y expresiones culturales tradicionales importantes también se han visto afectadas durante la pandemia. Los pueblos amazónicos, por ejemplo, han sido víctimas del virus y también de la falta de atención desde el Estado. Así mismo, se han visto debilitados los esfuerzos de proteger los bosques amazónicos y otros espacios naturales importantes que son fuente para la producción del patrimonio cultural. El rol fundamental de los pueblos indígenas para el bienestar de la comunidad en su totalidad, y el valor del patrimonio indígena no han sido suficientemente reconocidos y respetados hasta ahora.

Las acciones por parte del Estado en apoyo al patrimonio no se materializaron sino hasta después del establecimiento de las Fases para la Reactivación Económica, luego de la emisión del Decreto Legislativo N° 1507 del 11 de mayo de 2020. Este decreto disponía el acceso gratuito temporal, para los servidores públicos, así como para las niñas, niños y adolescentes y personas adultas mayores, a los sitios arqueológicos, museos, lugares históricos y áreas naturales protegidas, administrados por el Ministerio de Cultura y el Servicio Nacional de Áreas Naturales Protegidas por el Estado – SERNANP. Esta iniciativa, que estableció el acceso gratuito a 55 sitios arqueológicos y 22 reservas naturales en la Amazonía fue impulsada por el Ministerio de Comercio y Turismo (Mincetur), para reactivar una de las actividades más afectadas por la pandemia, el turismo, a raíz del freno impuesto a la llegada de visitantes extranjeros.

No obstante, los sitios con apertura al turismo deben aplicar un protocolo de bio-seguridad en su reapertura. El gobierno destinó a ese fin 5,8 millones de dólares para los sitios arqueológicos y US$ 2.9 millones para las áreas naturales protegidas. A partir de entonces, los sitios arqueológicos con uso público gestionados desde el Estado o iniciativas privadas (e.g. Santuario Histórico de Machu Picchu, Complejo Arqueológico El Brujo y el Complejo Arqueológico Kuélap) iniciaron el desarrollo de protocolos de bio-seguridad, encontrando en el camino una serie de dificultades y retos. Las modificaciones reiteradas de las disposiciones del Ministerio de Salud llevaron a replantear y modificar varias veces los protocolos que se fueron desarrollando en cada sitio (tanto en los gestionados por el sector público, como por el privado).

Esta situación denotó una falta de articulación y sobre todo de planificación no sólo en el sector cultura sino entre los diversos sectores del Estado. La reapertura de los sitios arqueológicos con uso público no se ha concretado (a septiembre del 2020). Los resultados de las medidas de bio-seguridad propuestas aún están pendientes de evaluarse. La reanudación de los proyectos arqueológicos se está dando paulatinamente bajo las recomendaciones de un protocolo gestado desde el mismo Ministerio de Cultura. Hasta el momento, no existen mecanismos para que la sociedad civil pueda contribuir más a enfrentar esta situación, más allá de las medidas que el Ministerio de Cultura tomó a fines de abril, a un mes de la pandemia. Estas consisten en incentivar a la población a denunciar los atentados al patrimonio, la apertura de una línea WhatsApp para ello y la promulgación del Decreto Legislativo N° 1467 para reforzar las acciones de preservación del patrimonio cultural.

Todo lo expuesto anteriormente evidencia una necesidad de mayor planificación y coordinación intersectorial, no sólo desde las demandas de la conservación patrimonial sino desde la apropiación social de sus sujetos. La estrategia de la llamada "nueva normalidad" hasta ahora se ha concentrado en la priorización de acciones en espacios concebidos como productos turísticos, acelerando intervenciones que tienen como objetivo la reactivación económica desde una mirada segmentada del bien cultural, y no garantizando el beneficio de la ciudadanía.

En tiempos de pandemia global se ha expresado una falta de liderazgo y desarticulación entre las acciones del Estado, de las DDC, de las autoridades locales, las ONGs y los profesionales del patrimonio. La capacidad de acción para la toma de decisiones en torno al patrimonio cultural sólo se ha podido dar de manera aislada con iniciativas puntuales. Explicaremos algunos ejemplos de este accionar en la siguiente sección de este artículo.

## ¿A QUÉ NOS REFERIMOS CON RESILIENCIA EN TÉRMINOS DEL PATRIMONIO CULTURAL DEL PERÚ?

*Giovanna Balarezo, Teresa Vilcapoma, Patricia Barrionuevo)*

Cuando pensamos cómo cambiaron nuestras vidas de un día para otro y como ahora nos encontramos más lejanos a un contacto humano de un abrazo o de una simple sonrisa en la calle también vemos que hemos roto fronteras en la capacidad de comunicarnos de diferentes formas. Aceptamos la adversidad y a partir de la pérdida nos hemos fortalecido. Desde el punto de vista del patrimonio cultural, no podemos atribuir destrucciones o abandono a la pandemia. Estas acciones o no-acciones se daban antes. Sin embargo, así como existen situaciones palpables de destrucción del patrimonio cultural, también existen situaciones ejemplares de gestión, demostrando capacidad de adaptación del patrimonio a la crisis. Las lecciones aprendidas de situaciones críticas y de desastre en el pasado, han servido como base para construir resiliencia a la pandemia.

El concepto plurivalente de resiliencia puede ser entendido desde diferentes enfoques que se han ido sumando a través del tiempo. Ha sido abordado desde las ciencias sociales, ambientales y urbanas.

Desde el campo de la psicología, la definición de resiliencia es amplia, estando dirigida a los comportamientos y el desarrollo personal de los individuos enfrentados a situaciones traumáticas (GROTBERG, 2006). Desde este punto de vista, la resiliencia se define como: "la capacidad de un grupo o persona de afrontar, sobreponerse a las adversidades y resurgir fortalecido o transformado" (FORÉS, 2010). Asimismo, el concepto de resiliencia es abordado y aplicado al campo de la ecología por Holling (1973), quien identifica "la capacidad adaptativa de un ecosistema para mantener sus funciones habituales mientras afronta procesos disruptivos o de cambio severo" (GUNDERSON & HOLLING, 2002). Los autores plantean que numerosos sistemas evolucionan en un "ciclo autodaptativo" (GUNDERSON & HOLLING, 2002). El Ciclo de Renovación Adaptativa, se compone de cuatro etapas; explotación, conservación, liberación y reorganización, los cuales están organizados en un eje de tres variables: potencial disponible, nivel de conectividad y la resiliencia (GUNDERSON & HOLLING, 2002). El concepto de resiliencia en la literatura ecológica es fundamental para comprender las características no lineales de los sistemas adaptativos complejos. La resiliencia de los sistemas es la capacidad para reorganizarse, transformarse e innovar, a fin de continuar con el proceso evolutivo e iniciar la fase de crecimiento continuo ininterrumpido donde el eje central es la sustentabilidad (CALVENTE,

2007). Entendiendo que estos sistemas de comportamiento adaptativo se aplican tanto a sistemas naturales como humanos, se puede establecer que los diferentes problemas y crisis que enfrentamos, ya sea de índole social, político, económico, ambiental requieren de enfoques interdisciplinarios y de una visión no lineal, permitiendo al sistema transformarse y adaptarse a nuevos ciclos de reorganización y crecimiento para su sostenibilidad y vigencia en el tiempo.

El Perú tiene una historia de desastrología abundante: terremotos, tsunamis, pestes post-desastres, fenómeno del Niño, terrorismo, entre otros y así mismo la recuperación de los sistemas socio-ecológicos ante estas situaciones adversas es igualmente reconocible en la constante reconstrucción de los tejidos sociales y sus respuestas a los cambios inesperados. Indudablemente las sociedades peruanas hemos sido resilientes.

Encontramos muchos episodios en la historia del Perú, que demuestran cualidades de resiliencia. Por ejemplo, la ciudad de Lima y el puerto del Callao se recuperaron del gran desastre ocasionado por el terremoto y tsunami de 1746. Según datos históricos, se perdió casi el 8% de la población total de 65,000 habitantes y posteriormente, la ciudad fue azotada por pestes como el tifus. El virrey Antonio Manso de Velazco, conde de Superunda, constituyó una pieza clave en el proceso de reconstrucción de la ciudad y su puerto para sus habitantes encarando la mejora y reconstrucción de los hospitales, así como de las iglesias y edificios públicos.

Por otro lado, el fenómeno de El Niño es responsable de la gran afectación de nuestras ciudades desde épocas muy remotas. Los pobladores de todas las regiones del Perú han demostrado a lo largo del tiempo la recuperación de sus ciudades y sus edificaciones emblemáticas como iglesias que constituyen nuestra herencia cultural.

El terrorismo afectó la vida de todos los peruanos, las ciudades y también nuestra herencia cultural, nuestros edificios y bienes culturales, nuestras costumbres y ritos. Una de las regiones más afectadas fue Ayacucho.

Cuando se menciona Patrimonio y Crisis nuestro pensamiento va a alguna destrucción gestada por causas naturales o destrucción del hombre, por abandono, presión de proyectos urbanos que desean construir sobre lo ya existente por contar con infraestructura que de no haberla el trabajo sería mayor; pero si pensamos en resiliencia del patrimonio nuestra mente va a recuperar algún yacimiento arqueológico destruido o por caer. Si nos remitimos a la definición de resiliencia, es la capacidad humana de hacer frente a las adversidades de la vida, transformar el dolor en fuerza motora para superarse y salir fortalecido.

Hemos mencionado en párrafos anteriores situaciones del Virreinato. Queremos continuar con una ciudad muchas veces afectada en su mayoría por un fenómeno natural de la zona por encontrarse en las faldas de un volcán en actividad "el Misti". Estamos hablando de la bella Ciudad Blanca Arequipa. Es un ejemplo continuo de resiliencia de sus pobladores uienes aman a su tierra y sacan fuerzas después de un imprevisto. Ésta ciudad tiene varias construcciones en piedra volcánica y muchas veces ha sido afectada por diversos temblores de gran magnitud. Su patrimonio muchas veces fue recuperado por el amor de su gente a su herencia patrimonial, como expresión de una gran capacidad de proteger su identidad.

Un 15 de agosto de 1540 se fundó la ciudad de Arequipa ubicada a 2300 msnm, situada entre el litoral y el altiplano, con gran parte de costa y gran parte de sierra, al pie del volcán y nevado el Misti; construyéndose en el lugar que se encuentra la Catedral actualmente una iglesia parroquial que llevó el nombre de Señor San Pedro, nombre que fue dado por Fray Vicente de Velarde esta iglesia

> inició su construcción en 1544, por el arquitecto Pedro Godínez, destruido en el terremoto de 1583, reconstruido para el año 1590 y destruido nuevamente por temblores; en 1609 se crea la Diócesis de Arequipa separando se del Cusco por el Papa Paulo V (MUSEO DE LA CATEDRAL DE AREQUIPA).

La antigua Catedral edificado de sillar y ladrillo fue inaugurada por Villaroel el 8 de diciembre de 1656, este templo de ricos altares, obras de arte y de estilo sencillo fue destruido en varias oportunidades por temblores en diferentes años 1666, 1668, 1687 y 1784 pero el mayor daño y destrucción fue el incendio del 1ero de diciembre de 1844,

> Y, casi de inmediato, sobre los cimientos del antiguo edificio, se comenzó a levantar la actual Catedra, obra que requirió de veinte años de trabajo y que contó con el esfuerzo fervoroso y desinteresado del propio pueblo, con l ayuda económica del Gobierno, con la asesoría de una Comisión, presidida por el sabio matemático Juan de D. Salazar, con el extraordinario celo y aportes en caudales del Obispo Goyeneche y su hermano Juan Mariano y con los servicios del gran "maestro" Lucas Poblete, que corrió con la construcción. Sus principales ornamentos fueron traídos de Europa y – tras varias

> vicisitudes- sus puertas quedaron abiertas en el Gobierno del Ilmo. Bartolomé Herrera. Poblete, sin conocimientos académicos, no pudo darle un estilo definido e incurrió en algunos errores, pese a lo cual la obra es imponente, majestuosa y, por dentro, hermosa, alegre y luminosa. (ZEGARRA, 1973, p.22)

La Catedral de Arequipa nuevamente quedó en pie para orgullo de todos. Lamentablemente esta es una ciudad eminentemente sísmica debido a la actividad del volcán Misti, según varios estudios que se han realizado.

> El sábado 23 de junio de 2001 y cerca de las 15 horas con 33 minutos (hora local), un terremoto de magnitud 6.9 en la escala de Richter afectó a los departamentos de Arequipa, Ayacucho, Moquegua y Tacna; además de las ciudades de Arica e Iquique en Chile y La Paz en Bolivia. El epicentro del terremoto fue localizado a 82 km al NW del Departamento de Arequipa y cerca de la línea de costa. (TAVERA, 2002, p.19)

Algunos estudios enfocan actualmente la resiliencia desde un punto de vista multidisciplinario. Han basado sus estudios en familias y niños especialmente con vulnerabilidad llegando a dos planteamientos sobre la resiliencia, uno llevado a las características individuales de las personas (psicológico) y otra característica al binomio inseparable familia y comunidad (sociocultural) llegando a un concepto psicosocial. (PEÑA, N. 2009). El Centro Histórico de Arequipa, es inscrito en la lista del Patrimonio de la Humanidad en el 2000 y la Catedral forma parte de esta nominación, en el terremoto del 2001 la Catedral de Arequipa sufre un gran daño al destruirse completamente una de las torres del lado izquierdo. No era el primer temblor que destruía la Catedral. Sin embargo, haciendo frente a esta nueva adversidad y con gran ánimo el 15 de agosto del 2002 se culminó la restauración de la Catedral. Si tomamos uno de los conceptos indicados líneas arriba vemos que la reacción de los arequipeños ante la adversidad es un claro ejemplo de resiliencia psicosocial, respuesta del binomio familia y comunidad. También hay estudios de la reacción de éste binomios antes, durante y después del fenómeno -en este caso- el temblor de gran magnitud; también mencionan dos tipos de reacciones, las reactivas que por lo general es la que predomina en nuestra cultural y la proactiva que sería el ideal tenerla pero aún no es reacción de nuestra cultura. (CONSTANTINO; DÁVILA, 2011). Cuando hablamos de comunidad nos referimos a personas vinculadas entre sí, ya sea por relaciones sociales de diferente parentesco, vecindad; pero que comparten una misma cultura, similares intereses, valores, costumbres que se organizan en este caso bajo un enfoque determinado que es la reconstrucción de su Catedral, existiendo una interacción entre la comunidad y en este caso el bien a recuperar; mencionado en artículos sobre la gestión de riesgo de desastres.

*Figura 1* - Catedral y Plaza de Armas del Centro Histórico de Arequipa, ArequipaPerú
Fuente: Archivo fotográfico personal de José Hayakawa, 2007

Cuando hablamos de gestión de riesgo de desastres, nos referimos a un conjunto de variables sociales que caracteriza a cada comunidad con sus capacidades de afrontar y de recuperarse ante desastres. Estos responderán al carácter previo de la amenaza, así como al grado de preparación de servicios públicos ante necesidades específicas que plantean la emergencia; esto está muy relacionado con valores culturales en la comunidad y la influencia sociopolítica como grado de la relación entre la fortaleza institucional y las variables sociopolíticas (DUEÑAS, 2019).

Partiendo de la premisa que las respuestas ante las adversidades son diversas, el caso del Valle del Sondondo recientemente incluido en la Lista Indicativa del Patrimonio de la Humanidad provee un ejemplo de territorio resiliente en torno a las expresiones patrimoniales. Primero, por las formas en que comunidades expuestas a episodios de violencia y conflicto se recuperan alrededor del patrimonio cultural material e inmaterial circunscrito en el paisaje, en particular gracias a los principios ordenadores que representan sus cosmovisiones, prácticas y conocimientos tradicionales. Segundo, por las respuestas que el patrimonio estimula en las comunidades frente los impactos del cambio climático.

El Valle del Sondondo, irrigado por el río del mismo nombre e integrado por seis distritos (Carmen Salcedo, Chipao, Cabana Sur, Aucará, Santa Ana de Huaycahuacho y Huacaña), es un paisaje cuya identidad territorial refleja las adaptaciones y transformaciones de la vida agrícola a la geografía de montaña altoandina. El sistema ancestral de andenes o terrazas agrícolas del distrito de Cabana, con registros desde tiempos prehispánicos, es un claro ejemplo de ello. En el valle, además, las festividades, rituales y danzas asociadas con el calendario agrícola son un componente central en la vida de las comunidades y dan cuenta de la permanencia del simbolismo del paisaje, la cosmovisión y la relación sostenible con la naturaleza desde un pasado milenario, pese a los reasentamientos y transformaciones generadas por la ocupación española. Las tradiciones vivas, como la Danza de las Tijeras inscrita en la Lista de Patrimonio Inmaterial de la Humanidad, reflejan la persistencia de valores de la cosmovisión indígena al tiempo que también da cuenta del proceso de sincretismo a lo largo del tiempo.

Una situación relevante a mencionar, en este caso, es el conflicto armado interno sucedido entre 1980 y 2000. En los territorios de los Andes surcentrales, las comunidades campesinas fueron testigos del surgimiento del conflicto interno y de la mayor concentración de pérdidas de víctimas a raíz del enfrentamiento entre el terrorismo, los sectores campesinos organizados y las fuerzas armadas. Las zonas más afectadas fueron las provincias del norte, sin embargo, el área del Sondondo presenció ataques a puestos policiales y saqueos a establecimientos comerciales.

Asimismo, destaca la resiliencia frente al cambio climático, manifiesta porque el uso eficiente del suelo y el agua a través de los sistemas de andenes permite controlar la erosión, resistir las heladas y mitigar desastres naturales como los deslizamientos en laderas (DELGADO, 2019). Ello evidencia una clara organización social y económica para la producción agrícola.

*Figura 2* - Valle del Sondondo, Ayacucho-Perú
Fuente: Archivo fotográfico personal de Silvia Quinto, 2018

Pasaron los años de terror de violencia armada con énfasis en el departamento de Ayacucho desde el 17 de mayo de 1980 a 29 diciembre de 1982 donde era del día incendios, destrucción, bombas y muerte a poder observar hoy un paisaje con una diversidad de flora y fauna, excelente clima, paisaje hermoso con sonidos de un gran rio el sondondo en el renacer de un valle de bonanza y esperanza el "Valle del Sondondo"

> conformado por seis distritos que son, Carmen Salcedo (Andamarca), Chipao, Cabana Sur, Aucará, Santa Ana de Huaycahuacho y Huacaña de la Provincia de Lucanas, Departamento de Ayacucho – Perú a una altitud de 2900 msnm, situada entre 14°17'44.25" de latitud sur y los 73°56'30.88" de longitud oeste del meridiano de Greenwich. *(www.sondondo.com)*

En el escenario pandémico, la emergencia sanitaria ha revelado la precariedad de nuestros sistemas y el olvido de los sectores más vulnerables de nuestra comunidad. La situación ha demandado afrontar los desafíos buscando soluciones en cara a proteger a los ciudadanos más necesitados. Una adversidad de la vida se transformó el dolor de no tener un techo en donde refugiarse en una posibilidad de atención y fuerza motora al poner temporalmente, sin destrucción, sin modificación un bien patrimonial. La Plaza de Toros de Acho en el distrito del Rímac, hoy en día se encuentra al servicio temporal de un abrigo de los más necesitados, oportunidad única para superarse y salir fortalecidos. Este caso evidencia un notable ejemplo de crisis, resiliencia y uso adaptativo del patrimonio edificado en el marco de la actual crisis sanitaria.

Este año 2020 la Plaza de Acho, el coso más antiguo de Sudamérica y el segundo más antiguo del mundo en funciones, cumple 254 años desde su concepción como espacio para albergar las corridas de toros que se realizaban de forma callejera en la época virreinal. La Plaza de Acho fue declarado Monumento Nacional por el Congreso de la República en el año 1967, con la Resolución Suprema 922 y clasificado en la categoría de monumento del tipo "arquitectura civil pública" por el Ministerio de Cultura (CAMARENA, 2015).

La Plaza de Acho, primera Maestranza de Sevilla concebida por iniciativa del Virrey Amat y Junient y construida por Hipólito Landaburu, ha sido parte intrínseca de la identidad limeña desde tiempos virreinales. La afición por las corridas de toros ocupó un espacio importante dentro de la sociedad. Hoy en día este escenario ha cambiado y este valioso patrimonio es parte de innumerables debates acera de su uso futuro. Cabe resaltar, que urbanísticamente la construcción de la Plaza de Acho estuvo acompañada de la formación de otros espacios de importancia para la ciudad de Lima como el Paseo de la Aguas (1770) y la alameda de Acho (1773), la Quinta Presa, la alameda de los Descalzos, la Iglesia San Lázaro, la iglesia Nuestra Señora de la Compañía entre otros que contribuyeron a su reconocimiento en el año 1991 como Patrimonio Cultural de la Humanidad, como parte del Centro Histórico de Lima (CAMARENA, 2015).

Lamentablemente, el distrito del Rímac pese a ser un lugar de alto valor histórico y cultural para la ciudad, es uno de los distritos más peligrosos y vulnerables de Lima Metropolitana. "La Casa de Todos" es el nombre del refugio temporal instalado temporalmente en la histórica Plaza de Acho, proyecto impulsado por la Municipalidad Metropolitana de Lima en alianza con la Sociedad de Beneficencia Pública de Lima que proporciona atención médica, alimentación y un lugar para todas las personas que carecen de un hogar en la ciudad y que en este contexto actual se exponen al contagio del coronavirus sumado a las diversas enfermedades de los cuales ya son vulnerables. El albergue tiene una capacidad para acoger a 122 personas mientras el estado de emergencia siga vigente en el país. La instalación cuenta con zonas de recreación, aislamiento, refectorio, espacios recreativos y un centro médico (EL PERUANO, 2020). El uso temporal de este importante enclave patrimonial ha evidenciado la importancia de replantear y reinventar el rol del patrimonio edificado en nuestra sociedad, especialmente en momentos de crisis, para revalorarlos, ponerlos al servicio y uso efectivo de las comunidades. Una de las razones por el cual este uso adaptivo del patrimonio se dio a cabo fue por la alianza entre la Sociedad de Beneficencia Pública de Lima y la Municipalidad Metropolitana de Lima, demostrando la importancia de eliminar los procesos burocráticos existentes que impiden la posibilidad de imaginarnos diferentes escenarios para la conservación y uso de nuestro patrimonio.

*Figura 3* - Vista aérea de la Plaza de Acho con las instalaciones temporales de "La Casa de Todos", Lima-Perú
Fuente: El Peruano, En: https://elperuano.pe/noticia/94064-la-casa-de-todos, 2020

## ¿QUÉ ESPERAR EN NUESTRO FUTURO?

*José Hayakawa, Maya Ishizawa, y Claudia Uribe*

Como hemos mencionado al inicio de este artículo, la crisis de la pandemia de COVID 19 ha sido un detonante para develar las carencias y visualizar la crisis permanente en la que vive el Perú en general y su patrimonio cultural en particular. Esta crisis de lo patrimonial está directamente ligada a vacíos estructurales y sistémicos que van más allá del trabajo de los mismos profesionales de la conservación. La labor desplegada tanto por gestores de sitios y museos, funcionarios de las agencias del Estado, provincias y municipalidades, así como por los investigadores, arqueólogos, arquitectos, conservadores o antropólogos, no resulta sostenible ni facilitada por el cuerpo jurídico para la protección y salvaguarda del patrimonio existente ni por la asignación de recursos provenientes del Estado u otros organismos financieros. Pese a que la creación del Ministerio de Cultura impulsó un notorio giro en los planteamientos de la gestión patrimonial y esfuerzos institucionales por suplir las inconsistencias del pasado, los rumbos han sido erráticos y han experimentado los efectos de las brechas generadas por la disparidad entre enfoques innovadores en cuanto a políticas culturales y las capacidades de gestión y administrativas del Estado. La coyuntura actual refleja la falta de cohesión y dirección que ha caracterizado al Estado por décadas: el patrimonio se sitúa entre la sobre-dependencia en el turismo como factor para impulsar sus potenciales para el desarrollo y su valoración y las respuestas dispersas desde distintas agencias y agentes -gubernamentales y civiles- frente al centralismo político.

Sin embargo, hemos podido ver que esta crisis también puede devenir en una oportunidad. Las crisis proveen de lecciones para el futuro en términos de adaptaciones, respuestas creativas y persistencia de valores colectivos, pero sobre todo resiliencia. Una rápida lectura a la historia del Perú a través de su patrimonio cultural puede dar cuenta de los impactos de las crisis anteriores, pero también de los distintos procesos de recuperación y reconstitución de la sociedad y sus comunidades bajo sus lógicas y valores humanos, los cuales justifican la persistencia hasta el día de hoy de la cultura material e inmaterial que se reconoce como legado histórico. Los centros históricos, sitios arqueológicos y paisajes culturales, así como las prácticas culturales locales e indígenas, contienen historias de adaptaciones y respuestas a condiciones geográficas desafiantes, desastres y conflictos armados, desde la historia prehispánica hasta la contemporaneidad. Es importante que estos casos de larga data motiven la reflexión y el ejercicio de la memoria en torno a la capacidad de afrontar las crisis pensando en el colectivo y la resiliencia.

Dentro de las respuestas en el marco de la pandemia, se pueden citar dos ejemplos que demuestran la creación de oportunidades en torno al patrimonio para superar la crisis actual. Primero, aunque la accesibilidad remota y virtual vía internet y recursos tecnológicos es todavía un privilegio en la sociedad peruana, en el contexto de la pandemia ha sido posible potenciar las visitas virtuales a diversos museos del país y explorar sus colecciones desde los hogares de los usuarios. Esta iniciativa, promovida por el Ministerio de Cultura y otras instituciones como el Museo Nacional de la

Cultura Peruana, el Museo del Banco Central de Reserva del Perú, el Museo de Sitio de Pachacamac o el Museo de Arte de Lima, ha facultado la valoración del patrimonio cultural y ofrecido experiencias alternativas a los recorridos *in situ* a través de herramientas que antes de la pandemia eran considerados recursos complementarios para la educación y sensibilización patrimonial. Ahora estas herramientas son indispensables y necesitan ser integrales. También destaca el caso del proyecto piloto "Programa de inventario del Patrimonio Cultural Inmaterial en el contexto urbano de Ayacucho". Este proyecto ha implicado la implementación de nuevas formas de colaboración entre la Oficina de la UNESCO en el Perú y las diversas comunidades de Ayacucho para elaborar inventarios del patrimonio vivo durante la pandemia de COVID-19. Es justamente ante la circunstancia del confinamiento general impuesta desde marzo de 2020 -la cual obligó a interrumpir todos los trabajos de campo- que se propuso mantener el impulso y la motivación desplegadas, continuando con el proyecto mediante el uso de tecnologías analíticas y digitales, en particular apelando a entrevistas en línea entre los diversos actores sociales y los investigadores.

Segundo, la transformación del edificio histórico de la Plaza de Acho en refugio temporal es un claro ejemplo de uso adaptativo de un espacio patrimonial frente a las necesidades sociales de las poblaciones vulnerables. El proyecto ha demostrado que una gestión pública sensible y atenta a las demandas sociales puede comprometerse a reinventar los usos del patrimonio y encontrar un balance con la conservación de sus valores históricos.

Al asumir que afrontaremos un nuevo orden del mundo -la llamada "nueva normalidad"- y, esperando el abandono del modelo económico de explotación insostenible del suelo, los recursos naturales y humanos que se ha acentuado hacia fines del siglo pasado y en los inicios de éste, los profesionales del patrimonio cultural en el Perú, necesitamos encontrar nuestro rol y los espacios desde donde podemos activar nuevas relaciones desde la ciudadanía y desde la diversidad de realidades existentes en nuestro territorio. La reciente aprobación de la Política Nacional de Cultura al 2030, con miras al Bicentenario de la Independencia (1821-2021), ya representa un llamado al ejercicio de derechos culturales, al incremento de la participación de la población y al uso social del patrimonio cultural. Es, por ende, un importante hito e instrumento valioso a partir del cual se pueden construir nuevas formas de experimentar lo patrimonial, en una búsqueda permanente de obtención de sentido desde el territorio y su tejido social.

Es aquí donde apuntar que esta "nueva normalidad" para el patrimonio cultural no debe construirse en base a las viejas carencias, a los sempiternos problemas, ni a los mismos factores que nos llevarían a continuar en la crisis que pretendemos superar. Los profesionales del patrimonio debemos concentrarnos en pensar fuera de la caja, diversificar espacios de encuentros e innovaciones con distintos agentes, disciplinas e instituciones para desafiar el 'estancamiento' en el pensamiento y la praxis que han guiado unilateralmente la práctica patrimonial hasta hoy. Siguiendo este razonamiento, es importante reconocer también que la necesidad de superar las taras del pasado en un país que busca identificarse con su diversidad y pluriculturalidad, conlleva a situar nuestra atención en las brechas que perpetúan la exclusión, la inequidad y el olvido: el patrimonio no es todavía una caja de resonancia para poblaciones históricamente marginalizadas, vulnerables y desestimadas por las políticas públicas en materia de cultura. Es entonces momento de plantear que el patrimonio necesita de la puesta en marcha de esquemas democráticos y de responsabilidad compartida como los que sugiere la Convención de Faro (Faro, 2005): Las dinámicas participativas y colaborativas en torno al patrimonio fomentan la inclusión de saberes, conocimientos y prácticas locales que dan cuenta de la diversidad en procesos de co-creación de valores en la vida cultural. Para esto es fundamental recurrir a la flexibilidad como piedra angular y punto de partida para la apertura de nuevos canales, dinámicas y horizontes que marquen un rumbo diferente para el futuro post-pandemia; una flexibilidad que tantas veces viene siendo exigida desde abajo y negada desde arriba.

Un aspecto a remarcar es que esta "nueva normalidad" debemos concebirla no como única sino como diversa. Es decir, encontraremos y propondremos "nuevas normalidades" que se encaminen a resolver las desigualdades específicas que las diversas comunidades afrontan. Por consiguiente, debemos aspirar a estrategias múltiples que puedan ajustarse coherentemente a la heterogeneidad del escenario. No obstante, a fin de constituir respuestas que transiten hacia el futuro superando las vallas autoimpuestas / auto-fijadas en el pasado, es importante fijar la sostenibilidad como Norte. Para ello necesitamos un acercamiento holístico que apoye un nuevo modelo de desarrollo sostenible, que sea equilibrado a lo largo del territorio, y que se fomenten diálogos con otros sectores y lógicas, como la conservación de la naturaleza y el turismo sostenible. Dicho enfoque requiere que el patrimonio cultural sea pensado más allá de la conservación de sus atributos físicos: que se asuma desde una visión territorial y desde su rol en la sociedad, integrando las expresiones inmateriales.

De estas aspiraciones no escapa el repensar la actividad turística que va de la mano con la conservación del patrimonio cultural. El turismo patrimonial necesita ser replanteado acorde a esta "nueva normalidad": Deberá tener un peso significativo en las demandas locales-regionales-nacionales, convirtiéndose en un espacio inclusivo y no excluyente, de acercamiento de la ciudadanía a su patrimonio. El reiterado enfoque en torno al desarrollo turístico como justificación para la valoración y conservación del patrimonio cultural, como ha sido demostrado en la primera sección sobre la gestión del patrimonio arqueológico, necesita un cambio y al mismo tiempo expandir sus fronteras más allá del modelo reduccionista en torno a un monumento o área nuclear monumental. La participación de las comunidades del entorno en la gestión se vuelve un pilar fundamental para que la visión territorial cobre sentido como se plantea en la Recomendación del Paisaje Histórico Urbano de la UNESCO (2011). Tanto en áreas urbanas como rurales, es necesario ampliar la visión del patrimonio cultural hacia una conexión con el territorio, la naturaleza, las comunidades patrimoniales y sus interrelaciones.

Es necesario incentivar ofertas culturales que aprovechen de manera diversificada y creativa la economía de la cultura y consoliden nuevos públicos y co-construyan nuevas demandas sociales informadas por las necesidades y expectativas de las mismas comunidades involucradas. Esta "nueva normalidad" del turismo debe construirse con aspiraciones y procesos diferentes, apuntando a horizontes participativos, estratégicos y visionarios.

Es justamente en esa perspectiva, en donde lo patrimonial debe reposicionarse retornando a su génesis ineludible de construcción social y reinventando su rol: el nuevo énfasis debe recaer en los sujetos patrimoniales, quienes asignan a los objetos patrimoniales su(s) valor(es) y les brindan sentido en tiempo presente, tiempo metodológico de lo patrimonial (GARCÍA CANCLINI, 1999; COULOMB y VEGA, 2019). Reconocer y validar las voces de los sujetos patrimoniales es un paso adelante, pero implica también un esfuerzo por renunciar a los mitos de la conservación, como por ejemplo, de que el patrimonio y su valoración no pueden ser planteados sino desde las autoridades institucionales o expertos, o de que la carga semiótica del patrimonio reglamentada por la estética monumental y la ciencia es la única y, por ende, de carácter universal.

En este ejercicio de reinvención no se puede postergar más la posibilidad de repotenciar el rol de lo público en el patrimonio y sus alcances de reflejar las necesidades y aspiraciones del presente. Estas miradas demandan cambios evidentes, como colocar en el centro mismo de todas las políticas públicas al ciudadano, priorizando su agenda social y calidad de vida antes que la exclusiva rentabilidad económica asumida como constante en la ecuación patrimonio y desarrollo. Es solo de esta forma que lo patrimonial puede dialogar y armonizar con el pasado y el presente de nuestra sociedad y aspirar a trascender al futuro cimentado en los pilares de la sostenibilidad y la resiliencia.

Reparando en la dimensión humana del patrimonio, es necesario puntualizar el valor de asegurar la continuidad de los recursos humanos para las labores de mantenimiento y conservación de los bienes culturales. Para hacer de este esfuerzo uno sostenible, resulta primordial una inversión que aporte a la creación y fortalecimiento de capacidades no sólo de los profesionales del patrimonio sino también de la población en general y especialmente los niños y niñas y la juventud. Es imprescindible generar métodos creativos para involucrar a los jóvenes en la conservación y uso del patrimonio cultural y apoyar soluciones innovadoras que incluyan el uso de medios digitales y ciencia ciudadana.

Es urgente actuar con un horizonte de largo aliento, mirando ejemplos y casos en otros países y en otros contextos de los cuáles podemos y debemos aprender. El intercambio de experiencias positivas en América Latina es impostergable. Es menester aprovechar esta "pausa forzada" para generar espacios de diálogo en línea sostenibles.

Así mismo, aprovechar para reordenar el sistema público de gestión patrimonial, utilizando la intersectorialidad de sus políticas, optimizando los procedimientos de cara al ciudadano y a las comunidades. Se hace indispensable promover el liderazgo local con la participación de muchos más actores sociales, de los diferentes Perú(s) y en todas las etapas del proceso de toma de decisiones. Es así que desde ICOMOS Perú, quisiéramos proponer la creación de una agenda colectiva para los profesionales del patrimonio, que integre esfuerzos desde las instituciones estatales, pasando por los organismos locales, hasta los esfuerzos individuales y colaborativos en la academia o la práctica profesional. Esta agenda debería considerar los siguientes principios:

> *1)* Desde el Estado: Promover la facilitación de los procesos descentralizados y locales. Abogar por la integración del patrimonio cultural de una forma holística en la educación intercultural y currículo localizado. Fortalecer la cooperación intersectorial con el Ministerio del Medio Ambiente, SERNANP, Ministerio de Educación, Ministerio de Turismo y Comercio Exterior y Ministerio de Agricultura.
>
> *2)* Desde los gobiernos locales: identificar líderes y desarrollar

programas de fortalecimiento de capacidades y educación en temas de patrimonio cultural para el desarrollo en conjunto con las comunidades patrimoniales. Mirar hacia la integración del patrimonio cultural en la gestión y los planes de desarrollo locales, más allá del desarrollo turístico.

3) Desde la academia: Fomentar la coproducción de conocimientos con los actores y comunidades locales. Incluir a la comunidad como actor protagónico y fuente fundamental de saberes relacionados a su patrimonio cultural.

4) Desde la práctica profesional: Involucrar a la comunidad comunidad a participar de proyectos de identificación, conservación y gestión del patrimonio. Abandonar la visión centrada en el experto, para integrar visiones focalizadas en las personas en base a valores comunes.

A su vez, es necesario promover la implementación de la Política Cultural y de ser necesario, plantear su revisión en los aspectos necesarios, buscando consenso e inclusión de los diferentes actores. Crear mesas de diálogo y discusión inclusivas e interdisciplinarias, abiertas a todos los interesados en el patrimonio cultural apoyaría mayor información e intercambio de puntos de vista. Para ello, es necesario trabajar en el desarrollo de alianzas que en conjunto aboguen por una actualización del marco legal que permita una mayor y más activa participación de la ciudadanía y las comunidades en la protección, conservación y uso del patrimonio de una manera sostenible. Al ser una asociación que cuenta en su membresía con profesionales del patrimonio cultural en diferentes roles dentro de los diversos actores mencionados anteriormente, la Asociación ICOMOS Perú se compromete a ser un catalizador y promotor de la agenda propuesta.

Finalmente, queremos destacar que la coyuntura actual implica un momento singular y una oportunidad de salto cualitativo que no debemos desaprovechar. El patrimonio cultural debe asumir un rol estratégico y esencial para construir un país reconciliado con su herencia colectiva, una que es pensada por y para sus comunidades, y como desde ellas y desde sus diversos actores culturales podemos contribuir decididamente al noble fin de legar al futuro un Perú reconocido en su plena historia y diversidad. Es decir, asumir nuestra diversidad cultural como horizonte y como factor diferencial que apoye el bienestar de las comunidades.

**NOTA**

[1] El presente artículo se desarrolló entre setiembre y octubre de 2020, a partir de la convocatoria del I Simposio organizado por Icomos-LAC y las diversas experiencias profesionales y especializaciones académicas de los asociados autores de este artículo y los grupos de trabajo que representan dentro de la asociación de patrimonialistas As.Icomos-Perú.

[2] Arquitecta. Asociada y Coordinadora del Comité Científico Nacional de Ciudades Históricas y Villas de As. ICOMOS-Perú. Email: craylaa@hotmail.com

[3] Arquitecta. Asociada y Coordinadora del Comité Científico Nacional de Arquitectura Militar y Fortificada de As. ICOMOS-Perú. Email: giobalarezo@gmail.com

[4] Licenciada en Educación. Asociada y Secretaria General de As. ICOMOS-Perú. Email: patbarrionuevo@yahoo.es

[5] Arquitecto. Asociado y Presidente de As. ICOMOS-Perú. Email: josehayakawa@hotmail.com

[6] Arquitecta. Asociada y Coordinadora del Comité Científico Nacional de Paisajes Culturales de As. ICOMOS-Perú. Email: ishizawa.maya@gmail.com

[7] Abogado. Asociado y Coordinador del Comité Científico Nacional de Turismo Cultural de As. ICOMOS-Perú. Email: martorellc@yahoo.com

[8] Arquitecta. Asociada y Tesorera de As. ICOMOS-Perú. Email: silviaquintof@gmail.com

[9] Arqueóloga. Asociada y Coordinadora del Comité Científico Nacional de Gestión del Patrimonio Arqueológico de As. ICOMOS-Perú. Email: cecilia.sacsa@gmail.com

[10] Arqueóloga. Asociada y miembro del Grupo de Trabajo de Profesionales Emergentes de As. ICOMOS-Perú. Email: curibec@pucp.pe

[11] Arquitecta. Asociada y Coordinadora del Comité Científico Nacional de Gestión de Riesgos de As. ICOMOS-Perú. Email: terevilh@gmail.com

[12] Denominación en el Reglamento de Intervenciones Arqueológicas que se refiere a los restos arqueológicos anteriores a la conquista y colonia por el Reino de España.

## REFERÊNCIAS

ALFARO, S. **El Estado del arte del patrimonio inmaterial en el Perú.** 2005. Acesso em: 26 setiembre 2020. Disponível em: https://www.oei.es/historico/796D5B24.pdf.

ASENSIO, Raúl. ¿De qué hablamos cuando hablamos de participación comunitaria en la gestión del patrimonio cultural?". **Revista Argumentos,** n. 3, julio, 2013. Acesso em: 19 setiembre 2019. Disponível em: https://argumentos-historico.iep.org.pe/articulos/de-que-hablamos-cuando-hablamos-de-participacion-comunitaria-en-la-gestion-del-patrimonio-cultural/

CALVENTE, A. M. **Ciclo de renovación adaptativa.** Universidad Abierta Intreramericana, Centro de Altos Estudios Globales. 2007. Disponível em: http://www. sustentabilidad. uai. edu. ar/pdf/cs/UAIS-CS-200-004.

CAMARENA, H. B. Revaloración histórica del patrimonio. Edificación de la Plaza de Acho a mediados del siglo XVIII. **Devenir - Revista de estudios sobre patrimonio edificado,** v.2, n.4, p. 91–103, 2015. Disponível em: https://doi.org/10.21754/devenir.v2i4.279

CARCELÉN, C.; MORÁN, D.; AMADOR, L. El terremoto de 1746 y su impacto en la salud en la ciudad de Lima. **Revista Peruana de Medicina Experimental y Salud Publica,** n. 37, 2020, p. 164-168.

CONSTANTINO, R.; DÁVILA, R. Una aproximación a la vulnerabilidad y la resiliencia ante eventos hidrometeorológicos extremos en México. **Política y cultura,** n. 36, 2011, p. 15-44. Disponível em: http://www.scielo.org.mx/scielo.php?script=sci_arttext&pid=S01887742201 1000200002&lng =es&tlng=es.

COULOMB, R.; RANGEL, E. Los sujetos patrimoniales del centro histórico: De la valoración identitaria a la valorización mercantil. Una exploración inicial desde la Ciudad de México. In: CARRIÓN, F.; ERAZO, J. (Eds.). **El derecho a la ciudad en América Latina: Visiones desde la política.** México: CLACSO, 2019. (p. 397-414) doi:10.2307/j.ctvt6rm0z.22

DUEÑAS, C. **¿Por qué hay que hablar de resiliencia en la Gestión del Riesgo de Desastres?** Dirección General de Protección Civil y Emergencias. Comisión Técnica del Comité Español de la Estrategia Internacional para la Reducción de Desastres. España. 2019. Disponível em: http://www.proteccioncivil.es/revistadigital/revistaNoticia.php?n=39

EL PERUANO. **La casa de todos,** abril 7, 2020. Disponível em: http://elperuano.pe/noticia-la-casa-todos-94064.aspx

FORÉS, A. **La resiliencia**. Plataforma. 2010

GARCÍA CANCLINI, N. Los usos sociales del patrimonio cultural. In: AGUILAR CRIADO (Ed.), **Patrimonio etnológico: nuevas perspectivas de estudio**. España: Junta de Andalucía. (p. 16-33)

GROTBERG, H. **La resiliencia en el mundo de hoy**. Como superar las adversidades. 2006

GUNDERSON, L.; HOLLING. **Panarchy**. Understanding Transformations in Human and Natural Systems. 2002. Disponível em: https://es.scribd.com/book/351834904/La-resiliencia

KOSELLECK, R. Some Questions Regarding the Conceptual History of 'Crisis'. In: **The Practice of Conceptual History: Timing History, Spacing Concepts**. Stanford: Stanford University Press, 2002. p. 236-247.

MINISTERIO DE CULTURA. **Lineamientos de Política Cultural**. 2013-2016. Versión preliminar. 2012. Acesso em: 20 setiembre 2020. Disponível em: https://www.cultura.gob.pe/sites/default/files/pagbasica/tablaarchivos/11/lineamientomc.pdf

MINISTERIO DE CULTURA. **Guía sobre Declaratorias de Expresiones del Patrimonio Cultural Inmaterial como Patrimonio Cultural de la Nación**. 2017. Acesso em: 26 setiembre 2020. Disponível em: http://administrativos.cultura.gob.pe/intranet/dpcn/anexos/Guia_2017.pdf

PEÑA, N. Fuentes de resiliencia en estudiantes de Lima y Arequipa. **Liberabit**, n. 15, v.1, p. 59-64, 2009. Disponível em: http://www.scielo.org.pe/scielo.php?script=sci_arttext&pid=S1729-48272009000100007&lng=es&tlng=es.

PRATS, Ll. El Patrimonio en tiempos de crisis. **Revista Andaluza de Antropología**. n.2: Patrimonio Cultural y Derechos Colectivos, p. 68-85, marzo 2012. Acesso em: 19 setiembre 2020. Disponível em: https://institucional.us.es/revistas/RAA/2/llorent%C3%A7_prats.pdf

SÁENZ, I. D. (s/f). **Desastrología**. Intervención del territorio y post desastre en Lima y Callao, siglo XVIII. Disponível em:https://www.Academia.Edu/29524404/Desastrolog%C3%ADa_Intervenci%C3%B3n_del_territorio_y_post_desastre_en_Lima_y_Callao_siglo_XVIII_pdf.

SVAMPA, L. El concepto de crisis en Reinhart Koselleck. Polisemias de una categoría histórica". In: **Anacronismo e Irrupción La(s) historia(s)**. Origen, repetición y diferencia. v. 6, n. 11, nov. 2016 a Mayo 2017, p. 131-151. Acesso em: 21 setiembre 2020. Disponível em: https://publicaciones.sociales.uba.ar/index.php/anacronismo/article/view/2048

TAVERA, H. **El Terremoto De La Región Sur De Perú del 23 de junio de 2001**. Lima: Centro Nacional de Datos Geofísicos– Instituto Geofísico del Perú, 2002. Disponível em: https://www.igp.gob.pe/version-anterior/sites/default/files/images/documents/sismos/publicaciones/otras_publicaciones/libros/Arequipa_2001.pdf

ZEGARRA, G. **Arequipa: En el paso de la Colonia a la República.** 2ed. Arequipa / Perú: Editorial Cuzzi, 1973.

# LA TOZUDEZ
# DE LA MEMORIA

Ángela Rojas[1]
(ICOMOS/Cuba)

Se exploran las características de las diferentes crisis que afectan tanto a la sociedad como al patrimonio, así como algunas de las transformaciones que las han seguido, pero, sobre todo, su influencia en la valoración, integridad y autenticidad de lo heredado.

Se mostrarán ejemplos cubanos de respuestas culturales a varias crisis a lo largo del período revolucionario, su consecuencia en la aparición, negación y readaptación de significados y en la valoración patrimonial en general. El recorrido histórico concluirá con un análisis de la inercia y el cambio durante y a partir de la pandemia, en el que, entre otros aspectos, se discutirá el pensamiento con respecto a las ciudades y el territorio.

## El patrimonio de las vacas flacas

El arquitecto restaurador Daniel Taboada (1986) llamó "La arquitectura de las vacas flacas" al eclecticismo popular, en tono menor, repetido profusamente en ciudades y poblados de Cuba, que fue un producto directo de la crisis económica de los años 20. La arquitectura historicista había sido la protagonista de las principales obras de la primera mitad del siglo XX cubano, y se mostraba en grandes obras significativas como el Capitolio Nacional, el Palacio Presidencial y los grandes edificios que albergaron las sociedades españolas radicadas en el país. Pero la crisis económica de 1929 en Estados Unidos tuvo una repercusión inmediata en Cuba, directamente dependiente de la economía del poderoso vecino. Entonces, las cariátides se transformaron en enanas y los fustes se retorcieron, como describió Alejo Carpentier (1965, p.26) en *La ciudad de las columnas*[2], y los palacetes se convirtieron en casitas en hilera. Pero esa arquitectura, en vez de ser despreciable, devino rasgo de identidad de la época. Y hoy se le reconoce un valor patrimonial.

Las crisis pueden tener muy diversos orígenes: económico, político, social, climático...diferentes duraciones, intensidades y grado de afectación. Pero también puede haber una gran diversidad en las respuestas, pues algunas son instantáneas y paralelas a la propia crisis, otras se dan cuando ésta ha pasado, pero en algunos casos se van produciendo a lo largo del tiempo, incluso sin preverlas.

El ejemplo explicado anteriormente hace también recordar que es posible que la respuesta a la crisis no sea necesariamente pragmática o por compromiso, simplemente, diferente a lo precedente. También puede implicar respuestas a largo plazo, algunas trascendentales, las cuales alcanzarían la bendición de la historicidad, como ocurrió con el Movimiento Moderno, que en gran medida fue una respuesta a los problemas higiénico-sanitarios propios de las ciudades del siglo XIX y las primeras décadas del XX, situación que incluye la actualmente tan mencionada Gripe Española.

La influencia de la crisis no es automática ni única. Hay factores condicionantes ya sedimentados, en gran medida independientes de la crisis, y también están las personas, sus características y voluntades. Las teorías urbanas del Racionalismo siguieron los dictados de la lógica, pero al convertirse en manifiesto se hicieron independientes en gran medida del fenómeno que, en principio, las había generado. Cuando las propuestas urbanas de Le Corbusier, Sert y otros se trasladaban a culturas diferentes, evidenciaban una falta de coherencia con las necesidades reales y, por tanto, una respuesta inoperante.

Cuando se realiza la valoración de un lugar para una eventual declaratoria patrimonial, se tiene en cuenta el significado histórico del mismo, en la misma medida en que, al evaluar la arquitectura, Roberto Segre exigía el análisis de la circunstancia general y específica que dio lugar a la obra. Por tanto, manifestaciones arquitectónicas o urbanas, desde el momento en que son producto de una crisis, adquieren un valor testimonial, lo que constituye un primer signo de su potencial patrimonialización, espontánea o dirigida. Podría pensarse que esto sucede con cualquier circunstancia histórica que, necesariamente, produce algún tipo de transformación en la realidad física, pero la particularidad de la crisis es la inmediatez, rapidez y un cierto grado de violencia más o menos evidente. Es, además, un fenómeno que, independientemente de su mayor frecuencia en determinadas regiones, resulta más traumático que la evolución en época normal.

## Las crisis y sus respuestas

La historia de Cuba a partir de los finales de la década del 50 recoge un gran número de crisis de todo tipo, que comienzan precisamente desde que se gestó la Revolución como lucha armada contra la dictadura de Fulgencio Batista. Es durante esa etapa que se crean o asumen los símbolos y la narrativa que van a acompañar las transformaciones del país, basados sobre todo en la comunicación de valores de la Revolución a través de las diferentes manifestaciones artísticas, pero también en las estructuras físicas.

Las primeras actuaciones son los cambios de uso y de significado, y tienen como ejemplos principales, en La Habana, la Plaza de la Revolución y Ciudad Libertad. En Santiago de Cuba, el Cuartel Moncada.

La hoy Plaza de la Revolución José Martí fue construida como Plaza Cívica entre 1953 y 1960, con la participación de un grupo importante de arquitectos, e incluye edificios modernos muy bien logrados, en los que se aprecia con claridad un elegante racionalismo un tanto miesiano, basado en formas simples y pared cortina. En el conjunto, hay dos elementos que siguen la tendencia conocida en Cuba como Monumental Moderno: el memorial a José Martí[3] y el Palacio de Justicia[4]. Éste, así como el espacio amplísimo de la plaza, creaba una monumentalidad excesiva que fue matizada en gran medida por el diseño paisajístico de Antonio Quintana, ya entre 1964 y 1965. Es decir, lo que crea la grandilocuencia son precisamente las formas concebidas mucho antes de la Revolución y que respondían a una realidad totalmente diferente. Entonces, a partir de los desfiles y concentraciones masivas en la enorme plaza, se produce la apropiación del espacio con un nuevo significado.

Desde 1959, los cuarteles militares de la dictadura fueron convertidos en escuelas, como es el caso del Cuartel Moncada, que había sido atacado por Fidel Castro y sus compañeros durante la gesta revolucionaria, el 26 de julio de 1953. El edificio pasó, desde 1959, a ser uno de los símbolos más importantes de la Revolución, ya despojado en su imagen agresiva con una expresión en punto medio entre el Art Deco y la arquitectura monumental moderna. Sin acudir a cambios físicos, la transformación funcional lo despojó, en el imaginario, de todo lo negativo. Como parte de la restauración, se dejaron las huellas de los impactos de bala, concepto de presentación patrimonial que también fue usado en otros edificios que fueron testigo de combates, como el Hotel Nacional de Cuba y el Gran Hotel de Santa Clara- testigo de la batalla de Santa Clara, protagonizada por Che Guevara, hecho significativo de la lucha contra Batista.

La Ciudad Escolar Libertad había sido Columbia, el cuartel general de la dictadura, situado en La Habana, y ya desde el discurso de Fidel Castro (2007) en su autodefensa en el juicio por el asalto al Cuartel Moncada expresaba: "el campamento de Columbia debe convertirse en una escuela e instalar allí, en vez de soldados, diez mil niños huérfanos" (s/p).

Esos primeros años, signados por luchas ideológicas, fueron también los de derribos de estatuas, como las de los presidentes de la República, a lo largo de la calle G en El Vedado, llamada desde su creación Avenida de los Presidentes, o el más aplaudido por la población: el del águila imperial del monumento a las víctimas de la explosión del acorazado norteamericano Maine en 1898, lo que sirvió como pretexto para que Estados Unidos declarara la guerra a España.

Las sanciones económicas de Estados Unidos y otras agresiones, y, como consecuencia, el establecimiento de relaciones económicas con la Unión Soviética y los países del bloque socialista llevaron a una importante influencia ideológica del Marxismo Leninismo, pero también de determinados rasgos de la cultura de la Europa del Este en las década del 60 y 70. No se trata aquí de consecuencias inmediatas de una crisis, sino de reacción a ésta, por lo que se da un caso de influencia indirecta en varios campos de la cultura.

En esa época continúan produciéndose cambios de uso como la reconversión en viviendas de los espacios de muchos comercios pequeños a partir de la eliminación de la actividad económica privada en 1968. Se trataba aquí de una respuesta indirecta a la crisis económica pero que, en la lógica urbanística, resultó absurda porque se perdió la vitalidad de los centros urbanos a lo largo de las hermosas calles porticadas de La Habana.

En algunas manifestaciones del arte se vio claramente la influencia del realismo socialista, en cierta medida matizada por la esencia un tanto romántica de las vanguardias del siglo XX. En la arquitectura, sin embargo, la expresión clásica-figurativa de esa tendencia estuvo prácticamente ausente. Por una parte, el empleo en la construcción de tecnologías prefabricadas, pero sobre todo, en los programas urbanísticos y arquitectónicos se ve claramente la influencia del campo socialista en las normativas y, sobre todo, en el contenido ideológico de los conceptos de base utilizados en el diseño, que dieron como resultado lo que podría ser considerado como un "abstraccionismo socialista".

Ya a principios de la Revolución surgen nuevos artistas que incorporan una expresión más actualizada dentro de la figuración, y con una cierta tendencia temática a la exaltación del trabajo, lo cual a su vez se incorpora a algunos ejemplos del diseño gráfico, sobre todo a las supergráficas, las cuales, junto con los posters, fueron sustituyendo la precedente propaganda comercial. Es en ellas, así como en la escultura, donde pueden encontrarse, en las artes plásticas, algunos ejemplos más evidentes de lo que podría ser considerado como realismo socialista:

> "Las rápidas transformaciones de la sociedad y sus consecuencias en el campo de los valores acentuaban las expectativas en torno a su repercusión en el ámbito de la creación artística... Esas demandas reforzaban una visión que privilegiaba una percepción ideológica explícita en tanto reflejo de los fenómenos de la inmediatez. Entroncaba así, aún sin proponérselo, con los preceptos del realismo socialista" (Pogolotti, 2006, p. 24)

Se responde así a la definición teórica de que "el realismo socialista, como forma superior del arte realista, es incompatible con el reflejo tergiversado de la realidad" (KELLE & KOVALSON, 1963, p. 14).

## La nueva casa, la nueva escuela...

Al triunfo de la Revolución el déficit de viviendas alcanzaba dimensiones escalofriantes. Se calcula que había en Cuba 200 000 bohíos y chozas mientras que en la Habana 300 000 personas vivían en barrios marginales o cuarterías (Segre, 1979, p. 54-55), situación que constituía una crisis de larga duración que definió uno de los objetivos más importantes de la construcción en Cuba. Las primeras respuestas fueron mediante planes constructivos que, mediante proyectos arquitectónicos de alta calidad, intentaron dar solución al problema, lo cual era prácticamente imposible.

En 1963, otra crisis, climática en este caso, el ciclón Flora, destruyó una inmensa cantidad de viviendas en la provincia de Oriente. La Unión Soviética donó una gran fábrica de paneles prefabricados que comenzó a funcionar en 1965 y que proporcionó viviendas para 72000 habitantes, lo cual constituyó el gran salto de la construcción artesanal a la prefabricada y la implantación, por primera vez en Cuba, del modelo urbanístico del distrito y el microdistrito.

En los últimos años de los sesenta comenzó a gestarse la negación del valor de la arquitectura como arte, y la aparición, ya en los 70, de un tecnicismo y hasta cientificismo excesivo que lastraron no solo la obra de los autores, sino la formación de los jóvenes. En el Ministerio de la Construcción comenzó a desarrollarse una etapa de énfasis en la prefabricación, pero, sobre todo, en el uso de las normativas de los países socialistas.

La expresión arquitectónica, con muy honrosas excepciones, era vista como el resultado únicamente de la función primaria (uso y acondicionamiento ambiental) y la técnica constructiva. Se trataba de proyectos anodinos, repetitivos, simplistas, donde la proyección ideológica estaba dada solamente por la función, pero a ello se unen la separación del modelo soviético en cuanto al verdadero realismo socialista y la cierta semejanza con la arquitectura soviética contemporánea. Es en ese momento en que la creación arquitectónica y, sobre todo, urbana, se convierte en la expresión de un ideal fatalmente basado en la simplificación absoluta de las necesidades de las personas, por el momento individuos abstractos y socialmente uniformes, pues el concepto de la comunidad de base no comienza a plantearse hasta la década posterior.

El enfoque de los años 70 se evidencia claramente en el uso de normas soviéticas o de la República Democrática Alemana en los proyectos urbanos (DESA, 1972) y en la docencia, pero esa posición simplista fue, al menos en la Facultad de Arquitectura, sustituida por una tendencia igualmente mimética pero más elaborada y con algunos aspectos positivos: la influencia de la República Democrática Alemana a través de tesis de doctorado y de la frecuente visita de profesores alemanes a Cuba. Por un lado, se realizaron importantes estudios relacionados con el acondicionamiento ambiental, pero a la vez se fue generando un excesivo culto a la cientificidad de la forma arquitectónica, lo que en gran medida eliminaba la posibilidad de la voluntad creadora del arquitecto.

Durante los años 70, el proceso de urbanización en Cuba se caracterizó por la creación de asentamientos y el crecimiento de la periferia urbana, con prácticamente ninguna actuación sobre la ciudad existente. Los nuevos territorios urbanos se caracterizaron por dos modelos arquitectónicos: el edificio de viviendas en bloque y los grandes conjuntos, de instalaciones fabriles primero, y monumentales posteriormente. En todos los casos, y desde el punto de vista de la forma urbana, se perdió la influencia del tejido tradicional, cambiado por un modelo de ciudad que no recordaba en lo absoluto a la precedente (Rojas, 2015, p. 64).

Se partía de premisas y normas rígidas derivadas de un condicionamiento ideológico muy preciso que prácticamente no permitía la creación por parte del autor. La idea de base era claramente socialista: uniformidad social y satisfacción de las necesidades de tipo funcional. La forma estaba condicionada por los edificios típicos, principalmente los "bloques" de viviendas y los también tipificados edificios de servicios. La raíz de esta idea hay que ir a buscarla en los múltiples ejemplos internacionales de los años 50 y 60, no solamente en el campo socialista, y la justificación científica era la normativa de separación entre edificios, que exigía una gran distancia entre los mismos, derivada directamente de la intención europea de dar prioridad al asoleamiento con respecto a la ventilación. Es decir, la teóricamente válida respuesta del estilo internacional a los problemas de salud de las ciudades europeas de las primeras décadas del siglo XX, lo cual constituyó una importación del modelo de respuesta a una crisis ajena.

En La Habana se proyectaban y construían tres inmensas zonas de nuevo desarrollo: Alamar, la mayor y más conocida, Altahabana y Ermita - San Agustín. A la vez, se desarrollaron dos extensas acciones de remodelación y varios "rellenos" en diferentes puntos de las áreas centrales.

El planeamiento estaba basado en la idea de unidad de ciudad, contentiva de distritos y microdistritos de viviendas, herederos del concepto soviético, que a su vez se había inspirado en la unidad vecinal. El esquema utilizado en Cuba era el basado en servicios primarios – escuela, círculo infantil (guardería) y comercio primario- dentro de un radio peatonal de 500 metros. Varios microdistritos se agruparían entonces en un distrito que duplicaba el radio, para la accesibilidad a los servicios de uso periódico.

En La Habana se inició la transformación del barrio de Cayo Hueso y de algunas áreas de la ciudad en las que se produjo una ruptura bastante violenta de la trama, con la inserción de edificios altos y la apertura de espacios inarmónicos. Aunque fue menos significativa cuantitativamente que las zonas de nuevo desarrollo, la remodelación, de haber sido adoptada como modelo, habría destruido las ciudades cubanas. El concepto de la intervención tenía ideas erróneas como base: que solo era realmente valiosa la arquitectura del período colonial; que la importancia de la trama urbana se limitaba a la forma de la traza; que la rehabilitación de las edificaciones era más costosa que la nueva construcción y que solo se podían alcanzar densidades semejantes a las existentes mediante el uso de edificios altos, ya que con una ocupación más compacta no se garantizaba el confort ambiental.

Lo anterior llevó a soluciones basadas en la demolición de edificios de las primeras décadas del siglo XX, exponentes de esa arquitectura sencilla de las "vacas flacas", que mostraba la verdadera esencia de la cultura habanera tradicional. Por suerte, la propia ineficiencia económica de los sistemas constructivos empleados, unida a la lentitud de las obras, permitió que la intervención realizada fuera relativamente pequeña en comparación con la enorme extensión del territorio amenazado.

Se daba una especie de "fachadismo" consistente en la demolición de los edificios que ocupaban la manzana y su sustitución por bloques lineales a lo largo de cada lado. La justificación era la normativa de separación entre edificios, que exigía una gran distancia entre los mismos. Se trataba de una crisis interna, la de los propios modelos urbanos, derivada de la importación de esquemas inoperantes para el contexto específico.

Lo paradójico es que las investigaciones que comenzaron en la década del 70 tuvieron un fruto muy importante: el desarrollo de una formación científica con respecto a los problemas medioambientales, que traería como consecuencia, más adelante, la comprensión del funcionamiento climático de la ciudad tradicional, y, sobre todo, de sus virtudes.

Sin embargo, hay que reconocer la creatividad de muchas respuestas dadas por los proyectistas. Por una parte, en las frecuentes reuniones y eventos de profesionales se presentaban ponencias, muchas veces ingenuas, pero válidas en la práctica, cuyo estudio desde la distancia temporal hace sonreír con el entusiasmo desplegado en proyectos con "bloques" que lograban alcanzar una cierta unicidad por la colocación de las viviendas en formas curiosas o por proyectar hacia la calle las escaleras de entrada a los edificios de dos plantas, en busca de un ritmo que animara un poco la monotonía. Es decir, se retomó, en algunas urbanizaciones rurales, la idea un tanto pintoresca de las comunidades campesinas de principios de la década del 60.

Pero también llama la atención la profundidad de estudios de detalle del espacio público cercano a los edificios, con un conocimiento preciso de las características de la vegetación, el cálculo de las áreas y una gran y sorprendente actualización en lo tocante a las tendencias artísticas, todo lo cual culmina en un uso del color que marcaría la etapa como una de las más hermosas paradojas: el Pop y el Op salvando a la arquitectura y el urbanismo, hasta cierto punto, de la grisura a la que estaban sometidos [5].

Se pueden apreciar ciclos de reacción, de ingenua rebeldía ante lo normado: el primero, el ya explicado en sus tres variantes: vuelta al formalismo ingenuo, regodeo técnico en los detalles y, mediante la incorporación de las tendencias internacionales, intento de mejorar la imagen de la arquitectura anodina.

Las revistas de arquitectura muestran con claridad la evolución del pensamiento que se fue divulgando a lo largo de la década y comprendía, en una primera etapa, la hermosa épica de izquierda, protagonizada por Fernando Salinas y Roberto Segre -heredera más poética que filosófica de las teorías de Joaquín Rallo y Fruto Vivas- en Arquitectura /Cuba, hasta el cambio radical evidenciado en el número 345 de 1976. Quizás la obra más apologética, ya en los 70, de la epopeya constructiva y pragmática sea el documental de Rogelio París: "No tenemos derecho a esperar", en el que la fotografía, la música y en particular las canciones – como la *Canción de la nueva escuela*, de Silvio Rodríguez- creaban una atmósfera emotiva que movía a la aceptación sin restricciones de la epopeya constructiva.

Como a la vez, el economicismo aconsejaba también un enfoque simplista y por tanto una arquitectura derivada del Estilo Internacional, los objetivos de la industrialización dificultaban el proceso de diseño, los temas arquitectónicos (vivienda social multifamiliar, industrias, hospitales) requerían aparentemente poca elaboración del aspecto simbólico y, por último, en algunos todavía estaba presente el concepto de que trabajar la forma era una debilidad ideológica, el resultado fue que no se obtuvieron los logros que podían esperarse de las condiciones positivas de trabajo que se dan en la década.

La voluntad oficial de desarrollar el resto del país en lugar de continuar la hipertrofia de la capital fue a la vez beneficiosa y negativa para la ciudad. Lo positivo es que se ha mantenido hasta el momento la integridad urbana, realmente única en América Latina, así como la atractiva, aunque demasiado dependiente del transporte, consolidación de parte de la periferia urbana con grandes parques y obras significativas, acompañantes conceptuales del previamente establecido Cordón de La Habana. Y el sistema Girón (Josefina Rebellón y otros), fue el gran aporte tecnológico que, en buenas manos, permitió dar forma a varias de las principales obras arquitectónicas de la década, como la Escuela Vocacional Lenin, de Andrés "Cuco" Garrudo (1974), el Palacio de los Pioneros (Néstor Garmendía, 1978) y el Hotel Marazul (Mario Girona, 1974). Los casos negativos obedecieron a no comprender la flexibilidad del sistema y al hecho de que en la mayoría de los programas arquitectónicos se exigía el uso de proyectos típicos. De nuevo, en los mejores ejemplos, la integración con las artes plásticas constituía uno de los grandes logros.

Sin embargo, esto no quiere decir que la proyección arquitectónica haya estado ajena al contenido ideológico vinculado a la epopeya revolucionaria de los primeros años, y a la satisfacción de las necesidades sociales, en los años siguientes.

Pocas son las obras construidas en el período revolucionario que han alcanzado la categoría de Monumento Nacional y casi todas responden al valor histórico o testimonial y no a razones estéticas o relacionadas con el diseño arquitectónico. Sin embargo, incluso en el caso de las obras de los 70, siempre quedará en Cuba algo de nostalgia por la década que no solo fue prodigiosa, sino que se convirtió en símbolo de una fabulosa utopía que estremeció a todo el mundo: "la era que parió un corazón".

Lo presentado hasta aquí ha pretendido mostrar cómo las respuestas inmediatas y mediatas a una crisis tienen resultados que pueden convertirse prácticamente en típicos. En el caso de Cuba, la crisis política de lucha contra la dictadura de Fulgencio Batista dio como resultado una creación y transformación dramática de símbolos, varios de los cuales están reconocidos como Monumento Nacional y se encuentran arraigados en el imaginario colectivo.

La reiterada crisis político-económica del diferendo Cuba-Estados Unidos, con sus momentos álgidos como la Crisis de Octubre y la invasión a Playa Girón, tuvo como resultado un proceso de institucionalización y una fuerte relación económica con los países del campo socialista cuya presencia física o incluso inmaterial no es evidente pero se manifiesta, sobre todo, en un modelo de diseño urbano que muestra, como aspecto positivo, la importancia de la planificación física, en particular la decisión de no dejarlo todo al azar.

Los errores arquitectónico-urbanísticos aquí descritos como resultado de una respuesta indirecta a la crisis económica son un ejemplo de cómo se yerra cuando se dan soluciones acríticas derivadas de realidades ajenas. Pero en la misma época se gestó otra respuesta a la crisis económica, basada, no en la copia de las soluciones europeas sino como evolución lógica de un accionar que tenía sus raíces en la actitud responsable ante la historia y sus huellas.

## La respuesta desde el patrimonio

Durante el proceso de institucionalización que se desarrolla en el país desde los primeros años de la década del 70 se emiten las primeras leyes aprobadas por la Asamblea Nacional del Poder Popular, la Ley N.° 1 del Patrimonio Cultural de la Nación, la N.° 2 de los Monumentos Nacionales y Locales y los correspondientes decretos, que permiten intensificar la protección patrimonial. Paulatinamente se va pasando de la conservación de monumentos a la rehabilitación urbana, y el campo de acción fue ampliándose a lo largo de los años mediante una visión abarcadora del patrimonio cultural, que aúna la comprensión del enorme valor económico de la ciudad histórica, la significación de los símbolos y, sobre todo, la importancia de satisfacer las necesidades de la población. Así, la respuesta a la crisis económica casi permanente resultó coherente con la práctica histórica y la realidad física, como la comprensión del funcionamiento climático de la ciudad tradicional cubana, y, sobre todo, de sus virtudes.

Se tuvieron en cuenta las posibilidades económicas del turismo cultural y, por tanto, el proceso de restauración y conservación de monumentos, que no podía haberse logrado solo con el financiamiento estatal, se llevó a un esquema de puesta en valor que incluía un sistema de impuestos, pero también donativos, inversiones y un eficaz uso de la cooperación internacional.

El plan urbano de La Habana Vieja fue, desde sus inicios, un sistema flexible y abierto, basado en la caracterización tipológica y la identificación de valores, que incluía, tanto las intervenciones de gran envergadura como los cambios de función en edificios de valor monumental, hasta la rehabilitación de viviendas y la inserción de servicios para la comunidad. El modelo de gestión, llevado posteriormente a otras ciudades cubanas, tuvo siempre presente a la población residente en el centro histórico, además de las características tipológicas y funcionales.

## Patrimonio y crisis

El patrimonio no escapa de las influencias de las crisis, tanto en el sentido negativo como positivo. Hay ocasiones en que la respuesta a una crisis puede conducir a soluciones que, por caracterizar una época, se convierten en importante testimonio físico de ésta, como ocurrió con el ejemplo de la arquitectura ecléctica "menor".

En otros casos, la respuesta, directa o no, puede derivarse de la desesperación por hallar soluciones, pero no debe ser automática ni universal. Puede estar condicionada por la realidad mundial o regional, pero, para que sea efectiva, debe, en primera instancia, responder a las características y necesidades locales.

Siempre hay una enseñanza y, sobre todo, el carácter testimonial es lo fundamental. Antes mencioné el águila imperial derribada del monumento a las víctimas del Maine. Hoy, los pecios de la guerra hispano- cubano americana de 1998 son patrimonio subacuático, reconocidos como Monumento Nacional. La significación de ellos trasciende el odio de entonces para convertirse en respeto y testimonio de un hecho histórico trascendental.

## Crisis, inercia o cambio sin bola de cristal

Desde que el mundo tuvo conciencia de la pandemia de la Covid 19 se desató un interesante e inédito fenómeno de comunicación: la lluvia torrencial de seminarios a distancia que no obedece a un plan, que a veces agobia por lo caótico de la programación y las dificultades con las plataformas informáticas, pero que ha creado un extraordinario entusiasmo y una avalancha de ideas.

Paralelamente se lanzaron o desarrollaron teorías sobre la ciudad y los cambios que se hacían imprescindibles como respuesta permanente a la pandemia actual y a cualquier otra por venir. Las primeras conclusiones a vuelo de pájaro relacionaban los brotes con la alta densidad de edificación: se contrastaban los entonces pocos casos de Los Ángeles con el alto número de Nueva York.

Muchos pensaban que pasar por esta experiencia nos iba a hacer mejores personas. Se generaron nuevos estilos de vida, transitorios o no; el arte en sus diferentes manifestaciones comenzó a pasar por una época de inesperada creatividad. Y, por supuesto, las ciencias de todo tipo vivieron y continúan aún en una época en la que se mezclan el rigor, el entusiasmo, la desesperación, la fe...

Resultaría imposible, y, sobre todo, injusto, hacer referencia a todos los artículos, ponencias, notas, que han tratado el tema de la pandemia desde el punto de vista de la ciudad, la arquitectura, el turismo y el patrimonio, este último directa o indirectamente a través de las discusiones con respecto a los temas anteriormente mencionados.

La esencia del problema y las soluciones estaba ya recogida, incluso antes de la pandemia, en los planeamientos del Objetivo de Desarrollo Sostenible 11, que apunta a ciudades resilientes, inclusivas, seguras y diversas para 2030, y una de las metas es el acceso a viviendas y servicios básicos adecuados, seguros y asequibles para todos y la mejora de los barrios marginales.

Las comunidades más afectadas por la pandemia han sido precisamente las que viven en peores condiciones en cuanto a hacinamiento, promiscuidad y falta de recursos. O sea, las áreas urbanas con mayor densidad de población, con una alta ocupación del suelo, es decir, los barrios tradicionales y los asentamientos espontáneos o marginales.

Esos barrios tradicionales son precisamente los que abarca la categoría de Patrimonio Mundial de ciudades históricas, que incluye los centros históricos. Algunos de ellos son grandes centros o ciudades en países donde la pandemia está causando estragos. Es decir, tenemos una cantidad notable de zonas urbanas en grave peligro, no porque se puedan perder los "atributos sobre los que descansa el Valor Universal Excepcional", sino porque se está perdiendo lo más importante del patrimonio: las personas.

Y con ellas sus tradiciones, que son una parte significativa de la identidad latinoamericana.

Deberá darse más peso a la gestión de los centros históricos, y la catástrofe que ha significado la pandemia refuerza considerablemente este punto. No es posible ver la calidad de la gestión basada en indicadores vinculados casi exclusivamente a los criterios de valor patrimonial material. Los indicadores deben ampliarse a los problemas de tipo social que afectan a la o las comunidades que viven en condiciones difíciles, sobre todo, en las ciudades y centros históricos.

ICOMOS, en el documento en el que aborda la posición de la organización con respecto a la pandemia, señala que "el patrimonio no solo es un impulsor del desarrollo sostenible, sino también una piedra angular de la recuperación humana y social después de los desastres" (Kono y Landa, 2020).

Y en la propuesta de resolución a la XX Asamblea General sobre el cambio climático, expresa:

> La actual pandemia de COVID-19 y el sufrimiento que ha causado ha complicado la respuesta al cambio climático, pero también ha revelado algunas lecciones esenciales, incluido el imperativo de prestar atención a la ciencia, las consecuencias de una ruptura entre los seres humanos y la naturaleza, la importancia de poner en el centro de atención las necesidades de los más vulnerables, y el hecho de que es posible un cambio social y económico rápido y de gran alcance cuando la sociedad lo desea. (ICOMOS, 2020, p.2).

Ya en el plano de las propuestas concretas, las urbanas son a veces contradictorias, aunque una firme crítica del *zoning* racionalista: bajas densidades, pero cercanía de los servicios para evitar los desplazamientos, y se repite una idea, calificada de novedosa, de disminuir el tiempo de desplazamiento mediante la ubicación de los principales servicios – salud, educación, comercio - a distancias inferiores a 15 minutos a pie. Todo ello sumergido en área verde y espacios para la práctica de deportes: un concepto muy semejante al de Ciudad Jardín y sus herederos como la Unidad Vecinal y los microdistritos, aunque superado por la inmensa posibilidad que brindan las tecnologías actuales.

Pero desde el punto de vista de la conservación del patrimonio no queda otra alternativa que alertar con respecto a la implantación forzada de las ideas como la del recuperado concepto de supermanzana, que trae a la memoria ejemplos históricos en los que se demolieron áreas extensas de la ciudad tradicional.

La decisión de acercar los servicios a la población sería muy beneficiosa, al igual que la presencia de las áreas verdes, pero lograrlo debe ser parte de un trabajo minucioso de análisis del tejido histórico y de sus posibilidades de inserción de nuevos elementos que, en ningún caso comprometan la integridad ni la autenticidad del área urbana. Todo es posible si se actúa a partir de una base técnica y respetuosa de los principios éticos de la conservación.

Un tema derivado indirectamente de la pandemia es el del cuestionamiento de los símbolos. A partir del asesinato de George Floyd se ha desatado en varios lugares la ira que subyacía en las comunidades discriminadas, en lo cual influyó la situación de esos grupos precisamente durante la pandemia. ICOMOS ha lanzado "una demanda de cambio en la forma en que conmemoramos y representamos la historia y cómo el patrimonio designado oficialmente aborda específicamente el racismo, el colonialismo, la esclavitud y la opresión" (ICOMOS 2020, s/p). Es necesario continuar estudiando el tema de la diversidad, seguir identificando los valores que se derivan de las mezclas culturales propias de nuestro continente, sin rechazos apriorísticos ni cuestionamientos banales, y basándonos en el concepto de transculturación desarrollado por Fernando Ortiz.

**La huella celebrada**

De todo lo anterior se desprende que es imprescindible salvar el patrimonio de las comunidades, independientemente de que esté reconocido o no. Por ejemplo, uno de los modelos arquitectónicos más cuestionados, el edificio múltiple de varias plantas se convirtió en entrañable, sobre todo en los primeros momentos de aislamiento, cuando las personas salían a los balcones a aplaudir a los trabajadores sanitarios y muchos artistas actuaban desde su balcón. Se fue produciendo una comunicación de nuevo tipo, mucho más atractiva que el aburrido aislamiento de la casa individual. Sería justo que ese valor simbólico sea perpetuado mediante alguna forma de interpretación, por ser, claramente, una respuesta positiva a una crisis.

Boccaccio, Camus, Defoe...recordaron pandemias. La memoria es tozuda, y eso está bien: lo triste existió y debe ser recordado, para extraer lecciones, pero en gran medida como homenaje a las víctimas y también como testimonio. Para aplaudir a quienes aplaudieron.

Quedarán enseñanzas, pero también libros y museos, películas, canciones. La huella espiritual deberá mantenerse y también algo, como símbolo, de la huella física. ¿Habrá una patrimonialización de algunos hospitales? ¿Se limitará a placas conmemorativas? ¿Un monumento a los médicos y enfermeros? Esa decisión no nos corresponde: queda para quienes vienen detrás.

**NOTAS**

[1] Arquitecta (Universidad de La Habana). Especialista en Urbanismo, en la Facultad de Arquitectura del ISPJAE y Doctora en Ciencias Técnicas. Profesora Titular en la Facultad de Arquitectura, Instituto Superior Politécnico José Antonio Echeverría, La Habana, Cuba. Expresidente del Comité Cubano de ICOMOS e exmiembro de la Junta Directiva del ICOMOS Internacional. Realizó proyectos urbanos para nuevos asentamientos rurales y zonas de la ciudad de La Habana. Desde 1974 imparte docencia en talleres de proyectos urbanos y arquitectónicos, así como en Teoría e Historia de la Arquitectura y el Urbanismo y Teoría de la Conservación del Patrimonio.

[2] "Columnas de medio cuerpo dórico y medio cuerpo corintio; jónicos enanos, cariátides de cemento, tímidas ilustraciones o degeneraciones de un Viñola compulsado por cuanto maestro de obra contribuyera a extender la ciudad (...)".

[3] Enrique Luis Varela, Raoúl Otero, Jean Labatut, 1953; escultor, Juan José Sicre, 1958.

[4] José Pérez Benitoa, 1953.

[5] Mostrado en los edificios de Alamar, la mayor de las urbanizaciones de bloques (Julio Ramírez, proyectista, 1972-; y Humberto Ramírez, arquitecto en la obra, 1972-, quien fue el autor de la mejoría mediante pequeños cambios y uso del color en los edificios. Asimismo, en varias escuelas y círculos infantiles proyectados por Fanny Navarrete, Heriberto Duverger y otros).

## REFERENCIAS

CARPENTIER, A. La ciudad de las columnas. **Arquitectura/Cuba**, n. 334, Habana, 1965.

CASTRO, F. **La historia absolverá**. Habana: Ciencias Sociales, 2007.

D.E.S.A. Centro de Documentación G. N. Viviendas y Urbanismo. **Recomendaciones para la proyección y construcción de distritos y micro distritos de viviendas**. La Habana: D.E.S.A., 1972.

KELLE, V.; KOVALSON, M. **Formas de la conciencia social**. El arte. La Habana: Editora política, 1963.

KONO, T.; LANDA, M. **ICOMOS y COVID-19: el patrimonio como piedra angular de la recuperación humana, social y económica. 2020**. Disponible en:https://www.icomos.org/images/DOCUMENTS/Secretariat/2020/Covid19/ICOMOS_Statement_COVID19_ES.pdf

ICOMOS. **Diversificar/Descolonizar el patrimonio**. Taller de lanzamiento, 19 de julio de 2020. ICOMOS se compromete con la diversificación y descolonización del patrimonio. 2020. Disponible en: https://www.icomos.org/178 (resumen en español).

ICOMOS. **Patrimonio Cultural y Emergencia Climática**. Proyecto de resolución GA 2020/XX /, Presentado por ICOMOS: Climate Change and Heritage Working Group. 2020.

POGOLOTTI, G. **Polémicas culturales de los 60**. La Habana: Letras Cubanas, 2006.

ROJAS, A. Tiempos y coincidencias. In: GÓMEZ, L.; NIGLIO, O. (coord.) **Conservación de centros históricos en Cuba**. Roma: Aracne, 2015. p. 61-82.

SEGRE, R. (1979). **La vivienda en Cuba: República y Revolución**. D.C.: Universidad de La Habana, 1979.

Taboada, D. La arquitectura de las vacas flacas, ponencia presentada al evento coordinado por el Centro Nacional de Conservación, Restauración y Museología (CENCREM), Coloquio Internacional Eclecticismo y Tradición Popular, Las Tunas, Cuba, 1986.

# EL FUTURO DEL PATRIMONIO CULTURAL COMO UNA RESPONSABILIDAD COMPARTIDA: UNA REFLEXIÓN DESDE EL ISTMO CENTROAMERICANO

*Gloria Lara Pinto*[1] *(ICOMOS/Honduras)*

## ANTECEDENTES

En el mes de junio del presente año (2020), la Coordinación Educativa y Cultural Centroamericana, en una acción conjunta con el Sistema de Integración Centroamericana (CECC/SICA) y el Centro de Coordinación para la Prevención de Desastres en América Central y República Dominicana (CEPREDENAC), puso en marcha el proyecto *Articulación de la Gestión del Riesgo y el Sector Cultura y la Política de Gestión del Riesgo de Desastres en el Ambito Cultural de la Región SICA*, una campaña aprobada en octubre de 2019 por el Consejo de Ministros de Cultura[2]. Esta iniciativa, entendida como una consulta al sector cultura y auspiciada por el Banco Mundial, tiene la finalidad de contribuir a la integración del patrimonio cultural en la agenda de gestión del riesgo de desastres de la región, identificando los principales vacíos, aumentando las capacidades de los actores clave involucrados, fomentando potenciales colaboraciones y contribuyendo al desarrollo de conocimiento regional sobre la gestión del riesgo de desastres para el patrimonio cultural.

En seguimiento de lo anterior, en el contexto de la consultoría internacional, se estableció contacto, a través del Colegio de Arquitectos de Honduras, con la Jefe de la Unidad de Patrimonio Inmueble y Monumentos del Instituto Hondureño de Antropología e Historia y con la autora, como presidente de la Comisión Ciudadana para el Centro Histórico del Distrito

Central (Tegucigalpa-Comayagüela) y miembro de ICOMOS Honduras. De esta manera, se sostuvo una reunión virtual a medidos de junio y también se respondió una consulta dirigida al sector cultura cuyas preguntas (55 en total) están organizadas alrededor de los ejes temáticos que conforman la Política de Gestión del Riesgo de Desastres en el Ámbito Cultural de la Región SICA:

**Eje 1** Protección y salvaguarda del patrimonio cultural;
**Eje 2** Intercambio cultural y resiliencia;
**Eje 3** Articulación del sector cultura en la gestión del riesgo de desastres;
**Eje 4** Cultura y educación para la resiliencia y
**Eje 5** Gestión autónoma y resiliencia cultural.

Tal y como en Honduras, también se entrevistaron actores clave en los otros países centroamericanos, incluyendo República Dominicana. Una presentación de avances tuvo lugar el 17 de julio, en el Taller Virtual *Fortaleciendo la Resiliencia del Patrimonio Cultural de la Región SICA*, con la participación de profesionales de todos los países, enfatizando en el fortalecimiento de la colaboración/asociación entre los participantes y el aseguramiento del compromiso para identificar puntos focales y establecer grupos de trabajo para desarrollar acciones inmediatas específicas. Posteriormente, el 28 de agosto, se hizo entrega del informe ejecutivo en el taller virtual de lanzamiento del informe regional. Sorprendentemente, sin embargo, el titulado del informe es indicativo de una aproximación en otro rumbo, de la que parecía ser la concepción original, en cuanto a fortalecer la resiliencia per se del patrimonio cultural, puesto que ahora se entiende que se hará en función del turismo, y sea este llamado sostenible, en el mejor de los casos: Taller Virtual y Lanzamiento del Reporte Regional para Centroamérica y República Dominicana *Gestión del Riesgo de Desastres para el Patrimonio Cultural y el Turismo Sostenible.*

El binomio propuesto a priori del patrimonio cultural con el turismo sostenible es cuanto más sorprendente, puesto que la Política de Gestión del Riesgo de Desastres en el Ámbito Cultural de la Región SICA, citada arriba, no incluye ninguna alusión al turismo. Es más, en la consulta (55 preguntas) al sector cultura hay solo tres preguntas que indirectamente aluden al turismo:

**Eje 2 Intercambio cultural y resiliencia**

¿Conoce(n) si están calculados los ingresos por distintas actividades vinculadas al patrimonio cultural o al turismo de sitios y monumentos?

¿Se ha generado alguna normativa, cartilla, guía metodológica para integrar la gestión del riesgo de desastres en la gestión del patrimonio cultural?

¿... y para asegurar que ninguna acción vinculada al patrimonio cultural incluyendo el turismo genere nuevos riesgos?

**Eje 3 Articulación del sector cultura en la gestión del riesgo de desastres**

¿Se ha instalado algún ámbito de coordinación bilateral con las entidades del sector turismo o tripartito entre cultura, turismo y los sistemas nacionales y entidades rectoras de la gestión del riesgo en el país, para articular en los ámbitos de la prevención, la preparación, la respuesta y la recuperación para la resiliencia?

Si a esto se agrega que el enfoque de los actores claves centroamericanos y dominicano participantes en la consulta estaba puesto en a) el patrimonio cultural material e inmaterial en sus múltiples expresiones; b) la problemática de la conservación y monitoreo remotos de los inmuebles patrimoniales durante la cuarentena; c) la necesidad de mantener y fomentar las memorias que dan significado a los bienes patrimonializados, pero en ningún momento el turismo, ni aún la vertiente turismo cultural, fue un asunto de peso en el intercambio. No obstante que todos(as) estamos conscientes de que la pandemia ha generado un déficit financiero que afectará la gestión de los museos, sitios de patrimonio mundial y parques arqueológicos, entre otros, la preocupación mayor se sitúa en que los ya insuficientes fondos de que se dispone para la conservación y protección del patrimonio cultural se mantengan y, además, se prioricen acciones que permitan superar la crisis con la menor afectación posible de los bienes culturales.

El subtitulado del resumen ejecutivo es aún más claro en cuanto a sus intenciones: *Oportunidades para fortalecer la resiliencia del patrimonio y del turismo sostenible* y luego agrega: "Este informe presenta los resultados iniciales de la asistencia técnica para conectar y coordinar los sectores de GRD [Gestión del Riesgo de Desastres], Cultura y Patrimonio Cultural, y Turismo Sostenible en la región, a través del establecimiento de una sólida cooperación regional y multisectorial" (CECC/SITCA-SICA/CEPREDENAC/BM/GFDRR c), 2020, p. 1). Por supuesto, cooperación regional y multisectorial es importante y positiva, pero agregarle al turismo el adjetivo sostenible no hace menos acrítico el planteamiento, dado que el turismo a secas puede convertirse, y de hecho así ha sucedido (Chichén Itzá en México, Machu Pichu en el Perú, por ejemplo), en un factor de riesgo para el patrimonio cultural. Estas reflexiones preliminares condujeron a una exploración del estado en que se encuentra la gestión del riesgo de desastres para el patrimonio cultural en el marco de Sendai en Honduras, tomando como referencia los avances en otros países de la región centroamericana.

## HONDURAS Y EL MARCO DE SENDAI 2015-2030

El Plan Nacional de Gestión Integral de Riesgos de Honduras 2014-2019 –aún vigente por ausencia de uno actualizado— propone la articulación intergubernamental entre el poder ejecutivo y los gobiernos municipales y reconoce en sus planeamientos la necesidad del concurso de todas las agencias gubernamentales "con el propósito de trabajar arduamente en la seguridad humana y territorial como fundamentos del desarrollo sostenible", (SINAGER/COPECO, 2014). Dada la temporalidad de su elaboración, si bien incluye la sinergia con el Instituto de Turismo, el enfoque en el patrimonio cultural no es parte de la agenda. Sin embargo, la Política de Estado para la Gestión Integral de Riesgo en el Lineamiento Estratégico 6 de su Objetivo 1 establece la importancia de "promover la investigación científica para la gestión de riesgo a través de la corresponsabilidad de incentivos a los investigadores del sector público, privado y de la academia" (Gobierno de Honduras c), 2013). Otro mensaje positivo es, por supuesto, la inclusión expresa como principios del respeto a los derechos humanos, la seguridad humana, gestión sostenible del territorio, igualdad y equidad de género, integración multicultural (sic), responsabilidad obligatoria ante la construcción del riesgo, autonomía, subsidiariedad y descentralización.

Por su parte la Política Centroamericana de Gestión Integral del Riesgo fue actualizada en 2016, y aprobada en 2017, con el propósito de armonizarla con el Marco de Sendai para la Reducción del Riesgo de Desastres 2015-2030 (CEPREDENAC, 2017 en Pinto Carillo, 2019). Es oportuno aquí un recordatorio sobre el principio rector del Marco de Sendai: "La gestión del riesgo de desastres está orientada a la protección de las personas y sus bienes, salud, medios de vida y bienes de producción, así como los activos culturales y ambientales, al tiempo que se respetan todos los derechos humanos, incluido el derecho al desarrollo, y se promueve su aplicación..." (ONU, 2015, p. 13). A continuación, se detallan las cuatro esferas prioritarias:

**Prioridad 1:** Comprender el riesgo de desastres.
**Prioridad 2:** Fortalecer la gobernanza del riesgo de desastres para gestionar dicho riesgo.
**Prioridad 3:** Invertir en la reducción del riesgo de desastres para la resiliencia.

**Prioridad 4:** Aumentar la preparación para casos de desastre a fin de dar una respuesta eficaz y para "reconstruir mejor" en los ámbitos de la recuperación, la rehabilitación y la reconstrucción (ONU, 2015, p. 14).

Las esferas prioritarias que servirán de punto de partida para esta discusión son "comprender el riesgo de desastres", puesto que de la comprensión se derivará la gobernanza más adecuada, e "invertir en la reducción del riesgo", puesto que esto conducirá a una más eficiente preparación para los casos de desastres. A continuación, se detallan el abordaje de estas dos áreas prioritarias en la gestión del riesgo de desastres para el patrimonio cultural:

**Prioridad 1: Comprender el riesgo del desastre**
"Evaluar, registrar, compartir y dar a conocer al público, de manera sistemática, las pérdidas causadas por desastres y comprender el impacto económico, social, sanitario, educativo y ambiental y en el patrimonio cultural, como corresponda, en el contexto de la información sobre la vulnerabilidad y el grado de exposición a amenazas referida a sucesos específicos..." (ONU, 2015, p. 15).

**Prioridad 3: Invertir en la reducción del riesgo**
"Proteger o apoyar la protección de las instituciones culturales y de colección y otros lugares de interés desde el punto de vista histórico, religioso y del patrimonio cultural..." (ONU, 2015, p. 19)

Desde la entrada en vigor del Marco de Sendai, Honduras fue seleccionado como el "País Piloto" en el área centroamericana para armonizar su *Plan Nacional de Gestión Integral de Riesgos*, iniciando en agosto de 2016 y concluyendo en septiembre de 2017. Como parte de dicho proceso en primer lugar se realizarían talleres de consulta sectoriales para fortalecer el compromiso de todos los actores agrupados en las instituciones de gobierno, organismos de cooperación internacional y de sociedad civil, que trabajan en la reducción del riesgo de desastres en el país (Gobierno Honduras, 2017; ONU, 2017). En efecto, en el 2016, se realizó la *Consulta Nacional Honduras sobre el Nuevo Marco Internacional para la Reducción del Riesgo de Desastres Post-2015*; entre los participantes convocados por la Comisión Permanente de Contingencias (COPECO Honduras)[3], a la Mesa Nacional de Gestión Integral de Riesgo se encontraron *World Vision*, Secretaría de Salud, Servicio Nacional de Acueductos y Alcantarillados (SANAA), Universidad Nacional Autónoma de Honduras (UNAH), Hábitat para la Humanidad, DIAKONIA, Red Humanitaria,

Agencia para el Desarrollo y Recursos Asistenciales (ADRA), así como representantes del sistema de las Naciones Unidas de Honduras, entre otros (ONU, 2016), notándose una notable ausencia del sector cultura (Dirección Ejecutiva de Cultura y Artes) y más aún de la institución que administra el patrimonio cultural, por ley el Instituto Hondureño de Antropología e Historia. También estaban previstos talleres de consulta territorial con actores locales sobre los cuales no se han encontrado datos.

Durante la 5ª. Plataforma Global para la RRD México en 2017, el vocero oficial de Honduras anunció que a finales de 2015 se había dado un gran paso en el cumplimiento de objetivos y metas del Marco Sendai, con la firma de un convenio interinstitucional, para que en el término de cinco años 198 municipios del país (de 298 existentes) estuvieran incorporados a la campaña mundial *Desarrollando Ciudades Resilientes: ¡Mi ciudad se está Preparando! 2016-2020*. En 2017, en acuerdo con la información oficial, se habían incorporado y registrado 84 Municipios, los cuales estaban trabajando bajo los principios esenciales de la campaña. (Gobierno Honduras 2017). Además, se informó que desde el 2016, el país había iniciado el proceso para armonizar su Plan Nacional de Gestión Integral de Riesgos con las prioridades, metas y objetivos del Marco de Sendai. Sin embargo, a la fecha no se ha procedido a emitir algún tipo de normativa que ponga en evidencia los avances de la armonización con relación a la gestión de riesgo de desastres para el patrimonio cultural. Es más, los resultados del monitoreo realizado en el 2017 para Honduras referidos al *Indicador C-6: Pérdida económica directa del patrimonio cultural por daño o destrucción atribuido a desastres* muestra grandes vacíos, todos ellos atribuidos a la falta de capacidad (técnica), financiamiento y transferencia tecnológica. Y la respuesta a cuándo se tiene previsto iniciar con la recolección de los datos es un llano "no se sabe" (Honduras Sendai, 2017). Estos resultados, no son de extrañar, puesto que, en el 2018, la mayoría de los países no reportaron pérdidas causadas por destrucción de infraestructura de importancia crítica para el patrimonio cultural, lo cual se explica simplemente por la ausencia que existe todavía de una metodología adecuada para registrar los daños al patrimonio cultural (ONU, 2018, p. 17).

Para cerrar este apartado cabe mencionar que, en febrero 2020, en San José, Costa Rica, en un marco global se presentaron conferencias con temáticas relacionadas a la resiliencia, al cambio climático, gestión integral y prevención de riesgos e información geoespacial; además se conocieron las mejores prácticas, resultados y propuestas para que puedan ser aplicadas y utilizadas en la región en la identificación de riesgos de desastres. Notable es que se puso en perspectiva el rol de las universidades, tanto públicas como privadas, para el desarrollo de la región a partir de la gestión del conocimiento (SICA/BM/NASA, 2020). Esto se corresponde con la iniciativa del Fórum de las Universidades que nos ha convocado en este libro (ver Castriota, 2020a y 2020b). En esta línea se organizó el Primer Congreso Interuniversitario para la Gestión del Riesgo de Desastres del 20-23 de julio del 2020, en Guatemala, con la finalidad de conectar a las diferentes disciplinas y sectores, así como compartir las prácticas e investigaciones que se llevan a cabo en torno a la GRD para trabajar conjuntamente. Esto es sin duda el resultado de una mayor toma de conciencia en Guatemala, al igual que en Costa Rica, los dos países centroamericanos que ya incorporaron en sus respectivas políticas el Marco de Sendai. En especial Costa Rica le dedica el Lineamiento 17:" ...adquiere relevancia la inversión destinada a proteger y restaurar las obras que son parte del patrimonio cultural del país, para las cuales cabe la posibilidad de desarrollar proyectos específicos de reforzamiento estructural, medidas especiales de protección y de aseguramiento con el fin de garantizar su longevidad" (Costa Roca 2015, p. 45).

## DE LA TEORÍA A LA PRÁCTICA: UN SITIO DE PATRIMONIO MUNDIAL Y UNA CIUDAD HISTÓRICA

Los fuertes contrastes de la geografía de la región centroamericana se aprecian en la vertiente caribeña, en el llamado Corredor Biológico Mesoamericano (ver Brenes, 2019), que abarca dos países (Honduras y Nicaragua), mientras en la vertiente pacífica, atravesando cuatro países (Guatemala, El Salvador, Honduras, Nicaragua) hasta una parte del quinto (Costa Rica), se ubica el Corredor Seco Centroamericano (ver FAO, 2016) y el cordón volcánico siempre en actividad. Específicamente en Honduras, ambas vertientes contienen un rico patrimonio cultural material e inmaterial. En general, los sitios arqueológicos en el Corredor Biológico Mesoamericano y sus colindancias son de variado carácter y van de localidades dispersas e material cerámico y lítico en superficie a entierros rituales en cuevas o Promontorios, así como restos visibles de estructuras permanentes (plataformas de tierra o de tierra con muros de contención de canto rodado; calzadas o rampas empedradas, algunas de las cuales bajan hasta las corrientes; monolitos aislados o alineamientos de estos mismos, entre otros). La cronología de ocupación de estos sitios basada en los pocos asentamientos que han sido mejor estudiados oscila entre el año 800 a.C. al año 1500 d.C. (Lara-Pinto, Hasemann y Fajardo, 2016). Por su parte en el Corredor Seco se encuentra el sitio de ocupación más antiguo del país con alrededor de 10,000 años antes del presente (Hasemann, Lara Pinto y Cruz Sandoval, 2017). Por supuesto, también el Sitio Maya de Copán, como fue designado en la declaratoria de patrimonio mundial, se encuentra en el corredor seco centroamericano y es considerado el icono del patrimonio cultural arqueológico hondureño.

En septiembre se conmemoró el 40 aniversario de la declaratoria de la ciudad arqueológica de Copán como patrimonio mundial, a la par que los hoteleros de la ciudad turística de Copán Ruinas, específicamente, junto con los de su región de influencia, enviaban un llamado de auxilio dada la iliquidez provocada por la ausencia de turistas y el cierre de los establecimientos (La Tribuna Redacción e), 2020). El núcleo urbano de Copán Ruinas alberga apenas unos 10,000 habitantes (INE, 2018) y si bien es cierto que se trata de un atrayente espacio de arqueoturismo, se ubica en una región deprimida con presencia de población indígena maya chortí hondureña cuyas reivindicaciones por la administración compartida del sitio arqueológico han provocado enfrentamientos y cierres a lo largo de la última década; también el gobierno municipal ha mostrado su interés en una coadministración, en tanto que el sitio constituye para el Instituto Hondureño de Antropología e Historia su principal ingreso de fondos propios dedicados al mismo mantenimiento y pago de la planilla local. A esto hay que agregar que se trata del lugar de trabajo para dos asociaciones locales de guías de turismo (ver Mortensen 2011). En otras palabras, el sitio arqueológico contribuye sustancialmente directa e indirectamente a la economía local. Sin dejar de ser un potencial foco de conflicto. Los datos confiables disponibles sobre la visita turística fueron levantados en 2013 (112,477) y señalan que la visita de hondureños (52.76%) y extranjeros (47.23) es más o menos equivalente (Calle Vaquero y García Hernández, 2015), siendo la diferencia cualitativa que éstos últimos son los que generalmente pernoctan. Los visitantes por día oscilan según el mes entre 197 y 452, siendo los días de mayor visitación los sábados y los domingos y en éstos los que coinciden con Semana Santa y las visitas escolares que se aglomeran en los meses de julio y agosto (Calle Vaquero y García Hernández, 2015). Aquí cabe mencionar que las proyecciones de aumento del turismo en sinergia con los cruceros que anclan en el Caribe (Islas de la Bahía) y que condujeron a la construcción de un aeródromo a 15 km del sitio arqueológico de Copán, no se cumplieron, en primera instancia por la situación política desencadenada en el 2009 cuyas repercusiones se han hecho sentir hasta el momento presente y que han recibido un fatal golpe con el COVID-19. De haberse concretado dichas proyecciones, sin embargo, la visitación habría sobrepasado la capacidad de carga del sitio arqueológico, puesto que las cifras mencionadas antes (197-452 visitantes) son promedios mensuales, pero precisamente en los meses y fines de semana de mayor visitación escolar, el número de visitantes puede fácilmente sobrepasar las 1,000 personas en un solo día (Lara-Pinto, 2017).

Lo anterior ha sido un preámbulo para señalar la situación en extremo preocupante en que se encuentra el Instituto Hondureño de Antropología e Historia con su oficina central y regionales cerradas, así como los museos y parques arqueológicos, incluyendo Copán. Las redes sociales están llenas de señalamientos de parte del personal permanente sindicalizado por el incumplimiento de pago o retardo en el mismo, así como su deseo de retornar al trabajo bajo medidas de bioseguridad. A ello se suman las respuestas de la administración desmintiendo los hechos y excusando la situación salarial con el cierre del sitio arqueológico de Copán. Sin duda el presupuesto del IHAH, un aproximado de $900,000 anuales es insuficiente para atender la protección, conservación, investigación y divulgación del patrimonio cultural en todo el país y si, además, se somete su quehacer a la dependencia del turismo, no se estaría respondiendo a su misión principal y mucho menos construyendo resiliencia para la gestión del riesgo en base a las lecciones aprendidas.

Antes de seguir adelante, es de interés introducir la definición de la Oficina de las Naciones Unidas para la Reducción del Riesgo de Desastres (UNISDR) de resiliencia como la "capacidad que tiene un sistema, una comunidad o una sociedad expuestos a una amenaza para resistir, absorber, adaptarse, transformarse y recuperarse de sus efectos de manera oportuna y eficiente, en particular mediante la preservación y la restauración de sus estructuras y funciones básicas por conducto de la gestión de riesgos" (en Pinto Carillo, 2019, p. 154).

También la definición de la UNISDR sobre las amenazas socio-naturales es de interés como "aquellas circunstancias en las que las actividades humanas están incrementando la ocurrencia de ciertas amenazas, más allá de sus probabilidades naturales. Las amenazas socio-naturales pueden reducirse y hasta evitarse a través de una gestión prudente y sensata de los suelos y de los recursos ambientales" (en Pinto Carillo, 2019, p. 154) y esto habría que enriquecerlo con "y de los recursos culturales". También sea dicho que hay loables iniciativas de turismo sostenible como la de *Life beyond Tourism*, para mencionar una alineada con ICOMOS (del Biando y Savelli, 2018; FRDB, 2014, 2016, 2017, 2018 y 2019), pero el quehacer de la protección y conservación del patrimonio cultural tiene precedencia y no solo del patrimonio monumental como el representado por el sitio arqueológico de Copán, sino también del que sigue sin ser reconocido o continúa invisibilizado en las agendas oficiales y en el imaginario colectivo, a pesar de los cambios introducidos en la concepción del patrimonio cultural desde Burra (1973) y Nara (1994):

> (...) la Carta de Burra... extiende el término "sitio histórico" a los lugares de significancia cultural. Estos lugares reflejan la diversidad de las comunidades, incluyendo los sitios con rasgos naturales y culturales con valores estéticos, históricos, científicos, sociales, así como espirituales. En un mundo más y más globalizado, el Documento de Nara sobre Autenticidad... enfatiza la diversidad de culturas y el patrimonio como una fuente irremplazable de riqueza espiritual e intelectual y demanda una apropiada apreciación de los valores y autenticidad de los inmuebles patrimoniales en el contexto al que pertenecen. A la fecha, esto constituye un revolucionario distanciamiento de la normativa ética y los procesos estandarizados para la evaluación y preservación del patrimonio cultural en todo el mundo (Schädler-Saub 2019, p.8).

Es relevante mencionar que en 1997 en Honduras se promulgó la nueva ley para la Protección del Patrimonio Cultural de la Nación que, además de la tradicional cobertura otorgada desde la primera de 1984 a monumentos, bienes muebles, conjuntos, sitios arqueológicos, zonas arqueológicas, colecciones arqueológicas, fondos documentales y bibliográficos, incluyó el reconocimiento expreso de las lenguas indígenas, las expresiones religiosas y los lugares asociados con ellas; la tradición oral y la toponimia como patrimonio cultural de Honduras (IHAH, 1997). Todavía habría que fomentar la inclusión de los nuevos conceptos relacionados con paisajes culturales y ciudades históricas.

Centroamérica se ubica como la segunda región que más rápidamente se está urbanizando en el mundo y los efectos de esa acelerada urbanización no son adecuadamente contabilizados, puesto que a pesar de disponer de leyes marco de ordenamiento territorial, en Honduras, Panamá y El Salvador, persisten severas dificultades para aplicarlas por falta de recursos financieros y técnicos (Pinto Carrillo, 2019). Al menos Costa Rica y Guatemala establecen una distribución porcentual de los impactos económicos de los desastres que incluyen el patrimonio cultural (Brenes, 2019).

Previo a la 5ª. Plataforma Regional para la Reducción del Riesgo de Desastres en las Américas Montreal 2017 se llevó a cabo el Taller de Inicio para las Ciudades Sostenibles y Resilientes donde se detallaron los esfuerzos que la capital de Honduras o el Distrito Central (Tegucigalpa-Comayagüela) estaba realizando para mitigar el riesgo de desastres, (Hondudiario 2017). En efecto, el Plan de Ordenamiento Territorial para el Distrito Central fue lanzado en el 2014 sin que se refleje en el documento el reconocimiento de la declaratoria de Monumento del Centro Histórico de 1994. Adicionalmente, partir del 2014 se realizaron una serie de proyectos que se disolvieron en el papel (ver Lara-Pinto, 2016) y que culminaron con el Plan Maestro del Centro Histórico del Distrito Central (PMCHDC) lanzado a inicios del 2018. Esto fue realizado en conjunto con la Universidad de Sevilla, en el marco del proyecto *Fomentar Entornos Urbanos en Convivencia, Seguridad, y con Prevención de Violencia en el Centro Histórico de Tegucigalpa* con una inversión de €500.000 por parte de la Agencia Española de Cooperación Internacional para el Desarrollo (AECID). Sin embargo, a dos años del lanzamiento del PMCHDC también se ha entibiado la iniciativa que está basada en principios acordes a la protección y conservación de los inmuebles patrimoniales con énfasis en su contexto (envejecimiento de los habitantes, abandono de los inmuebles, subarrendamiento de plantas bajas para comercio de segunda mano, impacto del transporte urbano en la movilidad, necesidad de peatonalización, recuperación de espacios públicos, percepción de inseguridad, vaciamiento del centro histórico al anochecer, empuje del comercio informal y traslado de las oficinas gubernamentales de su ubicación histórica a un nuevo nodo de actividad) (ver Lara-Pinto, 2016). Todo ello en favor de alianzas público-privadas interesadas en promover el aburguesamiento e introducir los cambios necesarios en la normativa y zonificación establecida en tiempos relativamente recientes (AMDC, 2017). En esa línea fue publicado en las redes sociales, a inicios de octubre 2020, la consultoría *Elaboración de Reglamentos de Manejo y Zonificación del Centro Histórico de Tegucigalpa Comayaguela (Revisión y Actualización)* en el marco del proyecto Hacia la Reactivación del Centro Histórico del Distrito Central con el sello de *Naranja Republic*, mejor conocida bajo las siglas de NRNJ RPBLK (USAID/BID/LAB/AMCED). En contraste, es positivo el anuncio de un nuevo Plan Municipal de Ordenamiento Territorial y Plan Maestro de Desarrollo Urbano, esta vez con fondos del Banco Alemán de Reconstrucción (BfW) (Perez, 2020), que podría abrir un espacio para la participación ciudadana y la inclusión formal de la gestión integral del riesgo del patrimonio cultural bajo el marco de Sendai.

Entre marzo y octubre del 2020, a la sombra de la pandemia, se ha introducido la idea en el centro histórico, aparentemente novedosa, de una ciclovía que se extiende seis cuadras cortas, en una estrecha calle de trazo antiguo con aceras degradadas y que culmina en la Plaza Central sin ningún intento de peatonalización (El Heraldo Redacción a), 2020). Tampoco se dio una inducción a los conductores de vehículos y motocicletas. La reflexión principal es que el uso de la ciclovía sin peatonalización no es realista y ha funcionado estos meses debido a la cuarentena y suspenso del transporte público que circula en esa calle, un indicio es que ya los motociclistas utilizan el espacio marcado de colores de conveniente aparcamiento. Sin embargo, un mes después de su inauguración ya se están proponiendo seis rutas más, por cierto, en calles mucho más adecuadas en las márgenes del centro histórico. Al respecto ha comentado uno de los regidores del gobierno municipal, de un partido opositor al gobernante: "Las ciclovías no son malas, hay que saber dónde se pueden hacer... el centro histórico primero tiene que ser recuperado" (El Heraldo redacción e), 2020). Con motivo de la celebración del 442 aniversario de la ciudad capital fueron consultados dos planificadores urbanos sobre la situación del centro histórico con el consiguiente resultado: "El alcalde... sabe que el centro de la ciudad en vez de ganar valor como en otras ciudades, aquí ciertamente es una gran mancha que nos da pena a todos, no es digno de una ciudad capital..." "...Necesitamos que las autoridades municipales se den cuenta que las ciudades son para la gente, que dejen de priorizar temas como la infraestructura del transporte privado" (El Heraldo Redacción b), 2020). No obstante, lo que está sucediendo en la ciudad histórica por excelencia, Honduras recibió a inicios de octubre el premio internacional "Ciudades Resilientes", por el trabajo en 77 municipios que ya están inscritos en la lista de Ciudades Resilientes de Naciones Unidas (La Tribuna Redacción, a), 2020) y, pensando positivamente a eso se debe la inclusión de Honduras en el monitor del marco de Sendai 2019 (ONU, 2020b). Por otra parte, los déficits de inversión que se han identificado en Centroamérica son precisamente los "espacios públicos a nivel local apenas visibles como una necesidad de inversión" (Brenes, 2019, p. 200) y espacios públicos auténticos solo se localizan en las trazas antiguas de las ciudades hondureñas, como la ciudad histórica de Tegucigalpa-Comayagüela[3].

## **RESPONSABILIDAD COMPARTIDA Y LA PARTICIPACIÓN CIUDADANA**

La Comisión Ciudadana para el Centro Histórico del Distrito Central (CCCHDC) fue creada, el año 2009, a través de un convenio de cooperación entre el Instituto Hondureño de Antropología e Historia y la Alcaldía Municipal del Distrito Central. A partir del 2012 la CCCHDC puso en marcha una estrategia de diálogo abierto con la ciudadanía y las autoridades locales, invitando a los candidatos a la Alcaldía de la ciudad capital a exponer en foros públicos sobre su plan de trabajo para el Centro Histórico. Los resultados, aunque magros, en cuanto a las promesas de campaña, han posicionado a la CCCHDC como una plataforma de interlocución de profesionales informados con experiencia de trabajo en las diferentes vertientes del patrimonio cultural. La clave de la continuidad de las acciones ha sido el voluntariado de expertos con criterios apegados a la legislación pertinente, las normativas internacionales y las buenas prácticas y de esta manera la CCCHDC obtuvo en el 2018 su personería jurídica. Al respecto es revelador el tratamiento que hace el documento de Política de Gestión del Riesgo de Costa Rica (2015) sobre la sociedad civil:

> En general, este es un actor pasivo… hacia el cual orientar el trabajo de las instituciones… parece oportuno no solo definir metas orientadas a este sector, sino, además, generar mecanismos innovadores que permita formular compromisos o responsabilidades atribuibles a la sociedad civil organizada (SNGR, 2015, p. 21)

No deja de tener razón esta apreciación, pero también una táctica usual, específicamente con relación a los temas del patrimonio cultural es mantener a la ciudadanía desinformada o relegar la discusión a un momento posterior debido a que hay temas más apremiantes que tratar dada la situación de vulnerabilidad del entorno urbano, o del país en general. Sin embargo, también se reconoce que

> "no ha existido interlocución suficiente con la Sociedad Civil, este se expresa como un actor pasivo… se requiere identificar mecanismos o estrategias novedosas de trabajo con el sector para su intervención en ámbitos no solo de respuesta a emergencias, sino también de reducción de riesgo e incluso formas participativas de abordar la recuperación ante desastre, en que los ciudadanos y ciudadanas intervengan en la planificación, en la fiscalización de las acciones del Estado y la adopción de compromisos para con su propio bienestar" (SNGR, 2015, p. 22).

La agencia del ciudadano y ciudadana en los asuntos del gobierno nacional o local es un aprendizaje de reciente data en países como Honduras y requiere fomentarse y fortalecerse. Esto es lo que se conoce mejor como ciudadanía activa "para influir en las acciones públicas, fundamentalmente del Estado…, " lo cual "… requiere de un marco de gobernabilidad y de gobernanza inclusivo que admita y promueva la iniciativa, la creatividad, el pensamiento crítico y la expresión de las insatisfacciones de las personas y los grupos sociales, por eso supone la creación de espacios para las organizaciones que de manera legítima representan intereses y necesidades de los distintos grupos o sectores de la sociedad" (Pignataro, 2013 citado por Guzmán y Rojas, 2013 en SNGR, 2015, p. 26).

## A MANERA DE CONCLUSIÓN

Es posible que la poco significativa incidencia que todavía tiene la ciudadanía en los asuntos del Estado responde a que los y las expertos aún no han reconocido que la protección y conservación del patrimonio cultural es una acción política (ver Brenes, 2019) y que orilla a apartarse de la relativa zona de confort que ofrece la academia, pero es paradójicamente la academia la nos ofrece las herramientas para ejercer la ciudadanía activa:

> Puede parecer una excentricidad académica, pero insistir en que no hay tal cosa como un desastre natural es vital para dejar de considerar los impactos como eventualidades de fuerza mayor y empezar a incorporarlos dentro del ciclo de proyectos. Los países y las instituciones tienen a su disposición información, metodologías y normas que les permiten conocer los niveles de exposición de sus carteras ante amenazas natura-les. En consecuencia, es posible anticipar potenciales impactos y reducir daños y pérdidas que restan eficiencia a la inversión (Brenes, 2019, p. 194).

El gran desafío identificado en el Resumen Ejecutivo Oportunidades para fortalecer la resiliencia del patrimonio y del turismo sostenible, citado al inicio "es fortalecer el vínculo entre sectores para poder desarrollar estrategias, normativa, e institucionalidad integradas y, por tanto, el primer punto de la agenda es integrar el sector turismo dentro del proyecto de fortalecimiento de la resiliencia del patrimonio cultural" (CECC/SITCA-SICA/CEPREDENAC/BM/GFDRR c) (2020). Un resultado positivo de esta alianza puede ser establecer el valor económico que representa el patrimonio cultural, siempre y cuando se separe en las cuentas nacionales el renglón presupuestario generado por los bienes patrimoniales y las industrias culturales (ver Piedras, 2004). Por otra parte, el desarrollo de un mapa geo-referenciado del patrimonio cultural en la región SICA es de suma importancia para la investigación, pero un arma de doble filo frente al saqueo permanente del patrimonio cultural. Por tanto, se requiere un manejo discrecional de la información. Objeto de serio análisis es el llamado a "definir conjuntamente el concepto de patrimonio cultural para la región", sin especificar a los interlocutores y señalando un vacío de reflexión en cuanto al ethos y cosmovisión existentes en cada país y en la región como un todo. Sin duda, un desafío es el fortalecimiento de las capacidades académicas y técnicas y el relevo generacional en el campo de la protección, conservación y gestión del patrimonio cultural, sin embargo en ese sentido es muy alentadora la iniciativa surgida del seno del Consejo Superior Universitario Centroamericano (CSUCA) y ya avanzada de la creación de la Escuela Centroamericana de Conservación de Bienes Culturales y Museología (CSUCA, 2020) cuya sede regional estaría en Guatemala en sinergia con la Universidad de San Carlos, más una sede nacional en Honduras gestionada a través de la Universidad Pedagógica Nacional Francisco Morazán. Por último, queda planteado el gran desafío compartido por todos los países en cuanto a fortalecer el trabajo con los actores clave locales y sus comunidades. Sin dejar por fuera la iniciativa de gestión de riesgos y preservación del patrimonio documental que está liderando en Centroamérica la oficina multipaís de UNESCO San José.

Si bien en las fortalezas identificadas para cada país centroamericano en este Resumen Ejecutivo se alude al patrimonio inmaterial, es importante colocarlo explícitamente en la agenda, quizá con el concurso de las buenas prácticas ya sistematizadas por el Centro Regional para la Protección del Patrimonio Inmaterial de América Latina (CRESPIAL). También sería oportuno utilizar como referencia el documento *Principios y modalidades para la salvaguardia del patrimonio cultural inmaterial vivo en situaciones de emergencia* (UNESCO, 2017, 2019a y 2019b).

Es claro que el rescate de la memoria juega un papel preponderante en la protección y conservación del patrimonio cultural de ahí la necesidad crítica de recrear memorias y crear nuevas en torno a los bienes culturales materiales e inmateriales y en este campo la responsabilidad es compartida con la familia, la comunidad y la escuela. Por esta razón, es conmovedor que en esta dura época de receso económico y ante la amenaza del recorte severo del presupuesto nacional para el año 2021 (28%) (La Tribuna Redacción, 2020d), en el mes de septiembre se haya dado un envío histórico de remesas

($18.5 millones diarios), lo cual supone para la proyección anual más del 20% del Producto Interno Bruto. Esto es atribuido al repunte de empleos para los hondureños y las hondureñas en la migración (La Tribuna Redacción, 2020c), es decir que la memoria colectiva asociada con el significado del ser hondureño y hondureña está viva en la diáspora.

**NOTAS**

[1] Antropóloga, obtuvo su doctorado en la Universidad de Hamburgo, Alemania, en 1980. Desde 1984 es docente en el Departamento de Ciencias Sociales de la Universidad Pedagógica Nacional Francisco Morazán. Es fundadora del capítulo de ICOMOS Honduras y actual presidenta de la Comisión Ciudadana para el Centro Histórico del Distrito Central.

[2] La Secretaría de Cultura, Turismo e Información fue creada en 1975 y a inicios de la década de 1990 pasó a ser Secretaría de Cultura, Artes y Deportes (SCAD), mientras se creó la Secretaría de Turismo y el Instituto Hondureño de Turismo (SETURH-IHT) (Decreto 103-1993). En el año 2014 se disolvió la SCAD, manteniéndose una Dirección Ejecutiva de Cultura, Artes y Deportes (DECAD) dependiente de la Secretaría de la Presidencia (Decreto Ejecutivo PCM-021-2014). Desde su creación, SCAD presidió la Junta Directiva del Instituto Hondureño de Antropología e Historia (IHAH) como una institución autónoma; sin embargo, su conversión a dirección ejecutiva deja a ambas unidades sin iniciativa de ley y en situación paritaria.

[3] Al cierre de esta edición, se ha recibido con incredulidad la noticia del otorgamiento del Premio Internacional "Climate Positive" al Alcalde del Distrito Central, en la Cumbre contra el Cambio Climático (COP 26) en Glasgow, Escocia, quien durante dos períodos consecutivos (8 años) ha mantenido en el olvido el centro histórico, ha deforestado las principales avenidas y destruido su trazo histórico, además de convertir a la capital en una ciudad de cemento, priorizando la circulación vehicular sobre la de los peatones. Adicionalmente, ha puesto en precario una de las principales fuentes de agua de la ciudad (Parque Nacional La Tigra) al autorizar el desarrollo de una urbanización de élite en el área de amortiguamiento.

## REFERENCIAS

AMDC (2017). **Reglamento de Manejo del Centro Histórico del Distrito Central.** Acuerdo No. 037-2016. Tegucigalpa: Alcaldía Municipal del Distrito Central.

Banco Mundial (2019). Informe. Hacia una Centroamérica más resiliente. Pilares para la acción. Washington, D.C.: Banco Internacional de Reconstrucción y Fomento Banco Mundial.

BKFW (s.f.). Pilares para la acción, pp. 178-205. Washington, D.C.: Banco Internacional de Reconstrucción y Fomento Banco Mundial.

Brenes, Alonso (2019). Inversiones resilientes para una agenda de desarrollo seguro en Centroamérica. En Banco Mundial (2019). Informe. Hacia una Centroamérica más resiliente.

Calle Vaquero, M. de la y García Hernández, María (2015). Turismo en el Mundo Maya. Flujos de Visitantes en el Sitio Arqueológico de Copán (Honduras). Cuadernos de Turismo 36, 101-127

Castriota, Leonardo (2020). **Patrimonio y crisis.** Propuesta de Publicación. ICOMOS Brasil.

Castriota, Leonardo (2020). **Fórum de las Universidades. Proyecto Piloto**. Mundo Ibérico. ICOMOS Brasil.

CECC/SITCA-SICA/CEPREDENAC/BM/GFDRR a) (17 de julio 2020). Taller Virtual Fortaleciendo la Resiliencia del Patrimonio Cultural de la Región SICA. Reunión zoom: https://us02web.zoom.us/j/86029304171?pwd=MS9ZS2ZLajlySndidnpDZi9neng0UT09

CECC/SITCA-SICA/CEPREDENAC/BM/GFDRR b) (28 de agosto 2020). Taller Virtual y Lanzamiento del Reporte Regional para Centroamérica y República Dominicana. Gestión del Riesgo de Desastres para el Patrimonio Cultural y el Turismo Sostenible.
https://cepredenac.zoom.us/webinar/register/WN_V4w-wPPaT96e1VLMMRyqIw

CECC/SITCA-SICA/CEPREDENAC/BM/GFDRR c) (2020). Resumen Ejecutivo Gestión del Riesgo de Desastres y Patrimonio Cultural en Centroamérica y la República Dominicana. Oportunidades para fortalecer la resiliencia del patrimonio y del turismo sostenible. Recuperado de https://www.gfdrr.org/sites/default/files/2020-08/PC_GRD_SINGLES_LOW-RES_D5.pdf

CECC/SITCA-SICA/CEPREDENAC/BM/GFDRR d) (junio 2020). Consulta al Sector Cultura (55 preguntas ordenadas dentro de los cuatro ejes de la Política de Gestión del Riesgo de Desastres en el Ambito Cultural de la Región SICA.

Costa Rica (2015). Política Nacional de Gestión de Riesgo 2016-2030. San José: Comisión Nacional de Prevención de Riesgos y Atención de Emergencias. Recuperado de https://drive.google.com/file/d/0ByA2trMWnTn4dS1GOGNlQTFHMU0/view

CSUCA (24-26 de febrero 2020). Taller Regional para la Formulación de la Propuesta de Plan de Estudios y Modelo de Gestión de la Escuela Centroamericana de Conservación de Bienes Culturales y Museología. Antigua Guatemala: Consejo Superior Universitario Centroamericano. Del Bianco, Corina y Savelli, Aurora (2018). The Life Beyond Tourism Glossary. Florence: Fondazione Romualdo Del Bianco.

El Heraldo Redacción a) (10 de septiembre 2020). Ciclovía piloto en el casco histórico tiene un año para dar resultados. **El Heraldo Metro**, p. 16.

El Heraldo Redacción b) (28 de septiembre 2020). "No hay avance, son ciudades altamente descuidadas". Entrevista Henrry Merrian. **El Heraldo Metro,** p. 19.

El Heraldo Redacción c) (28 de septiembre 2020). La pandemia ha frenado las obras de desarrollo de Tegucigalpa. **El Heraldo Metro**, p. 18.

El Herado Redacción d) (6 de octubre 2020). Un sistema de burbujas familiares se utilizará en feriado morazánico. El Heraldo Metro, p.14.

El Heraldo Redacción e) (7 de octubre 2020). Proponen seis rutas más para ciclovías en la capital. **El Heraldo Metro**, p. 20.

FAO (2016). Corredor Seco América Central. Informe de Situación. Recuperado de http://www.fao.org/3/a-br092s.pdf

FRDB (2014). **Life Beyond Tourism Model and Manual**. Florence: Fondazione Romualdo Del Bianco.

FRDB (2016). **World Heritage Sites for Dialogue**. Florence: Fondazione Romualdo Del Bianco.

FRDB (2017). **Heritage for Planet Earth.** Florence: Fondazione Romualdo Del Bianco.

FRDB (2018). Certification for Dialogue among Cultures Life Beyond Tourism DTC-LBT-2018 (with Regulations and Guidelines). Florence: Fondazione Romualdo Del Bianco.

FRDB (2019). Manifesto Life Beyond Tourism. En World Heritage for Building Peace Florence: Fondazione Romualdo Del Bianco.

Gobierno Honduras a) (2017). Declaración de País Honduras. Ministro Comisionado Nacional de COPECO y Director del Sistema Nacional de Emergencias 911-Honduras. 5th Plataforma Global para la RRD México 2017. Plataforma Global de Reducción de Riesgo de Desastres, 22-26 de mayo. Cancún, México. Recuperado de https://www.unisdr.org/files/globalplatform/Declaracin_de_Pas_HONDURAS_2017.pdf

Gobierno de Honduras b) (2009). **Ley del Sistema Nacional de Riesgos (SINAGER).** Decreto 151-2009. Tegucigalpa.

Gobierno de Honduras c) (2010) **Reglamento de la Ley del Sistema Nacional de Riesgos (SINAGER)**. Acuerdo Ejecutivo 031-2010. Tegucigalpa.

Gobierno de Honduras d) (2013). **Política de Estado para la Gestión Integral de Riesgo en Honduras.** Decreto Ejecutivo PCM 051-2013. Tegucigalpa.

Hasemann, George, Lara-Pinto, Gloria y Cruz Sandoval Fernando (2017). **Los Indios de Centroamérica**. Tegucigalpa: Universidad Pedagógica Nacional Francisco Morazán.

Hondudiario Redacción (9 de marzo 2017). Honduras presenta avances en la reducción del riesgo de desastres. Hondudiario. https://hondudiario.com/2017/03/09/honduras-presenta-avances-en-la-reduccion-del-riesgo-de-desastres/Honduras Sendai (2017). Framework Data Readiness Review - Report – Honduras. Recuperado de https://www.preventionweb.net/files/53135_hondurashnd.pdf

ICOMOS Australia (1979). **Carta de Burra para sitios de significación cultural**. Burra: ICOMOS Australia

IHAH (1997). Ley para la Protección del Patrimonio Cultural de la Nación. Decreto 220-97. Tegucigalpa: Instituto Hondureño de Antropología e Historia.

INE (2018). Copán Ruinas, Copán. Tegucigalpa: Instituto Nacional de Estadísticas. Recuperado de https://www.ine.gob.hn/V3/imag-doc/2019/07/copan-ruinas.pdf

La Tribuna Redacción a) (6 de octubre 2020). JOH recibe premio de Ciudades Resilientes. **La Tribuna**, p. 12.

La Tribuna Redacción b) (6 de octubre) Definen estrategia para atraer turistas en Feriado Morazánico. **La Tribuna**, p. 34.

La Tribuna Redacción c) (6 de octubre 2020). Envío Histórico de $18.5 millones diarios en remesas en septiembre. **La Tribuna Monitor Económico**, p. 35.

La Tribuna Redacción d) (10 de septiembre 2020). Presupuesto 2021 debe reflejar una disminución real del 28%. **La Tribuna Nacionales**, p. 8.

La Tribuna Redacción e) (10 de septiembre 2020). En ruinas empresarios hoteleros de Copán. **La Tribuna Nacionales**, p. 8.

Lara-Pinto, Gloria (2016). El Espacio de todos y de nadie: El Centro Histórico de Tegucigalpa-Comayagüela a inicios del siglo XXI. **Geografares Revista do Programa de Pos-Graduação em Geografia e do Departamento de Geografia da UFES** (Universidade Federal do Spirito Santo) 22(1) :23-38. http://www.periodicos.ufes.br/geografares/article/view/14748

Lara Pinto, Gloria (2017). Patrimonio Cultural y Turismo en la Encrucijada: Río Amarillo y la toma de conciencia del público como instrumento de protección. **Revista de las Ciencias Sociales UNAH 3 (3), 25-46**

Lara Pinto, Gloria, Hasemann, George y Fajardo, Carmen Julia (2016). Sociedades en Transición en el Río Patuca: Pasado y Presente del Corredor Biológico Mesoamericano. **En Memoria 1. Congreso del Area Cultural Ulúa-Matagalpa**, pp. 201-230. Matagalpa: Fundación Científica Ulúa-Matagalpa

Marçal, Helia (2019). Public Engagement towards Sustainable Heritage Preservation. En Schädler-Saub, Ursula y Szmygin, Boguslaw, editors, Conservation Ethics Today. Are our Restoration-Conservation Theories and Practice ready for the 21st. Century? Pp. 265-290. International Scientific Committee for Theory and Philosophy of Conservation and Restoration, ICOMOS. Florence – Lublin: Lublin University of Technology

Mortensen, Lena (2011). Copan past and present: maya archaeological tourism and the Chorti in Honduras. En Metz, Brent, editor, **The Ch´orti´Maya Area: Past and Present**, 246-257. Gainesville: University Press of Florida

ONU (2016). Consulta Nacional Honduras Sobre el Nuevo Marco Internacional Para la Reducción del Riesgo de Desastres Post-2015. United Nations Office for Disaster Risk Reduction (UNDRR). Recuperado de https://www.undrr.org/event/consulta-nacional-honduras-sobre-el-nuevo-marco-internacional-para-la-reduccion-del-riesgo-de

ONU (2013). Marco de Sendai para la reducción del Riesgo de Desastres 2015-2030. Conferencia Mundial de las Naciones Unidas celebrada en

Sendai, Miyagi (Japón)

ONU (2017). **Proceso de armonización del Plan Nacional de Gestión Integral de Riesgos de la República de Honduras armonizado con el Marco de SENDAI**. Recuperado de https://reliefweb.int/report/honduras/proceso-de-armonizaci-n-del-plan-nacional-de-gesti-n-integral-de-riesgos-de-la-rep

ONU (2018). Monitoring the Implementation of Sendai Framework for Disaster Risk Reduction 2015-2030: A Snapshot of Reporting for 2018. Ginebra: United Nations Office for Disaster Risk Reduction (UNDRR).
ONU (2020a). Annual Report 2019. Ginebra: United Nations Office for Disaster Risk Reduction (UNDRR)

ONU (2020b) Member and Observer States using the Sendai Framework Monitor (Mapa p. 19)

Pérez, Silvia (19 de agosto 2020). El Distrito Central tendrá nuevo plan de ordenamiento territorial. El Heraldo. Recuperado de https://www.elheraldo.hn/tegucigalpa/1402248-466/el-distrito-central-tendrá-nuevo-plan-de-ordenamiento-territorial
Pinto Carillo, Augusto (2019). El desafío de mejorar la resiliencia urbana en Centroamérica. En Banco Mundial (2019). Informe. Hacia una Centroamérica más resiliente. Pilares para la acción, pp. 148-177. Washington, D.C.: Banco Internacional de Reconstrucción y Fomento Banco Mundial

Piedras, Ernesto (2004). ¿Cuánto vale la cultura? Contribución económica de las industrias protegidas por el derecho de autor en México. México: Consejo Nacional para la Cultura y las Artes, Sociedad General de Escritores de México y Cámara Nacional de la Industria Editorial Mexicana

Schädler-Saub, Ursula (2019). Introductory notes to some central issues. En Schädler-Saub, Ursula y Szmygin, Boguslaw, editors, Conservation Ethics Today. Are our Restoration-Conservation Theories and Practice ready for the 21st. Century? Pp. 3-13. International Scientific Committee for Theory and Philosophy of Conservation and Restoration, ICOMOS. Florence – Lublin: Lublin University of Technology

Schädler-Saub, Ursula y Szmygin, Boguslaw, editors (2019). Conservation Ethics Today. Are our Restoration-Conservation Theories and Practice ready for the 21st. Century? International Scientific Committee for Theory and Philosophy of Conservation and Restoration, ICOMOS. Florence – Lublin: Lublin University of Technology

SICA/BM/NASA (2020). **Understanding Risk Centroamérica (URCA): SICA trabaja por la gestión de riesgo frente al cambio climático**. San José. Recuperado de https://reliefweb.int/report/honduras/understading-risk-centroam-rica-sica-trabaja-por-la-gesti-n-de-riesgo-frente-al

SINAGER/COPECO (2014). Plan Nacional de Gestión Integral de Riesgos. Período 2014-2019. Recuperado de https://reliefweb.int/sites/reliefweb.int/files/resources/HN-PNGIRH_2014-19_Version_Final-COPECO-20170608.pdf

SNGR (2015). **Política Nacional de Gestión del Riesgo 2016-2030 Costa Rica**. Sistema nacional de Gestión del Riesgo. San José: Comisión Nacional de Prevención de Riesgos y Atención de Emergencias. Recuperado de https://drive.google.com/file/d/0ByA2trMWnTn4dS1GOGNIQTFHMU0/view

Suárez, Ginés y Sánchez, Walter J. (2012). Desastres, Riesgo y Desarrollo en Honduras. Delineando los Vínculos entre el Desarrollo Humano y la Construcción de Riesgos en Honduras. Tegucigalpa: PNUD Honduras. Recuperado de ile:///C:/Users/livit/AppData/Local/Temp/Desastres_Riesgo_y_Desarrollo_en_Honduras-1.pdf

UNESCO/ICCROM/ICOMOS (1994) **Documento de Nara sobre autenticidad**. Nara: Conferencia sobre la Autenticidad en Relación con la Convención sobre el Patrimonio Mundial

UNESCO (13 de diciembre 2019b). El Comité aprueba nuevos principios y modalidades para la salvaguardia del patrimonio vivo en situaciones de emergencia. Patrimonio Cultural Inmaterial. Recuperado de https://ich.unesco.org/es/noticias/el-comite-aprueba-nuevos-principios-y-modalidades-para-la-salvaguardia-del-patrimonio-vivo-en-situaciones-de-emergencia-13243

UNESCO (21-22 de mayo, 2019a). Defining methodological guidance for the safeguarding of intangible cultural heritage in emergencies Expert Meeting on Intangible Cultural Heritage in Emergencies. Paris. Recuperado de https://ich.unesco.org/es/situaciones-de-emergencia-01117

UNESCO (2017). Safeguarding and Mobilising Intangible Cultural Heritage in the Context of Natural and Human-induced Hazards. Desk Study. Prepared for UNESCO's Intangible Cultural Heritage Sectionby Meredith Wilson and Chris Ballard

# PATRIMONIO CULTURAL, CRISIS Y RESILIENCIA: UNA VISIÓN ALTERNATIVA A LA VENEZUELA PETROLERA

*Francisco Pérez Gallego[1], María Carlota Ibáñez, Ileana Vázquez, George Amaiz Monzón (ICOMOS/VENEZUELA)*

La crisis como situación inherente al mundo contemporáneo, en permanente cambio y mutación generadas por factores tan variopintos como las condiciones medio ambientales, socioeconómicas, crisis político-gubernamentales, enfrentamientos bélicos, divergencias religiosas e ideológicas es el panorama que dibuja el día a día de todos los países. En algunos suelen ser vistas como elementos noticiosos ajenos, en otros son el acontecer diario con el cual los ciudadanos tienen que convivir y aprender a conciliar y superar para sobrevivir.

La creación de la Organización de las Naciones Unidas y la Organización de las Naciones Unidas para la Educación, la Ciencia y la Cultura en 1945, al término de la Segunda Guerra Mundial, tuvo como objetivo contribuir con la paz y la seguridad mundial a través de instrumentos como la diplomacia, la educación y la cultura para conciliar los problemas a lo interno o entre los estados naciones, en pro de contribuir con la solución de conflictos.

Uno de los recursos que se evidenció con el tiempo podía coadyuvar en esa dirección, es el patrimonio en sus diversas variantes, natural y cultural y dentro de este, el tangible e intangible, conforme a las definiciones que al respecto han establecido la convención del Patrimonio Cultural y Natural (Unesco, 1972) y la Convención del Patrimonio Inmaterial (Unesco, 2003). Es una herramienta con que cuentan los países y sus regiones, en el campo ambiental y cultural, que llevado al plano operativo permite sobrellevar y superar las crisis, además de extraer de sus bienes beneficios que les permitan paliar sus efectos.

De acuerdo con lo que visionariamente establecía Alois Riegl en 1903 en "El Culto Moderno a los Monumentos", o bienes culturales, de acuerdo con el término contemporáneo, es que estos asumen la misma función que un monumento intencionalmente elevado para preservar o escribir en físico, el recuerdo de un episodio o personaje histórico. Para Riegl disfrutan de cinco tipos de valor, a través del culto que la sociedad ejerce sobre ellos en el presente. Tres se asocian con los valores rememorativos de todo bien. Son el valor de antigüedad, el valor histórico y el valor rememorativo intencionado (Riegl, 2003, pp. 45-6), en los que unos están contenidos en los otros sin excluirse, "como tres estados subsiguientes de un proceso de progresiva ampliación del concepto de monumento" (Riegl, 2003, p. 32).

Pero además de los tres valores vinculados con lo rememorativo, Riegl plantea otros dos matices de valor que derivan del culto que se ejerce desde la contemporaneidad. Son el valor instrumental, vinculado al uso operativo que el objeto u obra todavía puede ejercer y el valor artístico, emparentado con sus cualidades estéticas. El último posee a su vez un doble cariz. Se comparte entre el valor de la novedad y el valor artístico relativo, pudiendo ser positivo o negativo en el presente, dependiendo de la influencia de los gustos, modas e ideologías dominantes respecto a aquellas del tiempo de su génesis (Riegl, 2003, pp. 69-99).

Estos últimos valores son los que nos brindan en el presente la posibilidad de asignar destinos útiles para la sociedad, a aquellos bienes generados en el tiempo, pudiendo devenir, no solo en argumentos de identidad, historicidad y placer estético, sino también en herramientas, que bien conservadas, se conviertan en puntales de desarrollo y en tanto de resiliencia ante las crisis, en primer término como referentes de la memoria del lugar y su cultura, pero también como recursos en torno a los cuales se pueden gestar emprendimientos, sin perder de vista, el aspecto conservativo para su atención y sostenibilidad en el tiempo.

De acuerdo con Salvador Muñoz Viñas (2003, pp. 53-55), los bienes presentan cuatro tipos de valores. Además de los "alto-culturales", que se vinculan primordialmente con los históricos y estéticos que reconocían Riegl y Brandi, se presentan otros tres grupos, que son los de identificación grupal, los valores ideológicos y los valores sentimentales personales, vinculados con los distintos actores que ejercen el proceso de valoración. Plantea que estos difieren de acuerdo con los intereses de cada grupo sociocultural, reservando inclusive un espacio para los intereses individuales. Esta diversidad de objetivos e intereses que giran en torno al patrimonio es lo que debe ser armonizado con el fin de que sean beneficiosos para todos. Para los grupos alto-culturales, para satisfacer las necesidades de la presentación de la cultura e historia del sitio, para los distintos sectores de la sociedad, para las constantes ideológicas sobre las que está fundamentada la cultura, como para las aspiraciones individuales de todos sus miembros, de manera que el patrimonio sea lo más inclusivo posible, ya que debe ser representante de todos y cada uno de sus individuos.

## PATRIMONIO NATURAL Y MIXTO

En este sentido, desde el patrimonio natural, ya indisolublemente enrocado con lo cultural, el entorno originario de Venezuela posee grandes potencialidades asociadas a la combinación de su clima, producto de su posición geográfica intertropical, formaciones geológicas y fuentes hídricas de su entorno, además de las especies vegetales y animales conformes a los ecosistemas anteriores. Esto promovió desde sus orígenes territoriales la gestación de una variada gama de paisajes de costa, llanos, montaña, selva y desierto. Las dificultades económicas generadas por la aguda crisis que afronta el país, generada en parte por su carácter de estado mono productor basado en la renta petrolera fue inspirando distintas iniciativas para promover el turismo y el desarrollo de actividades productivas vinculadas con los recursos naturales dominantes de cada tipo de paisaje, en particular del ramo vegetal.

En este sentido, se ha identificado una serie de experiencias, potenciales en cuanto al ensamblaje de itinerarios culturales de diversa índole. Entre estos, los más significativos pueden estar los relacionados con los paisajes naturales, que devinieron en culturales producto de la ocupación de los grupos humanos y su transformación (Pérez Gallego, 2011).

### La Ruta del Cacao y del Chocolate

El cacao venezolano ocupó el primer lugar de exportación entre 1600 y 1820. Los primeros datos sobre el cacao en Venezuela se remontan a finales de 1600, en los que se hace referencia a un núcleo primigenio de producción en el estado Mérida de donde se comenzó a trasladar a España, actividad que se fue extendiendo a las costas de Aragua, Barlovento y Sucre, donde también existía. El cultivo, producción y comercialización del cacao en Venezuela promovió varios itinerarios, vinculados con sus raíces geo-históricas. Fueron al menos cuatro los itinerarios vinculados que dan origen al proyecto conceptual de la "Ruta del Cacao". Estos itinerarios están asociados a su vez con las variantes del cacao, destacando en su toponimia los nombres de los lugares y puertos o destinos finales de exportación a través de los cuales se vinculaban con el mercado internacional.

De acuerdo con los datos de la Cámara Venezolana del Cacao, CAPEC existen cuatro itinerarios del cacao venezolano: Occidente, Sur Occidente, Centro Norte y Oriente. El primero vinculaba las poblaciones de los estados Mérida y Zulia, con Maracaibo donde era el puerto de despacho, razón por la cual adquirió la denominación de origen Cacao Maracaibo o Sur del Lago. En el Suroccidente el itinerario se extiende por los estados Barinas y Apure, hasta Puerto Nutrias en Barinas, desde donde se comercializaba hacia el río Orinoco y de allí a Las Antillas y Europa. Se cultivaba principalmente la variante de cacao Trinitario, con las denominaciones Cacao Barinas en Barinas y Cacao La Victoria en Apure. En el Centro Norte del país se desarrolló un tercer itinerario en el Estado Aragua, vinculando los pueblos de Chuao y Choroní por un lado y Puerto Colombia como punto terminal y Ocumare, Cuyagua, y Ocumare de la Costa por otro, siendo esta última población el otro puerto de distribución. Estos sitios de la Cordillera de la Costa producían cacao Criollo y Trinitario, cuya producción aún vigente, ha dado origen a los cacaos de calidades Chuao, Choroní y Ocumare. Otro itinerario de la región central del país es el localizado en el estado Miranda, focalizado en la región de Barlovento, teniendo el puerto de Carenero como punto terminal, por lo que les da nombre a sus dos tipos comerciales, Carenero Superior y Carenero Natural. El último itinerario es el Oriental, localizado en el Estado Sucre, específicamente en la Península de Paria que enlazaba Río Caribe y pueblos aledaños. El cacao producido es principalmente del tipo no fermentado y la variedad de cacao cultivado es Trinitario, cuya denominación de origen se conoce como Rio Caribe (Cámara Venezolana del Cacao "CAPEC", 1995).

Pese a la disminución en la producción del cacao venezolano después del auge de la explotación petrolera, la calidad del producto ha mantenido su prestigio en el mercado mundial y ocupa las mejores posiciones dentro de las clasificaciones comerciales. En busca de rescatar la producción del cacao venezolano, el Estado ha promovido la vitalización de la Ruta del Cacao como proyecto de desarrollo, basado en un plan agrícola para el rescate y promoción de la producción del rubro en el país, agrupando los itinerarios culturales de estos estados. El Proyecto integra a los diversos grupos de agricultores, de profesionales y de trabajadores especialistas en el cultivo y procesamiento del cacao; los grupos locales de empresas y cooperativas encargados de procesar las semillas; los centros regionales de procesamiento; las empresas que fabrican el chocolate, tanto las grandes industrias como las pequeñas y medianas empresas que han conservado procesos artesanales;

los organismos científicos especializados en estudios sobre abonos naturales, métodos para el control de las plagas y para la conservación y mejoramiento de las variedades (Pérez Gallego, 2011).

Estas iniciativas han promovido el desarrollo productivo de varias poblaciones, ya no solo en la cosecha y recolección de la materia prima, sino también en la elaboración de productos derivados tales como chocolates de taza y comestible, además de bebidas a través tanto de empresas consolidadas en el ramo, que compran la producción para su reelaboración, como otros emprendimientos locales, pequeñas y medianas industrias y cooperativas que además de favorecer a las comunidades en el desarrollo de su entorno desde un punto de vista económico, pueden contribuir a la larga con la elevación de su calidad de vida.

### La Ruta del Café

Por su lado también destaca la Ruta del Café. Se cree que fue el misionero José Gumilla, autor de El Orinoco Ilustrado y Defendido, quien introdujo y sembró las primeras semillas de café en terrenos de las misiones jesuíticas en el año 1730. Fue más tarde, por los años 1783 cuando se hizo la primera plantación de café en los jardines de la aldea de Chacao cercana a Caracas, en la célebre Hacienda la Floresta y en Blandín, propiedad de don Bartolomé Blandín, gracias a los presbíteros Palacios y García de Mohedano quienes en compañía de don Bartolomé Blandín fundaron la primera plantación organizada de café en Venezuela (Alimentos CDF, 2008).

Al igual que ocurrió con el cacao, el cultivo del café también dio lugar a varios itinerarios culturales, uno localizado en el occidente del país, atravesando los estados andinos de Táchira, Mérida y Trujillo, extendiéndose desde las estribaciones de la cordillera andina hacia los llanos a los estados Barinas y Portuguesa, y hacia la Costa, a los estados Lara y Yaracuy terminando en los puertos de Maracaibo. El otro en Oriente, en los estados Monagas y Sucre, concluía en los Puertos de Carúpano y Güiria. Biscucuy, en el municipio Sucre del estado Portuguesa, es el primer productor nacional de café con una extensión aproximada de 16.000 hectáreas y una producción de 110.000 quintales de café (Alimentos CDF, 2008).

Dentro del itinerario del café del lado occidental merece destacarse el rescate de la Hacienda La Victoria en la localidad de Santa Cruz de Mora, habilitada en años recientes como Museo del Café. Conserva las instalaciones originales relacionadas a la recolección, transformación y comercialización del café, como una iniciativa que busca poner en valor y difundir una de las actividades tradicionales productivas puntales de su economía.

## La Ruta de la Caña de Azúcar y el Ron

La Caña de Azúcar es el tercer cultivo tradicional de Venezuela, que se introdujo en el siglo XVI y se extendió en los siglos XVII y XVIII, llegando a competir en los rubros del cacao y café. Su procesamiento a nivel de centrales azucareros data de los años 40 del siglo XX, así como el inicio de la modernización e industrialización de este sector. Este cultivo repite en localización la diversificación de los itinerarios culturales que ocuparon el cacao y el café. Está distribuido en casi todas las zonas agrícolas del país principalmente en los valles alineados al pie de la cordillera andina al Occidente, los valles de la cordillera de la costa al Centro Norte, y finalmente el estado Sucre en el oriente.

La cultura de la caña de azúcar está estrechamente vinculada con la producción del ron, licor alcohólico destilado, obtenido del jugo o de la melaza de la caña. Una de las haciendas emblemáticas de la ruta es la Hacienda Santa Teresa, la más antigua de las productoras de Ron de Venezuela, situada en el Consejo, estado Aragua y fundada en 1796 por el Conde de Tovar y Blanco. Se convirtió en la cuna del ron venezolano en 1830 gracias a la iniciativa del alemán Gustav Julius Vollmer (Ron Santa Teresa, 2019). Posee una de las bodegas privadas más antiguas del país, que llevó, gracias a su prestigio, a que el Ron Santa Teresa recibiera la denominación de origen Ron de Venezuela en 2004. Dentro de las instalaciones de la hacienda un pequeño tren ofrece un viaje histórico-industrial, para conocer la historia de la empresa, las fases de producción de la bebida, concluyendo con una cata de ron.

Dentro de la Ruta del ron, también en los Valles de Aragua, se localiza la hacienda e Ingenio de los Bolívar, que fuera propiedad de Simón El Mozo, el primer antepasado Bolívar del Libertador Simón Bolívar que llegara a tierras venezolanas, y que fuera heredada por sus descendientes, llegando en el siglo XVIII a robustecerse de la mano de Juan Vicente Bolívar, padre del Libertador. Estuvo en manos de la familia desde el siglo XVI hasta finales del XIX. El área del trapiche fue restaurada y readecuada desde 1983 como Museo de la Caña de Azúcar, en miras a apuntalar la vocación cañera del sector. En 2010 con miras a la conmemoración del bicentenario de la Independencia se emprendió el proyecto de restauración de todo el conjunto, proceso que, aunque iniciado en la Casa de Habitación de la Hacienda y el Trapiche, no ha tenido continuidad debido a la crisis económica. Pese a ello se acometieron trabajos en los techos que eran los frentes prioritarios debido a su estado de conservación, en pro de su preservación y reactivación del sector.

## PATRIMONIO CULTURAL MATERIAL

### Iniciativas desde el Estado

Son varias y muy diversas las iniciativas emprendidas en décadas recientes para conjugar la preservación del patrimonio construido y los significados y valores trascendentales que conllevan. Desde el Estado, además de la labor del Instituto del Patrimonio Cultural como entre rector de acuerdo con la Ley del Patrimonio Cultural vigente se han dado varias iniciativas por parte de otras entidades del estado, creadas ad hoc para invertir en el Patrimonio Cultural. Una de estas es PDVSA-La Estancia, ente creado como parte de la corporación Petróleos de Venezuela Sociedad Anónima -PDVSA-, la estatal petrolera venezolana, para sembrar la plusvalía de los ingresos petroleros en pro de recuperar el amplio y diverso patrimonio venezolano y contribuir con la elevación de la calidad de vida.

### El caso del Parque Carabobo en Caracas

Parque Carabobo devela la historia de uno de los parques caraqueños, creado por decreto en 1880, para conmemorar la Batalla de Carabobo, hecho histórico, que, ocurrido el 24 de junio de 1821, consolidó la Independencia de Venezuela. El parque es parte de un sistema de monumentos dedicados a evocar la Batalla de Carabobo, ubicados tanto en Caracas como en otras ciudades del país que se materializaron en obras públicas entre finales del siglo XIX y el siglo XX. En las celebraciones del Centenario de la Independencia, en 1911, el parque recibió las esculturas de cuatro héroes caídos en la Batalla, cumpliendo con el decreto inicial de la creación del Monumento en el Campo de Carabobo de 1921.

La manzana donde se ubica el parque forma parte de la primera extensión al este del centro de Caracas, en donde existió el edificio de la Casa de la Misericordia. Se transformó en parque arborizado, siendo reformado en diversas ocasiones. Se ubica en la parroquia de La Candelaria, barrio que nació en el siglo XVIII, al este del corazón de la ciudad constituido por la actual Plaza Bolívar, otrora plaza mayor y luego plaza mercado. A ocho cuadras al este, de esta se encuentra la Iglesia de La Candelaria, en cuyo frente principal, se dio el primer intento de establecer el Parque Carabobo conmemorativo (1877-78), cuyo asiento definitivo se reconsideró tres cuadras al sur de ella.

La institución cultural PDVSA-La Estancia recibió una propuesta de intervención de Parque Carabobo, en 2008. De su análisis se dedujo la necesidad de evaluar con mayor detalle los proyectos anteriores, elaborados por instituciones privadas y públicas, profundizar en el estudio urbano del área y en su investigación histórica, para luego concluir en un proyecto de intervención arquitectónica con mayor alcance que los proyectos precedentes. Partiendo de esa premisa, surgió el estudio histórico exhaustivo denominado "Un recorrido por Parque Carabobo. Aproximación histórica y como parte fundamental para el proyecto integral de Rehabilitación Urbana de Parque Carabobo". Una primera parte fue realizada entre 2008-2009 y la segunda parte en 2011.

Una consideración importante sobre el proceso del estudio histórico fue la presentación que PDVSA-La Estancia efectuaba a la comunidad vecina y usuaria del Parque, en la medida que se adelantaba la investigación. Con esta se trataban temas inherentes a la comunidad para resolver los problemas de orden social del sitio y coordinar con las instituciones involucradas en poder para retomar el orden social. Desentrañar este lugar fue un reto por su contenido histórico-urbano, por ser el segundo parque de la ciudad en su momento, por su connotación simbólica y con el objetivo focal de concebir su recuperación (Ibáñez, 2011).

La investigación histórica de Parque Carabobo se realizó consultando diversas fuentes documentales, escritas, gráficas, fotográficas, dibujos, pinturas que dan cuenta de los antecedentes del lugar, su creación como parque, su evolución en el paisaje urbano, su lectura en los planos urbanos de la ciudad de Caracas, el proyecto inicial, su ejecución y remodelaciones, su conservación e imagen actual.

La revisión histórica comenzó con los indicios de ocupación de la fundación de Santiago de León de Caracas (1567-1578); sigue con los antecedentes del proceso de urbanización de la ciudad entre los siglos XVIII-XIX; hasta llegar a la Casa de la Misericordia (1786-1789), génesis del espacio en estudio y cuya edificación fue sacudida por los efectos del terremoto del 26 de marzo de 1812; todo esto, para entrar en el proceso de creación de Parque Carabobo (1879-1880); semblanza del proceso de modernización de la Parroquia La Candelaria, fundada en 1703 y donde se sitúa el Parque; las remodelaciones realizadas a lo largo del siglo XX y parte del siglo XXI. La creación definitiva de Parque Carabobo se realiza dentro de los programas del Ministerio de Obras Públicas, encargada al Sr. Ramón Azpúrua, en 1880-1881. El diseño se basó en diagonales con una fuente en el punto central, bordeada de caminerías a manera de bulevares en el entorno y el planteamiento de arborizarla con 300 árboles.

A principios del siglo XX, se realiza un levantamiento, diagnóstico y una propuesta de remodelación reflejados en un plano, de gran importancia gráfica y documental. En 1911, el MOP, en los preparativos de la firma del Acta de la Independencia, realiza otra remodelación en la que especialmente se incorporan las efigies de cuatro próceres caídos en la batalla (Thomas Ilderton Ferriar, Manuel Cedeño, Ambrosio Plaza y Pedro Camejo), encargadas a los escultores venezolanos radicados en París, Andrés Pérez Mujica y Lorenzo González.

En 1934, el MOP, propone una nueva intervención con la directriz del arquitecto Carlos Raúl Villanueva, quien plantea una solución más funcional recortando los recorridos, además de colocar la fuente central elaborada por el escultor venezolano Francisco Narváez.

La segunda mitad del siglo XX dejó una suerte de desintegración del parque. Aunque permanecieron los cuatro bustos de los héroes y la última fuente central, nuevos trabajos en 1967 desdibujaron su diseño original. Posteriormente, el progreso irrumpió al instalarse en el sector noroeste la Estación del Metro, tomando el nombre del parque. Luego, le sucedieron diversos embates, a pesar de los intentos de recuperación del lugar y sus esculturas. Las Memorias del MOP y el Metro de Caracas registran el proceso de construcción de la Línea 1 del Metro inaugurado en 1983; cuyo Tramo la Hoyada – Estación Parque Carabobo, con planos de 1982, aborda el sector noroeste de Parque Carabobo.

Desde 1997, se han venido planteando intervenciones para remodelar Parque Carabobo, las que siempre se topan con la salida del metro ubicada en el ángulo superior noroeste. Nuevamente en el siglo XXI, se abordan nuevos proyectos desde instituciones públicas como la Alcaldía Metropolitana y la Alcaldía del Municipio Libertador y privadas, como la Fundación Francisco Narváez y la Fundación para la Protección y Defensa del Patrimonio Cultural de Caracas – Fundapatrimonio, adscrita a la Alcaldía del Municipio Libertador. A mediados de 2008 estas presentan a PDVSA- Centro de Arte La Estancia, un anteproyecto arquitectónico para la inmediata intervención del Parque Carabobo. Además del inicio del proyecto en 2011 por PDVSA - La Estancia, se realizan mejoras como la limpieza y protección de la fuente central *in situ*, entre otras acciones puntuales que traen buen efecto sobre el sector. Más tarde, en 2014, se producen incidentes de carácter cívico-político en el Parque Carabobo con daños sobre el espacio. Entonces, la Alcaldía de Caracas recurre al proyecto de PDVSA- La Estancia, iniciado en 2011 para la rehabilitación de lo que denominan Plaza Parque Carabobo, que no es otra que el Parque Carabobo nacido en 1881.

## El Boulevard de Sabana Grande

Otra de las iniciativas de recuperación del patrimonio cultural, en este caso urbano emprendidas por el estado, a través de PDVSA - La Estancia fue el Boulevard de Sabana Grande, un paseo urbano que se fue consolidando como eje lúdico-comercial desde mediados del siglo XX, aprovechando la traza del Camino al Este, que comunicaba la ciudad con Chacao, Petare y Baruta, poblados vecinos del oriente, además de las distintas haciendas de café y caña de azúcar que desde el periodo hispánico se habían ido hilvanado sobre su eje. El Boulevard, fue producto de la conversión en paseo peatonal de la anterior Calle Real de Sabana Grande, a raíz de las obras del Metro de Caracas dentro de su primera etapa inaugurada en 1983. La vía se había convertido en la más importante calle comercial de la ciudad, para la década de 1950, aglutinando además de comercios diversos dedicados al ramo del vestido, zapatería, juguetes y artefactos eléctricos, la localización de cafés, restaurantes y cines, reuniendo a su largo, en un trecho relativamente corto, al menos ocho cines, entre salas cinematográficas y multicines, la mayoría hoy reasignadas a otros usos (Barrios, 1992 y Sidorkovs, 1994).

Su peatonalización, en el tramo comprendido entre el cruce del eje de la Abraham Lincoln con la avenida Las Acacias al oeste, hasta el nodo de Chacaíto al este, próximo a la quebrada homónima, había, no solo perfeccionado su uso, sino también dotado a la ciudad de una calle para la expansión y ludo de la ciudadanía. No obstante, con el pasar de los años, en poco más de una década comenzó un acelerado proceso de deterioro producto de la proliferación avasallante y descontrolada del comercio informal en el lugar. Con ello, además de degradarse los materiales del paseo, sus pavimentos, mobiliario urbano, iluminación, etc., se había afectado notablemente la calidad de los comercios y el estado conservativo de los edificios que les servían de sede, propiciando el alejamiento de usuarios en favor de la proliferación de problemas tales como la mendicidad, la delincuencia y la prostitución. La mayor parte de la arquitectura estaba constituida por edificaciones de tema doméstico, comercial y de oficinas construidas entre las décadas de 1940 y 1970, por lo tanto, constituye un estupenda muestra de arquitectura moderna caraqueña.

La iniciativa, comenzada con el llamado a un concurso público de ideas, donde participaron distintos equipos de arquitectos, restauradores, historiadores, antropólogos, etc. arrojó una propuesta conceptual (2008) formulada por un equipo de arquitectos, restauradores e historiadores de arquitectura, de la cual se extrajeron los argumentos que en una segunda etapa (2011) fueron desarrollados mediante el proyecto de la firma Enlace Arquitectura. La propuesta incluía la liberación de todos los tinglados improvisados diseminados a lo largo del eje, la repavimentación del boulevard y sus derivaciones transversales hasta los nodos de Plaza Venezuela al oeste y de la Plaza Brión en Chacaíto al este, incorporando un diseño de pisos de adoquines, fáciles de mantener y reponer, además del equipamiento urbano de bancos, faroles de iluminación, señalética, papeleras, etc. y la incorporación de obras de arte. En esencia el proyecto consistía, "en pavimentar y mejorar el drenaje de 97,000 m2, divididos en sectores de 500 metros para facilitar el proceso de construcción, causar el menor impacto posible y disimular los cambios de dirección en la vía" (Griborio, 2018, diciembre 29). Buscando facilitar la movilidad urbana se eliminaban las antiguas aceras, en pro de conservar un solo nivel en toda la superficie.

Pero lo más importante del proyecto, fue la labor coordinada por el ente promotor, que a través de los trabajos de restauración y recualificación urbana del sector emprendió acciones de recuperación social y ambiental coligado con lo anterior, ya que se planteó la inversión en recuperar algunos inmuebles icónicos de las inmediaciones, así como el trabajo con las comunidades vecinas y sus distintos actores, residentes, comerciantes, entes públicos del lugar, a través del diálogo y la suma de esfuerzos para el logro de los objetivos, de forma que las respuestas de diseño beneficiaran no solamente al colectivo urbano metropolitano, sino también a los vecinos directos que usufrutuan sus espacios y deben hacer frente a problemas como la recolección de desechos sólidos, el tránsito vehicular controlado para el suministro de mercancías o de los propios residentes de las edificaciones residenciales del lugar.

### Iniciativas desde la sociedad civil

A la par de las iniciativas gubernamentales, también son de destacar las iniciativas de recuperación del patrimonio edificado por parte de las comunidades en sus lugares de origen. Aunque son exiguas debido a la dramática situación socioeconómica, deben ser reiteradamente valoradas como producto del tesón de los grupos de vecinos que, organizados bajo el liderazgo de algunos de sus participantes, han emprendido la titánica tarea de realizar acciones conservativas sobre algunos de sus bienes.

## La Iglesia de Macarao de Caracas

La parroquia eclesiástica de Macarao se estableció a mitad del siglo XVIII en la entrada occidental del Valle de Caracas. En ese tiempo, en 1735 se comienza a edificar la iglesia de la Virgen del Rosario de Curucay, como un modesto templo que sustituyó a una ermita más pequeña. Situada en un pueblo que se encontraba en aquel tiempo entre haciendas de caña de azúcar y sembradíos de frutas, hoy día su núcleo histórico se encuentra rodeado por barriadas populares, con población de bajos ingresos, vecino a una zona industrial y a un valioso Parque Nacional. Desde entonces tiene planta basilical de tres naves, aunque su imagen integral presenta carácter asimétrico debido a la presencia de una torre adosada al norte, y la ubicación de los dos atrios, uno frontal y otro lateral. Dentro de su sencillez, resalta en la fachada principal el elemento central caracterizado por cornisas, molduras y otros componentes decorativos, concebido como "fachada retablo" (Vásquez, 2002, p. 351).

Aunque los primeros pasos para su restauración se dieron antes, debido al fuerte reclamo de la colectividad de Macarao, en 1993, la Gobernación inició el financiamiento del proyecto, delegando la responsabilidad de llevar el seguimiento técnico al Ministerio del Desarrollo Urbano. Éste a su vez contrató para la elaboración del proyecto a FUNRECO, una fundación de estado para el patrimonio cultural con responsabilidades en el ámbito regional y más tarde nacional, que en 1994 tuvo que cerrar sus puertas, lo que, sumado al cambio de autoridades tras las elecciones municipales de fines de ese año, ocasionó que el estudio se detuviese, alcanzando solo hasta la fase de diagnóstico. Es a partir de 1995 que la sociedad toma parte verdaderamente activa en el rescate del templo, cuando los vecinos se constituyen en Asociación Civil sin fines de lucro, con personalidad jurídica y patrimonio económico propios, con la asesoría de la Alcaldía de Caracas, que le traspasa el poder de gestión. Registrada como "Fundacurucay – Fundación para el Desarrollo Integral del Casco Central de Macarao, su acción directa se orientó a la búsqueda de fondos y la contratación del equipo profesional, técnico y obrero para cumplir con su objetivo inicial, el rescate del Templo de un estado avanzado de deterioro (Vásquez, 2002, p. 349).

Con esta modalidad de funcionamiento se obtuvieron en su momento subvenciones parciales por parte de organismos públicos venezolanos, dentro de los cuales, los mayores aportes procedieron de la Gobernación del Distrito Federal y de la Alcaldía de Caracas, quizás por el compromiso de continuar el esfuerzo iniciado y obtener el reconocimiento de los pobladores de la zona. También se sumó al financiamiento el Instituto Nacional de la Vivienda, que, motivado por el carácter del proyecto, gestionado por los usuarios del templo, decide costear una parte de la preparación y aplicación de los revoques. También se obtuvieron aportes privados de personalidades allegadas al pueblo. Como ejemplo, una empresa de control de plagas donó el costo de los productos empleados para las labores de fumigación, percibiendo solamente la cantidad concerniente a la mano de obra.

Como ejemplo de resiliencia, esta experiencia, gestionada desde la comunidad arrojó distintos beneficios, tanto en el proceso proyectual como en el constructivo. Entre otros se pueden enumerar, la reducción de los trámites burocráticos, lo cual acelera los procedimientos administrativos, y con ellos el avance del proyecto y de las obras; la adquisición directa de materiales con lo cual se logra eliminar costos de intermediación; la autonomía respecto a las variaciones de líneas políticas debido a los cambios de autoridades en los organismos públicos; además de la invaluable participación de los vecinos que se expresa en varias direcciones (Vásquez, 2002, p. 351).

Por un lado, la relación directa con los miembros de la Asociación y otros vecinos, propició la valoración colectiva del bien, además del conocimiento por sus miembros de los procedimientos técnicos, favoreciendo su comprensión y coparticipación; la intervención de los operarios de la comunidad en las excavaciones arqueológicas y posteriormente en la ejecución de las obras, con lo cual se logró un máximo cuidado ya que su propia comunidad juzgaría los resultados, y por otra, que ellos mismos y sus allegados se convirtieran en vigilantes de su patrimonio, por el conocimiento y la conciencia interiorizada de sus valores, además de la comprensión de la necesidad de las labores de investigación. Finalmente, a esto se sumó el aporte de documentos gráficos provenientes de archivos familiares que coadyuvaron en la conservación de la memoria histórica del lugar (Vásquez, 2002, p. 351).

## La Fundación Sta. Teresa, Proyecto Alcatraz y el Taller del Constructor Popular

La Fundación Santa Teresa, nació en 1989, a expensas de la marca "Ron Santa Teresa" para realizar iniciativas de inversión social en el municipio José Rafael Revenga, estado Aragua y programar un modelo de desarrollo económico y social en Venezuela.

La Fundación Santa Teresa, creó en 2003 el Proyecto Alcatraz, un programa de reinserción social orientado a jóvenes y adultos con situaciones personales complicadas, como respuesta a situaciones delictivas ocurridas en la Hacienda. El proyecto utiliza la educación para inculcar valores, el adiestramiento para el trabajo, la justicia restaurativa y el deporte, específicamente el rugby, además de brindar atención sicológica y la realización de trabajos comunitarios. Los participantes que ingresan de manera voluntaria son jóvenes que han delinquido, a los cuales se les ofrece oportunidades" de cambiar sus vidas y de transformar su liderazgo violento en liderazgo virtuoso" (Fundación Santa Teresa, 2020).

Dentro del Proyecto Alcatraz figura el Taller del Constructor Popular en el cual se enseñan técnicas constructivas alternativas y convencionales de construcción. Una de sus acciones consistió en la restauración de la Casa Morgado, una edificación tradicional de entre los siglos XVIII y XIX adquirida en 1998 por Ron Santa Teresa. Situada al pie del Cerro La Cruz, en el Consejo, estado Aragua, sirvió de experiencia piloto en 2004, cuando a través de los participantes del taller, denominado "Aprender-haciendo" fue sometida a trabajos de restauración. Desde 2010, la Fundación funciona en la Casa Morgado.

Dentro de las iniciativas del Taller del Constructor Popular, se dictaron clases sobre "Cultura de la Arquitectura de Tierra", entre julio y diciembre de 2005 con total participación y buena acogida de los cursantes (Ibáñez, 2005). Otras actividades en pro de la resiliencia y recuperación social del proyecto Alcatraz, es el proyecto Café Alcatraz, en donde se enseña el proceso de producción de café gourmet, desde el cultivo, la cosecha, torrefacción y envasado y La Red de Madres Alcatraz para llevar el Proyecto a las familias de los participantes.

La Iglesia de Chuao en el estado Aragua, otrora emporio del cacao

Las obras de conservación en la Iglesia de Chuao, integrante de la Obra Pía de la Hacienda del Valle de Chuao es otro interesante caso de participación comunitaria. La iglesia, dedicada bajo la advocación de la Inmaculada Concepción de Chuao fue construida en 1772, como parte de la hacienda. Es una sencilla edificación compuesta por dos cuerpos con fachada retablo formada una serie de dobles pilastras a los lados de un portal en forma de arco de medio punto y remate en forma de frontón mixtilíneo, que a pesar de su austeridad constituye el símbolo aglutinador de la comunidad y el poblado. Su enorme atrio sirve a la vez como patio de clasificación y secado del grano de cacao, por lo que actúa como escenario donde se armonizan y dialogan las manifestaciones tangibles e intangibles, desde entonces hasta el presente, junto con la iglesia, la Casa de Alto y la Cruz del Perdón.

Además de contar con una declaratoria nacional como Monumento Histórico Nacional emanada de la Junta Nacional Protectora y Conservadora del Patrimonio Histórico y Artístico de la Nación, según Gaceta Oficial de la República de Venezuela N° 26.320 del 2 de agosto de 1960, está declarada como Bien de Interés Cultural Nacional, al haberse incluido en el Primer Censo del Patrimonio Cultural Venezolano. A nivel regional también goza de protección como Bien de Interés Cultural de Patrimonio Regional según la Gaceta Oficial Extraordinaria Número 610 del Estado Aragua. Adicionalmente, debido a sus diversos valores, la Obra Pía de la Hacienda del Valle de Chuao fue inscrita como paisaje en la Lista indicativa del Patrimonio Cultural de la UNESCO en 2002. Aunque no se ha concretado el expediente para su postulación formal por diversas razones de orden político-administrativo, esto no ha puesto límite a la iniciativa de su comunidad que en 2013 emprendió a sus expensas, con apoyo de algunos funcionarios de un proceso de acciones, más de índole conservativa, que restaurativas para la preservación de su iglesia.

Entre otras acciones, procedieron a gestionar la elaboración del proyecto, pero también la comunidad se insertó en el proceso de ejecución aportando mano de obra directa, mujeres y hombres de la comunidad de Chuao, quienes entre otros trabajos contribuyeron a la elaboración de las mezclas de enlucido y su aplicación, además de los trabajos de pintura. Esto terminó construyendo otra experiencia trascendental que fusiona el compromiso de un equipo técnico con el profundo deseo de una comunidad de rehabilitar y conservar su patrimonio cultural.

## **PATRIMONIO CULTURAL INMATERIAL**

Con relación al patrimonio inmaterial también la República Bolivariana de Venezuela ha desarrollado importantes iniciativas, asumiendo un liderazgo en el reconocimiento de su patrimonio intangible. Como Estado Parte de la Organización de las Naciones Unidas (ONU) se ha sumado al grupo de 195 países que adoptaron el compromiso histórico de aprobar los 17 Objetivos de Desarrollo Sostenible consensuados en la Septuagésima Asamblea General de la Organización de Naciones Unidas (ONU). La importancia estratégica de dichos Objetivos, apuntan a logros que permitirían alcanzar la vida digna y la paz de todos los pueblos durante los próximos años, pues están referidos a metas que en general, aluden al desarrollo social incluyente, a la sostenibilidad del ambiente, al desarrollo económico inclusivo, a la paz y la seguridad de todos los habitantes del planeta.

En consonancia con lo anterior, nuestra Constitución desde su preámbulo, reconoce a la sociedad venezolana como multiétnica y pluricultural, y subraya la importancia de las culturas populares como cualidades esenciales de la venezolanidad, destacando los valores de la tradición popular y de identidad nacional, latinoamericana y universal. A este marco normativo se suma el hecho de la ratificación que, en el año 2007, el Estado hiciese de la Convención para la Salvaguardia del Patrimonio Cultural Inmaterial de la UNESCO de 2003; sancionada más tarde como Ley Aprobatoria a nivel nacional (GO. N° 5.822 del 25 de septiembre de 2006). La adhesión de Venezuela a esta Convención, en su condición de Estado parte del Organismo multilateral, se ha traducido, en los últimos años, en el despliegue de diversos escenarios a favor de un mayor reconocimiento, visibilización y salvaguardia, nacional e internacional, de algunas expresiones culturales, características de nuestro patrimonio vivo (Amaiz, 2020).

Es un hecho reconocido que el patrimonio cultural inmaterial (PCI) destaca como un vector y garantía para el desarrollo sustentable, la paz y la seguridad de las sociedades, en consideración a que ordena los sistemas de valores y las expresiones genuinas del sentir, del hacer y de la capacidad creativa del ser humano, aportando de forma específica a las sociedades, recursos emocionales, materiales y simbólicos. No obstante, y a pesar de su significación, muchas de estas formas especiales de la cultura, son sometidas a altos riesgos y amenazas, especialmente para su viabilidad inmediata entre las generaciones futuras. Entre las razones para esto, destacan la transculturización y su utilización inadecuada desde focos económicos, sociales, institucionales y/o culturales no vinculados (Amaiz, 2020).

Desde el año 2011 y al presente, el Centro de la Diversidad Cultural, consciente de la importancia del Patrimonio Cultural Inmaterial pero también de sus problemáticas, ha dado cumplimiento a los mandatos de la Convención para la Salvaguardia del Patrimonio Cultural Inmaterial de la UNESCO de 2003, implementado diversas acciones en esta materia, entre las que destaca, la gestión de la inscripción de manifestaciones de la cultura tradicional venezolana en las Listas de dicha Convención. La visibilización internacional de tales manifestaciones, testimoniadas por amplios grupos humanos localizados en espacios extensos de nuestra geografía, ha contribuido a que se conozcan y valoren los aportes que puede ofrecer la salvaguardia del patrimonio cultural inmaterial venezolano para la sociedad en general. Los expedientes de postulación han sido formulados con la más amplia participación de las comunidades implicadas, y se han acompañado de Planes de Salvaguardia, que, con su consentimiento previo, libre e informado, orientan y fundamentan la identificación y gestión de su patrimonio cultural inmaterial.

Desde este espíritu, la salvaguardia del patrimonio cultural inmaterial constituye un elemento que a la par que destaca los cimientos de la venezolanidad, es claro engranaje entre nociones tan complejas como pasado, presente y fututo; tradición, modernidad y desarrollo. Afortunadamente, en el país, pareciera existir en la actualidad, un mejor entendimiento de que el PCI encuentra asidero, no sólo en el área de la cultura o la educación, sino que también es un campo sensible para otras esferas de interés nacional, como, por ejemplo, la soberanía nacional, la asistencia sanitaria o la seguridad alimentaria. En este orden de ideas, los esfuerzos realizados demandan al presente, y para el porvenir, de una mayor concurrencia interinstitucional, que permita, la adecuación de condiciones estructurales en áreas diversas de la política pública, e incluso del sector privado.

La salvaguardia del PCI, además de ser una responsabilidad de Venezuela como Estado Parte de la Convención, guarda una marcada trascendencia, debido a su rol frente al fortalecimiento de nuestra condición de ciudadanos sujetos de derechos, "iguales en la diferencia". En consecuencia, el PCI actúa como el principal agente a favor de las identidades locales, regionales, nacional y americana, a la vez que, desde su condición de referente de la diversidad cultural, y desde el principio de la inclusión, está tributando hacia la consolidación de espacios para la diversificación productiva y la protección del ambiente, desde un mayor índice de corresponsabilidad; esto es, hacia la consecución del desarrollo sustentable. No hay duda, sin embargo, que los retos de cara al futuro continúan siendo muchos y complejos.

## CONCLUSIONES

Las experiencias presentadas son apenas una muestra de diversas iniciativas en las que el Patrimonio, en sus variadas manifestaciones y los procesos para su conservación, ha servido de instrumento en Venezuela, para coadyuvar en pro de la resiliencia y superación ante las crisis que caracterizan al frenético mundo contemporáneo, como planteaba Walter Benjamín. El patrimonio, además de sus valores "alto-culturales", estéticos, históricos, simbólicos, goza de otros ingredientes vinculados con el carácter utilitario que puede asumir, no solo el primigenio que lo gestó como manifestación, sino aquellos que tanto en lo operativo como en lo connotativo también logran, gracias a su efecto representativo e identitario.

Este puede servir para cohesionar y encauzar en un mismo camino a los diversos actores de una sociedad, que, aunque aparentemente a veces puedan parecer enfrentados comparten raíces que a la larga los unen. Es por tanto uno de los instrumentos apenas explorados como recurso para la reconciliación social y la elevación de la calidad de vida de los ciudadanos, a través del desarrollo de actividades económicas, formativas, recreativas que lo involucren y a su vez coadyuven en su propia conservación y sostenibilidad en el tiempo y a la superación de las crisis del mundo contemporáneo.

**NOTAS**

[1] Arquitecto Restaurador y Coordinador Postgrados del Área de Historia y Crítica de la Arquitectura FAU – UCV. Presidente de ICOMOS/Venezuela.

**REFERENCIAS**

ALIMENTOS CDF. (2008). **El Café en Venezuela**. Caracas: autor. Disponible en http://alimentoscdf.com/component/content/article/9-el-cafe-en-venezuela

AMAIZ, G. (2020). **Patrimonio cultural inmaterial venezolano: Salvaguardia y desarrollo**. Caracas: Centro de la Diversidad Cultural.

BARRIOS, G. (1992). **Inventario del olvido: la sala de cine y la transformación metropolitana de Caracas**. Caracas: Fundación Cinemateca Nacional.

FUNDACIÓN SANTA TERESA. (2020). Proyecto Alcatraz. El Consejo: Autor. Disponible en https://fundacionsantateresa.org/alcatraz/

GRIBORIO, A. (2018, diciembre 29). "Pavimento y drenaje del Bulevar de Sabana Grande". En Arquine. México. Disponible en https://www.arquine.com/bulevar-sabana-enlace/

IBAÑEZ, M. C. (2005). **Cultura de la Arquitectura de Tierra**. El Consejo: Proyecto Alcatraz.

IBAÑEZ, M. C. (2011). **Parque Carabobo: Evolución histórica de una manzana y su recuperación** [Texto inédito]. Caracas: PDVSA - La

Estancia.

ICOMOS. (2019). **Charters adopted by the General Assembly of ICOMOS**. Paris: Autor.

MUÑOZ VIÑAS, Salvador. (2003). **Teoría Contemporánea de la Restauración**. Madrid: Editorial Síntesis.

PÉREZ GALLEGO, F. (2011). "Venezuela: Temas, paisajes e itinerarios culturales potenciales para un desarrollo turístico sustentable". En **Itinerarios Culturales, planes de manejo y turismo sustentable**. México: INAH, pp. 121-148.

RIEGL, Alois. (1987). **El Culto Moderno a los Monumentos**. Madrid: Visor Distribuciones S.A.

RON SANTA TERESA. (2019). **La Hacienda Santa Teresa**. Disponible en https://www.santateresarum.com/es/es/heritage/

SIDORKOVS, N. (1994). **Los cines de Caracas en el tiempo de los cines**. Caracas: Armitano Editores.

UNESCO. (1972). "Convención sobre la protección del patrimonio mundial, cultural y natural" En Unesdoc Digital Library. Paris: Unesco. Disponible en https://whc.unesco.org/archive/convention-es.pdf

UNESCO. (2003, octubre 17). "Convención para la salvaguardia del patrimonio cultural inmaterial". En **Unesdoc Digital Library**. Paris: Unesco. Disponible en https://unesdoc.unesco.org/ark:/48223/pf0000132540_spa

VÁSQUEZ, I. (2002). "La Iglesia Parroquial de Macarao: La Gestión Comunitaria del Patrimonio Construido". En: **Estrategias relativas al patrimonio cultural mundial**. La salvaguarda en un mundo globalizado. Principios, prácticas y perspectivas. Madrid: Comité Nacional Español del ICOMOS, pp. 349-352.

**AGRADECIMIENTOS**

Agradecemos la contribución del Antropólogo George Amaiz Monzón por su aporte en relación con la exposición de las iniciativas emprendidas por el Centro de la Diversidad Cultural de Venezuela dirigidas a la valoración y preservación del Patrimonio Inmaterial.

**Comité Nacional de ICOMOS Venezuela - Contribuciones:**
Arquitecto Francisco Pérez Gallego
Arquitecta María Carlota Ibáñez
Arquitecta Ileana Vázquez
Antropólogo George Amaiz Monzón

## PATRIMONIO Y PANDEMIA: ¿CÓMO LO AFRONTAMOS EN PANAMÁ?

*Rebeca Somoza De Burgos , Katti Osorio , Anayansi Chichaco, María Elena Almengor , Julieta de Arango y Dionora Víquez (ICOMOS/PANAMÁ)*

Incredulidad, sorpresa, temor e incertidumbre. Estas fueron algunas de las primeras emociones que nos asaltaron ante contagios y decesos provocados por el SARS-CoV-2. Enseguida se impusieron disposiciones de distanciamiento social y cuarentena. Toque de queda, cierre de fronteras y de actividades "no esenciales", afectaron economías y movilidad.

La conexión a internet se convirtió en un servicio de primera necesidad, transformando la manera en que se relacionan las personas. La vinculación con el patrimonio cultural y natural no fue la excepción. Quedaron en evidencia la brecha digital y otras carencias sociales.

Con la meta de mostrar a la población los aportes del sector patrimonial ante el Covid-19, ICOMOS de Panamá coordinó un "webinar" con la Red de Museos y Centros de Visitantes de Panamá . Se invitó a cinco representantes de organizaciones con responsabilidades directas en la gestión y puesta en valor de bienes culturales y naturales, y sitios del Patrimonio Mundial.

El webinar incluyó conferencias, seguidas por una sesión de preguntas y respuestas para actualizarnos sobre soluciones ante la crisis. Se divulgaron actividades de conservación "tras bastidores" y los nuevos programas durante y post-cuarentena, en formato digital y presencial. Por último, se disertó sobre la bioseguridad y logística para el regreso a los recintos, objetivos comunes entre las instituciones.

El artículo que nos ocupa pretende aportar nuestras conclusiones y a la vez, cumplir la función de relatoría del evento realizado en septiembre de 2020. Las exposiciones de cada especialista se enfocaron en dar respuesta a la interrogante: "¿cómo lo afrontamos en Panamá? Creatividad, resiliencia y adaptación al cambio quedaron plasmadas en notables intervenciones.

## Protocolos de mitigación del Covid-19 y la cultura en la comunidad

El riesgo del nuevo coronavirus ha provocado el replanteo del acceso a la cultura desde una óptica de salud preventiva. Los procedimientos implementados por las autoridades panameñas y la Organización Mundial de Salud (OMS) rigen esta llamada "nueva realidad". Las personas y lugares de reunión pública ahora deben cumplirlos, con el fin de reducir el impacto del flagelo.

El Ministerio de Cultura de Panamá (MiCultura) ha reemplazado al ente predecesor (el Instituto Nacional de Cultura), según la Ley N°90 del 15 de agosto de 2019. Desde su Dirección Nacional de Patrimonio Histórico, la Dra. Katti Osorio propone esta definición de cultura como marco de referencia para las políticas públicas:

...el conjunto de rasgos distintivos, espirituales y materiales, intelectuales y afectivos, que caracterizan a una sociedad o un grupo social. Ella engloba, además de las artes y las letras, los modos de vida, los derechos fundamentales al ser humano, los sistemas de valores, las tradiciones y las creencias, y que la cultura da la capacidad al hombre de reflexionar sobre sí mismo. Es ella la que hace de nosotros seres específicamente humanos, racionales, críticos y éticamente comprometidos. A través de ella discernimos los valores y efectuamos opciones. A través de ella el hombre se expresa, toma conciencia de sí mismo, se reconoce como un proyecto inacabado, pone en cuestión sus propias realizaciones, busca incansablemente nuevas significaciones, y crea obras que lo trascienden.

La cultura en todas sus manifestaciones ha sido el puente de enlace entre personas y colectividades; físicamente y desde la virtualidad impulsada por el confinamiento social. Concursos, festivales y ferias en redes digitales, logran reunir a creativos con sus audiencias.

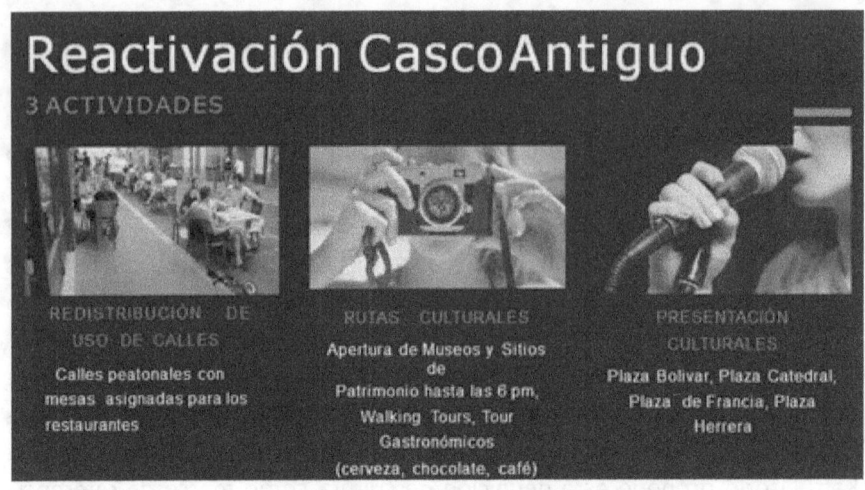

*Figura 1* - Plan de Reactivación del Casco Antiguo, Panamá.
Fonte: MiCultura, 2020

Cabe destacar el "Plan de Reactivación" (Figura 1) del Distrito Histórico, Ciudad de Panamá, Patrimonio Mundial desde 1997 (referencia: Propiedad 790bis). Se inició el pasado 28 de septiembre, sujeto a la coordinación de varias organizaciones gubernamentales. En él se establecieron zonas con horarios para peatonalización, tráfico vehicular y colocación de mesas a pie de calle. La experiencia en este Casco Antiguo se enriquecerá con rutas de turismo y presentaciones artísticas en las plazas. Se busca incentivar la apreciación física de esta joya cultural inscrita en la lista de UNESCO, con garantías de salubridad y seguridad ciudadana.

En la Provincia de Colón, el conjunto monumental de las "Fortificaciones de la costa caribeña de Panamá: Portobelo y San Lorenzo" (Figura 2) es Patrimonio Mundial desde 1980 (referencia: Propiedad 135). Entre los siglos XVII y XVIII, este sistema defensivo protegió el intercambio trasatlántico de mercancías. Sus deteriorados fuertes se encuentran en el proceso de estabilización mecánica, proyecto respaldado por un préstamo del Banco Interamericano de Desarrollo (BID). Éste proveerá capacitación social a los habitantes del sector, para fomentar la economía creativa local. Se basará en la rica gastronomía afrodescendiente y la cultura "Congo". Sus expresiones rituales y festivas fueron declaradas Patrimonio Inmaterial de la Humanidad.

*Figura 2* - Fortificación, Aduana y Bahía de Portobelo, Colón.
Fonte: MiCultura , 2020

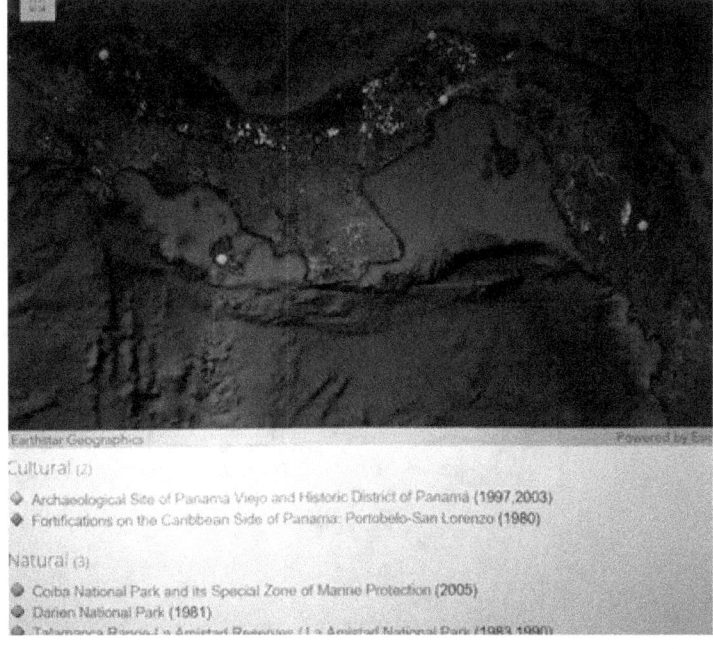

*Figura 3* - Fortificación, Aduana y Bahía de Portobelo, Colón.
Fonte: MiCultura , 2020

Es una tarea pendiente el garantizar a las comunidades el acceso a contenidos culturales por medios digitales, en particular, a aquellas más apartadas de los centros urbanos. La nueva relación entre visitantes y espacios se reflejará respetando limitaciones de capacidad de carga, aforos restringidos y turismo con reservas. Paulatinamente se irán abriendo los lugares culturales y naturales para grupos reducidos. Se incluye a los sitios del Patrimonio Mundial (Figura 3). En todos se cumplirá con los protocolos sanitarios de los ministerios de Cultura, Salud y Trabajo.

## Los museos nacionales y su estrategia de difusión cultural mediante alianzas

La emergencia sanitaria declarada en marzo de 2020 provocó el cese operativo de los museos estatales. La Dirección Nacional de Museos (MiCultura), a cargo de la Arq. Anayansi Chichaco, recolectó data reciente sobre seguridad, aforo máximo, conservación y empleomanía (Figura 4). Entretanto, rutas e iniciativas virtuales han favorecido la visibilidad de bienes y espacios donde se realizan quehaceres destinados a su protección, investigación y custodia.

*Figura 4* - Estado de actualización de museos estatales en Panamá.
Fonte: MiCultura , 2020

Se identificaron mejor las necesidades del sector y se brindaron algunas respuestas directas a su capital humano. El trámite de salvoconductos, bonos solidarios y procedimientos de desinfección coadyuvó a la reanudación de los trabajos de conservación. Al mismo tiempo, se promovieron en redes sociales la "Ruta Interactiva de los Museos de la Ciudad" y el "Registro de Museos Iberoamericanos". Campañas como "Museos para la igualdad: diversidad e inclusión" y el "Museo del Mes" se coordinaron con los aliados estratégicos. Ibermuseos, la Red de Museos y Centros de Visitantes de Panamá y la Autoridad de Turismo son algunos de ellos. De cara a la reapertura, se ha considerado mejorar la señalética, el sistema de reservas y horarios extendidos. La higiene, la verificación de temperatura y las mascarillas seguirán siendo prácticas usuales.

Para 2020 se planificaron las intervenciones en seis inmuebles que albergan preciadas colecciones del acervo histórico y científico nacional. En la Ciudad de Panamá, el Museo Antropológico Reina Torres de Araúz (MARTA) y el de Ciencias Naturales. Hacia el interior del país: los museos de la Nacionalidad, Belisario Porras y José Domingo De Obaldía. En la Provincia de Colón, el Museo de la Aduana de Portobelo. Por la pandemia, se recortaron los presupuestos estatales, permitiendo únicamente la intervención en tres de ellos.

El MARTA merece especial mención, porque su sede original – la antigua estación central del ferrocarril – ha estado clausurada por más de veinte años (Figura 5). En abril de 2017 se crea un patronato para su puesta en valor. Lo conforman diversas instituciones oficiales y civiles. La nueva gobernanza fue el primer paso hacia su rescate. Este año se adjudicó la restauración integral de su emblemático edificio patrimonial, por un monto de 14.7 millones de dólares. Se rehabilitarán tres salas de exposiciones permanentes y dos temporales.

En síntesis, la información proveniente de encuestas sustenta las actuaciones en beneficio del ciudadano y todos los actores del sector cultural. Los procedimientos sanitarios pre y post apertura se harán cumplir para recibir visitantes y asegurar el mejor estado de bienes y espacios.

*Figura 5* - Museo Antropológico Reina Torres de Araúz, Panamá.
Fonte: Fotografía de Roberto Saavedra

Durante la pandemia, ha quedado constatado que las plataformas virtuales son indispensables para acercar creaciones y conocimientos al ser humano. Además, las obras de restauración en edificios museísticos son necesarias para conservar su integridad. Alianzas estratégicas y planes cooperativos son cruciales para la "difusión cultural" impulsada por MiCultura. Es decir, "una gestión cultural mediadora entre dicho patrimonio y la sociedad" (GUGLIELMINO, 2007).

## La administración privada de un museo comunitario dedicado a la memoria colectiva

La Fundación para el Desarrollo Turístico Integral de la Provincia de Coclé, presidida por la Prof. María Elena Almengor, tiene la misión de "democratizar la cultura" a través del Museo de Memoria Histórica de Río Hato (Figura 6). Como antecedente, la "Invasión a Panamá" por los Estados Unidos se inició en la Base Militar de Río Hato (1989). Las huellas de las instalaciones militares revertidas se han ido borrando rápidamente, desde el año 2000. La rehabilitación del viejo aeropuerto y el crecimiento hotelero frente al mar, han potenciado el auge turístico de la región. Sin embargo, también han puesto en riesgo la memoria colectiva local. La "disposición de las comunidades a contar su historia" fue el principal factor que motivó la creación del museo.

*Figura 6* - Mapa de ubicación del Museo de Memoria Histórica de Río Hato, Coclé
Fonte: Google Maps (2020)

La fundación inició este andar llevando a cabo encuestas en los poblados cercanos a la desmantelada base, en la costa pacífica. Los vecinos de la zona validaron la necesidad de recordar, transmitir y aprender sobre el suceso y sus vivencias. Historias de los protagonistas, testimonios orales y objetos evocadores se recopilaron para hilvanar la narrativa. En las exhibiciones se tratan temas como el origen geológico de este lugar (Figura 7) y el legado indígena. Adicionalmente, la presencia militar estadounidense (hasta 1970) y el dominio de las "Fuerzas de Defensa" en plena dictadura. El ataque armado durante la "Invasión a Panamá" por el ejército norteamericano, es abordado como asunto de esencial importancia.

Desde la clausura a nivel nacional por la pandemia, los museos comenzaron un largo camino de esfuerzos para relacionarse con sus públicos y sobrevivir, sobre todo los de perfil privado. Este museo coclesano es un claro ejemplo de ello. A la fecha, sigue vigente la cancelación de clases presenciales en universidades y colegios por el Ministerio de Educación. De igual forma, persiste el cierre de fronteras y la supresión de vuelos para viajeros internacionales. Todo ello impide la llegada de los grupos escolares y turísticos, que son su fuente primordial de ingresos. Las barreras oficiales hacen que el panorama actual para los museos como centros culturales y educativos sea realmente desalentador.

*Figura 7* - Exposición Geológica
Fonte: Museo de Memoria Histórica de Río Hato

La entidad se sostiene por las donaciones de benefactores y los boletos de entrada a un simbólico costo mínimo. Sin embargo, la clausura por la pandemia - en vigor desde hace más de seis meses – ha ocasionado serios problemas. Unos son económicos, como la falta de liquidez y suspensión de contratos laborales de guías, aseadores y custodios. A éstos se suman los daños por el deterioro de estructuras y colecciones. Se podría llegar a su cierre definitivo, inclusive.

A pesar de tales adversidades, la fundación sostiene el museo vía digital en un verdadero "acto de fe". Su administración se prepara para aplicar las medidas de bioseguridad y distanciamiento social a la espera de estudiantes, adultos mayores y viajeros. La anulación de las restricciones que afectan su supervivencia es incierta todavía.

## El Patronato Panamá Viejo: modelo de conservación científica y gestión cultural

Un patrimonio prehispánico cuya antigüedad es superior a los mil años, y estructuras coloniales construidas hace quinientos años, definen el sitio arqueológico de Panamá Viejo (Figura 8). Declarado Patrimonio Mundial por UNESCO (2003), junto al Distrito Histórico de la Ciudad de Panamá (referencia: Propiedad 790bis) constituye una propiedad de dos componentes intrínsecamente enlazados. El traslado de las mismas instituciones administrativas, civiles y eclesiásticas del imperio español lo demuestran. Ambos comparten similares tipologías arquitectónicas y cultura material. Asimismo, se mantuvo la función de conectividad logística, indispensable para el trasiego de mercancías entre la "Corona" y el "Nuevo Mundo". Durante la mudanza, en el último tercio del siglo XVII, como consecuencia de su destrucción a raíz del ataque del pirata inglés Henry Morgan, se reutilizaron piedras del núcleo fundacional. De este modo se reconstruyeron algunas edificaciones de la urbe en su nuevo emplazamiento. Se debe tomar en cuenta que ambas locaciones apenas estaban separadas por unos 7.5 kms de distancia.

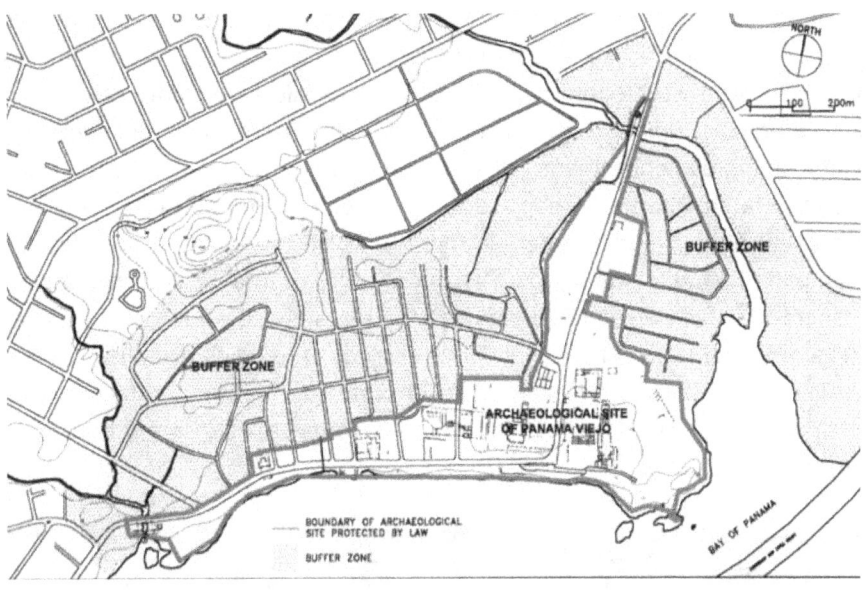

*Figura 8* - Mapa del Sitio Arqueológico de Panamá Viejo
Fonte: World Heritage Center, UNESCO

Durante los últimos 25 años, la tutela de este conjunto monumental ha sido posible gracias al Patronato Panamá Viejo; una fructífera alianza mixta de entes públicos y privados. Se sustentó desde sus inicios mediante fondos asignados por Ley de la República , otros fueron producto de la autogestión e importantes aportes del sector privado.

De forma ininterrumpida, mantuvo abiertas sus puertas a residentes y turistas internacionales. El cese forzoso por la emergencia nacional decretada desde marzo del 2020 también afectó su reconocida trayectoria. Durante estos casi siete meses, las arduas tareas de conservación, educación y cultura se han reinventado. La meta es continuar posicionándose como un referente de gestión ejemplar, dentro y fuera de nuestras fronteras.

La Lic. Julieta de Arango ha sido su Directora Ejecutiva por más de veinte años. Ha liderado el manejo de este complejo patrimonial durante la evolución de su puesta en valor. Las actividades desempeñadas durante la cuarentena se enfocaron en dar continuidad a la vigilancia del parque, y a la seguridad de sus monumentos y piezas arqueológicas. Aquí se subraya la preservación de las colecciones museísticas y estructuras monumentales. A destacar, la Torre de la Catedral, el Convento de la Concepción y la Iglesia de los Jesuitas. Se limpiaron y fumigaron las áreas verdes y la traza urbana. Se generaron protocolos sanitarios, señalética y comunicación interna. Se donaron víveres y productos higiénicos como contribuciones solidarias. Siguieron en curso colaboraciones con aliados estratégicos, para fortalecer las redes de apoyo.

Potenciar una conexión activa y dinámica para el acompañamiento e intercambio de conocimientos con sus seguidores, ha sido una acción clave con ayuda del internet y redes sociales. En este último punto, se desplegó un abanico de propuestas de relacionamiento sociocultural. Entre ellas, las campañas: "Quédate en casa", "Panamá Viejo te cuenta" y "Panamá Viejo te espera". Otras herramientas educativas utilizadas son los tours virtuales (Figura 9), guías descargables y conversatorios en medios digitales. Fechas emblemáticas como el Día Internacional de los Museos, el Mes de los Monumentos y Sitios, y la Fundación de Panamá La Vieja se celebraron en línea.

*Figura 9* - Tour Virtual "Descubre tu historia"
Fonte: Patronato Panamá Viejo (2020)

Podemos apreciar que el Patronato logró adaptarse con celeridad al entorno virtual, conectándose mediante ricos contenidos educativos y culturales con sus diversos públicos. Hacia finales de octubre se estima que se podrá acceder a sus zonas exteriores, para observar sus monumentos de piedra, explanadas y manglares. Sin embargo, El Museo de la Plaza Mayor, el mirador de la Torre de la Catedral y el Centro de Visitantes, seguirán temporalmente cerrados. Se espera volver muy pronto a disfrutar de sus fascinantes colecciones y exposiciones.

## El Parque Natural Metropolitano: "Pulmón de la Ciudad de Panamá"

La creación de esta área protegida surge de los primeros planes de uso de suelo para el Área del Canal de Panamá (1974), como parte de las tierras canaleras que se lograron revertir al Estado panameño posteriormente, en virtud de los Tratados Torrijos – Carter (1977). Tales acuerdos con los Estados Unidos lograron coronar una lucha generacional por la devolución integral del canal, su territorio y las instalaciones de las antiguas bases militares.

*Figura 10* - Vista aérea del Parque Natural Metropolitano, Ciudad de Panamá
Fonte: Patronato Parque Natural Metropolitano

La Ley N°8 del 5 de julio de 1985 establece los lineamientos para la gerencia de este paraje boscoso, bajo la figura legal de un patronato. Está conformado por la Alcaldía de Panamá, los ministerios de Ambiente y de Economía y Finanzas, la Sociedad Audubon de Panamá y el Instituto

Smithsonian de Investigaciones Tropicales, entre otros organismos sin fines de lucro.

Ubicado en el corazón de la capital del país, el Parque Natural Metropolitano es la única área protegida en Centroamérica dentro de los límites de una ciudad (Figura 10). Según el Plan de Manejo, sus 11 polígonos engloban una superficie superior a las 232 hectáreas de bosques. . Alberga facilidades para recreación al aire libre, investigación ecológica, educación ambiental y demás actividades científico – culturales. Conserva el régimen de las aguas del Río Curundú, protegiendo especies de flora y fauna, tanto nativas como exóticas. Su misión es resguardar los recursos naturales y propiciar la participación social en esta gran extensión silvestre.

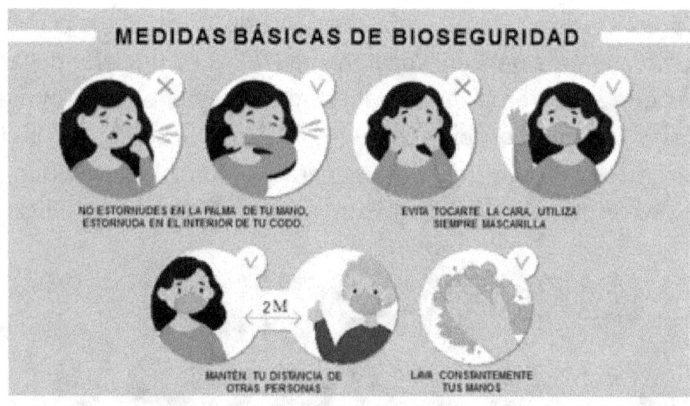

*Figura 10* - Vista aérea del Parque Natural Metropolitano, Ciudad de Panamá
Fonte: Patronato Parque Natural Metropolitano

El equipo de trabajo ha elaborado un manual de actuación, con miras a la recepción del público (Figura 11). Está basado en normas de sanidad, disposición adecuada de desechos y acciones de limpieza. Así se podrán atender las necesidades de guardaparques, voluntarios, investigadores y caminantes. Las visitas estarán sujetas a reservas previas y uso obligatorio de mascarillas. Hasta por 2 horas se podrá permanecer en sus miradores y senderos habilitados, los cuales están identificados como: "Los Caobos", "El Roble", "Mono Tití" y "La Cienaguita".

El Patronato del Parque Natural Metropolitano ha cumplido con el cuidado de su biodiversidad e infraestructuras. Su dedicado plantel profesional ha preparado la citada guía de bioseguridad, tomando en consideración las prácticas recomendadas para mitigar el Covid-19. De esta forma, el "Pulmón de la Ciudad de Panamá" estará listo para ofrecer nuevas oportunidades de sano esparcimiento y educación ambiental a todos sus grupos de interés.

## CONCLUSIÓN

Ante esta pandemia, cada nación ha asumido los retos socioculturales, políticos y económicos, de acuerdo a sus propias realidades e idiosincrasias. Las organizaciones convocadas han demostrado capacidades de resiliencia, adaptación y creatividad. Se han llevado a cabo estrategias alineadas con los objetivos de conservación, investigación y difusión. Se ha procurado persistir en constante interacción digital, para mantener conectados a los museos y sitios con sus audiencias. Todos ellos han generado protocolos de salubridad y distanciamiento social, acordes con las normas locales e internacionales, para prevenir nuevos contagios. Por ahora, solo los lugares con zonas verdes abiertas se preparan para la próxima reapertura a mediados de octubre. Esta difícil coyuntura representa para los museos y demás sitios culturales un alto riesgo de pérdidas y daños materiales.

Los contenidos virtuales sobre historia, ciencia y arte son la única alternativa disponible que tienen las instituciones para prevalecer relevantes y vigentes. Con ellos se ha reinventado la inspiradora labor docente y recreativa de los centros museísticos e interpretativos.

La prohibición de vuelos internacionales se encuentra aún en vigor. Esto ha ocasionado una significativa merma, estimada en un 50% de los ingresos económicos que se recibían por pases de turistas. Lo anterior, adicionalmente afecta la sostenibilidad financiera que permite a estas instituciones continuar su trascendental misión educativa, artística, científica y humanística.

El Ministerio de Salud realiza el monitoreo diario de contagios y capacidad hospitalaria, a la espera de una posible vacuna, para determinar la progresiva reapertura. Mientras tanto, se sigue intentando atenuar los riesgos apoyados en tecnologías digitales, con el propósito de salvaguardar nuestra herencia patrimonial y promover el desarrollo humano sostenible.

## NOTAS

[1] ICOMOS de Panamá

[2] Dirección Nacional de Patrimonio Histórico, MiCultura.

[3] Dirección Nacional de Museos, MiCultura.

[4] Museo de Memoria Histórica de Río Hato.

[5] Patronato Panamá Viejo.

[6] Patronato Parque Natural Metropolitano.

[7] Arjona, E. (4 de octubre de 2020). "Patrimonio y pandemia: ¿cómo lo afrontamos en Panamá". La Estrella de Panamá. https://www.laestrella.com.pa/cafe-estrella/cultura/201004/patrimonio-pandemia-afrontamos-panama

[8] Ministerio de Salud (16 de marzo de 2020). Decreto Ejecutivo N°489. Gaceta Oficial Digital N°28981-C. https://www.gacetaoficial.gob.pa/pdfTemp/28981_C/77835.pdf

[9] MONDIACULT (1982). Declaración de México sobre las Políticas Culturales: Conferencia Mundial sobre las Políticas Culturales.

[10] Vega Loo, M. (23 de septiembre de 2020). Gobierno prepara la reactivación del Casco Antiguo. La Prensa, ePaper. https://www.prensa.com/economia/gobierno-prepara-la-reactivacion-del-casco-antiguo/

[11] Gordon, I. (2 de febrero de 2020). MiCultura adjudica por 14.7 millones restauración del museo Reina Torres de Araúz. La Estrella de Panamá. https://www.laestrella.com.pa/nacional/200202/micultura-adjudica-licitacion-restaurar-museo-reina-torres-arauz

[12] Guglielmino, M. M., (Diciembre de 2007). La difusión del patrimonio. Actualización y debate. Difusión. Estudios. Revista Semestral e-rph, pág. 3. https://revistadepatrimonio.es/index.php/erph/article/view/23/7

[13] García, P. (22 de agosto de 2018). 48 Aniversario de la entrega de la Base de Río Hato. La Estrella de Panamá. https://www.laestrella.com.pa/opinion/columnistas/180822/48-rio-base-entrega-aniversario

[14] Asamblea Legislativa de la República de Panamá (6 de febrero de 1996). Ley N°30. Gaceta Oficial N°22969. https://docs.panama.justia.com/federales/leyes/30-de-1996-feb-7-1996.pdf

[15] Asamblea Legislativa de la República de Panamá (5 de julio de 1985). Ley N°8. Gaceta Oficial N°20352. https://www.parquemetropolitano.org/files/Ley_del_creacion_Parque.pdf

[16] Patronato Parque Natural Metropolitano (2006). Resumen Ejecutivo

del Plan de Manejo, pág. 8. https://www.parquemetropolitano.org/files/Resumen_ejecutivo_del_Plan_de_Manejo.pdf

## REFERENCIAS

ALMENGOR, M. E. **Conferencia "Patrimonio y Pandemia:** ¿Cómo lo enfrentamos los museos privados del interior del país?". Museo de Memoria Histórica de Río Hato. 2020. Disponível em: https://www.youtube.com/watch?v=rODd56r-Kq0&t=4408s

ARANGO, J. de. Conferencia "El Patronato Panamá Viejo durante la pandemia". **Patronato Panamá Viejo**. 2020. Disponível em: https://www.youtube.com/watch?v=rODd56r-Kq0&t=4408s

ARJONA, E. Patrimonio y pandemia: ¿cómo lo afrontamos en Panamá. **La Estrella de Panamá**. Acesso em: 4 octubre 2020. Disponível em:https://www.laestrella.com.pa/cafe-estrella/cultura/201004/patrimonio-pandemia-afrontamos-panama

ASAMBLEA LEGISLATIVA DE LA REPÚBLICA DE PANAMÁ. Ley N°8. **Gaceta Oficial N°20352**. Acesso em: 5 julio 1985. Disponível em: https://www.parquemetropolitano.org/ files/Ley_del_creacion_Parque.pdf

ASAMBLEA LEGISLATIVA DE LA REPÚBLICA DE PANAMÁ. Ley N°30. **Gaceta Oficial N°22969**. Acesso em: 6 febrero 1996. Disponível em: https://docs.panama.justia.com/federales /leyes/30-de-1996-feb-7-1996.pdf

CHICHACO, A. **Conferencia "Pandemia y sus consecuencias en los Museos de Panamá"**. Ministerio de Cultura. 2020. Disponível em: https://www.youtube.com/watch?v=rODd56r-Kq0&t=4408s

GARCÍA, P. . 48 Aniversario de la entrega de la Base de Río Hato. **La Estrella de Panamá**. Acesso em: 22 agosto 2018. Disponível em: https://www.laestrella.com.pa/opinion/ columnistas/180822/48-rio-base-entrega-aniversario

GORDON, I. MiCultura adjudica por 14.7 millones restauración del museo Reina Torres de Araúz. **La Estrella de Panamá**. Acesso em: 2 febrero 2020. Disponível em: https://www.laestrella.com.pa/nacional/200202/micultura-adjudica-licitacion-restaurar-museo-reina-torres-arauz

GUGLIELMINO, M. M.. La difusión del patrimonio. Actualización y debate. Difusión. Estudios. **Revista Semestral e-rph**, p. 3. Acesso em: Diciembre 2007. Disponível em: https://revistadepatrimonio.es/index.php/erph/article/view/23/7

MINISTERIO DE SALUD. Decreto Ejecutivo N°489. **Gaceta Oficial Digital N°28981-C**. Acesso: 16 marzo 2020. Disponível em: https://www.gacetaoficial.gob.pa/pdfTemp/28981_C/77835.pdf

MONDIACULT. **Declaración de México sobre las Políticas Culturales:** Conferencia Mundial sobre las Políticas Culturales. 1982. Disponível em:https://www.joinville.sc.gov.br/wp-content/uploads/2017/09/Declara%C3%A7%C3%A3o-Confer%C3%AAncia-Mundial-sobre-Pol%C3%ADticas-Culturais-Mondiacult-M%C3%A9xico-1982.pdf

OSORIO, K. **Conferencia "El Patrimonio Cultural ante la Pandemia de la Covid-19"**. Ministerio de Cultura. 2020. Disponível em: https://www.youtube.com/watch?v=rODd56r-Kq0&t=4408s

PATRONATO PARQUE NATURAL METROPOLITANO. **Resumen Ejecutivo del Plan de Manejo**, p. 8., 2006. Disponível em: https://www.parquemetropolitano.org/files/Resumen_ejecutivo_del_Plan_de_Manejo.pdf

UNESCO DECLARA PATRIMONIO INMATERIAL LOS RITUALES DE CULTURA CONGO DE PANAMÁ. Agencia EFE, Nairobi. Acesso em: 29 noviembre 2018. Disponível em: https://www.efe.com/efe/espana/cultura/unesco-declara-patrimonio-inmaterial-los-rituales-de-cultura-congo-panama/10005-3827990

VEGA LOO, M. Gobierno prepara la reactivación del Casco Antiguo. **La Prensa, ePaper**. Acesso em: 23 septiembre 2020. Disponível em: https://www.prensa.com/economia/gobierno-prepara-la-reactivacion-del-casco-antiguo/

VÍQUEZ, D. **Conferencia "Guía de Bioseguridad para atención a visitantes y personal"**. Patronato Parque Natural Metropolitano. 2020. Disponível em: https://www.youtube.com/watch?v=rODd56r-Kq0&t=4408s

# LA RESPUESTA DE LAS COMUNIDADES EN TIEMPOS DE CRISIS

María Claudia López Sorzano[1]
(ICOMOS/Colombia)

Como la mayor parte de los países, Colombia ha sido fuertemente golpeada por la pandemia del COVID-19, lo que ha desencadenado una crisis económica y social. Varios sectores de la vida nacional se han visto duramente afectados, entre ellos, el sector cultural. En relación con el patrimonio cultural, los sitios han dejado de recibir visitantes y las comunidades locales han sufrido consecuencias. Los portadores de tradiciones no han podido celebrar ni llevar a cabo sus manifestaciones de manera habitual. Museos, sitios arqueológicos, parques naturales, bibliotecas, centros culturales cerrados y centros históricos vacíos, configuran la escena.

Sin embargo, la crisis ha hecho aflorar no solo dificultades, sino también, en muchos casos, oportunidades para poner en valor el patrimonio cultural y estrechar los vínculos de las comunidades. Oportunidades que se traducen en adaptación al cambio, en búsqueda de alternativas y soluciones, en creación de nuevas formas y canales de comunicación y en procesos innovadores e incluyentes para vivir y disfrutar el patrimonio cultural. La cultura y el patrimonio han sido motores de esperanza y de ilusión en estos duros meses. En redes, portadores, gestores y artistas han compartido sus saberes y prácticas, tales como recetas de cocina tradicional, música, poesía y pintura, entre otros. Esto ha permitido que muchas personas tengan, en medio de la dificultad, una voz de aliento y de optimismo, un espacio de encuentro y de reconocimiento a través del acceso virtual al arte y la cultura.

Ahora bien, en relación con las comunidades que están estrechamente ligadas con el patrimonio cultural, es importante conocer cuáles han sido las reacciones y respuestas frente a la crisis. Y mencionar que, dependiendo del tipo de patrimonio, sea material o inmaterial, y del contexto en el que se encuentra, en momentos de crisis las respuestas son diferentes. En las líneas que siguen, se exponen algunos ejemplos.

Ubicado en el sur del país, el parque arqueológico de San Agustín, inscrito en la lista del Patrimonio Mundial en 1995, es el mayor complejo funerario de monumentos religiosos y esculturas megalíticas de América del Sur. Gran parte de la comunidad aledaña al parque está ligada a la producción y venta de artesanías y al sector del turismo. Por ello, la pandemia causó importantes pérdidas económicas para la comunidad, lo que implicó que algunas personas tuvieran que acudir a la agricultura como medio de subsistencia. En medio de esta difícil situación, es de desatacar la iniciativa de un grupo de guías locales el cual, a partir de material fotográfico existente, creó un recorrido virtual, lo cual permitió seguir mostrando el parque durante los meses de cierre. Algo similar ocurrió con las pinturas rupestres de la Serranía de La Lindosa en Guaviare, las cuales, a través de una plataforma virtual creada por guías locales con el apoyo de un operador, pudieron ser visitadas.

*Figura 1* - La Lindosa, Guaviare
Fonte: Colprensa-MinCultura 2018

La situación es diferente en el caso del parque arqueológico de Tierradentro, también inscrito en la Lista del Patrimonio Mundial, el cual se encuentra en una región habitada mayoritariamente por grupos indígenas que tienen una relación muy estrecha con el sitio. La región ha sido desde hace décadas fuertemente golpeada por el conflicto armado, lo que ha dificultado la accesibilidad al parque y, hasta cierto punto, causado el aislamiento y la presencia de poco flujo de turismo.

En cuanto al patrimonio cultural inmaterial, dado que éste se traduce en manifestaciones profundamente arraigadas en las comunidades, el hecho de estar aislados lo pone en riesgo, ya que la práctica colectiva se imposibilita. Aun así, muchas comunidades están aprovechando los medios virtuales para encontrarse en la práctica de saberes, oficios y tradiciones. A pesar de la distancia y del confinamiento, esos encuentros han permitido que la gente comparta y se identifique alrededor del patrimonio.

La situación es diferente en el caso del parque arqueológico de Tierradentro, también inscrito en la Lista del Patrimonio Mundial, el cual se encuentra en una región habitada mayoritariamente por grupos indígenas que tienen una relación muy estrecha con el sitio. La región ha sido desde hace décadas fuertemente golpeada por el conflicto armado, lo que ha dificultado la accesibilidad al parque y, hasta cierto punto, causado el aislamiento y la presencia de poco flujo de turismo.

En cuanto al patrimonio cultural inmaterial, dado que éste se traduce en manifestaciones profundamente arraigadas en las comunidades, el hecho de estar aislados lo pone en riesgo, ya que la práctica colectiva se imposibilita. Aun así, muchas comunidades están aprovechando los medios virtuales para encontrarse en la práctica de saberes, oficios y tradiciones. A pesar de la distancia y del confinamiento, esos encuentros han permitido que la gente comparta y se identifique alrededor del patrimonio.

En la medida en que las aglomeraciones masivas no están permitidas, las comunidades han tenido que ingeniar la forma para celebrar y mantener sus tradiciones, pese a las actuales circunstancias. Aquí vale la pena mencionar dos casos: el primero, las Procesiones de la Semana Santa de Popayán, una manifestación que hace parte del Patrimonio Cultural Inmaterial de la Humanidad. Estas procesiones se han celebrado desde la época colonial, lo que las cataloga como una de las conmemoraciones tradicionales más antiguas de Colombia.

Anualmente, más de mil personas hacen parte de cinco procesiones que recorren el centro histórico de la ciudad el cual, a su vez, es uno de los más antiguos del país y hace parte del conjunto de 44 centros históricos declarados a nivel nacional. Los pasos son imágenes que representan la Pasión de Cristo y sus figuras en madera, del siglo XVII, son acompañadas en su recorrido por fieles con hábitos religiosos llevando cirios. Desde 1556 estas procesiones se habían practicado de manera ininterrumpida hasta 2020, año en el que no pudieron llevarse a cabo. Esto se tradujo en un grave impacto y pérdidas económicas considerables para la ciudad y la Junta Pro-Semana Santa, entidad que organiza las procesiones. Las inversiones que se habían efectuado en preparativos, publicidad y programas se perdieron. Tampoco pudo llevarse a cabo una muestra cultural con más de 160 artesanos. La difícil situación causó desánimo y tristeza en quienes que se habían alistado durante todo un año para participar en las procesiones. Aun así, la voluntad de la comunidad de Popayán para sobreponerse es grande, tal como sucedió en 1983 cuando un terremoto arrasó con buena parte del patrimonio construido. Esta ha sido una época de reflexión sobre el valor e importancia de la manifestación en la que, desde ya, organizadores y portadores planean con esperanza y optimismo las procesiones de 2021.

Otro caso es el de Mompox, cuyo centro histórico hace parte de la Lista del Patrimonio Mundial y es escenario de importantes manifestaciones culturales, como son las procesiones de Semana Santa, las cuales fueron acogidas este año de modo inusual. Aunque las procesiones se cancelaron por el confinamiento, el Jueves Santo el Santísimo recorrió la ciudad en carro, sin público, mientras los ciudadanos observaban con devoción desde sus ventanas. Así, la celebración de 2020 será particular en toda la historia. Otras actividades como actos litúrgicos y presentaciones de coros se realizaron de manera virtual y fueron transmitidos por medios locales.

Con 350 mil hectáreas, el Paisaje Cultural Cafetero es una zona de Colombia que abarca 4 departamentos y 51 municipios. En estos meses de crisis, esta región dejó de recibir visitantes y, por ende, muchos lugares cerraron sus puertas. El Jardín Botánico del Quindío, que opera en la región hace más de 40 años, pasó una dura prueba y estuvo al borde del cierre definitivo. Hubo movilizaciones y llamados de diferentes actores para que esto no ocurriera. Para salvarlo, la Corporación Autónoma Regional del Quindío, entidad encargada de administrar el medio ambiente y los recursos naturales renovables, propuso la compra de árboles por parte del Jardín, con el fin de recuperar áreas del paisaje cultural cafetero. Adicionalmente, apoyó la implementación de un programa de educación ambiental para estudiantes de colegios públicos. Este es un ejemplo de la unión de voluntades para salvar una entidad que le ha aportado tanto a la protección y difusión de la flora de esta región.

*Figura 2* - Jardín Botánico del Quindío
Fonte: JBQ

Como ya se mencionó, de las crisis afloran oportunidades. En este sentido, las actuales circunstancias han permitido hacer altos en el camino, revisar, ajustar y proponer mejoras, ocuparse de aspectos que, en normales circunstancias, ya presentaban problemas. ¿Cómo hacerlo mejor? Tal es el caso de Cartagena de Indias, en cuyo centro histórico los residentes aprovecharon la pandemia para reflexionar y hacer propuestas sobre su manejo. El colectivo Somos Centro Histórico, conformado por 10 organizaciones vecinales de los barrios tradicionales del sector histórico, le presentó a la Alcaldía Distrital una propuesta de manejo del turismo, ya que, ad-portas de la reapertura, una de sus mayores preocupaciones son el desorden y los problemas que causan las actividades nocturnas. No quieren que el ruido, el tráfico y el caos vuelvan. En un comunicado de prensa del 26 de agosto pasado, este colectivo propuso "construir un mejor turismo para salvaguardar el patrimonio histórico e inmaterial, y que sea capaz de generar bienestar a los ciudadanos, al tiempo que protege los derechos de los residentes, usuarios y visitantes...". Lo anterior pone de manifiesto una voluntad colectiva por mejorar el manejo y la administración de este sector, que se constituye en el primer destino turístico de Colombia.

Los impactos de la pandemia y las repuestas de las comunidades son diferentes, incluso dentro de una misma manifestación. De esto da cuenta la encuesta que realizó recientemente el Ministerio de Cultura de Colombia a portadores y actores involucrados con distintas manifestaciones del patrimonio cultural inmaterial. Este es el caso de los Cantos de Trabajo del Llano los cuales,

> "son una práctica cultural de comunicación vocal consistente en cantar individualmente melodías a capela sobre temas relacionados con el arreo y ordeño del ganado. Fruto de la estrecha relación existente entre las poblaciones llaneras con el pastoreo de bovinos y los caballos, esta práctica forma parte del sistema tradicional de crianza de ganado de Los Llanos, que sintoniza perfectamente con la dinámica de la naturaleza y el medio ambiente de esta región. Los cantos narran vicisitudes de la vida individual y colectiva de los llaneros y se transmiten oralmente a los niños desde su infancia."

(UNESCO, ICH, https://ich.unesco.org/es/USL/cantos-de-trabajo-de-los-llanos-de-colombia-y-venezuela-01285)

En medio de la pandemia, los portadores de esta tradición que viven en zonas urbanas y cuya actividad es la realización de muestras de los cantos y acompañamiento a turistas, se vieron fuertemente golpeados, más si se tiene en cuenta que la mayor parte de ellos supera los 70 años de edad. De otra parte, están los portadores que tienen sus fundos o trabajan en hatos, los cuales se encuentran a distancias considerables de las cabeceras municipales. Por eso, a este grupo, conformado en su mayoría por portadores más jóvenes, la pandemia no lo ha golpeado, pues, como se dijo antes, se encuentra en entornos rurales alejados de los núcleos urbanos y, por tanto, sin mayor exposición al virus. Incluso, hay portadores que consideran que esta época de crisis, si bien no les ha permitido acceder a algunos servicios por el cierre y confinamiento de algunos municipios, ha sido una oportunidad para afianzar la práctica de la manifestación y transmitirla a los más jóvenes.

*Figura 3* - Cantos de Trabajo de Llano
Fonte: Juanita Escobar, 2008

En la trasmisión y salvaguardia del patrimonio cultural se ha puesto de manifiesto la necesidad de generar encuentros, conversatorios y talleres virtuales que posibiliten la participación no solo de los portadores y de la comunidad local, sino también de público en un sentido más amplio. Sin embargo, no es fácil que esto sea posible, pues no todas las comunidades cuentan con la facilidad de acceso a internet. En Colombia, como en muchos otros países, las zonas rurales tienen baja cobertura de este servicio y de telefonía móvil, lo cual imposibilita la utilización de herramientas virtuales para compartir la práctica de manifestaciones y oficios tradicionales. Su trasmisión, cuando no se da en escenarios presenciales, debe hacerse a través de otros medios tales como las radios comunitarias.

¿Qué viene a futuro? Es evidente que la crisis ha configurado nuevas formas de ver, comprender, valorar y relacionarse con el patrimonio cultural. Ha propiciado el fortalecimiento de los lazos de las comunidades alrededor de su memoria y ha puesto el énfasis sobre lo esencial. Con altos y bajos, y más o menos dificultades, las comunidades han demostrado su capacidad de sobreponerse a la adversidad, de adaptarse y de continuar. Esa es la capacidad de resiliencia de comunidades que tienen fuertes y estrechos vínculos con el patrimonio cultural. De aquí en adelante, el acento debería ponerse en el desarrollo y fortalecimiento de esa capacidad, pues será decisiva en la protección y salvaguardia de dicho patrimonio.

**NOTA**

[1] Arquitecta de la Pontificia Universidad Javeriana, con maestría en Restauración y Conservación de Monumentos Antiguos en el Centro de Estudios Superiores de Historia y de Conservación de Monumentos de París. Realizó estudios en arquitectura (DEA) en la Escuela de Arquitectura de París – Belleville. En 2009 asumió el cargo de Viceministra de Cultura de Colombia. Actual Presidenta de ICOMOS/Colombia.

# O PATRIMÔNIO CULTURAL E A CRISE DA DEMOCRACIA

*Yussef Daibert Salomão de Campos*[1]
*(ICOMOS/Brasil)*

A Democracia no Brasil vive uma crise que há muito não se via. Após a Constituição de 1988, as instituições democráticas começaram a dar sinais de fortalecimento, como o Ministério Público, o Poder Judiciário, as eleições diretas, dentre outros.

Todavia, a ascensão da extrema direita – evento não exclusivo do nosso país – tem mitigado e perseguido essas instituições, com seu desmonte, seu aparelhamento ideológico e religioso e até sua extinção, como se deu com Ministério da Cultura.

O Instituto do Patrimônio Histórico e Artístico Nacional também tem sido alvo de reiterados ataques. Nomeações de indivíduos despreparados, sem qualificação adequada para assumir cargos de direção e chefia do Instituto tem sido o calcanhar de Aquiles do quase centenário IPHAN.

Outros fatos marcam o ataque aos lugares de memória e ao patrimônio brasileiro. Em meio a manifestações por todo o mundo sobre a modificação de topônimos que homenageiam detratores dos direitos humanos e a derrubada de estátuas dos mesmos, no Brasil o presidente da república atesta sua incapacidade de ocupar tal cargo ao prestar loas a torturadores que atuaram como algozes na Ditadura Civil-Militar (1964-1985).

Assim, esse texto breve buscará exemplificar como alguns fatos – alguns anteriores à atual gestão mas que se solidificam com ela – exemplificam a crise democrática atual, que golpeia não só o Patrimônio e os lugares de memória, como também a toda uma estrutura de Estado, que se desmancha através da virulência das *fake news* e da corrupção comandada pela família Bolsonaro.

## Topônimos indesejados pela Democracia[2]

Em meio a pandemias – do Corona vírus, de autoritarismos, de genocídios indígenas – me deparo com uma notícia animadora. Após a derrubada da estátua do traficante de escravos Edward Colston, em Bristol, arremessada ao rio, os ativistas antirracistas continuaram seu movimento de protesto e substituíram a nefasta escultura escravagista pela estátua de Jen Reid, manifestante que foi fotografada sobre o pedestal após a eliminação do ultrajante marco. Isso demonstra que só a iconoclastia da retirada não basta. É preciso substituição, formação, educação, projetos políticos e políticas públicas que possibilitem a reflexão, o questionamento, o debate e a reivindicação. Esses preitos públicos a escravizadores, assassinos, ditadores, catequizadores, enfim, a toda sorte de exercício da força e do arbítrio sobre o outro, não só podem como devem ser revistos.

Como convivemos com tantos topônimos que se curvam a ícones da violência e da bestialidade, do obscurantismo? Como aceitamos a existência de inúmeras avenidas Getúlio Vargas espalhadas pelo país? Ponte Presidente Costa e Silva (sim, esse é o verdadeiro nome da ponte Rio-Niterói)? Escolas Marechal Costa e Silva?

Porque em nosso país, a crise da educação não é uma crise, é um projeto, já ensinou o libertador Darcy Ribeiro (1986). Esse sim digno de estátuas, bustos, memoriais, e diferentes homenagens, entre elas a mais importante: ser ouvido.

Estátuas e bustos de Cristóvão Colombo, de Jefferson Davis (presidente dos Estados Confederados durante a Guerra da Secessão), do rei belga Leopoldo II, de Winston Churchill, do padre António Vieira, entre outras, já sentiram o peso da indignação daqueles que não suportam os tributos destinados a quem impuseram domínio, religião, indiferença e brutalidade. Duque de Caxias, Manuel de Borba Gato, Fernão Dias, Bartolomeu Bueno da Silva – o Anhanguera, que coloquem suas barbas de molho, pois os brasileiros e brasileiras não estão alheios a esse movimento. Eles não caíram de seus pedestais nem tiveram seus nomes retirados por completo, dos topônimos das cidades. Ainda!

*Figura 1* - Monumento ao Bandeirante, Goiânia
Foto do autor, 14 de junho de 2019

*Figura 2* - Detalhe da foto.
Monumento ao Bandeirante, Goiânia.
Foto do autor, 14 de junho de 2019

Algumas poucas exceções começam a nos alimentar de esperança democrática. No Maranhão, o governador Flávio Dino assinou decreto em 2015 que determinou a mudança de nomes de escolas que sustentavam títulos de personalidades apresentadas no relatório da Comissão da Verdade, acusados por crimes de tortura durante a ditadura civil-militar. Por exemplo, o Centro de Ensino Castelo Branco passou a ser nomeado C.E. Vinícius de Moraes; o C. E. Emílio Garrastazu Médici, C. E. Paulo Freire.

Em Goiânia, o pedestal que serve de apoio ao brutal Anhanguera é constantemente alvo de manifestações (ver imagens): "quilombo resiste"; "Fora Temer"; "Marielle vive". Não são vandalismos banais como querem intitular os mais conservadores. Os monumentos, e o patrimônio cultural edificado como um todo, são alvos de reivindicações pela sua ressonância e sua exposição. Isso também passou a ser uma das funções do monumento. O oprimido não deve hospedar o opressor em si, instruiu Paulo Freire (2014).

Estátua para ele! Não deixemos nosso ego despersonalizado, vociferou Frantz Fanon (2008). Busto dele já!

Se esses reclames não forem identificados como gritos de apelo por um dever de justiça e dever de memória, como prepondera Paul Ricœur (2007), em breve teremos na Esplanada dos Ministérios bustos de Brilhante Ulstra, major Curió e Sérgio Paranhos Fleury. Que cumpramos nosso dever, para que as pombas não tenham que, uma vez mais, fazer o delas.

### Quando o patrimônio é apenas retórica[3]

A eloquência com que se patrimonializa um bem cultural ou natural, por vezes, aponta apenas para seu uso político-partidário, com a omissão de seu ideal objetivo: a proteção do patrimônio e/ou a emancipação dos grupos detentores do bem. Observemos.

São inscritos como Patrimônio da Humanidade, pela UNESCO (da sigla em inglês, Organização das Nações Unidas para a Educação, a Ciência e a Cultura), o Complexo de Áreas Protegidas do Pantanal (Mato Grosso e Mato Grosso do Sul); as Reservas do Cerrado – Parques Nacionais da Chapada dos Veadeiros e das Emas (Goiás); e o Complexo de Conservação da Amazônia Central (Amazonas).

Sobre o primeiro, o Instituto do Patrimônio Histórico e Artístico Nacional (IPHAN), assinala que "inscrito pela Unesco na Lista do Patrimônio Natural Mundial e Reserva da Biosfera em 2000, o Complexo de Áreas Protegidas do Pantanal, que compreende o Parque Nacional do Pantanal Mato-Grossense as Reservas Particulares de Proteção Natural de Acurizal, Penha e Dorochê, constitui o maior sistema inundado contínuo de água doce do mundo e um dos ecossistemas mais ricos em vida silvestre. O Pantanal recebeu esse reconhecimento devido à paisagem que, formada por ecossistemas particulares e tipicamente regionais, constitui uma das mais exuberantes e diversificadas reservas naturais do planeta".[4]

Quanto ao segundo, "os parques nacionais da Chapada dos Veadeiros e das Emas foram declarados Patrimônio Mundial Natural pela Unesco, em 2001. As duas regiões são áreas protegidas do cerrado brasileiro, um dos ecossistemas tropicais mais antigos e diversificado do mundo. Por milênios, esses locais têm servido de refúgio para várias espécies durante os períodos de mudanças climáticas e será vital para a manutenção da biodiversidade da região do cerrado durante futuras flutuações climáticas".[5]

Por fim, a Amazônia é área inscrita na Lista de Patrimônio Mundial pela Unesco que "possui mais de seis milhões de hectares e é uma das regiões mais ricas do planeta em biodiversidade, com importantes exemplos de ecossistemas de várzea, florestas de igapó, lagos e canais – os quais formam um mosaico aquático em constante mudança, onde vive a maior variedade de peixe elétrico do mundo. O Complexo de Conservação da Amazônia Central é formado pelo Parque Nacional do Jaú (inscrito em 2000), as reservas Desenvolvimento Sustentável Mamirauá e Amanã, e o Parque Nacional Anavilhanas (inscrito em 2003), todos no Estado do Amazonas".[6]

Contudo, me pergunto: por que estão sendo destruídos? Quem poderia protegê-los? De que serve o reconhecimento como patrimônios não só brasileiros, como da Humanidade?

Uma resposta a uma das perguntas seria: o governo federal. Todavia, esse é um dos cúmplices, autores e artífices das criminosas destruições de nossos ricos biomas. Tornou-se notória a frase do Ministro do Meio Ambiente que disse, em reunião ministerial, que o governo federal deveria aproveitar o foco dado pela mídia ao Covid para *"passar a boiada"*[7]. Isso significa relaxamento das leis ambientais, desregulamentação, ou, em português direto, torná-las frouxas e ineficientes.

O ministro já vinha agindo nesse sentido. A Instrução Normativa 13/2020, publicada antes mesmo da sacrílega reunião do dia 22 de abril, permite a pulverização de fungicidas agrícolas e de óleo mineral na cultura da banana, com diminuição da distância entre as áreas de povoamento e as que serão pulverizadas por agrotóxico. Assim, comunidades rurais, quilombolas, indígenas, tornam-se mais suscetíveis a serem atingidas. Outro exemplo é a tentativa de regulamentação de terras ilegalmente ocupadas, através da Medida Provisória 910, a "MP da Grilagem".

A grilagem, a invasão de terra, o agronegócio, são causas diretas de perseguição à agricultura familiar, a expulsão e o genocídio indígenas, a violência contra quilombolas e, claramente, a destruição dos biomas acima citados.

Segundo o INPE (Instituto Nacional de Pesquisas Espaciais), o Pantanal enfrenta a maior série de queimadas dos últimos 20 anos[8]. Até hoje, já foram destruídos 15% de toda a extensão do bioma no Brasil. Espécies ameaças de extinção, como as onças-pintadas, suçuaranas, araras azuis, dentre outras, sofrem ainda mais com esses crimes ambientais.

O mesmo se passa com a Floresta Amazônica e o Cerrado brasileiros. Segundo o Greenpeace, dos focos de calor registrados em julho desse ano, "539 foram dentro de Terras Indígenas, um aumento de 76,72% em relação ao ano passado, quando foram mapeados 305 focos. Além disso, 1.018 atingiram Unidades de Conservação, um aumento de 49,92% em relação ao mesmo período do ano passado"⁹. Para o Brasil Escola, "a pecuária extensiva e a agricultura mecanizada de soja, milho e algodão são as principais causas da destruição de boa parte desse tipo de formação vegetal"¹⁰ . Cumpre lembrar que o Cerrado é responsável pelo abastecimento de várias redes hídricas de todo o Brasil, e a Amazônia é fonte de umidade para alimentar de chuvas outras partes do país.

Assim, penso que as ações de patrimonialização não são simples panaceias. Devem ser meios de promoção desses biomas, de instrumentalização de políticas públicas de proteção, de aplicação de penalidades eficazes e efetivas. Infelizmente, hoje no Brasil, não é a isso que se assiste. Só há grilos e gafanhotos. Já não se vê mais esperança.

## Notas finais

A atuação de profissionais do Direito, que se especializem em Patrimônio Cultural, talvez seja uma saída para essa crise pela qual a UNESCO, o IPHAN e outros órgãos de preservação e proteção passam no Brasil. A ação do ICOMOS (da sigla em inglês, Conselho Internacional de Monumentos e Sítios) é de vanguarda sobre isso, visto que possui um comitê específico para tratar da relação entre Direito e Patrimônio. Mas é preciso reforçar esse comitê. É preciso torná-lo robusto.

Assim, esse texto breve funciona também como uma convocatória aos interessados e interessadas a permitirem que o ICOMOS seja um veículo de preservação eficaz do patrimônio brasileiro.

**NOTAS**

[1] Professor da Universidade Federal de Goiás. Professor permanente do Programa de Pós-graduação em História e do ProfHistória. Autor de "Palanque e Patíbulo: o patrimônio cultural na Assembleia Nacional Constituinte (1987-198)". Com Assuntos Legais e Administrativos - ICOMOS/BRASIL

[2] Publicado originalmente com o título "O mito do mito" na Coluna do Cafundó, assinada pelo autor, no blog do Instituto Brasileiro de Direitos Culturais (IBDCult).

[3] Publicado originalmente com o título "Quando o patrimônio cultural é apenas retórica" na Coluna do Cafundó, assinada pelo autor, no blog do Instituto Brasileiro de Direitos Culturais (IBDCult) e no jornal

o Estado de S. Paulo (https://politica.estadao.com.br/blogs/fausto-macedo/quando-o-patrimonio-cultural-e-apenas-retorica/).

[4] Disponível em: http://portal.iphan.gov.br/pagina/detalhes/40. Acesso em 17 de setembro de 2020.

[5] Disponível em: http://portal.iphan.gov.br/pagina/detalhes/53. Acesso em 17 de setembro de 2020.

[6] Disponível em: http://portal.iphan.gov.br/pagina/detalhes/41. Acesso em 17 de setembro de 2020.

[7] Disponível em: https://politica.estadao.com.br/blogs/fausto-macedo/salles-diz-em-reuniao-que-governo-deve-aproveitar-pandemia-e-ir-passando-a-boiada-em-medidas-regulatorias/. Acesso em 17 de setembro de 2020.

[8] Disponível em: http://queimadas.dgi.inpe.br/queimadas/aq1km/. Acesso em 17 de setembro de 2020.

[9] Disponível em: https://noticias.uol.com.br/ultimas-noticias/agencia-estado/2020/08/01/queimadas-na-amazonia-tem-alta-de-28-no-mes-de-julho-informa-inpe.htm. Acesso em 17 de setembro de 2020.

[10] Disponível em: https://brasilescola.uol.com.br/brasil/a-acao-fogo-no-cerrado.htm. Acesso em 17 de setembro de 2020.

## REFERÊNCIAS

CAMPOS, Yussef Daibert Salomão de. **Palanque e patíbulo: o patrimônio cultural na Assembleia Nacional Constituinte (1987-1988).** 2ed. Goiânia: Palavrear, 2019.

FANON, Frantz. **Pele Negra, Máscaras Brancas.** Salvador: EdUFBA, 2008.

FREIRE, Paulo. **Pedagogia do Oprimido.** São Paulo: Editora Paz e Terra, 2014.

RIBEIRO, Darcy. **Sobre o óbvio.** Rio de Janeiro: Guanabara, 1986.

RICŒUR, Paul. **A memória, a história, o esquecimento.** Campinas: Editora Unicamp, 2007.

# DESENVOLVIMENTO SUSTENTÁVEL: ALTERNATIVA PARA SUPERAÇÃO DA CRISE GLOBAL

*Luiz Philippe Torelly[1] (GT/ODS – ICOMOS/BRASIL)*

### Pandemia e crise

Desde os primeiros dias de janeiro de 2020 correu o planeta a notícia do surgimento na cidade de Wuhan, na China, uma metrópole de 9 milhões de habitantes, de um novo vírus do tipo corona, uma zoonose transmitida pelos morcegos em decorrência da perda de seu habitat. Capaz de provocar desde resfriados comuns, ou apresentar um comportamento assintomático, até síndromes respiratórias graves e letais, o novo vírus rapidamente se espalhou pelo planeta, apesar das medidas de isolamento adotadas pelas autoridades chinesas. Sua propagação em escala mundial foi rápida. Em 11 de março a Organização Mundial da Saúde reconheceu o estado pandêmico global. No dia 12 de março ocorreu a primeira morte em território brasileiro. Até o dia 7 de janeiro de 2022, ocorreram 300 milhões de casos em todo o planeta, com 5,47 milhões de mortes. Um percentual de óbitos de 1,82%. No Brasil, na mesma data, tínhamos 22,3 milhões de casos e 620 mil mortes, 11,33% do total mundial. Na atualidade o Brasil teve uma grande redução no número de mortes diárias, em média 148, graças a uma massiva campanha de vacinação. Todavia a expansão da variante Ômicron, muito alta em vários países, trás graves preocupações e já começa a se disseminar com grande velocidade.

Com a pandemia, veio a necessidade de isolamento social e paralisação de inúmeras atividades estratégicas para a economia. No Brasil, apenas o setor agropecuário apresentou um pequeno crescimento, dado as suas características de inserção em áreas de baixa densidade populacional. Os demais setores foram duramente castigados, como turismo, hotelaria, alimentação, prestação de serviços, indústria. No ano de 2021 o PIB apresentou resultados negativos nos dois últimos trimestres, o que caracteriza uma recessão técnica, demonstrando que o país não superou as dificuldades da pandemia. Os organismos internacionais de fomento projetam uma melhora em relação a 2020, mas ainda insuficiente para recuperar especialmente o nivel de emprego. O Brasil apresenta um desempenho económico abaixo da média mundial de 5,6%. Calculado em relação a 2020 quando os resultados foram ruins em todos os países.

O virus tem apresentado mutações e novas variantes tem voltado a infectar pessoas já vacinadas, em larga escala, provocando o colapso de hospitais e postos de saúde. Tal fenómeno deve-se à rápida disseminação da variante Ômicron, em países com altas taxas de vacinação. O mais preocupante e o baixo nivel de vacinação nos países africanos, asiáticos e até em alguns da Europa Oriental. Os já vacinados apresentam maior resistencia a nova variante. Após 2 anos de pandemia é possível dizer que o enfrentamento se restringe as consequências. A Conferência de Glasgow deixou isso claro. A economía continua a prevalecer sobre a vida, e medidas que efectivamente contribuam para a sustentabilidade ambiental são postergadas.

Apesar dos inúmeros alertas das agências da ONU e de universidades e centros de pesquisa, vinculando as dimensões ambiental e econômica diretamente as mudanças climáticas, muitos países fecham os olhos e continuam com práticas negacionistas e velhas medidas predatórias. O Brasil é um deles. Ao abrigar as maiores reservas florestais e de água doce do mundo, o país tem responsabilidades proporcionais na comunidade internacional. Todavia, despreza essa relevância geopolítica e opta por atitudes que são prejudiciais à sua imagem e interesses comerciais, em nome de uma falsa autonomia. Infelizmente o que vemos é o sucateamento da política ambiental, a revogação da legislação protetiva, a redução da fiscalização, dos investimentos externos. Este ano foi marcado por intensos incêndios na Amazônia, Cerrado e Pantanal, alguns com sérias suspeitas de origem criminosa, com intuito de ampliar áreas para pecuária e agricultura, com extensos danos a flora e a fauna. Estão sendo registradas em várias regiões e cidades, as temperaturas mais altas da última década. A cidade de Ouro Preto, patrimônio da humanidade, está seriamente ameaçada por incêndios em seu entorno.

Dados coletados pelos economista norte-americano Jeffrey Sachs, autor do livro *"A Era do Desenvolvimento Sustentável"*, um dos formuladores dos *"Objetivos do Milênio"* da ONU, nos dão uma ideia da intensidade da transformação ambiental, pelo cálculo do Produto Interno Bruto Mundial – PIB, por um período de 190 anos. Em 1820, o PIB per capita anual de cada habitante do planeta era de U$651,00, e a população terrestre de cerca de um bilhão de pessoas[3]. Em 2010 o PIB era de U$ 5942,00 per capita. São 6 bilhões de pessoas a mais, consumindo 9 vezes mais. Como todos os cálculos de PIB, esse igualmente não revela a desigualdade e a alta concentração de renda em alguns países especialmente do hemisfério Norte. Para se ter um referencial, o PIB per capita do Brasil em 2019, foi da ordem de U$8541,42. O Índice de Desenvolvimento Humano – IDH em 2018, foi de 0,761, considerado alto e o país ocupa a 79ª posição em 189 países. A esmagadora maioria dos países com médio e baixo IDH estão na África e Ásia. Esses números apontam para a ocorrência de grandes calamidades ambientais, pois é óbvio que o consumo foi se intensificando ano a ano, na mediada da globalização e da crescente concentração de renda.

A missão do ICOMOS é promover a conservação, a proteção, o uso e a valorização de monumentos, centros urbanos e sítios. No atual contexto, e dada a imbricação das dimensões econômica, social, ambiental e cultural, se faz necessário um amplo debate com o objetivo de definir estratégias, meios e objetivos, para a preservação do patrimônio mundial. O conceito de desenvolvimento sustentável, surge assim como uma alternativa a outros modelos que inexoravelmente nos levaram ao estágio atual de degradação ambiental e a uma pandemia que parece saída de filmes e livros de ficção. Todavia, a realidade sócio-político-econômica é complexa, e os interesses das diferentes nações conflitantes. Uma parte considerável dos países do hemisfério Norte, tem padrões de consumo muito elevados, em muitos casos 30 vezes superiores per capita, aos dos países pobres. E são refratários a controlá-los. Há uma assimetria norte-sul no que diz respeito à renda e ao consumo. Além disso, muitos países de baixo desenvolvimento humano, almejam com toda razão a melhoria da qualidade de vida. Todavia, não existem recursos naturais para universalizar os padrões de consumo das nações de elevado desenvolvimento humano. Esse é o paradoxo com que se defronta o mundo contemporâneo. Há que simultaneamente reduzir o consumo e distribuir riquezas entre as nações.

### Globalização e mudanças climáticas

As mudanças climáticas e ambientais decorrentes da ação do homem, foram gradualmente se intensificando a partir do final do século XVIII, com a revolução industrial. Até então, a quase totalidade da população consumia o que produzia, eram muito escassos os bens manufaturados ou supérfluos. De uma população de um bilhão de habitantes no início do século XIX, estamos prestes a alcançar 8 bilhões. O fenômeno da globalização, iniciado no renascimento em decorrência das grandes navegações, foi paulatinamente se espalhando por todo o planeta. Um processo de ocupação e colonização mercantil, sob o signo da cruz e da espada. Povos e nações foram submetidos pela violência das armas e das doenças. Inicialmente, algumas potências europeias, Portugal, Espanha, França, Holanda, Inglaterra e Itália, comandaram a exploração de recursos minerais, agrícolas e industriais de suas colônias, utilizando-se da violência e do escravismo das populações autóctones e do africano, originando um fluxo permanente de drenagem e concentração de riquezas. Posteriormente outras nações como Alemanha, Rússia, EUA, Japão e mais recentemente a China, adentraram neste seleto grupo.

O acúmulo de capitais permitiu a industrialização, etapa primordial da globalização e do modo de produção capitalista, como vemos na atualidade na maioria dos países, inseridos desigualmente no processo. Uns fornecem capital e tecnologia, outros apenas produtos primários e mão de obra. Já a partir da segunda metade do século XIX, a degradação ambiental começa a surgir. Filósofos como *Henry Thoreau*, em sua obra "*Walden, ou a vida nos campos*" a denunciam e propõe uma vida de integração e respeito à natureza. *Engels* em seu livro "*O Problema da Habitação e das Grandes Cidades*", relata as mazelas da metrópole londrina em 1872, à época a maior cidade do mundo:

> Os sacrifícios dispendidos para construir estas coisas de descobrem mais adiante. Só quando andamos vários dias pelas ruas principais, abrindo caminho a duras penas entre a multidão e a infinita fileira de carruagens, quando se há visitado os piores bairros da cidade e que nos damos conta do tamanho do sacrifício que os londrinos tiveram que fazer para realizar todas essas maravilhas da civilização que chegam as cidades. Centenas de esforços latentes foram anulados e oprimidos para que poucos se realizassem e se multiplicassem, aproveitando-se dos esforços de todos".[4]

De lá para a atualidade, os problemas, assimetrias e mazelas do modo de produção capitalista ocuparam todo o planeta. Apenas seis países entre os trinta primeiros no Índice de Desenvolvimento Humano – IDH, situam-se fora da Europa e América do Norte. Mesmo as áreas desabitadas, como os polos, sofrem consequências com o degelo gradual. O consumo crescente e cada vez mais supérfluo, alimentado por uma falsa noção de progresso técnico e científico permanente, provocou a degradação ambiental em todo o planeta, destruindo o habitat natural de outras espécies, com consequências em escala global. Aumento da temperatura decorrente da emissão contínua de gases de carbono de origem fóssil; elevação do nível dos oceanos; desertificação; mudança dos regimes hidrológicos e pluviométricos; destruição de florestas e reservas naturais; chuvas ácidas e até de plástico; pragas, doenças e epidemias. Pior, desigualdade, pobreza, fome, falta de acesso à educação e a saúde em grande parte dos países.

Diante desse quadro intenso já há 50 anos, alguns países passaram a promover a regulação de atividades, embora utilizando-se de uma matriz energética suja, como a de carbono, ou de elevado risco, como a nuclear. A gravidade da situação levou a ONU – Organização das Nações Unidas, a promover em 1972, a realização da 1ª Conferência Global sobre o Meio Ambiente. Em 1987, sob a presidência da ex-Primeira-Ministra da Suécia, Gro *Harlem Brundtland,* foi produzido o denominado *Relatório Brundtland*, que desde então tem sido o documento de referência, para as iniciativas da ONU. Nos anos de 1992, no Rio de Janeiro/Brasil, em 2002, em Johanesburgo, na África do Sul e novamente no Rio de Janeiro em 2012, os países membros se reuniram e estabeleceram uma estratégia global, que simultaneamente preservasse os recursos naturais e fosse eficaz no combate à pobreza e o subdesenvolvimento.

O protocolo de Kyoto de 1997 e o Acordo de Paris de 2017, estabeleceram normas, metas e procedimentos para o controle da emissão de gases e outras medidas, sendo o Brasil signatário de ambos, com uma meta ambiciosa: redução da emissão de gases em 37% até 2025. As atitudes de desregulamentação e leniência com queimadas, mineração e precariedade da fiscalização, indicam que a meta não será cumprida. O país tem sido influenciado pela postura norte-americana de não adesão ao acordo e de contestação das premissas que o orientam, negando que o aquecimento global é decorrente da emissão de gases, mas sim de alterações climáticas naturais.

Os princípios abaixo formulados no *Relatório Brundtland*, são, até a atualidade, estruturadores da política ambiental proposta pela ONU:

> *1.* "O desenvolvimento sustentável é o desenvolvimento que encontra as necessidades atuais sem comprometer a habilidade das futuras gerações de atender suas próprias necessidades."

*2.* "Um mundo onde a pobreza e a desigualdade são endêmicas estará sempre propenso a crises ecológicas, entre outras. O desenvolvimento sustentável requer que as sociedades atendam às necessidades humanas tanto pelo aumento do potencial produtivo como pela garantia de oportunidades iguais para todos"

*3.* "Muitos de nós vivemos além dos recursos ecológicos, por exemplo, em nossos padrões de consumo de energia... No mínimo, o desenvolvimento sustentável não deve pôr em risco os sistemas naturais que sustentam a vida na Terra: a atmosfera, as águas, os solos e os seres vivos"

*4.* "Na sua essência, o desenvolvimento sustentável é um processo de mudança no qual a exploração dos recursos, o direcionamento dos investimentos, a orientação do desenvolvimento tecnológico e a mudança institucional estão em harmonia e reforçam o atual e futuro potencial para satisfazer as aspirações e necessidades humanas." [5]

O desenvolvimento sustentável surge, assim, como uma alternativa a outros modelos que inexoravelmente nos levaram ao estágio atual de degradação ambiental e a uma pandemia que parece saída de filmes e livros de ficção. Todavia, a realidade sócio econômica é bem mais complexa, e os interesses das diferentes nações conflitantes. Inicialmente em função da *"guerra fria"* e na atualidade, com viés menos ideológico, vivemos a disputa hegemônica que envolve recursos estratégicos como o petróleo e minérios raros como o nióbio, e naturalmente mercados para seus produtos.

A conceituação de desenvolvimento sustentável que a ONU adota é questionada por alguns estudiosos e pesquisadores, por não ser explícita no que diz respeito a redução do consumo. Hoje já seria muito difícil aprovar proposituras dessa natureza. Imagine há três décadas atrás. O aumento da população, a degradação dos recursos hídricos e florestais, o aumento da temperatura global e a poluição do ar e da terra, determinam segundo esses estudiosos uma redução do consumo em todo planeta, especialmente no hemisfério norte. Aí chegamos a um impasse. Os modos de produção vigente em quase todo o mundo, baseiam-se na crença de um progresso material permanente e crescente. Sabemos que isso não é possível pois os recursos naturais são finitos e a população mundial continua a crescer, embora em muitos países da Europa e Américas o crescimento esteja estabilizado ou até em declínio. Em 2050, a população deverá atingir 9,7 bilhões de pessoas, em uma hipótese intermediária, 26% superior ao valor atual[6]. Esse crescimento ocorrerá especialmente nos continentes africano e asiático, em países de baixo desenvolvimento humano, como Nigéria, Sudão, Angola, Congo, Paquistão. Estamos diante de um impasse que infelizmente veem sendo postergado, seja pelos governos nacionais, seja pelas instituições multilaterais do sistema ONU. Os estados nacionais não controlam as grandes corporações que, muitas vezes, são transnacionais e possuem um capital pulverizado.

Quatro componentes são centrais para o êxito de uma política global de desenvolvimento sustentável:

> *1.* O primeiro é a redução de consumo de bens em escala mundial e uma política de reciclagem e ampliação da vida útil de bens duráveis e de consumo. Entre outros nomes a famosa "obsolescência programada." Tal tarefa não pode ser delegada apenas a iniciativa de indivíduos e famílias. Deve ser de responsabilidade de países, empresas e corporações internacionais. A redução de emissão de gases de carbono pactuadas no Acordo de Paris em 2017, peça central do acordo, foi denunciada pelos EUA responsável por 52% das emissões, levando ao fracasso anos de negociações e tratativas;
>
> *2.* O controle do crescimento demográfico, desafio que está diretamente associado a melhoria das condições de vida e ao respeito dos chamados direitos fundamentais ou "liberdades instrumentais" como assinala Amartya Sen[7]. Direito ao trabalho com remuneração justa e as oportunidades econômicas; à saúde; à educação; à habitação e saneamento; às liberdades políticas, culturais, étnicas e religiosas.
>
> *3.* Um intenso esforço de cooperação norte/sul, com a criação de fundos de financiamento de projetos de desenvolvimento econômico, social e de preservação ambiental, a cargo de países e de organizações multilaterais. Os recursos seriam destinados como forma de reparação à ocupação colonial e danos ambientais como a emissão de gases de carbono, mas em volumes bem mais significativos dos que hoje são praticados. Alguns países já reivindicam iniciativa semelhante, inclusive com a restituição de seu patrimônio cultural. Pode ser um importante instrumento para a implementação de políticas de controle demográfico e migratório;

*4.* Difusão e barateamento de tecnologias voltadas para a produção de alimentos, armazenamento e tratamento de água e efluentes, reflorestamento e preservação ambiental. É bom lembrar que em algumas realidades de escassos recursos, a sobrevivência dos agrupamentos humanos pode ser predatória ao *habitat*.

O que está se sugerindo não é tarefa fácil, dado a complexidade das relações econômicas internacionais. A crise mundial por que passamos é o reflexo das anomalias e impropriedades dos meios de utilização dos recursos naturais e de distribuição das riquezas e benefícios. Sua continuidade e a tendência da irreversibilidade em níveis razoáveis do crescimento demográfico, amplia consideravelmente os riscos de novas catástrofes ambientais, econômicas e conflitos armados. A tendência caso a pandemia seja superada, é de ampliação do consumo, para a reversão das perdas e retomada dos moldes tradicionais de crescimento econômico. O chamado "novo normal" onde o locus privilegiado das relações econômicas, sociais e culturais, caminha para a virtualidade, tras grandes questionamentos quanto ao futuro das sociedades, das cidades e dos atuais meios de interação humana e produção do conhecimento. A Conferência de Glasgow, apesar do cenário de graves mudanças climáticas, mostrou-se incapaz de adotar medidas corajosas para o enfrentamento dos desequilibrios ambientais, mantendo a ordem econômica intacta, o que projeta um quadro de grave pessimismo para os próximos anos.

## Patrimônio cultural e desenvolvimento sustentável

A ação transformadora do homem sobre a natureza, sua fantasia, sua relação com o cosmos e a realidade é que produzem a cultura. Cada vez mais os conceitos de cultura e patrimônio cultural se ampliam e incorporam manifestações diversas dos diferentes agrupamentos humanos de uma sociedade. Seja em sua dimensão material, estendendo a ação preservacionista a um espectro maior de bens em várias escalas, como, por exemplo, - nas paisagens e itinerários culturais - seja em sua dimensão imaterial, cujos avanços foram notáveis, no registro, salvaguarda e difusão de saberes, celebrações, formas de expressão e lugares que constituem o cerne das culturas em suas diversas manifestações. Pode-se afirmar que, na atualidade, a preservação do patrimônio cultural não é apenas mais abrangente, ela reflete com maior intensidade a diversidade, as várias identidades formadoras das nações, povos e etnias. Especialmente aquelas que por estarem vinculadas a agrupamentos sociais restritos, muitas vezes marginalizados e de limitada expressão demográfica e econômica, apresentam riscos elevados de desaparecimento. Ressalte-se, ainda, que essa nova acepção do conceito de patrimônio cultural, expressa-se cada vez mais como um dos caminhos do desenvolvimento, em oposição a uma compreensão vigente nos anos 80, do século passado, de que eram processos antagônicos. Seu estabelecimento, - ato discricionário embasado em critérios de valoração objetivos e subjetivos de uma determinada sociedade - determina parcela do legado cultural da humanidade às futuras gerações. Sua relação e impacto sobre a natureza são permanentes e se intensificam na medida do crescimento demográfico.

A importância da dimensão cultural e do avanço tecnológico no processo social e em uma visão crítica do desenvolvimento é recente como preconiza Celso Furtado. Ele propõe em sua obra que seja realizada uma abordagem sistêmica, estabelecendo uma relação de interdependência entre cultura e desenvolvimento. O subdesenvolvimento se deve além de fatores econômicos a aspectos culturais. Sua percepção ocorre com a constatação de que *"a qualidade de vida nem sempre melhora com o avanço da riqueza material"*[8]. Embora expressivos segmentos alcancem significativos progressos em seu bem-estar, continuam prisioneiros de padrões culturais determinados por questões religiosas, etnocêntricas e geocêntricas, por exemplo. O que não deve ser confundido com o direito a diversidade e identidade, atitudes que podem preservar as características da vida tradicional de muitos povos e nações, estabelecendo um diálogo do passado com o futuro, sem que se converta em um obstáculo ao desenvolvimento sustentável.

Furtado e outros autores como Roberto Schawrz, alertam quanto as especificidades da formação cultural brasileira, bastante singular no cenário mundial. O país foi colonizado como uma empresa agrícola, mineral e mercantil, baseado no escravismo do índio e do africano. Uma colônia de exploração e não de povoamento, o que só iria acontecer no século XIX. O índio teve sua população inicial drasticamente reduzida por doenças e guerras e sua cultura desarticulada por uma miscigenação da mulher índia com o homem branco. Os escravizados africanos passam a partir de meados século XVII, a compor a grande massa de trabalhadores na empresa colonial. As elites estiveram sempre ligadas ao cenário cultural e a dinâmica da sociedade europeia, mesmo após a independência de Portugal, como hoje continuam a vincular-se majoritariamente a produção cultural europeia e depois a norte americana. As camadas populares tinham até poucas décadas, acesso reduzido as escolas, universidades, bibliotecas, cinemas. Criaram sua própria cultura com predominância da herança africana, mas também com componentes das origens indígena e portuguesa, a depender da região do país.

A inter-relação entre as duas esferas só se intensificam já no século XX, embora valores comuns e influências mútuas sempre tenham ocorrido. O sincretismo religioso, a culinária, a música, danças, folguedos e as fisionomias e biótipos dos brasileiros são seu testemunho. Importante destacar o papel do movimento modernista em ampliar pontos de interação com a cultura popular, por meio de figuras como Mário de Andrade, Villa-Lobos, Portinari, Di Cavalcanti, Lima Barreto, Graciliano Ramos. Todavia, ao se analisar as expressões culturais patrimonializadas, percebe-se claramente que a dimensão material é vinculada a um estamento e a imaterial a outro. Embora ajam pontos de contato e interação, a própria separação dimensional estabelece o contraste. Ainda hoje a dinâmica cultural dita letrada e culta permanece atrelada as culturas do hemisfério norte, em descompasso com nossos processos culturais, econômicos e sociais o que acaba por determinar segregação cultural e social. É o que *Roberto Schwarz* denominou apropriadamente de *"Ideias Fora de Lugar"*.

O caso brasileiro deve ser considerado para ilustrar a necessidade do caráter inevitável da globalização respeitar as especificidades das culturas locais e não ocidentais. Não é possível um único processo de desenvolvimento, mas possibilidades de escolhas qualitativas e quantitativas. Este nos parece o nexo fundamental para que a preservação e salvaguarda do patrimônio cultural estejam imbricadas ao desenvolvimento.

Não existem fórmulas prontas para este imenso desafio que une todos os países cada vez mais interdependentes, mas que estabelece simultaneamente contradições, conflitos e paradoxos entre ricos e pobres. O compromisso sincrônico com as atuais gerações e diacrônico com as futuras, e a educação, são os esteios que podem permitir uma nova visão e mentalidade. Nesse processo como nos lembra Celso Furtado, *"o ponto de partida terá que ser a percepção dos fins, dos objetivos que se propõem alcançar os indivíduos e a comunidade. Portanto, a dimensão cultural dessa política deverá prevalecer sobre todas as demais"* [9]. As atitudes cotidianas mesmo que pareçam insignificantes, tendem a se multiplicar e estabelecer novos padrões comportamentais. Ainda não nos apropriamos o suficiente da abrangência do conceito de sustentabilidade a ponto de confundi-lo com sustentação. Um projeto pode ser viável técnica e financeiramente, sem ser sustentável. Portanto, não pode existir preservação patrimonial sustentável, sem integração com as demais políticas públicas; o combate à pobreza e o desemprego; a educação, à saúde;

o saneamento; o uso e ocupação do solo urbano e rural; a conservação da natureza e o respeito aos valores das populações originais.

A experiência de 167 países na gestão de 1121 bens incluídos na lista do Patrimônio Mundial, bem como a de cada um deles na gestão de seu próprio Patrimônio Cultural, precisam ser valorados e replicados de forma igualitária. O mapa *mundi* de distribuição dos bens Patrimônio Mundial, evidencia a relação do desenvolvimento econômico e social, com preservação do Patrimônio Cultural, ao exibir a concentração de bens na Europa, além de uma visão patrimonial eurocêntrica. Em oposição vemos que na lista de bens em situação de perigo, a maioria se concentra na África. Em matéria recente, a BBC apontou seis sítios patrimônio da humanidade que estão sendo atingidos por mudanças climáticas no continente africano, que vão da poluição atmosférica a elevação do nível dos oceanos e destruição de manguezais, entre outras causas[10]. Assim, fica claro que ao adotarmos os princípios do desenvolvimento sustentável, nosso compromisso passa a ser não apenas o da preservação e salvaguarda, mas o da elevação dos padrões educacionais, da renda e do emprego, enfim, dos indicadores socioeconômicos em níveis recomendados pela ONU e suas agências.

Para que possamos atingir esse patamar, empreitada sabidamente árdua há que se estreitar e intensificar a cooperação internacional norte/sul e sul/sul, não apenas com assistência técnica, mas também com investimentos intergovernamentais e privados, com efetiva transferência de renda. Simultaneamente, a ampliação do círculo de agentes e atores institucionais e sociais é tarefa indispensável. Ao trabalho de organizações especializadas, técnicos e pesquisadores, é necessária a adesão e incorporação dos governos nacionais e locais, de organizações não governamentais e da população em geral, especialmente aquela que interage territorialmente com os sítios e monumentos, ou é protagonista de ações e manifestações da dimensão imaterial. Estas estão em muitos casos suscetíveis as mudanças econômicas e sociais, que modificam substancialmente seu cotidiano e em decorrência seu contexto cultural

A preservação dinâmica do patrimônio cultural pode ser um importante "capital social" para a promoção de empregos e renda. Milhares de cidades e regiões ao longo do planeta que se utilizam desse legado, tem sido exitosas e obtido elevados padrões de desenvolvimento. Algumas, na atualidade são mesmo obrigadas a restringir o fluxo de visitantes para evitar que as atividades turísticas sejam predatórias. Infelizmente, a atual pandemia em decorrência da restrição de viagens de caráter local e internacional, tem determinado uma depressão econômica e elevados índices de desemprego.

Em suma, a gestão do patrimônio cultural, independentemente de seu nível de reconhecimento - se mundial, regional, nacional ou local - só rompe seu isolamento e se harmoniza com o real sentido de desenvolvimento sustentável, se fizer parte da pauta e do esforço de planejamento governamental e das ações do poder público e da iniciativa privada. Cada vez mais, a dimensão cultural deverá se incorporar às outras dimensões do desenvolvimento, como a social, a ambiental e a econômica, relegando ao passado as soluções parciais, incapazes de proporcionar alternativas para uma realidade complexa e dialética. O ICOMOS, na qualidade de órgão assessor da UNESCO na preservação do patrimônio mundial, referência permanente para instituições públicas e privadas, deve imprimir às suas instâncias de pesquisa e deliberação, uma dinâmica que agregue áreas temáticas afins, como por exemplo os comitês de economia, mudanças climáticas e de desenvolvimento sustentável. A compreensão das relações entre as atividades econômicas que impactam a natureza e são determinantes para as mudanças climáticas é fundamental para a definição de estratégias e alternativas para o enfrentamento de uma questão que envolve o futuro do planeta em duas ou três décadas. A atual pandemia é um alerta que não pode ser ignorado. *Eric Hobsbawn* um dos maiores historiadores e intelectuais a se debruçar sobre os acontecimentos e processos a partir da revolução industrial, no epílogo de seu livro *"A Era dos Extremos: o breve século XX 1914-1991"*, assim se manifesta de maneira contundente:

> Não sabemos para onde estamos indo. Só sabemos que a história nos trouxe até esse ponto e – se os leitores partilham da tese deste livro – por quê. Contudo, uma coisa é clara. Se a humanidade quer ter um futuro reconhecível, não pode ser pelo prolongamento do passado ou do presente. Se tentarmos construir o terceiro milênio nessa base, vamos fracassar. "E o preço do fracasso, ou seja, uma alternativa para uma mudança da sociedade é a escuridão."[11]

## NOTAS

[1] Arquiteto e Urbanista pela Universidade de Brasília, com especialização em Especialização em Planejamento Urbano pela Capes/Cndu e em Implementação de Projetos e Políticas Públicas pelo Instituto de Políticas Econômicas e Sociais Aplicadas. Foi arquiteto da Caixa Econômica Federal e Diretor do IPHAN. É o coordenador do Grupo de Trabalho sobre Desenvolvimento Sustentável do ICOMOS/BRASIL.

[2] https://web.whatsapp.com/send?text=https://agenciadenoticias.ibge.gov.br/agencia-noticias/2012-agencia-de-noticias/noticias/28909-desemprego-na-pandemia-atinge-maior-patamar-da-serie-na-4-semana-de-agosto

[3] SACHS, Jeffrey. A Era do Desenvolvimento Sustentável. Lisboa: Conjuntura Actual, 2017.

[4] ENGELS, F. El Problema de la Vivenda y de Las Grandes Ciudades. Barcelona: Gustavo Gili, 1974. p.95

https://nacoesunidas.org/acao/meio-ambiente/181/

[5] https://www.ufjf.br/ladem/2019/06/18/a-revisao-2019-das-projecoes-populacionais-da-onu-para-o-seculo-xxi-artigo-de-jose-eustaquio-diniz-alves/

[6] SEN, Amartya. Desenvolvimento como Liberdade. São Paulo: Cia das Letras, 2010. p.25

[7] FURTADO, Celso. O Capitalismo Global. São Paulo: Paz e Terra, 2000. p.69

[8] FURTADO, Celso. O Capitalismo Global. São Paulo: Paz e Terra, 2000. p.70

[9] ht/tps://g1.globo.com/mundo/noticia/2020/10/04/mudancas-climaticas-6-patrimonios-culturais-da-africa-sob-ameaca.ghtml

[10] HOBSBAWN, Eric. Era dos Extremos: o breve século XX. 1914-1991. São Paulo: Cia das Letras, 1995. p.562.

## REFERÊNCIAS

DIAMOND, Jared. **Colapso**. Rio de Janeiro: Record, 2005.

ENGELS, F. **El Problema de la Vivenda y de Las Grandes Ciudades**. Barcelona: Gustavo Gili, 1974.

FURTADO, Celso. **O Capitalismo Global**. São Paulo: Paz e Terra, 2000.

_____ **Ensaios sobre cultura e o Ministério da Cultura**. Rio de Janeiro: Contraponto, 2012.

_____ **Em busca de um novo modelo**. São Paulo: Paz e Terra, 2002.

FURTADO, Rosa Freire D'Aguiar (Org.) **Celso Furtado e a dimensão cultural do desenvolvimento**. Rio de Janeiro: E-papers, 2013.

IPHAN. **Patrimônio Cultural e Desenvolvimento Sustentável**. Brasília: Iphan, 2012. (Organizador Luiz Philippe Torelly)

HOBSBAWN, Eric. **Era dos Extremos:** o breve século XX. 1914-1991. São Paulo: Cia das Letras, 1995.

SEN, Amartya. **Desenvolvimento como Liberdade**. São Paulo: Cia das Letras, 2010.

SACHS, Ignacy. **Caminhos para o desenvolvimento sustentável**. Rio de Janeiro: Garamond. 2002.

_____ **Desenvolvimento includente, sustentável sustentado**. Rio de Janeiro: Garamond, 2004,

SACHS, Jeffrey. **A Era do Desenvolvimento Sustentável**. Lisboa: Conjuntura Actual, 2017.

SCHWARZ, Roberto. As Ideias Fora de Lugar. In: SCHWARZ, Roberto. **Ao Vencedor as Batatas**. São Paulo: [s.e], 2000.

VEIGA, José Eli da. **Desenvolvimento Sustentável:** o desafio do século XXI. Rio de Janeiro: Garamond, 2005.

# MUDANÇAS CLIMÁTICAS, PATRIMÔNIOS E A CRISE DA HUMANIDADE

*Aline Carvalho[1], Luana Campos[2] e Luciano Silva[3] (Comitê Sobre Mudanças Climáticas e Patrimônio - ICOMOS/BRASIL)*

**Mudanças climáticas e riscos assumidos**

A complexidade inerente à definição do conceito de mudanças climáticas está no cerne de muitos problemas epistemológicos, fato que afeta os diferentes campos que, de alguma forma, interagem na relação do homem e seu meio ambiente na sociedade contemporânea, em particular nas políticas públicas de enfrentamento e/ou mitigação dos efeitos desse fenômeno. Diante disso, cabe-nos debruçar brevemente sobre as nuances que compõe a definição do termo como forma de estabelecer alguns aspectos das reais dimensões dos efeitos e impactos provocados pelas mudanças no clima, particularmente sobre o patrimônio cultural, no contexto de um regime climático interferido por ações antrópicas em escala sistêmica.

Considerando a fala de Foucault (2005), ao citar Canguilhem, entendemos que um conceito é antes de tudo "a de seus diversos campos de constituição e de validade, a de suas regras sucessivas de uso, a dos meios teóricos múltiplos em que foi realizada e concluída sua elaboração" (2005, p. 05-06), apesar de humildemente discordar do autor no que concerne a *conclusão da elaboração de conceito*, pois este é continuamente ressignificado, é fato basilar que a dinamicidade na elaboração de um conceito, seja por influências endógenas e/ou exógenas ao campo de conhecimento de que ele provém, é fundamental para sua ampla assimilação. Assim, podemos iniciar a construção da breve história desse conceito com uma apresentação generalista que, de acordo com Ruddiman (2008), consiste no entendimento dos seus mecanismos básicos analisados em termos de "causa e efeito". Sendo, portanto, as mudanças decorridas ao longo do tempo, nos componentes do sistema climático da Terra - que é consistido de ar, água, gelo, terra e vegetação - representado de liame causal, ou, nas palavras usadas pelos cientistas do clima, *Forçantes e Respostas*.

O termo *forçante* se refere aos fatores que impulsionam as causas das mudanças climáticas, podendo ser externas ou internas ao sistema. Entre as forçantes externas podemos citar as mudanças na radiação solar, emissão de gases por erupção vulcânica, alterações em placas tectónicas, mudanças na órbita terrestre (Ciclo de Milankovitch)[4], entre outras. Já as forçantes internas corresponde a dinâmicas de interação entre a atmosfera e o oceano, conhecidas pelos seus efeitos na variação em termos de anos ou décadas, como os eventos climáticos (El Niño, NAO, La Niña)[5], os ciclos climáticos (Ciclo de Bond, Heinrich Event e Dansgaard-Oeschger)[6] e outros fenômenos que poderiam estar relacionados com inúmeras formas de desequilíbrio entre as forçantes como o evento de 8.2 ka. BP., o Máximo Termal do Holoceno e o evento de 4.2 ka. BP. Cabe salientar ainda que, a partir do advento do termo antropoceno, as ações antrópicas passaram a compor o rol das forçantes internas.

Por falar em antropoceno, esse é outro conceito relevante nas tratativas sobre mudanças climáticas, ainda pouco assimilado. Para Cronin (2010) algumas informações são pertinentes sobre as características e noções que comporiam o termo substituto do Holoceno. A primeira dela é o surgimento do termo com o químico Paul Crutzen e o biólogo Eugene Stoermer para designar o final do séc. XVIII, quando começaram os impactos antrópico na atmosfera pela alta concentração de dióxido de carbono e metano. Entretanto, autores com Ruddiman, vão buscar no início da agricultura intensiva, a volta de 7 ka. BP., o início da degradação do meio ambiente pelo homem. Conquanto, parte dos pesquisadores apontam ainda para a Idade do Gelo (Séc. XV ao Séc. XX), como marco inicial dos impactos humanos em larga escala sobre o ambiente, apesar de já se cogitar a influência das alterações na paisagem durante o Período Quente Medieval (Séc. IX ao Séc XV) (CRONIN, 2010)[7].

Retornando ao binômio forçantes e resposta que conformam o clima da terra, as respostas são portanto as mudanças climáticas resultantes, observáveis através dos seus efeitos sobre os componentes do sistema climático da terra na forma abrupta, como os eventos extremos (MARENGO, 2008), ou menos abruptas como o deslocamento das estações e variações na amplitude térmica (BUTLE *et al.*, 2010). Outro fator preponderante das respostas é que são sentidas efetivamente de formas diferente nas distintas regiões do globo, de acordo com as características geomorfológica de cada região (CAMPOS, 2015).

Além das noções sobre os mecanismos de variabilidade climática é preciso reconhecer as noções trazidas pelos meios teóricos múltiplos nos quais o conceito tem sido apropriado. Destarte cabe trazer uma noção mais interdisciplinar, conforme é apresentada pelo Glossário do Quinto Relatório de Avaliação do Painel Intergovernamental sobre Mudanças Climáticas - AR5-IPCCC, elaborado com a contribuição dos grupos de trabalho I, II e III para o Quinto Relatório de Avaliação do Grupo Intergovernamental de Especialistas em Mudança Climática - IPCC (2014), que amplia a percepção quase que exclusivamente natural, inserindo o tema como parte dos problemas sociais, ao introduzir o homem como agente nessa equação, em especial quando traz as reflexões de *Convencion Marco de las Naciones Unidas sobre el Cambio Climatico* - CMNUCC, que em seu artigo 1, define mudanças climáticas como "atribuídas direta ou indiretamente à atividade humana que altera a composição da atmosfera global e que contribui para a variabilidade natural do clima observados em períodos de tempo comparáveis" (IPCC, 2014).

Cruzando a linha do conceitual para abordar um pouco dos efeitos das mudanças climáticas, é importante salientar que o território brasileiro tem características continentais, contendo áreas de risco aos impactos provocados por água (enchentes, subida do nível do mar, solapamento, desmoronamento, entre outras), assim como apresenta áreas em risco pela ausência de água (secas extremas, incêndio em larga escala, desabastecimento e outras), somadas a zonas economicamente vulneráveis e uma expressiva inexperiência com gestão de desastres. Como efeito, tratando especificamente do patrimônio cultural, tivemos os casos da enchente de São Luiz do Paraitinga (2010) que destruiu a igreja matriz no centro histórico da cidade; a enchente da cidade Goiás (2001) que inundou o Museu Casa de Cora Coralina entre outros impactos na cidade patrimonializada; o tornado em São Miguel das Missões (2016) que atingiu o Museu de São Miguel das Missões; e, as queimadas na região amazônica (2019-2020) que atingiram as pinturas rupestres do Sítio Serra da Lua no Parque Estadual de Monte Alegre. Além do incêndio na Caatinga do Cariri ocidental e oriental, que inclui a APA das Onças do município de São João do Tigre, região com mais de 300 sítios arqueológicos com pinturas rupestres (comunicação pessoal Juvandi de Souza Santos); e o Pantanal, Patrimônio Natural da Humanidade (UNESCO, 2002) que teve 20% da sua área consumida pelo fogo, comprometendo seriamente a integridade física, soberania alimentar e reprodução cultural de povos indígenas, quilombolas, ribeirinhos, extrativistas e pescadores que vivem no pantanal. E ainda, cabe situar a seguinte sequência dos incêndios, em larga medida provocados pela ação humana para ampliar pasto ou implantação de monocultura – desmatamento, limpeza por fogo, agravada por uma onda de calor atipicamente longo entre o final do inverno e início da primavera que bateu recordes históricos de temperatura nas regiões interiores do Brasil e a movimentação de solo, fazendo com que nesse último momento sítios arqueológicos fiquem expostos a destruição (2020).

O atual cenário das mudanças climáticas, em seus múltiplos sentidos, parece nos impor a experimentação prática da sociedade de risco, teorizada por Ulrich Beck (1992). De certa forma, passamos a assumir o risco de viver em uma sociedade onde a oportunidade e o perigo coexistem em igual medida. Mas qual o peso dessa eterna adolescência para nós humanos? No caso da temática patrimonial, assumir deliberadamente o risco da perda também envolve a escolha de desempossarmos de materialidades e de imaterialidades que foram acordados como signos da própria humanidade. É bastante claro para nós que esses acordos que constituem o patrimônio são historicamente assimétricos e excludentes. Mas, é contra essa percepção de patrimônio que violentamente exclui identidades e em um engajamento pela sobrevivência dos patrimônios frente aos riscos trazidos pelas mudanças climáticas que nos colocamos.

Evitar que eventos catastróficos se repitam ou se agravem sobre o território brasileiro depende de ações imediatas, pois, empiricamente sabemos que locais com menor tradição em ações de desastres naturais são as que mais irão sofrer com os efeitos, sendo portanto essencial um investimento em todos os setores da sociedade para a criação de planos de gestão de risco e monitoramento e sistema de respostas, visando a criação de ambientes resilientes, seja num cenário de transformação ou de adaptação. Acrescenta-se que as dificuldades se acentuam ainda mais nos locais onde é incipiente e precária a pauta destinada para gestão do patrimônio cultural.

## Patrimônio, um caminho para ação

O patrimônio faz parte dos elementos basilares que caracterizam sociedades ocidentais. Desde a Antiguidade Clássica aos dias atuais, eles nos servem como referenciais sobre de onde viemos, onde estamos e para onde vamos. Infelizmente, as perguntas sobre nosso futuro, assombradas pelo nosso presente marcado, por exemplo, pelos dissabores da pandemia de covid-19, dos desastres no campo patrimonial (como assistimos no cerrado, pantanal e amazônia brasileiro) e pelos imponderáveis avanços de posições políticas extremistas, parecem nos trazer novas angústias em um cenário em que diferentes crises incidem (sanitária, hídrica, ambiental, política e econômica). Nesse contexto, as vozes da insatisfação e da luta por mudanças, não estranhamente, ganham amplitude também através do patrimônio. Um exemplo da força do patrimônio como baliza e instrumento de negociação das sociedades pode ser lido nos ataques aos monumentos associados à escravidão e ao colonialismo que assistimos em parte da América e da Europa em 2020. De forma incisiva, movimentos atrelados aos direitos humanos e à igualdade racial demarcaram posicionamentos políticos ao derrubar estátuas materializadora das memórias sobre opressores e conquistadores. Sob outro aspecto, diante das matrizes econômicas, estratégias desenvolvimentistas e obras de infraestrutura, povos indígenas e comunidades tradicionais, reivindicam a consulta prévia e informada sobre os impactos ambientais e culturais dos empreendimentos públicos e privados nos processos de licenciamento. Não há neutralidade no patrimônio. Ele é sempre usado para com algum propósito e, nesse viés, política, em seu amplo sentido, e patrimônio são termos indissociáveis.

Desde o contexto de invenção do patrimônio contemporâneo, na Revolução Francesa (1789), o patrimônio é compreendido como um projeto político. É a partir das escolhas das memórias a serem celebradas que se compõe um imaginário sobre a nação e sobre quem pode pertencer a ela (JEUDY, 2005). A força narrativa tem um papel ativo na vida cotidiana dos seres humanos (SAID, 1999). E essas narrativas patrimoniais, que são expressas em universos materiais e imateriais, são fortes o suficiente para organizar, validar e manter determinados papéis sociais e contínuos políticos e culturais (CHUVA, 2017). Como ilustração à afirmação podemos retomar o caso da estátua do traficante de escravos britânico Edward Colston na cidade inglesa de Bristol. Se o patrimônio não tivesse expressividade e significância, ele não teria sido derrubado. Também poderíamos recorrer às pichações nos muros da Roma Antiga (GARRAFONI, 2017) que eram formas de expressão daqueles que não tinham voz em outros espaços públicos. Do passado, ao presente, apesar das muitas especificidades dos contextos históricos, nossa relação com as narrativas patrimoniais é pautada pelo afeto, reação e contrarreação. Exatamente por isso podemos afirmar que o patrimônio tem um poder ativo de manter valores socioculturais ou, por outro lado, de gerar reflexões e mudanças. Esse dispositivo de poder não passa despercebido por políticas partidárias ou estatais.

O patrimônio, portanto, não se refere ao passado. Sem dúvida alguma, como afirma o historiador David Lowenthal, ele vem de lá: deste local distante e imaginado, configurando um certo "país estrangeiro" (1985, p. 45). Mas, sua existência é sempre atrelada ao presente e à vontade de futuro. O patrimônio é incessantemente ressignificado e sentido na ação da vida coletiva, da vida na *polis*, da vida política. Tendo esse cenário elaborado, o que falar do projeto de patrimônio em um contexto específico de mudanças climáticas e de sociedade de risco? Temos muitas dúvidas sobre as respostas que poderíamos ensaiar a este respeito, mas duas indicações: 1. o patrimônio está em risco e, 2. ele pode ser um dispositivo ativo de transformação.

A Organização das Nações Unidas para a Educação, a Ciência e a Cultura (UNESCO) mantêm em seu site um mapeamento do patrimônio mundial em risco[8]. De acordo com a Unesco, esse inventário tem como objetivo arrolar os problemas no campo patrimonial que devem ser enfrentados de forma cooperativa. Atualmente, temos 53 patrimônios mundiais destacados como altamente vulneráveis. São patrimônios culturais e naturais que estão ameaçados de desaparecimento, deterioração acelerada, fragilizados por grandes projetos públicos ou privados. De uma forma bastante clara, ao analisarmos a listagem, encontramos como principais ameaças históricas aos patrimônios mundiais as catástrofes ambientais (calamidades, cataclismos, incêndios graves, terremotos, deslizamentos de terra, erupções vulcânicas, mudanças do nível da água, inundações, etc.) e mudanças no uso ou na propriedade da terra (que acabam por gerar o abandono ou a destruição sistemática do patrimônio reocupado). O Brasil ainda não possui patrimônios nesta lista, ainda que a Unesco já tenha lançado uma nota de atenção acerca da tragédia em curso em toda a eco região do Pantanal[9].

A atenção às ameaças aos patrimônios sob a tutela do Estado Nação Brasil não é exclusividade da escala internacional. Em agosto de 2020, quando a tragédia no eco regiâo do Pantanal estava em curso, o Comitê sobre Mudanças Climáticas e Patrimônio solicitou o endosso do ICOMOS Brasil em uma Carta Aberta que manifestou extrema preocupação com a gestão de combate aos incêndios que assolam o Complexo de Áreas Protegidas do Pantanal, nos estados de Mato Grosso e Mato Grosso do Sul. O Pantanal é um Patrimônio Natural da Humanidade desde 2002, é o maior sistema inundado contínuo de água doce do mundo e um dos ecossistemas mais ricos em vida silvestre; um dos 34 *hotspots* mundiais, com uma biodiversidade extremamente rica; e lugar de moradia, trabalho e reprodução cultural de povos indígenas, comunidades quilombolas, pescadores artesanais, ribeirinhos e extrativistas. O documento afirma que houve negligência do Estado em não prevenir, desconsiderar fatores climáticos e hídricos de 2019 a as previsões climáticas para 2020, e sinaliza para existência de incêndios criminosos, o que se confirmou. O documento consta de recomendações, sobre as quais destacamos, a necessidade do Estado constituir uma governança com povos e comunidades tradicionais e criar um plano para gestão de riscos de desastres que preserve vidas e permita a reprodução cultural em um cenário de terra arrasada . No

Estado de Mato Grosso essa carta será pautada para apresentação, debate e encaminhamentos nos conselhos estaduais da Pesca e Recursos Hídricos, CEPESCA e CEHIDRO respectivamente.

É bastante claro que entre os motivos que levam um patrimônio a entrar em uma lista mundial de risco podem ou não ser antrópicos. Não partilhamos de uma ilusão de que a grandeza humana seria absolutamente responsável pelo percurso do Planeta Terra (MARQUES, 2016, p. 604). Mas, não ignoramos o impacto da ação humana sobre o Planeta Terra, como discutido anteriormente. No caso específico da lista mundial, mais da metade dos patrimônios assinalados estão ameaçados por atividades mineradoras ilegais, extração ilegal de recursos naturais, elevação do nível do mar, entre outras que estão diretamente relacionadas com ações humanas. O Brasil não está na lista da Unesco, mas também não possui um inventário coerente dos patrimônios nacionais ameaçados. Ou seja, enfrentamos um vazio no que se refere ao mapeamento dos riscos, vulnerabilidades (MARANDOLA JR; HOGAN, 2009) e potenciais de resiliência (UNISDR, 2016) do patrimônio nacional. As informações que temos não estão organizadas em órgãos públicos de gestão do patrimônio nacional e surgem à medida que um patrimônio é perdido ou está escancaradamente ameaçado. Diante desse cenário, torna-se improvável compor uma ação que visa a integridade do patrimônio (Criado BOADO, 1996) ou mesmo sua vivência de forma plena pelas comunidades de entorno.

Exatamente nesta lacuna que procuramos refletir e agir. De certa forma, corremos contra o tempo para realizar esses mapeamentos e criar escopos que nos permitam lidar com a vulnerabilidade e atuar de forma ativa no campo da resiliência patrimonial. E, neste ponto, é importante assinalarmos que compreendemos a resiliência como a "capacidade de um sistema, comunidade ou sociedade, exposta a uma ameaça, de resistir, absorver, adaptar, transformar e recuperar seus efeitos (UNISDR, 2016, p. 22)[11].

Um exemplo pode conduzir nossa reflexão. É notório e mensurável o impacto das mudanças climáticas nos regimes pluviométricos no Brasil e o potencial danoso as cidades do litoral de São Paulo (BARBI E FERREIRA, 2017). Assistimos aos deslizamentos das encostas, a elevação do nível do mar, a presença da chuva mais ácida e, o que sabemos sobre os patrimônios históricos, culturais e arqueológicos da região? Como podemos compreender os riscos e as estratégias de resiliência que pode ser atribuído ao patrimônio que tem ameaçada sua integridade física? O que sabemos sobre esse patrimônio? Infelizmente, poucas coisas. No Brasil, temos um poderoso e expressivo grupo de pesquisadores atuando há pelo menos uma década na temática do patrimônio e das mudanças climáticas. No próximo item deste texto faremos algumas apresentações sobre essas pesquisas. Mas, sentimos agora (e cada vez mais) a necessidade de unirmos as ações individuais para refletir em diferentes escalas e, claro, dialogar sobre nossos casos específicos. A criação de plataformas para a interação e sistematização de nossos dados é uma das ações almejadas pelo Comitê de Mudanças Climáticas e Patrimônio.

Entre as muitas perguntas que temos está a que nos guia: por que o patrimônio importa? É claro que podemos compor um amplo espectro de respostas a essa indagação. De certa forma, grande parte delas com um tom de engajamento necessário para a construção de uma sociedade mais justa e plural. Mas, a resposta passa necessariamente pelo campo da memória e de valores éticos que nos ligam como humanidade. Para a filósofa Hannah Arendt a tragédia (uma clara referência à ascensão de regimes totalitários) começa quando desapareceram mentes para herdar e questionar, pensar e lembrar. Para a autora, a perda da memória é justamente o maior perigo enfrentado por nós. É a memória que permite ao Homem a compreensão de sua finitude e a percepção de pertencer a um mundo formado por outros e variados indivíduos (ARENDT, 1968). E, nesse sentido, o patrimônio é aquilo que escolhemos não esquecer. É o dispositivo material e imaterial que nos traz o senso de pertencimento e a baliza ética para a construção do futuro.

O patrimônio está ameaçado pelas mudanças climáticas. Mas ele também pode ser compreendido como uma chave para o enfrentamento dessas mudanças. O enfrentamento passa necessariamente pelo debate, pelo diálogo, pelo aprendizado e pela construção de novos padrões de ação (públicos e privados, coletivos e individuais). Para o ICOMOS, e, para esse Comitê, o patrimônio oferece um imenso e praticamente inexplorado potencial para impulsionar e apoiar as transições éticas e equitativas das comunidades para caminhos de desenvolvimento resilientes às mudanças climáticas, apresentando, por exemplo, nos baixos índices de carbono. Perceber esse potencial, no entanto, exige um melhor reconhecimento das dimensões culturais das mudanças climáticas e o ajuste dos objetivos e metodologias das práticas relativas ao patrimônio[12].

## Comitê Sobre Mudanças Climáticas e Patrimônio do ICOMOS/BR: Apresentações

O Comitê sobre Mudanças Climáticas e Patrimônio Cultural do ICOMOS-BR, criado em abril de 2019, atualmente é o segundo comitê nacional a atuar nessa temática no mundo, busca focar suas ações no trabalho em rede com a missão de cooperar no tratamento científico e prático dos desafios impostos pelas mudanças climáticas sobre o patrimônio cultural do Brasil. Nesses dois anos de atuação o comitê já contribuiu na revisão de três documentos internacionais Outline of Climate Change and Cultural Heritage, Guidance on Impact Assessments for World Heritage Properties e o Patrimonio Cultural en la planificación sobre Cambio Climático (HiCLIP), lançou dossiês em revistas especializadas sobre a temática, participou e realizou mesas temáticas de debate com parceiros brasileiros e estrangeiros, criou canais de comunicação nas redes sociais e elaborou um sistema de base de dados para visualizar as áreas de atuação dos nossos filiados e parceiros. Sendo, as informações aqui apresentadas obtidas através dessa base de dados, visto que aqui trataremos tanto dos filiados ao ICOMOS-BR como dos parceiros de outras organizações que colaboram na construção do comitê.

Até o momento contamos com uma network de projetos que abrangem áreas do Brasil, Espanha e Portugal demonstrando quão transfronteiriças são as questões climáticas. Mas é sobre as estruturas brasileiras que encontramos a representação mais preponderante das pesquisas realizadas com o envolvimento de Agentes do Sistema Público, Universidades federais e estaduais, ONGs, Comunidades, Representantes e Fóruns da Sociedade Civil, Conselho de Patrimônio Histórico e Cultural, e de recursos naturais, Governo Federal, Centros de Pesquisa, Governos Municipais, Governos Estaduais, Pesquisadores de Instituições Acadêmicas, Mídia, Museus, Especialistas, Medialab/UFF, AWN (Associação de Windsurf de Niterói), MAI (Museu de Arqueologia de Itaipu), Parque Estadual da Serra da Tiririca (PESET), Movimento Lagoa para Sempre, Plataforma Urbana Digital do Engenhoca (Niterói), Fercant & Yahto Consultoria Científica e uma rede de parceiros em ações locais na região oceânica de Niterói (Itacoatiara/Itaipu/Camboinhas).

A abrangência nas áreas acionadas pelos projetos demonstram a condição heterogêneas de abordagem da questão climática quando referimos a sua relação com o patrimônio cultural, indo das chamadas Ciências da Terra e da Vida, às Exatas e as Humanas, mas é a área interdisciplinar que tem a maior representatividade atualmente entre os filiados e colaboradores do comitê, conforme os dados representados no gráfico abaixo:

*Gráfico 1 -* Demonstração das áreas de conhecimento mobilizadas nas pesquisas sobre mudanças climáticas e patrimônio de acordo com os membros do comitê do ICOMOS-BR (2019-2020).

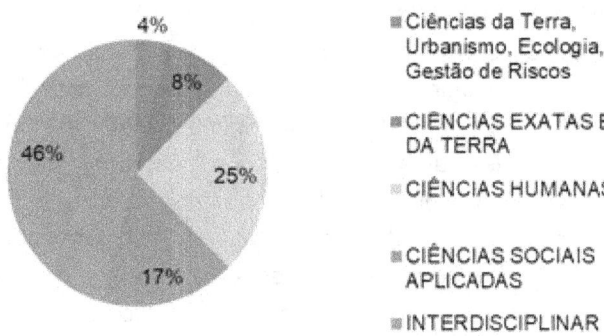

O território de abrangência das pesquisas realizadas pelos filiados e parceiros do comitê abrange uma área significativa do país, permitindo uma visão ampla dos efeitos provocados pelas mudanças climáticas num território com a diversidade brasileira, assim como demonstra o mapa abaixo:

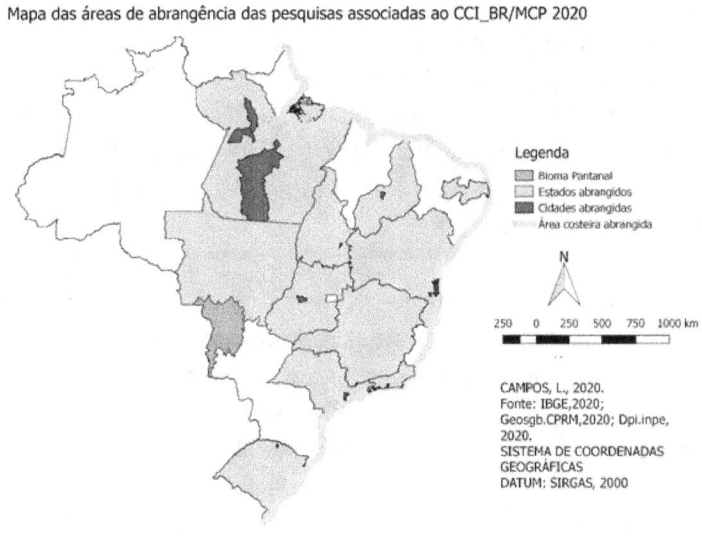

*Figura 1* – Mapa elaborado com as áreas de abrangência das pesquisas realizadas pelos membros e parceiros do Comitê sobre Mudanças Climáticas e Patrimônio do ICOMOS-BR (2019-2020).

Dentro desse universo de projetos, que demonstram a variedade dos temas trabalhados pelos filiados e colaboradores do comitê, podemos destacar as pesquisas desenvolvidas sobre o estabelecimentos dos efeitos do microclima sobre peças e coleções nas instituições de guarda; os impactos provocados sobre a paisagem amazônica e a sua influência sobre a cultura material dos seringueiros; impacto sobre o comportamento humano junto a grupos pretéritos; o papel do atlântico Sul nas mudanças climáticas; relações entre comunidades humanas, animais e o meio ambiente no Sul e Sudeste do Brasil; criação de políticas públicas de resiliência; registro das mudanças climáticas em comunidades paleoindígena; transformações climáticas e de dinâmicas culturais na relação dos Asurini com os não-indígenas e com as coisas dos brancos; estabelecimento de índice de vulnerabilidades de pequenas cidades da macro metrópole paulista em face à variabilidade climática; aproximação entre universidade e sociedade (povos tradicionais e não tradicionais e instituições), em prol da compreensão das mudanças climáticas e ambientais; o uso e outorga da água; paisagem e sustentabilidade; instrumentos normativos e processos de gestão do patrimônio urbano; geoprocessamento; diagnóstico e avaliação de impactos das mudanças climáticas e patrimônio cultural, em sua relação com licenciamento ambiental e consulta de povos e comunidades tradicionais; políticas públicas; governança; fortalecimento comunitário; gestão de riscos de desastres, tradicionalidades e territórios; vulnerabilidades; capacidade científica institucional para ações preventivas locais; controle social, transformações da paisagem ocorridas de forma natural e aquelas com interferência humana na região de Niterói, RJ[13].

## Ponderações finais

Como apresentamos anteriormente, o Comitê de Mudanças Climáticas e Patrimônio é bastante jovem. Conseguimos mapear uma diversidade de temas e áreas abrangidas pelos pesquisadores associados e colaboradores. Mas ainda temos muito o que fazer. Os debates acerca dos impactos das mudanças climáticas sobre o patrimônio cultural apresentam diversos pontos de inflexão, tais complexidades decorrem da própria origem destes eventos em suas *forçantes* externas e internas. Contracenam com a crise climática no Brasil outras grandes crises, a sanitária, a ambiental, a hídrica, política e a econômica.

Diante desse quadro, parece pertinente: a perspectiva de implantação e institucionalização de projetos e programas de pesquisa que envolva patrimônio cultural e mudanças climáticas; a identificação de atores e interlocutores da sociedade civil; o estabelecimento e manutenção de diálogos permanentes com o Estado; a atuação articulada e colaborativa para extroversão dos protocolos existentes, nos espaços coletivos e democráticos de decisão, regulamentação e formulação de políticas públicas; municiar as instituições de promoção da justiça e cidadania; estabelecer uma linha de atuação junto a cooperação internacional no Brasil.

Com isso, é possível constituir uma rede que favoreça a consulta de grupos invisibilizados e de maior vulnerabilidade portadores de tradicionalidades, manter o fluxo de informações e interações, problematizar riscos de desastres. Acredita-se que tais exercícios que produzirá um capital cultural que pode ser dirigido para constituir uma governança ampla e um plano técnico e científico multifocal.

Os documentos do ICOMOS *Outline of Climate Change and Cultural Heritage* (ICOMOS, 2018) e o *Guidance on Impact Assessments for World Heritage Properties* (ICOMOS, 2011; IUCN, 2013) são importantes bases doutrinárias que podem ser adotadas pelos estados parte. Sobre aquele, destacamos o propósito de mapear as prováveis relações entre o patrimônio cultural e mudança climática e *inventariar* possíveis impactos sobre os distintos tipos de patrimônio. Acerca desse, o objetivo é avaliar os impactos que o desenvolvimentismo em curso como a extração de recursos naturais e o turismo de massa, podem causar ao patrimônio cultural.

Considerando o primeiro, para o momento sublinhamos alguns pontos da avaliação do CCMC do ICOMOS Brasil: a diversidade cultural existente no país; os sistemas ambientais históricos e tradicionais; o passado ensina o presente; o conhecimento ecológico e os processos adaptativos; o patrimônio cultural como solução sustentável; as estruturas de governança. Sobre o segundo consideramos pertinente atentar-se para: o monitoramento das políticas públicas; o uso da terra e a outorga da água; o patrimônio cultural como parte em todo o processo de avaliação de impacto; a segurança jurídica do Estado; as insuficiências técnicas locais de pesquisa e gestão; e, a criar um vocabulário e uma plataforma comuns para o diálogo com a IUCN, ICCROM.

Por fim, consideramos que as incapacidades técnicas locais remetem incidem de forma diferenciada, sobre os bens culturais acautelados e os não acautelados, em particular sobre os riscos de impactos sobre esses aos efeitos das mudanças climáticas, demandando instrumentos de salvaguarda, na espera de reconhecimento, sob os riscos e as ameaças. Acerca disso, os inventários são urgentes, o cumprimento da legislação federal e a consulta de povos e comunidades tradicionais são imprescindíveis para avaliação de impactos. Por outro lado, alertamos que o não atendimento a estes quesitos dimensiona para o debate sobre identidade nacional, violação de direitos, cidadania e processos sistêmicos de exclusão.

**NOTAS**

[1] Pesquisadora no Núcleo de Estudos e Pesquisas Ambientais (Nepam - Unicamp) – Diretora do Comitê sobre Mudanças Climáticas e Patrimônio do ICOMOS-BR. Contato: alineap@unicamp.br

[2] Docente substituta do Curso de História da UEG – Secretária do Comitê sobre Mudanças Climáticas e Patrimônio do ICOMOS-BR. Contato:lcampos.ms@gmail.com

[3] Pesquisador do curso de História da Universidade do Estado de Mato Grosso – Conselheiro Científico do Comitê sobre Mudanças Climáticas e Patrimônio do ICOMOS-BR. Contato: lucianopatrimoniomt@gmail.com

[4] O Ciclo de Milankovitch descreve variações na intensidade dos efeitos da insolação de acordo com a latitude. Essa leitura, derivada de modelos matemáticos, implicaria na percepção das mudanças no clima como inerentes ao ciclo natural do planeta e do próprio sistema solar. Para mais informações, Kerr, Richard A. "Milankovitch Climate Cycles Through The Ages". Science. Feb 27. 1987. Vol 235. Issue 4792, p. 973-974; Buis, Alan. "Milankovitch (orbital) Cycles". In: *Nasa - Global Climate Change*. 27 Feb 27, disponível online: https://climate.nasa.gov/news/2948/milankovitch-orbital-cycles-and-their-role-in-earths-climate/ Data de acesso 15/10/2020.

[5] Sobre os eventos climáticos, ver: MARCUZZO, Francisco Fernando Noronha; ROMERO, Vanessa. Influência do El Niño e La Niña na precipitação máxima diária do estado de Goiás. Rev. bras. meteorol., São Paulo , v. 28, n. 4, p. 429-440, dez. 2013 . Disponível em <http://www.scielo.br/scielo.php?script=sci_arttext&pid=S0102-77862013000400009&lng=pt&nrm=iso>. acessos em 15 out. 2020. http://dx.doi.org/10.1590/S0102-77862013000400009.

[6] Sobre os ciclos climáticos e causas naturais das mudanças no clima, ver: Oliveira, M. J. de, Carneiro, C. D. R., Vecchia, F. A. da S., & Baptista, G. M. de M. (2018). Ciclos climáticos e causas naturais das mudanças do clima. *Terrae Didatica*, 13(3), 149-184. https://doi.org/10.20396/td.v13i3.8650958.

⁷ Cabe, entretanto, duas breves reflexões que, para garantir o nexo da redação será feito em formato de nota. Primeira sobre semântica, convencionou-se, por inúmeras implicações sociais e políticas, utilizar o termo "mudanças climáticas" para conceituar as modificações atmosféricas que observamos na contemporaneidade, que daria início a uma nova época geológica, o antropoceno. Entretanto, do ponto de vista geológico as mudanças no clima da terra são aquelas alterações em forçantes que, alteraram de tal forma as características da biosfera, a ponto de provocar uma mudança classificatória nas épocas geológicas, como a do Pleistoceno para Holoceno. A segunda questão, é a consequência da primeira, pois ao chamarmos as características atuais de *mudanças climáticas* estamos também afirmando a vigência de um novo período geológico e elevando as influências antrópicas a um nível de forçante, como citado anteriormente. Tal fato não representa grandes alterações do ponto de vista científico, contudo no que concerne às políticas públicas essa diferença de abordagem é essencial, visto que qualifica a utilização de recursos para ações de mitigação ou adaptação frente aos efeitos climáticos.

⁸ A lista pode ser acessada no endereço eletrônico http://whc.unesco.org/en/danger/ Data de acesso 16/10/2020.

⁹ Para acessar a nota da Unesco:https://en.unesco.org/news/fires-pantanal-ecoregion Data de acesso: 01/10/2020,

¹⁰ Está em algum link Assinaram também o documento: os comitês científicos do ICOMOS Brasil de Patrimônio Imaterial e o de Paisagens Culturais; FORMAD – Fórum Matogrossense de Meio Ambiente e Desenvolvimento; ECOA – Ecologia e Ação, Campo Grande/MS; FONASC.CBH - Fórum Nacional da Sociedade Civil nos Comitês de Bacias hidrográficas; Rede de Comunidades Tradicionais Pantaneira; Instituto GAIA; Rede Pantanal; Associação de pesquisa Xaraiés; Observatório de Políticas Públicas de Enfrentamento da COVID-19 entre povos e comunidades tradicionais/UNEMAT; SAB - Sociedade de Arqueologia Brasileira - Centro Oeste; Fórum de Entidades em Defesa do Patrimônio Cultural Brasileiro – Seção Mato Grosso; ANPUH– Associação Nacional de História, GT Patrimônio Cultural de Mato do Sul; OAB/MT - Comissão em Defesa da Igualdade Racial; FEPOIMT - Federação dos Povos Indígenas de Mato Grosso

¹¹ Texto disponível no site: https://www.unisdr.org/we/inform/publications/58158. Data de acesso: 18/10/2020.

¹² Texto disponível no site:https://www.icomos.org/en/77-articles-

en-francais/59522-icomos-releases-future-of-our-pasts-report-to-increase-engagement-of-cultural-heritage-in-climate-action. Data de acesso 18/10/2020.

[13] Para fazer parte dos colaboradores e associados do comitê é só preencher o formulário: https://docs.google.com/forms/d/1KHpaaNQTORFDiTnTRs5ULWSKT7u4jSSCclGLjFIji00

## REFERÊNCIAS

BARBI, Fabiana; FERREIRA, Leila da Costa. Governing clima change risk. Subnational climate policies in Brazil. **Chin. Polit. Science Review** n.2, v. 2, p. 237-252, 2017

BECK, U. **Risk Society**: Towards a New Modernity. Londres: Sage,1992.

BUTLER, Amy H., THOMPSON, David W., HEIKES, Ross. The Steady-State Atmospheric Circulation Response to Climate Change–like Thermal Forcings in a Simple General Circulation Model. **Journal of Climatic**. n. 23 v. 13, p. 3474-3496, 2010.

CAMPOS, Luana. **Paleoclima e comportamento humano no Holoceno**: um estudo comparativo entre Brasil e a Península Ibérica. Tese (Doutorado em Quaternário, Materiais e Culturas). Universidade de Trás-os-Montes e Alto Douro, Portugal. 2015.

CHUVA, Márcia. Possíveis narrativas sobre duas décadas de patrimônio: de 1982 a 2002. **Revista do Patrimônio Histórico e Artístico Nacional**, v. 35, p. 79-103, 2017

CRIADO BOADO, F. Hacia un modelo integrado de investigación y gestión del Patrimonio Histórico: la cadena interpretativa como propuesta. PH. **Boletín del Instituto Andaluz del Patrimonio Histórico,** n. 16, p. 73-78. Sevilla. 1996. Disponível em: http://digital.csic.es/handle/10261/11657. Acesso em: 13 fev. 2019.

CRONIN, Thomas, M. **Paleoclimates** – undestanding climate change past and present. New Your: Columbia University Press, 2010.

FOUCAULT, Michel. **A arqueologia do saber**. 7. ed. Rio de Janeiro:

Forense Universidade, 2005.

GARRAFFONI, R. S.. Grafites: linguagens e narrativas nas paredes de Pompeia. **Revista de Estudos Filosóficos e Históricos da Antiguidade**, v. 31, p. 11-25, 2017.

IPCC. Anexo II: Glosario [Mach, K.J., S. Planton y C. von Stechow (eds.)]. En: [Equipo principal de redaccion, R.K. Pachauri y L.A. Meyer (eds.)]. **Cambio climático 2014**: Informe de síntesis. Contribución de los Grupos de trabajo I, II y III al Quinto Informe de Evaluación del Grupo Intergubernamental de Expertos sobre el Cambio ClimáticoGinebra, Suiza: IPCC, 2014. p. 127-141.

JEUDY, Pierre. A Maquinaria Patrimonial. In: **O espelho das cidades**. Rio de Janeiro: Casa da Palavra, 2005.

MARENGO, José Antônio. Água e mudanças climáticas. **Estudos Avançados**. n. 22, v. 63, p. 83-96, 2008.

MARQUES, L. **O Capitalismo e o Colapso Ambiental**. Campinas: Editora da Unicamp, 2016.

SAID, Edwar. **Orientalismo**: o oriente como invenção do Ocidente. São Paulo: Editora Contexto, 1999.

# CIDADES E VILAS HISTÓRICAS BRASILEIRAS, PATRIMÔNIO CULTURAL, RISCOS E RESILIÊNCIAS, NA ALVORADA DO SÉCULO XXI

*Betina Adams, Antonio Hoyuela, Isabelle Cury, Monica Bahia Schlee*
*(Comitê de Cidades e Vilas Históricas – ICOMOS/BRASIL)*

### Cidades e seus legados no século XXI

> *"A paisagem histórica urbana (HUL) resulta de uma estratificação histórica de valores e atributos, culturais e naturais, que transcende a noção de "centro histórico" ou de "conjunto histórico" para incluir o contexto urbano mais abrangente e a sua envolvente geográfica"* (UNESCO, 2011)

O Comitê Científico Brasileiro de Cidades e Vilas Históricas, do ICOMOS-Brasil tem como foco de estudo e pesquisa os assentamentos, urbanos e rurais, nas suas diferentes formas e configurações, que formam a grande estrutura territorial brasileira de localidades.

O objetivo deste artigo é apresentar um panorama dos riscos e desafios a que estão sujeitos os acervos patrimoniais da complexa rede urbana brasileira, indicando possíveis caminhos a serem percorridos rumo à resiliência e à sustentabilidade da sua paisagem histórica urbana, propondo novas interpretações de seus valores paisagísticos e novas formas de reinserção do patrimônio coletivo, natural e cultural.

A metodologia parte de uma análise da classificação dos assentamentos pelo IBGE-Instituto Brasileiro de Geografia e Estatística, da classificação dos bens protegidos pelo IPHAN-Instituto do Patrimônio Histórico Artístico Nacional, da recomendação da UNESCO-Organização para a Educação, a Ciência e a Cultura sobre Paisagem Histórica Urbana (HUL) e das cartas patrimoniais elaboradas por ICOMOS e UNESCO (Cury, 2004). O IBGE (IBGE,

2020) possui um cadastro de localidades com a seguinte classificação: capital federal, capital, cidade, vila, aglomerado rural e aldeia[1]. Já o IPHAN identifica os conjuntos arquitetônicos, rurais e urbanos e, de forma isolada, edificação, edificação e acervo, infraestrutura ou equipamento urbano, jardins históricos, elementos do patrimônio natural, quilombos, ruínas, sítios arqueológicos, terreiros, acervos artísticos de interesse cultural, lugares, bem móveis ou integrados, bens de interesse paleontológicos e coleções.

Em 2010, a população residente nos 5.565 municípios brasileiros, segundo o Censo do IBGE, era de 190.755.799 habitantes, dos quais 160.925.792 habitavam em áreas urbanas e 29.830.007 em áreas rurais, equivalente respectivamente a 84,36% da população vivendo em áreas urbanas e apenas 15,64%, em áreas rurais. Estimativas do IBGE indicam que o Brasil já conta com uma população de 211.755.692 habitantes em 2020. Estes dados demonstram que as cidades brasileiras e seu acervo, natural e cultural, devem ser vistas em seu conjunto, como um sistema, e indicam também a necessidade de uma análise mais aprofundada em relação às diferentes categorias e como estão sendo geridas e classificadas. Para isso, cabe revisitar, ainda que superficialmente, as diferentes etapas de transformação dos primeiros assentamentos e cidades brasileiras, suas influências, atributos e valores culturais, reconhecidos ou não.

No Brasil há atualmente 16 sítios declarados Patrimônio Mundial, sendo 15 na categoria "cultural" e Paraty, na categoria "misto". Os conjuntos históricos das áreas centrais das cidades representam as diferentes etapas da construção da rede urbana brasileira. Estes sítios, desde a Carta de Washington (ICOMOS, 1987), posteriormente atualizada pelos Princípios de La Valletta (ICOMOS, 2011), são consideradas peças fundamentais do Patrimônio Mundial e são objeto de recomendações da UNESCO para gestão das cidades históricas. Entre elas, destacam-se os centros ou cidades históricas de Ouro Preto (1980); Olinda (1982); Salvador (1985); São Luís do Maranhão (1997); Diamantina (1999); Cidade de Goiás (2001) e o Plano Piloto de Brasília (1987).

Um outro conjunto de sítios é formado por partes de cidades, também excepcionais, como o Santuário do Senhor Bom Jesus de Matosinhos, em Congonhas do Campo (1985); a Praça de São Francisco, em São Cristóvão (2010); Rio de Janeiro, Paisagens Cariocas entre a Montanha e o Mar (2012); o Conjunto Moderno da Pampulha (2016); ou o Sítio Arqueológico Cais do Valongo, Rio de Janeiro (2017), que representam diferentes etapas e aspectos da rede urbana brasileira.

Há sítios de carácter especial, como o sistema territorial das Missões Jesuíticas Guarani, com sítios no Brasil (Ruínas de São Miguel das Missões) e outros quatro sítios situados na Argentina (1983), que representam uma utopia social contrarreformista de escala regional. Esse sistema territorial urbano de fronteira, se integra ao conjunto missioneiro das Américas, incluindo sítios como Chiquitos (Bolívia), La Santisima Trinidad e Jesus de Tavarangue (Paraguai), na América do Sul, ou Sierra Gorda de Queretaro (Mexico), Santo Antonio (EUA), na América do Norte. Outros, como os, como o Parque Nacional Serra da Capivara, em São Raimundo Nonato (1991), de carácter arqueológico, nos antecipam as origens e os valores culturais pré-coloniais. Neste universo, de acordo com os dados do IPHAN de 2019[2], considerando os bens protegidos em âmbito nacional, encontram-se 67 conjuntos urbanos, 70 conjuntos rurais, 144 conjuntos arquitetônicos, 14 quilombos e 32 terreiros, bens de interesse excepcional por seus atributos naturais ou culturais.

A arquitetura barroca brasileira está presente no ideário histórico e artístico nacional e tem sua expressão máxima na arquitetura religiosa, civil e na construção de muitos dos cenários urbanos do período. A sua primeira fase pode ser identificada entre 1580 e 1640, em pleno período da união ibérica, associado ao estilo da contrarreforma, que nasce das interações entre os engenheiros e arquitetos da coroa, os jesuítas e outros religiosos, como os beneditinos e franciscanos, formados em matemáticas, na astronomia e nas ciências afins. A segunda fase identificada corresponde ao barroco mineiro, quando se formaram muitas cidades ao longo da primeira metade do século XVIII. Dentre elas, Ouro Preto se destaca por ter sido objeto de numerosos planos diretores pioneiros, como de Barroso, de Viana de Lima e ações do IPHAN nos programas MONUMENTA e depois no programa Cidades Históricas.

Na última fase barroca, as cidades capitais como Rio de Janeiro, Salvador, São Luís ou Belém, testemunharam importantes transformações e atualizações, urbanas e arquitetônicas, que finalizam com o período pombalino, principalmente no Amazonas. Paralelamente, o período da economia cafeeira possibilitou importantes transformações nas cidades e vilas preexistentes e um novo impulso nas áreas rurais.

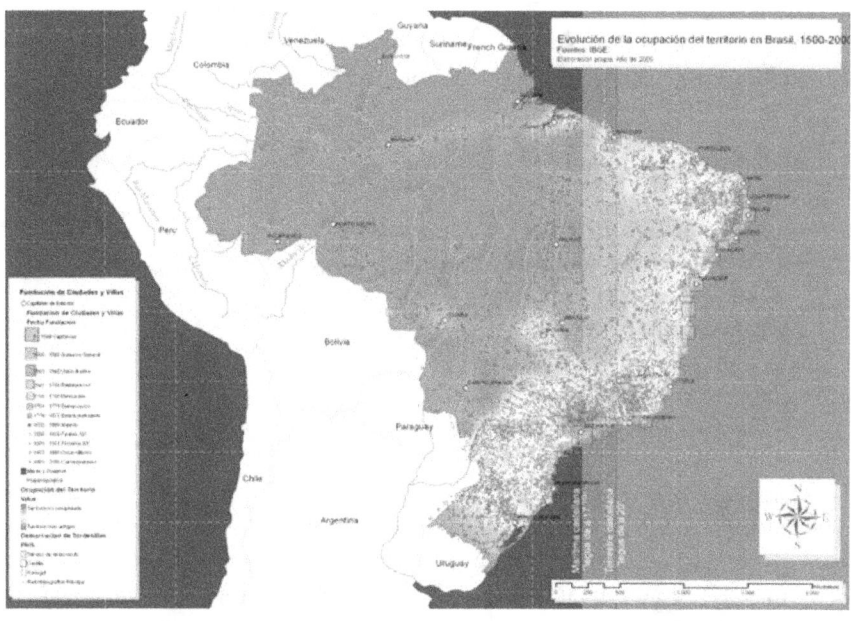

*Figura 1* - Evolução da ocupação do território brasileiro entre 1500 e o ano 2000.
Fonte: Hispânica Urbs Brasiliarum, tese doutoral, Antonio Hoyuela.

Essas cidades, no período imperial, vão receber importantes influências da escola francesa, sobretudo no tratamento do paisagismo associado, que se expressa nos espaços urbanos brasileiros, desde meados do século XIX. Dentre as cidades republicanas se destaca a primeira capital desenhada, Belo Horizonte, fundada em 1897 que introduz a preocupação com o higienismo e se distingue pela monumentalidade e pela expressão de modernidade. Com o início da industrialização surgem as grandes metrópoles industriais (cidades que são construídas ao longo das ferrovias ou nas áreas de exploração de recursos naturais, como Serra do Navio, no Amazonas), sendo de especial interesse o urbanismo de meados do século XX, associado com o movimento Moderno Tropical (Pampulha, Brasília) e algumas propostas "paisagísticas" como a construção de Palmas, em Tocantins, na década dos anos de 1990.

O Brasil tem demonstrado que é possível tombar, proteger, ou declarar cidades "históricas", de interesse patrimonial e cultural, incluindo aquelas construídas em meados do século XX (Brasília, Pampulha, Serra do Navio...). Os valores culturais, reconhecidos pela Constituição Federal de 1988, abrem novas fronteiras, ainda insuficientemente exploradas, para a construção de um patrimônio nacional, da memória e da identidade do povo brasileiro. Difundir e permear os valores culturais urbanos para fazer cidades mais resilientes, respeitosas com o passado, com a memória, e com a sua identidade é o desafio que o país terá que enfrentar nos próximos anos.

| Tipo de Tombamento | Nucleos |
|---|---|
| arquitetônico | 4 |
| arquitetônico, urbanístico e paisagístico | 10 |
| arquitetônico, urbanístico, paisagístico e histórico | 1 |
| histórico e arquitetônico | 1 |
| histórico e paisagístico | 8 |
| histórico e urbanístico | 1 |
| histórico, arquitetônico e paisagístico | 2 |
| histórico, urbanístico e paisagístico | 1 |
| paisagístico | 3 |
| paisagístico e arquitetônico | 11 |
| urbanístico | 2 |
| urbanístico e arquitetônico | 21 |
| urbanístico e paisagístico | 2 |
| **Total Geral** | **67** |

*Figura 2* - Valores inscritos nos tombamentos das cidades, vilas e povoações, das 67 inscritas nos livros do tombo do IPHAN.

Em 1988, a Constituição abriu novas linhas de valoração do patrimônio cultural, que acolhem o "repensar" e a integração das cidades nas realidades pretéritas, contemporâneas e futuras desde uma perspectiva ampla, que inclui o natural, utilizando conceitos de paisagem, ecologia e interesse científico.

A Carta de Burra (ICOMOS, 1979) enfatiza a "significação cultural" como valor estético, histórico, científico, social ou espiritual que um sítio apresenta para as gerações passadas, presentes e futuras. De acordo com o documento, esses valores expressam-se fisicamente no próprio local, em sua estrutura, ambiente, usos, atividades, associações, significados e registros e estão materializadas nos lugares e objetos relacionados a eles. Os lugares podem ter valores diferentes para diferentes pessoas ou grupos sociais, por isso processos participativos devem fomentar o seu reconhecimento e apropriação.

Complementarmente, a arqueologia e a paleontologia nos aproximam dos diferentes períodos pré-coloniais, por meio dos vestígios, como em Lagoa Santa - MG, entre outros, de mais de 60 mil anos (IPHAN, 2020), que ajudam a entender também esse período histórico, indicando-nos a necessidade de formular políticas de gestão sustentáveis, como os geoparques da UNESCO.

Dentre as medidas necessárias para aprimorar a gestão, está a padronização de conceitos e critérios, para proteção e reconhecimento dos bens. A figura 02 mostra a diversidade classificatória existente, para sítios patrimoniais semelhantes, apesar de sua especificidade. Esta diversidade classificatória indica um certo grau de indefinição nos critérios adotados nos processos de reconhecimento, já que as classificações sofrem considerável influência dos autores, das regiões, ou das datas em que foram efetivados os tombamentos, em detrimento dos seus próprios e diferenciados valores ou atributos culturais.

Também foi verificado que as ferramentas de planejamento e gestão são insuficientes, às vezes excessivas (muitos planos, pouco integrados, nada dialogantes e, portanto, ineficientes), ou deficitárias. Outra carência importante são os mecanismos de gestão, inclusive em relação aos sítios chancelados pela UNESCO, a exemplo da inexistência ou de pouca efetividade dos comitês gestores.

**Riscos e desafios futuros**

> "Atualmente novas dificuldades surgem quanto à preservação dos bens culturais no Brasil, oriundas das complexas ameaças ao meio ambiente e desafiando a SPHAN / Pró-memória, ao exigir-lhe visão muito mais abrangente que a tradicionalmente adotada para a tutela do patrimônio ... tendo de proceder a novas pesquisas ou consultar a outros especialistas da área multidisciplinar que envolve o problema ecológico, já que a degradação do meio ambiente, da mesma forma que ameaça a vida ou a qualidade de vida, também dificulta ou coloca em perigo a conservação ou preservação dos bens culturais... Nossa forma de atuação tornou-se defasada e insuficiente" (DE MOURA DELPHIM, 1998)

A parte II deste artigo aborda a questão do risco em relação ao patrimônio natural e cultural das cidades e os desafios futuros que estes impõem. Risco é uma probabilidade de perda derivada de três fatores, o perigo (inundação, deslizamento, pandemias, elevação do nível do mar, aumento de temperaturas, ventos fortes...), o grau de exposição (das pessoas e dos bens) e o grau de vulnerabilidade (adaptabilidade aos perigos). Além dos já conhecidos riscos a que as cidades brasileiras e seu patrimônio estão sujeitos, o momento atual evidencia riscos à saúde coletiva, de uma escala e impacto sem precedentes.

Dentre eles, os principais processos que impactam nas cidades (conjuntos e lugares) de interesse patrimonial, destacam-se a urbanização descontrolada, o protagonismo do automóvel no espaço público, as mudanças climáticas (e seus impactos diretos e indiretos), as atividades socioeconômicas inadaptadas ao lugar e o turismo (que produz gentrificação e globalização dos valores), ou seja, uma gestão que dificulta as iniciativas de desenvolvimento e sustentabilidade desses lugares.

Grandes desafios ainda dominam os debates sobre cidades, patrimônio e urbanismo no Brasil, motivando novos olhares e perspectivas que envolvem recuperação de narrativas esquecidas, a compreensão de processos sistêmicos da formação territorial do Brasil, o reconhecimento de influências culturais diversas, para além do colonizador luso, entre outros. A seguir segue-se um panorama dos importantes tópicos deste vasto manancial a ser aprofundado.

As cidades indígenas pré-coloniais, por séculos, eram invisíveis na narrativa histórica tradicional e o olhar da população nativa original, desconsiderado. Recentemente esta temática tem sido objeto de importantes investigações, como os trabalhos arqueológicos efetivados na Amazônia (Menezes Costa, 2017), em Minas Gerais (IPHAN, 2020), ou no nordeste do Brasil. Estes trabalhos apontam para uma "lógica ecológica" da cidade pré-colonial, que se constitui em uma rede urbana (interligada), cuja verdadeira extensão ainda é desconhecida (atualmente as estimativas chegam a cinco milhões de indígenas no Brasil, quando da chegada dos colonizadores).

Iniciativas vinculadas à instalação da Igreja Católica e da catequese, condição definida quando do acordo do Tratado de Tordesilhas (1494) tem importante papel na estruturação urbana do território e na construção da morfologia urbana, como as diversas fundações jesuíticas, em suas missões interiores, litorâneas ou de fronteira, bem como de outras ordens religiosas.

Episódios importantes do período colonial, necessitam ser revisitados e sistematizados, como a rede das cidades amazônicas coloniais, iniciada com a fundação de Belém em 1616, com papel decisivo para a formação das fronteiras nacionais.

O expressivo intercâmbio cultural com os europeus não portugueses, como a influência castelhana, ocorrida durante o importante período da União Ibérica (1580-1640) (Hoyuela Jayo, 2017), ou holandesa (1630-1654), ou os projetos da França Antártica (para o Rio e, posteriormente, Natal e São Luís), necessitam ser reconhecidos.

A cultura afro-brasileira, suas influências, valores e atributos, sistematicamente ignorada ao longo dos séculos de migrações forçadas, são uma importante contribuição ainda presente nos territórios urbanos, nos quilombos e que foi mantida devido à resiliência de suas fortes tradições, como analisa Raquel Rolnik no seu texto sobre a negritude, abordando especificamente as cidades de São Paulo e Rio de Janeiro. (Rolnik, 1989).

Quanto aos riscos conhecidos a que as cidades brasileiras estão sujeitas, o momento atual evidencia os riscos à saúde coletiva, cuja extensão, gravidade e manejo estão sendo assimilados e enfrentados gradativamente. Cada risco, em cada lugar, possui as suas peculiaridades, mas compartilham aspectos comuns (Rosmaninho Alves, 2017) que devem ser integrados, através da Defesa Civil e das políticas urbanas, ambientais e setoriais, mediante processos de colaboração e pactuação do conhecimento, do planejamento e das decisões, como já propõe a UNESCO desde 2014 (UNESCO, 2014).

Crises, como a atual pandemia COVID-19, são associadas por muitos autores com as mudanças climáticas (FIOCRUZ, 2019). Sem dúvida, terão novos desdobramentos, com impactos na distribuição e intensidade dos casos de doenças cardiorrespiratórias, ou outras, como malária, leptospirose, esquistossomose, dengue ou febre amarela que afetam a saúde coletiva e tem um impacto direto da qualidade de vida. São essas as crises mais profundas, porque seus efeitos na saúde e na vida das pessoas, acabam impactando também na economia, na sociedade, na cultura e no meio ambiente e, por extensão, nas possibilidades de intervenção e proteção do patrimônio cultural.

Já em 2009, a Fiocruz alertava sobre o impacto das mudanças climáticas na saúde coletiva, identificando, como principais grupos de doenças que podem ser afetados por essas mudanças, as doenças de veiculação hídrica, as transmitidas por vetores e as doenças respiratórias. O estudo alertava que os riscos associados às mudanças climáticas globais não podem ser avaliados em separado do contexto da globalização, das mudanças ambientais, econômicas e sociais, ou da precarização dos sistemas de governo e da crise da democracia (Barcellos & AAVV, 2009).

Vários autores têm chamado a atenção que os eventos extremos (ondas de calor, inundações, deslizamentos, secas, ciclones ou queimadas), mudanças no funcionamento dos ecossistemas (perda de biodiversidade, invasões, alterações dos ciclos e processos), aumento do nível do mar (impacto sobre os ecossistemas marítimos e litorâneos) e degradação ambiental (contaminação das águas, dos solos ou do ar, perda de capacidade agrícola ou de pesca) serão os protagonistas das próximas décadas (Mc Michael, Woodruff, &

Hales, 2006; Ab'Sáber, 1990).

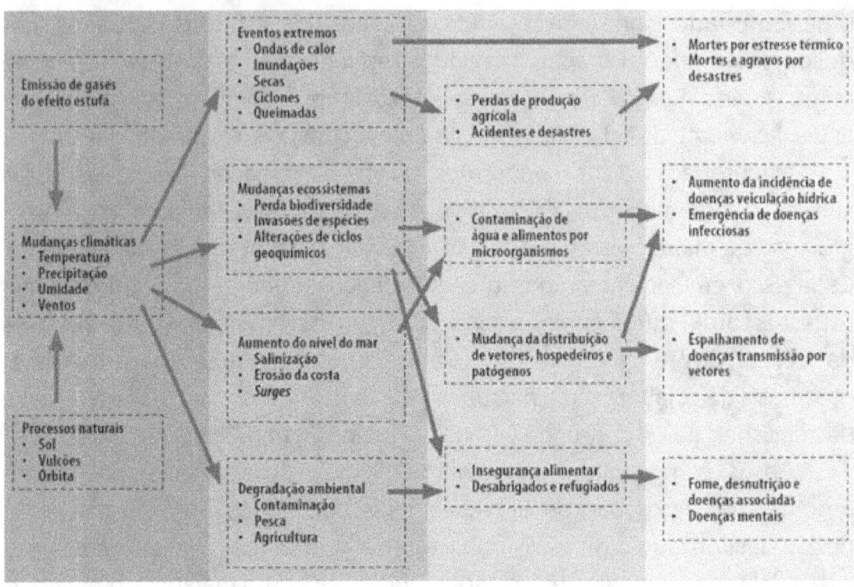

*Figura 3* - Possíveis caminhos dos efeitos das mudanças climáticas sobre a saúde
Fonte: MC MICHAEL; WOODRUFF; HALES, 2006.

A escala e o impacto das mudanças climáticas vai muito além dos riscos ao patrimônio cultural, por isso a escala global, da UNESCO (UNESCO, 2014), a escala nacional do INPE (INPE SMAC Unicamp/NEPO, 2011) e os planos integrados regionais e locais, devem ser considerados do máximo interesse para a preservação (conservação e requalificação) dos bens protegidos. A UNESCO, considerando as mudanças climáticas, ressalta a necessária integração dos riscos das mudanças climáticas no planejamento e na gestão dos sítios declarados Patrimônio Mundial (UNESCO, 2009; UNESCO, 2014).

O aumento de eventos climáticos catastróficos, em intensidade e probabilidade de ocorrência, como as tempestades tropicais, secas ou ondas de calor, ou a elevação do nível do mar e a erosão e intrusão marinhas, aceleram a ocorrência de outros eventos como enchentes, deslizamentos, endemias, pandemias e mortes por colapso de infraestruturas ou perdas de bens. Todos eles estão associados com as mudanças do clima e com a liberação de gases do efeito estufa na atmosfera, como o gás carbônico, ameaçando a segurança alimentar, hídrica e energética, assim como a saúde coletiva, a biodiversidade e o patrimônio natural e cultural.

O grande erro, não obstante, tem sido continuar construindo em áreas de alta suscetibilidade e risco, como são os brejos, pântanos e mangues, as áreas inundáveis, as áreas litorâneas e as encostas, ou suprimindo áreas arborizadas e ecossistemas frágeis que contribuem para minimizar os riscos e adaptar a cidade às mudanças do clima (Schlee, Tamminga, & Tangari, 2012; Schlee M. B., 2017). Assim sendo, não podemos ordenar, nem proteger o patrimônio cultural sem pensar no meio ambiente e nos riscos climáticos (Hoyuela Jayo, 2014 c). Mesmo as ilhas, os mares e oceanos devem fazer parte dessa equação, uma vez que o meio ambiente constrói a paisagem (De Moura Delphim, 1988).

Entre os riscos econômicos (pressão imobiliária, perda de recursos...), sociais (falta de conscientização da importância do patrimônio herdado para o futuro) e ambientais, destacam-se os riscos potencializados pelas mudanças climáticas, que nos impelem a repensar nossa forma de intervir e de proteger o patrimônio através da paisagem, integrando os componentes do risco, os efeitos e impactos diretos e colaterais, e pensar soluções e alternativas viáveis. Essa visão integrada das dimensões culturais e naturais do patrimônio tem sido colocada também pelo Papa Francisco, na sua chamada "Encíclica da Terra", ou *"Laudato Sí"*:

> "A par do patrimônio natural, encontra-se igualmente ameaçado um patrimônio histórico, artístico e cultural. Faz parte da identidade comum de um lugar, servindo de base para construir uma cidade habitável. Não se trata de destruir e criar cidades hipoteticamente mais ecológicas, onde nem sempre resulta desejável viver. É preciso integrar a história, a cultura e a arquitetura de um lugar,, salvaguardando a sua identidade original. Por isso, a ecologia envolve também o cuidado das riquezas culturais da humanidade, no seu sentido mais amplo." (FRANCISCUS, 2015, P. 143)

A distribuição, morfologia e capacidade de adaptação desses elementos é, justamente, o que vai mitigar a sua vulnerabilidade e o grau de sua exposição ao risco. Como exemplo podem ser citadas as construções sobre palafitas em áreas inundáveis, elevadas acima do nível máximo de inundação; edificações construídas em patamares, sobre estruturas sólidas, longe das linhas de drenagem natural; edificações eco eficientes e arborização urbana com espécies adequadas ao clima local para o combate às ondas de calor. Perigos como a elevação do nível do mar, a erosão e intrusão marinhas podem ser combatidos através do planejamento, com exclusão de exposição em áreas de perigo e soluções baseadas na natureza e nas estruturas ecossistêmicas locais (chamados de morfotipos ou micro-habitat). Outro aspecto importante deve ser aquele relacionado à integração com os valores imateriais, simbólicos, espirituais ou simplesmente das culturas locais tradicionais, expressas em tradições ou na arte vernacular, por exemplo, e como se expressam na cidade, no lugar e na paisagem.

Hoje, as cidades brasileiras enfrentam graves crises ambientais, sociais e econômicas e o patrimônio encontra-se submetido a riscos e ameaças. Algumas dessas crises são estruturais, como a crise econômica derivada da queda dos mercados de 2008, os impactos derivados das mudanças climáticas (incluídos os na saúde), a globalização e a perda de identidade num contexto mundial, a perda da diversidade, cultural e natural, ou as falésias sociais e econômicas que separam cada vez mais as diferentes classes sociais, e os diferentes territórios.

Até agora as políticas públicas colocaram a autenticidade, a conservação e a restauração, como principais focos das políticas de preservação dos tecidos urbanos de interesse histórico. Esta estratégia de gestão tem provocado, em alguns casos, perdas na vitalidade da dinâmica social e econômica e na integridade do tecido urbano, produzindo efeitos negativos, devido à incapacidade de resolver as novas necessidades da população. Portanto, cada vez mais tem despontado a necessidade de contemplar, não só a manutenção da materialidade deste substrato, mas também, o atendimento às questões sociais e econômicas, de modo a garantir a vitalidade das *urbes* históricas e a sua recuperação de forma harmônica e sustentável, integradas como paisagens nos seus respectivos territórios.

As cidades devem ser pensadas como organismos vivos, dinâmicos, em permanente mudança, que exigem novos instrumentos de gestão. As diferenças entre as escalas urbanas, bem como entre o local e o global, devem ser resolvidas mediante mecanismos interoperáveis e ferramentas verdadeiramente colaborativas. O aprofundamento provocado pela releitura dos valores culturais associados, agregando novos valores e novos olhares (percepções), com a inclusão dos elementos naturais e das dimensões imateriais, bem como dos impactos urbanos exigem novas ferramentas e novas formas de colaboração.

Na atualidade, o grande desafio urbano das cidades de interesse patrimonial passa pela conservação da sua identidade e de seu carácter, baseado no reconhecimento de seus valores essenciais expressos nas narrativas ecológicas, históricas ou culturais que ajudam a compreender as complexas relações entre esses elementos e indica o desenvolvimento sustentável como meta de quaisquer políticas de preservação do patrimônio cultural.

A vitalidade urbana *(civitas)* vem sendo substituída por uma excessiva tentativa de controle da forma *(urbis)*, que acarreta perda do "controle de fato" e a inoperância da gestão *(polis)*. Os três elementos fundamentais da cidade, a efervescência, a morfologia urbana (e por extensão da paisagem) e a gestão e administração do interesse público, têm sido negligenciados em prol de estruturas vazias, orientadas pela comercialização e pela banalização de seus valores originários (Castriota, 2012).

A primazia à proteção dos valores e das diferentes dimensões do patrimônio é o caminho para enfrentar o fenômeno cada vez mais frequente da perda de autenticidade, que faz de tantas cidades, "lugares de musealização" ou do "falso histórico" em detrimento de se perpetuarem como "lugares de memória".

Com relação ao controle de novas intervenções nas áreas urbanas, além do impacto visual devido à altura, textura ou características do material, outros instrumentos necessitam ser incorporados, como o impacto do tráfego e dos elementos da infraestrutura urbana. Da mesma forma, temas como o uso popular do espaço, a mobilidade ou o impacto do turismo, deverão ser considerados.

Os desafios ambientais, sociais, políticos, econômicos e de gestão das cidades brasileiras com acervos patrimoniais protegidos, pelas diferentes esferas, exigem uma revisão de valores, um planejamento integrado e sustentável, um monitoramento padronizado e permanente, que permita a comparação entre os padrões de conservação dos sítios e elementos protegidos e a continuidade do processo e uma gestão mais participativa, democrática e colaborativa.

Os planos de gestão dos sítios chancelados como Patrimônio Mundial necessitam ser implementados, contemplando ações para a conservação dos valores reconhecidos e revalorizados dos bens, e também, as ações de requalificação dessas áreas protegidas e de seus entornos, acompanhando os Objetivos de Desenvolvimento Sustentável (ODS) da Organização da Nações Unidas (ONU) e as políticas nacionais, em especial as de Patrimônio Cultural e de Meio Ambiente.

A Agenda 2030, definida pela ONU, em 2015, estabeleceu os ODS, acima referidos, objetivando a integração das políticas públicas e de sua pactuação em escala planetária. Esses ODS surgiram da Declaração do Milênio das Nações Unidas, que se constituiu em um desdobramento do Encontro do Rio, de 1992, e que foi adotada pelos 191 Estados Membros em 8/09/2000. No âmbito dos trabalhos do IPHAN junto à UNESCO, no projeto PRODOC 4018 (Documento de Projeto)[3], este pacto foi ratificado, entre outros instrumentos legais, pela Portaria IPHAN N° 375/2018.

Esse marco estabelecido pelos ODS são um apelo global à ação para acabar com a pobreza, proteger o meio ambiente e o clima e garantir que as pessoas, em todos os lugares, possam desfrutar de paz e de prosperidade. São 17 objetivos ambiciosos e interconectados que abordam os principais desafios de desenvolvimento enfrentados por pessoas, no Brasil e no mundo, que inclui a busca por cidades e comunidades sustentáveis, tornando-as seguras e resilientes (ODS 11); uma ação para tomar medidas urgentes que nos permitam combater as mudanças climáticas e seus impactos (ODS 13); ou proteger, recuperar e promover o uso sustentável dos ecossistemas, gerir de forma sustentável as florestas, combater a desertificação, deter e reverter a degradação da Terra e deter a perda da biodiversidade (ODS 15).

Tendo em vista as diretrizes que estão sendo construídas em âmbito mundial, há aspectos que necessitam de especial atenção, conforme sistematizado abaixo:

• **A ressignificação**, enquanto cambio paradigmático, deve ser inserida no processo de gestão, incorporando as novas conotações, ecológicas ou imateriais, com vistas à compreensão do patrimônio cultural (urbano) para além de um registro do passado, mas um recurso do presente e um instrumento, essencial, para projetar o futuro.

• **A perspectiva paisagística**, alicerçada na base territorial e orientada à gestão integrada, deverá ser enfatizada, em concomitância com a política da UNESCO, dos Estados Nacionais e, em especial, do Brasil. A sua conservação e requalificação, através de valores e atributos, deverá considerar, também, sua inserção na paisagem e o desenvolvimento econômico, com especial atenção à ação turística. Este processo deverá acontecer a partir de bases integradas e integradoras, no âmbito de um projeto de desenvolvimento urbano sustentável, nas suas diversas escalas (Schlee M. B., 2017).

• **A dimensão das novas dinâmicas socioeconômicas ou a própria capacidade de expressão da arte contemporânea** (incluídas as novas formas de arte mural, arquiteturas e urbanismo) necessitam ser consideradas. As políticas exclusivamente orientadas à conservação dos bens, por mais que sejam importantes e necessárias, necessitam comunicar e conscientizar a população sobre os objetivos da preservação, caso contrário, estas políticas tradicionais contribuirão, a longo prazo, para o abandono e a deterioração não só dos valores, mas dos próprios bens que se deseja preservar, conservar, cuidar e valorizar.

• **Identificação de indicadores** que contribuam para uma gestão eficiente e respostas rápidas nas cidades, tornando o planejamento flexível e eficiente (Castriota, 2007). Para isso é preciso elaborar uma plataforma que permita garantir esse monitoramento, garantir a elaboração colaborativa dos planos e a participação da sociedade civil, da academia e dos diferentes órgãos de governo, nos processos de análise, diagnóstico, planejamento e gestão e monitoramento.

• **A pactuação das políticas públicas**, advogada pelo Compromisso de Goiás (Brasil, 2018), se faz necessária para tornar mais efetiva a integração das políticas públicas, tais como cultura, meio ambiente, urbanismo, transporte, turismo, garantindo orçamentos públicos e participativos.

• **A integração das políticas urbanas**, do patrimônio natural e cultural, e do turismo, com plataformas de gestão que integrem os diversos operadores, vários tipos de redes colaborativas e diferentes escalas do governo. A certificação dos sítios declarados Patrimônio Mundial no Brasil pode contribuir para difundir esse novo paradigma de cidades sustentáveis e integradas.

Esses desafios, que já eram grandes, sobretudo para os países em desenvolvimento, se tornaram sem precedentes a partir de 2018 para o Brasil, e de forma geral, para diversos países, com a chegada ao poder dos governos neoliberais. No Brasil, o desmonte institucional das estruturas de gestão do patrimônio natural e cultural, que tem sido promovido pelo governo central se configura neste momento como um dos maiores e mais urgentes desafios a enfrentar.

## A utopia de pensar as cidades brasileiras como paisagem

*"Reconhecer as cidades como paisagens urbanas que exigem cuidados e ações especiais para que possam cumprir sua função social, acolhendo a população com dignidade, qualidade de vida e respeitando os limites impostos pela natureza." (IFLA Americas, 2020).*

A terceira parte deste artigo tem como foco discutir e propor recomendações para repensar as cidades brasileiras e sua paisagem histórica urbana, reforçando a legibilidade e novas interpretações de seus valores paisagísticos e novas formas de reinserção do patrimônio natural e cultural na paisagem urbana. Algumas possibilidades de soluções são sugeridas através de exemplos e recomendações, incluindo a necessidade de ressignificação, difusão e processos participativos e responsabilidades compartilhadas. Devemos integrar o meio ambiente e o patrimônio natural urbano, o patrimônio imaterial e o material, os valores documentais e simbólicos, não materiais, mas presentes na noção de paisagem como um conceito abrangente e integrador.

*Figura 4* - Os lugares declarados Patrimônio Mundial devem desenvolver planos de gestão de acordo com as diretrizes de UNESCO e poderiam igualmente se adaptar às recomendações do Historical Urban Landscape (Paisagem Histórica Urbana), como forma e como mecanismo de reconhecimento de seus claros valores paisagísticos excepcionais

Devemos construir ou reconstruir narrativas, naturais e culturais, que os integrem e requalifiquem ao mesmo tempo, pensando muito além das responsabilidades administrativas, ou da organização das estruturas responsáveis. Neste sentido, a Recomendação sobre a Paisagem Histórica Urbana (HUL), editada pela UNESCO, em 2011, apresenta um grande potencial para sua aplicação nas cidades brasileiras, como um modelo para o ordenamento das cidades e dos seus patrimônios componentes, na procura de uma gestão sustentável e integrada, a partir da paisagem, e no território.

O conceito de paisagem associado a áreas urbanas sofreu importantes mudanças, especialmente a partir da saída de Dresden da lista de Patrimônio Mundial. A UNESCO, segundo Bello Figueredo (Figueiredo, 2004), havia incorporado mais de 20 sítios na categoria de paisagem cultural, porém 14 deles solicitaram retornar às categorias anteriores[4]. A Recomendação HUL institucionaliza a visão dinâmica, integradora e perceptiva da paisagem, diluindo a ideia de entorno, adotadas no século XX, que foi fortemente enfatizada na Declaração de Xi'an (ICOMOS, 2005).

Essa visão mais abrangente, complexa, integrada, interdisciplinar e holística, exige uma síntese, e propostas de métodos de análise e gestão que incorporem critérios urbanísticos, territoriais, ambientais e perceptivos.

Quanto à gestão da Paisagem Histórica Urbana, a partir da Declaração da Pampulha como Patrimônio Mundial, a Prefeitura de Belo Horizonte criou um grupo (HUC CEP-CPA) para integrar este conceito na gestão municipal, como referência entre as políticas urbanísticas, ambientais e patrimoniais, e em políticas setoriais, como as de transporte, turismo, entre outras.

Como exemplo de uma concepção mais abrangente, a Declaração de "Paraty, e Ilha Grande: cultura e biodiversidade" incorpora e integra uma diversidade de elementos do patrimônio cultural e natural, mas também do patrimônio imaterial, como as culturas tradicionais construídas na rica e complexa relação do homem com a natureza. Constituem elementos conformadores desta nomeação o patrimônio urbano do período histórico colonial da cidade-porto, junto aos empedrados da serra (Cury, 2008). Ambos contribuem para recuperar o olhar sobre a rota histórica do "Caminho do Ouro", testemunho da economia colonial oitocentista, que dialoga com a paisagem natural constituída por parcelas de floresta atlântica, da Serra da Bocaina, da faixa costeira Atlântica e do complexo aquático insular, assim como com as culturas caiçaras, tupis-guaranis e quilombolas. Esta declaração se constitui no único sítio misto Patrimônio Mundial no Brasil, categoria que deve ser incentivada em âmbito global, por integrar a dimensão natural à cultural e a dimensão imaterial e simbólica. Sua alta vulnerabilidade aos riscos derivados das mudanças climáticas e aos desastres naturais já foi identificada desde a própria declaração, o que faz de Paraty um claro objetivo de preocupação pelo combate a esses riscos.

O Centro do Patrimônio Mundial da UNESCO, publicou documentos que avançam no debate relacionado à gestão das cidades e à perspectiva da paisagem histórica urbana (Van Oers, 2010). Dentre estes, o ICOMOS, desenvolveu uma metodologia específica para a avaliação e integração do conceito da paisagem na normativa municipal (ICOMOS, 2011 b), já avaliada pelo IPHAN (IPHAN, 2011), e contemplada na *Carta del Paisaje de las Américas elaborada por IFLA/Américas - International Federation of Landscape Architects of the Americas* (IFLA Americas, 2020). Uma outra questão que está sendo objeto de debates e necessita implementação é o monitoramento de impactos, de toda a ordem, que os bens declarados Patrimônio Mundial têm sofrido sobre seu substrato construtivo, paisagístico, social e econômico, o que tem motivado a necessidade de adaptações do *"Heritage Impact Assessment"* (HIA) – Orientações sobre impactos sobre o patrimônio – e o desenvolvimento de ferramentas adequadas às realidades locais.

Incorporar a paisagem como instrumento de análise, ordenamento e gestão da cidade exige um salto transdisciplinar, territorial e participativo. Pensar a paisagem requer, em primeiro lugar, abrir os olhos não só para o construído, mas também, e sobretudo, para o espaço livre, o "vazio", expresso nos espaços públicos e nos elementos naturais que definem o meio ambiente urbano e a "civitas", como "pulsação" da cidade na vida urbana (Schlee, Tamminga, & Tangari, 2012).

A HUL estabelece valores que vão além dos elementos culturais, incorporando os da geologia, hidrologia e o relevo, entre outros elementos naturais, que definem o lugar. Este conceito contempla o território como base da cultura e gerador de paisagens. Esses elementos, junto com os culturais (ou antrópicos) e os processos que os interligam, devem ser protegidos e geridos não só no âmbito dos limites indicados pelos valores culturais a serem preservados. Também devem ser considerados seus elementos componentes, os processos ativos e os ecossistemas, que estão na base de sua conservação. O termo "lugar" integra a geologia, a geomorfologia e a hidrologia, entre outras áreas do conhecimento e deve contemplar, também, a escala da bacia hidrográfica (em sua lógica litológica e pedológica). Complementarmente, o termo incorpora as conexões culturais estabelecidas pelos sistemas territoriais, ou seja, pelos conjuntos de elementos que ligam a cidade ao território.

Os sistemas territoriais podem ser percebidos e agrupados por diversas vertentes e de diferentes perspectivas. Os diversos sistemas territoriais patrimoniais, como os conjuntos de fazendas, engenhos, caminhos, infraestruturas, rios, alinhamentos geomorfológicos, entre outros, unem a seu valor cultural, outros valores, como os funcionais, ecológicos ou ambientais. Há também sistemas territoriais complementares que servem como base para processos de requalificação (centralidades, equipamentos, transporte, recursos turísticos...) de compreensão e de integração do patrimônio cultural na paisagem.

As cidades são pedaços de paisagens multidimensionais e multiculturais, carregadas de riscos e desafios, sendo nosso dever resolver esse complexo debate com respostas transdisciplinares e transculturais (De Moura

Delphim, 2014), em escala territorial. O patrimônio urbano, compreendido como paisagem, é um conceito amplo e capaz de enfrentar os desafios da urbanização, pois integra desde o desenvolvimento à permanência da identidade dos valores históricos, locais, ambientais à memória coletiva.

A paisagem é composta pela interação entre o espaço natural e a sociedade. Adota-se, no que se refere ao conceito de paisagem urbana, uma perspectiva responsável por integrar as abordagens ecológicas às sociais e às culturais, sugerindo-se analisar os bens protegidos a partir das interações entre o lugar e a cultura, no escopo de um espaço adaptado aos diversos valores que o sustentam, e propor políticas de gestão e ordenamento que englobam diferentes escalas e agentes que representem essas interações (culturais, tecnológicas, artísticas, históricas, científicas, ecológicas, funcionais e até espirituais).

O patrimônio urbano integra, assim, os conceitos de lugar, de espírito do lugar (*genius loci*), de paisagem, de valores materiais e imateriais, de processos culturais e naturais, de percepção e de participação. Desta forma, o planejamento das cidades e dos territórios nos planos diretores e metropolitanos, atendendo ao paradigma da sustentabilidade, tem sido crescentemente incorporado o conceito da paisagem.

A transdisciplinaridade, que aproxima e estimula uma nova compreensão da realidade, necessita ser enfatizada, garantindo a cooperação entre as inúmeras disciplinas que permitam compreender esses complexos conjuntos compreendidos por cidades inseridas na paisagem (holisticamente) e no território (sistemicamente). Sob este olhar, as disciplinas se interpenetram, ultrapassando a realidade do objeto de estudo, que se insere na lógica paisagística e sistêmica do território. Neste contexto, de muito maior complexidade, ocorre a interação entre as diferentes disciplinas e a partir de distintos olhares, sem prejuízo para cada conjunto ou individualidade.

A Convenção Europeia de Paisagem (Consejo de Europa, 2000) define "gestão paisagística" como "ações voltadas ao desenvolvimento sustentável para garantir a manutenção regular de uma paisagem a fim de orientar e harmonizar transformações induzidas por processos sociais, econômicos e ambientais", conceito que pode ser perfeitamente aplicável à gestão do patrimônio urbano.

Portanto, a aplicação do conceito de paisagem, em qualquer tipo de prática urbana deve iniciar considerando uma "rerratificação" dos valores dos bens e seus entornos (contextos, ambiência, "Buffer Zones"), uma integração dos elementos naturais caraterísticos e dos riscos associados, um maior envolvimento social, político, e econômico, mediante processos participativos e democráticos, com vistas a criar uma economia "verde e circular" (European Comission, EU, 2019), que ative preferencialmente os serviços ecossistêmicos e os recursos locais, contribuindo assim para a preservação dos bens e sua ambiência.

A cidade deve ser entendida como um "todo", com seu meio ambiente e ecossistemas, sua história e memórias, seus territórios associados *("pegada ecológica")* e seus sistemas territoriais, suas manifestações culturais e tradições, seus povos e seus naturais, suas apropriações simbólicas, espirituais e suas essências e percepções. Como um todo deve ser analisada, ordenada, gerida e monitorada, esquecendo o protagonismo econômico do mercado imobiliário e colocando-o em diálogo com os valores patrimoniais e ambientais, os serviços ecossistêmicos, que nos oferecem caminhos para uma melhor qualidade de vida, e com processos de gestão participativos e integradores, desde as minorias, até as culturas dominantes. A cidade exige gerir a complexidade.

Novos sistemas de planejamento, integrados e sustentáveis, devem ser aprimorados e colocados em debate, pactuados, e agregados em todas as dimensões das políticas públicas. Nesses novos modelos é fundamental repensar a centralidade dos conjuntos de interesse histórico ou cultural. Repensar os valores e atributos, e as narrativas, com seus elementos componentes e com os sistemas territoriais que os definem. Propor ações de requalificação que integrem a contemporaneidade e as demandas da sociedade (serviços urbanos e ecossistêmicos, econômicos, sociais e ambientais). Evitar a terceirização e a gentrificação, e promover a diversidade social e cultural. Conter a especulação imobiliária que explora os valores urbanísticos dos centros urbanos, e colocá-los em benefício de uma estratégia de desenvolvimento sustentável. Fomentar a *civitas* (efervescência urbana), e a *polis* (a gestão participativa e compartilhada), como mecanismos de preservação da *urbis* (forma urbana).

Por tanto, podemos concluir, que os sítios, lugares, cidades e paisagens só podem ser percebidos de forma ampla e abrangente, a partir de uma visão transdisciplinar que reúna, entre outros, informações sobre geografia, geologia, geomorfologia, hidrologia, edafologia, flora, fauna, ecologia, fatores sociais, econômicos, perceptivos, simbólicos e, sobretudo, da memória e da imagem que queremos construir de nossos patrimônios comuns: as cidades, as paisagens e os territórios culturais.

Wárias abordagens no campo da preservação do patrimônio já incluíam uma visão interdisciplinar e integradora, um equilíbrio entre a ação do homem e a natureza, entre o material e imaterial, com abordagens históricas, sociológicas, antropológicas, artísticas, ecológicas que, no entanto, ainda não foram sistematizados. Por isso o lugar, o meio físico, o entorno socioeconômico e cultural, devem se juntar com as diferentes visões patrimoniais, incluídas as edificações, os objetos, as tradições, as técnicas, os símbolos, as imagens e o espaço. O conceito de paisagem histórica urbana ajuda a vincular os elementos do patrimônio material e imaterial e a avaliar e compreender a cidade e o espaço urbano como um processo, e não como um objeto (Van Oers, 2010).

É recomendável a criação de redes nacionais e internacionais colaborativas, entre diferentes áreas de conhecimento, níveis de governo, e atores da sociedade civil, e até com o apoio e participação dos visitantes e usuários. As redes devem ser ativadas para o intercâmbio de experiências, o aprofundamento no conhecimento de seus valores, atributos e caraterísticas, dos planos, técnicas e métodos de preservação, e para um uso mais eficiente e sustentável de seus recursos, potencialidades e instrumentos de gestão e monitoramento.

A integração entre natureza e cultura, o reconhecimento do meio ambiente e da paisagem, como fruto da interação do conjunto de elementos naturais e culturais e como base para a promoção de um desenvolvimento sustentável que proteja os recursos e as necessidades das futuras gerações devem ser objetivos a serem alcançados no planejamento urbano e no planejamento da paisagem, assim como defender o direito à cidade como garantia do usufruto da estrutura, dos serviços, equipamentos e espaços públicos e comunitários de forma equânime e inclusiva. Mas essas considerações devem ser feitas no contexto ambiental e social de cada povoação e seus territórios associados. O respeito e a defesa das diversidades locais e regionais, geográficas, socioeconômicas e culturais, deverão servir para reforçar as identidades, a autenticidade e a excepcionalidade, dos valores culturais reconhecidos localmente.

No Brasil, o desmonte institucional das estruturas de gestão do patrimônio natural e cultural e a perda das conexões entre as diversas escalas do governo e das diferentes disciplinas ou políticas, se configura neste momento como um dos maiores e mais urgentes desafios a enfrentar. Deveríamos estar buscando, ao contrário, a transversalidade e a articulação entre as políticas setoriais como estratégia para o desenvolvimento sustentável das cidades, tal como enfatizado na Carta de Goiás de 2018. A Cidade é paisagem, e deve ser pensada de forma integrada desde e para o território (ou territórios). Seu ordenamento deve ser construído com a sociedade que a habita, respeitando e requalificando os valores que a definem, como entidade complexa e abrigo de todos nós.

## NOTAS

¹ O IBGE utiliza um banco de dados históricos com informações político administrativas (região, estado, meso e microrregião), relacionadas aos setores censitários (IBGE, 2020) Disponível em: https://www.ibge.gov.br/geociencias/organizacao-do-territorio/estrutura-territorial/27385-localidades.html?=&t=o-que-e, (acessado outubro 2020)

² Dados do IPHAN de 2019 (acessados em setembro de 2020) com classificação por forma de proteção, estágio da instrução, e data de inscrição no livro de do tombo correspondente. Disponível em: http://portal.iphan.gov.br/uploads/ckfinder/arquivos/Lista%20de%20bens%20tombados%20e%20processos%20de%20tombamento%2025-11-2019.xlsx

³ Documento de Projeto (PRODOC) é um instrumento utilizado para a fase de implementação plena dos Projetos de colaboração de UNESCO no Brasil. Estabelece a concepção, as finalidades, os objetivos, os resultados e o plano básico das ações, previstos pelo instrumento legal que regula a parceria, nesse caso com o IPHAN, PRODOC4018, para normatização e gestão do Patrimônio Cultural Brasileiro.

⁴ São eles: 8 bens no México (os centros históricos de Zacatecas, Morelia, Puebla, Guanajuato e suas minas, da Cidade do México e Xochimilco, Oaxaca e zona arqueológica do Monte Albán, a Zona de monumentos históricos de Querétaro e Tlacotalpán); 2 em Mali (Cidades antigas de Djenné e Timbuktu); a Cidade de Valetta em Malta; Antigos ksurs de Uadane, Chingueti, Tichit y Ualata na Mauritania e a Cidade Mineira de Røros na Noruega.

## REFERENCIAS

AB'SÁBER, A. N. Painel das interferências antrópicas na fachada atlântica do Brasil. In: ACIESP, II Simpósio de ecossistemas da costa sul e sudeste brasileira: estrutura, função e manejo. **Anais...** Lindóia - SP. São Paulo: ACIESP, 1990. (p. 1-26).

BANDARIN, F. A new international instrument: the proposed UNESCO recommendation for the conservation of historic urban landscapes.

Informationen zur Raumentwicklung Heft, n. 3/4 2011,p, 179-182.

BARCELLOS, C.; AVV, F. Mudanças climáticas e ambientais e as doenças infecciosas: cenários e invertezas para o Brasil. **Epidemial Ser Saúde**, n. 18, v. 3, *julio* 2009, 285-304.

BRASIL. Compromisso de Goiás. In: Seminário Internacional sobre Gestão de Sítios Culturais do Patrimônio Mundial no Brasil. **Anais...** Goiás: Governo do Brasil, 2018.

CASTRIOTA, L. B. Modelos Cambiantes: Planejamento, Gestão e Organização do Espaço Urbano. In: ANPGPPUR, XII Encontro da Associação Nacional de Pós-Graduação e Pesquisa em Planejamento Urbano e Regional. **Anais...** Belém de Pará: Universidade Federal de Pará, 2007.

CASTRIOTA, L. B. Walter Benjamin e as Cidades: Choque, Vivência e Memória. In: **A Cor Das Letras**, *Revista do Departamento de Letras e Artes*, n. 13, Santana, Universidade Estadual de Feira de Santana, 2012.

CONSEJO DE EUROPA. Octubre de 2000. **Convenio Europeo del Paisaje**. Acesso em: 23 de Febrero de 2009. Disponível em: http://www.mecd.gob.es/cultura-mecd/dms/mecd/cultura-mecd/areas-cultura/patrimonio/Convenio_europeo_paisaje.pdf

CURY, I. **Cartas patrimoniais**. *3 ed. rev. e aum*. Rio de Janeiro: IPHAN, 2004.

CURY, I. **O estudo morfológico de Parati, no contexto urbanístico das cidades marítimas atlânticas de origem portuguesa**. São Paulo: Tese de Doutorado da USP, 2008.

DE MOURA DELPHIM, C. F. **Diretrizes para a análise e a classificação do patrimônio natural**. Brasilia: IPHAN, 1998.

DE MOURA DELPHIM, C. F. **Viagem ás Missões**. São Miguel das Missões: IPHAN, 2014.

EUROPEAN COMISSION, EU. **Communication from the commission** to The European Parliament, The European Council, The Council, The European Economic and Social Committee and The Committee of the Regions**: The European Green Deal. Brussels: European Comission, 2019.

FIGUEIREDO, V. G. **Da Tutela dos Monumentos à Gestão Sustentável das Paisagens Culturais Complexas**: inspirações à política de preservação cultural no Brasil. São Paulo: Tese (Doutorado, Área de Concentração: Planejamento Urbano e Regional), FAUUSP, 2004.

FIOCRUZ. **Fiocruz, programa de promocao de territorios urbanos saudaveis.** Riscos e impactos na saúde. Acesso em: 12 junho 2019. Disponível em: https://portal.fiocruz.br/noticia/programa-de-promocao-de-territorios-urbanos-saudaveis

FRANCISCUS, P. **Laudato Si' (enciclica da Terra).** Roma: Vaticano, 2015.

HOYUELA JAYO, J. A. Paisagem como lugar versus Planejamento Sustentável. In: 3º Coloquio Ibero Americano "Paisagem Cultural, Patrimônio e Projeto". **Anais...** Belo Horizonte: UFMG, 2014.

HOYUELA JAYO, J. A. Evolução e innovação urbana nos brasis durante o imperio hispânico, 1580 / 1640. In: Encontro de ICOMOS 2017: O estado da arte da preservação do patrimônio no Brasil. **Anais...** Belo Horizonte: ICOMOS Brasil, 2017.

IBGE. **Site do IBGE** - Instituto Brasileiro de Geografia Estatistica. Acesso em: 02 de outubro de 2020. Disponível em: https://www.ibge.gov.br

ICOMOS. **Carta para la conservación de lugares de valor cultural, "Carta de Burra, 1979"**. Burra: ICOMOS, UNESCO, 1979.

ICOMOS. **Carta de Washington, 1987, para la conservación de ciudades históricas y áreas urbanas históricas.** Washington D.C.: Asamblea General del ICOMOS en Washington D.C, en octubre de 1987.

ICOMOS. Xi'an declaration on the conservation of the setting of heritage structures, sites and areas. In: *The 15th General Assembly of ICOMOS,*

*Xi'an, October 21*. Xi'An: ICOMOS, 2005.

ICOMOS. **Guidance on Heritage Impact Assessments for Cultural World Heritage Properties.** París: ICOMOS, 2011.

ICOMOS. **Princípios de La Valletta para a Salvaguarda e Gestão de Cidades e Conjuntos Urbanos Históricos**. Paris: ICOMOS, 2011.

IFLA Americas. **Carta del paisaje de las Americas**. México: IFLA, 2020.

INPE SMAC Unicamp/NEPO.. **Megacidades, Vulnerabilidades e Mudanças Climáticas**. Rio de Janeiro: Centro de Ciência do Sistema Terrestre do Instituto Nacional de Pesquisas Espaciais (CST/INPE) & SMAC PRJ & Núcleo de Estudos de População da Universidade de Campinas (NEPO/UNICAMP), 2011.

IPHAN. **Posicionamento do Brasil sobre o documento Recomendações referentes à Paisagem Histórica Urbana**. Brasilia: IPHAN-Instituto do Patrimônio Histórico e Artístico Nacional, DEPAM, 2011.

IPHAN. **Patrimônio Arqueológico - MG**. IPHAN- Instituto do Patrimônio Histórico e Artístico Nacional, Minas Gerais. Acesso em: 29 setembro 2020. Disponível em: http://portal.iphan.gov.br/mg/pagina/detalhes/639/

IPHAN, DEPAM. **Política do Patrimônio Cultural Material** (Portaria 375 de 19 de setembro de 2018). Brasilia: IPHAN, Ministério de Cultura, Governo Federal, 2018.

MC MICHAEL, A.; WOODRUFF, R.; HALES, S. Climate Change and human health: present and future risks. **The Lancet**, *2006; 367, 859-869.*

MENEZES COSTA, D. Arqueologia histórica amazônida: entre sínteses e perspectivas. **Revista de Arqueologia**, v. 30, n. 1, 2017, 154-174.

ROLNIK, R. **Territórios Negros nas cidades brasileiras**: etnicidade e cidade em São Paulo e Rio de Janeiro. Campinas: Dissertação (Mestrado em Urbanismo). Pontifícia Universidade Católica de Campinas, 1989.

ROSMANINHO ALVES, H. A proteção do Patrimônio Cultural sob a perspectiva da gestão de risco e desastres: os imóveis tombamdos em Belo Horizonte. In: ICOMOS - *1º Simpósio Científico ICOMOS Brasil*. **Anais...** Belo Horizonte: IEDS, 2017.

SCHLEE, M. B. The role of buffer zones in Rio de Janeiro urban landscape protection. **Journal of Cultural Heritage Management and Sustainable Development**, v. 7, n. 4, 2017, p. 381-406.

SCHLEE, M. B.; TAMMINGA, K., ; TANGARI, V. (2012). A Method for Gauging Landscape Change as a Prelude to Urban Watershed Regeneration: The case Study of the Carioca River, Rio de Janeiro. **Sustainability**, 2012, 4, 2054-2098.

UNESCO. **Cambio Climático y Patrimonio Mundial**. Estudios de Caso. París: Centro del Patrimonio Mundial de la UNESCO, 2009.

UNESCO. **Climate Change Adaptation for Natural World Heritage Sites.** A pratical guide. París: United Nations Educational, Scientific and Cultural Organization, 2014.

VAN OERS, R. Managing cities and the historic urban landscape initiative – an introduction. WHC - **World Heritage Papers**, n. 27 - *Managing Historic Cities*, 2010, p. 7-17.

# A RELAÇÃO SIMBIÓTICA ENTRE O PATRIMÔNIO CULTURAL E O TURISMO NUM MUNDO PANDÊMICO: REFLEXÕES SOBRE A RESILIÊNCIA

*Ana Barbosa Pereira Barbosa[1], Ludmila Albuquerque da Costa[2], Cleyton Luiz Silva Rosa[3], Ana Elisa de Oliveira[4] (Comitê de Turismo Cultural - ICOMOS/BRASIL)*

No final de 2019, um novo coronavírus atingiu a província chinesa de Wuhan. Pouco tempo depois, o vírus atingiu outros países, como os Estados Unidos, a França e o Equador. Dessa maneira, em janeiro de 2020, a Organização Mundial da Saúde (OMS) classificou que a contaminação pelo o que veio a ser denominado Covid-19[5] apresenta-se como de "risco elevado" (A PROPAGAÇÃO... 2020)[6]. Em alguns meses, a pandemia modificou abrangentemente as relações humanas e impactou, de forma paradigmática, os padrões de comportamento que as pessoas seguiam até então.

As dimensões econômicas, sociais, culturais e políticas passaram por mudanças rápidas e significativas. Nesse sentido, os caminhos das discussões sobre a temática do patrimônio também exigiram reconsiderações imediatas na atualidade por meio de ferramentas digitais - amplamente utilizadas na promoção de diálogos síncronos e inéditos que extrapolaram e extrapolam limites territoriais. Na Convenção para a Proteção do Patrimônio Mundial, Cultural e Natural em 1972, a Organização das Nações Unidas para a Educação, a Ciência e a Cultura (UNESCO) apontava que

> [...] o patrimônio cultural e o patrimônio natural se encontram cada vez mais ameaçados de destruição não somente devido a causas naturais de degradação, mas

também ao desenvolvimento social e econômico agravado por **fenômenos de alteração ou de destruição** ainda mais preocupantes. (UNESCO, 1972, p. 1, grifo nosso).

Essa constatação já mostrava as fragilidades eminentes dos patrimônios culturais e naturais, em relação ao modelo de desenvolvimento capitalista adotado em escala mundial. Os riscos que a humanidade assumia ao longo dos anos estavam cada vez mais sendo respondidos de forma estrutural. A exemplo, pode-se avaliar a primeira crise do petróleo, no ano de 1973, como um evento disruptivo, que atingiu drasticamente a economia e a Ordem Mundial (IPEA, 2010) — de forma semelhante à conjuntura atual que o coronavírus desencadeou[7]. Como aponta o Relatório Brundtland[8], já no capítulo de introdução, as crises entrelaçam-se: "uma crise ambiental, uma crise de desenvolvimento, uma crise econômica. São uma só." (Comissão Mundial Sobre Meio Ambiente e Desenvolvimento, 1991, p. 5). A presente contribuição científica, fruto de reflexões em um contexto de pandemia, o qual a sociedade ainda está em adaptação e sem perspectivas concretas de como o futuro sucederá, apresenta uma breve discussão sobre o contexto atual, à luz do patrimônio cultural e do turismo.

A inesperada e compulsória mudança da experiência comum devido aos protocolos de saúde, inclusive na fruição do patrimônio cultural, apresenta-se como um colapso para setor cultural. Devido ao esvaziamento da experiência física nos espaços, surgem amplos debates sobre as novas perspectivas.

Dividido em cinco partes, este estudo trata, prioritariamente, da reflexão acerca da relação entre turismo e patrimônio cultural existente num mundo anterior à pandemia, discorrendo em paralelo sobre os impactos da crise sanitária nessas duas temáticas. Lança-se, pois, a seguinte pergunta: De que forma o significado de resiliência coaduna com essa atual ordem mundial, e de que maneira ela se encaixa na relação entre a vivência dos espaços histórico-culturais e o turismo?

## Resiliência e Patrimônio Cultural

Geralmente, quando se trata da resiliência de bens culturais edificados, pensa-se, normalmente, direta e somente, na resposta a desastres que podem comprometer a integridade física do bem a curtíssimo prazo, requerendo uma solução, por vezes, imediata. Um exemplo dessa relação entre resiliência e riscos físicos é a implementação do *First Aid and Resilience for Cultural Heritage in Times of Crisis* (FAR), criado pelo Centro Internacional de Estudos para a Conservação e Restauro de Bens Culturais, a partir dos compromissos assumidos entre a UNESCO e o ICCROM para redução de riscos de desastres na Conferência Mundial de Redução de Riscos[10], ocorrida em 2015 em Sendai, no Japão. Direcionado aos primeiros-socorros aos bens sujeitos a riscos ou que sofreram perda material em desastres, o programa atua em uma abordagem sistêmica, enfatizando a gestão integrada dos bens através de uma estratégia congruente à ideia de sustentabilidade, fortalecendo os laços entre o patrimônio cultural e sua a esfera social[11].

Com o advento da pandemia iniciada em 2020 no Brasil, houve um impacto acelerado nos bens culturais, através do empecilho da sua fruição, o que reflete na economia local, afetando toda a cadeia de recursos que o patrimônio necessita para a sua gerência. Nesse contexto, o risco — relacionado ao comportamento humano, às questões climáticas e aos fenômenos naturais, basicamente —, eminente que os bens patrimoniais estão submetidos somam-se à ameaça do novo coronavírus e de novas pandemias possíveis para o futuro. Parte da resiliência aqui dita, no âmbito da COVID-19, consiste em se assegurar a continuidade da engrenagem econômica que gravita em torno dos bens culturais, quer seja por uma perspectiva meramente proveniente de fundos estatais ou mesmo construída como resultado de processos mercadológicos.

Como pensar a resiliência do bem patrimonial no contexto da COVID-19? Essa pergunta envolve multicritérios e, principalmente, as partes interessadas, compreendidas entre: a vizinhança, a comunidade local, os visitantes — *in loco* ou de forma virtual —, os administradores do sítio, o setor privado e a governança. Isto é, os diferentes atores são essenciais para a existência do bem (SALDÍAS, 2015) e, mesmo com a mudança que o novo coronavírus trouxe, salienta-se que a cultura e o patrimônio podem reinventar-se. A resposta da resiliência, dessa forma, caminha na direção da criatividade a fim de uma adaptação adequada a esse novo cenário.

## Caminhos em construção

De caráter descritivo, essa pesquisa busca um caminho que surge em parte do estímulo provocativo do ICOMOS, diante dos desafios conjunturais e das possibilidades futuras em lidar com a crise na atualidade. Os diálogos aqui presentes são parte das discussões anteriores do Grupo de Pesquisa Laboratório da Paisagem (LAPASA), vinculado à Faculdade de Arquitetura e Urbanismo da Universidade Federal de Juiz de Fora (UFJF). Além disso, o trabalho está vinculado ao Programa de Pós-Graduação em Ambiente

Construído (PROAC) das Faculdades de Engenharia e Arquitetura e Urbanismo da UFJF. A relevância do trabalho parte da difícil tarefa de teorizar e refletir sobre a mudança não planejada da experiência dos espaços com a pandemia que ocasionou um visível colapso no setor cultural devido ao esvaziamento, sobretudo físico, dos espaços.

Este estudo propõe dialogar sobre as novas perspectivas que a pandemia vem induzindo, entendendo a natureza dedutiva da reflexão que o período atual se coloca, sobretudo por ser um paradigma na história e por não existir certezas ainda sobre os caminhos do futuro.

Além disso, foi feita uma breve revisão bibliográfica no tema do patrimônio cultural, principalmente no campo do turismo com foco em bens culturais edificados, descortinando-se, enfaticamente, pela tônica da COVID-19. Através de uma pesquisa em materiais, como artigos, livros, revistas, notícias e podcasts, essa revisão bibliográfica tem o intuito de resgatar questões e referências sobre a temática, contextualizando o preâmbulo da recente pandemia e também do cenário até o presente momento, de maneira a levantar insumos para as reflexões quanto às expectativas para o futuro acerca do tema. Ademais, a essência da reflexão aqui formalizada engendra-se a partir das temáticas *"resiliência"* e *"turismo cultural"*.

Com a pandemia desvela-se e acentua-se uma série de fragilidades, elas principalmente econômicas e sociais, que imperam na sociedade. É basilar que as instituições agora enfraquecidas se reinventem e se adaptem a uma nova perspectiva global (inclinadas às tecnologias da era digital) onde a primazia da experiência física remodela-se. Posto isso, o desafio aqui foi o do questionamento da gestão do turismo focado em bens histórico-culturais (entendendo o turismo como um conjunto de experiências) enquanto uma possível ferramenta para a resiliência, notadamente pelo contexto pandêmico posto. Paralelo a isso, inicialmente, reflete-se sobre o próprio conceito de resiliência perante o patrimônio cultural. Em seguida, o foco da pesquisa compõe-se a uma situação global sobre *Turismo, Patrimônio Cultural e Pandemia* de forma a introduzir conceitos e problemáticas sobre os temas. Por fim, este trabalho é concluído com inovadores exemplos de resiliência focado no Patrimônio cultural, de forma a analisar, brevemente, como situações criativas quando incluídas na gestão dos bens pode torná-los mais resilientes nas circunstâncias atuais.

## TURISMO, PATRIMÔNIO CULTURAL E PANDEMIA

A relação entre turismo e patrimônio cultural não é obrigatória e nem automaticamente intuitiva. Ambos se apresentam como campos amplos e a relação de interdependência entre eles não é mandatória. O próprio turismo cultural, no qual se insere a relação com o patrimônio cultural edificado, pode dividir-se em diferentes vertentes, a exemplo do turismo com foco em obras de arte e coleções. Entretanto, pode-se entender que "As partes históricas das cidades são ímãs poderosos na atração de talentos, turistas e investimentos" (Gustafsson; Mellar, 2018 apud Gustafsson, 2019, p. 24[12]; tradução nossa).

As áreas antigas denominadas Centros Históricos, e que estão preservadas podem usar de diferentes indústrias, entre elas o próprio turismo, como ferramentas de crescimento e desenvolvimento regional. Isso gera um impacto significativo na criação de empregos. A indústria cultural tende a beneficiar não somente profissionais especializados da área cultural, como também a comunidade local, com a oferta de emprego em atividades econômicas que se relacionam com a indústria cultural enquanto uma atração regional ou local, uma vez que a demanda de infraestrutura de apoio ao turismo se torna essencial para o giro da engrenagem econômica local. O patrimônio cultural deve ser entendido não somente como um bem para o futuro, mas também como um recurso para a economia do tempo presente (ligado ao turismo e à indústria criativa), e, ainda, como agente propulsor de um crescimento econômico mais inclusivo e sustentável (Gustafsson, 2019).

Na era do reuso adaptativo[13], o turismo encontra no patrimônio cultural edificado uma oportunidade para novas atividades, contribuindo para uma paisagem urbana mais dinâmica, interessante e complexa.

Hoje, o patrimônio cultural é cada vez mais considerado uma força dinâmica que move mudanças sociais, culturais e econômicas e que, então, fortalece sociedades através de um rico patrimônio cultural consistido de conhecimento e ideias, histórias e oportunidades para o intercâmbio social transferido entre diferentes gerações (Gustafsson, 2019, p. 27, tradução nossa)[14].

Apesar de se constituírem universos diferentes e com objetivos diferentes, turismo e patrimônio cultural podem se unir para alimentar um sistema urbano econômico baseado na competitividade e na atração territorial. O turismo, nesse caso, estimulando o enaltecimento de valores de identidade e coletividade embutidos no patrimônio cultural, catalisando sua visibilidade, enquanto este fornece insumos à indústria do turismo cultural para que ela exista através da peculiaridade das características dos bens edificados históricos. O sistema é quase simbiótico, funcionando como recurso e motivo. Entretanto, o patrimônio cultural edificado deve permanecer em nível superior de importância em relação ao turismo estimulado por ele, sob o risco de danos severos aos bens.

O termo *carrying capacity*, que pode ser entendido, de modo geral, como o máximo nível de uso de um bem imóvel antes da degradação (McCool; Lime, 2001), vem da necessidade de entender e limitar a quantidade de visitantes para um sítio em determinado espaço de tempo, visto que o uso não controlado pode trazer danos físicos à integridade dos imóveis. O conceito fundamenta-se no entendimento de que as particularidades de cada bem (seus valores) são únicos e, por vezes, esgotáveis, sendo portanto dignos de proteção contra um turismo potencialmente danoso. Por essa mesma razão, o termo é uma ferramenta da gestão turística e de seus impactos, ligando-se diretamente à integridade física — ao tangível dos bens — no sentido de frear um desenvolvimento para além do ponto de saturação de cada monumento ou sítio. Por trás do conceito, há não só uma preocupação com os valores a serem esvaziados (nesse sentido, de bens histórico-culturais, mas enfatiza-se que *carrying capacity* é um conceito que vai além da esfera patrimonial) mas também com a qualidade da experiência do visitante e com os impactos e bem-estar de comunidades parte do tecido social local (McCool; Lime, 2001), que usufruem desses bens e os têm como peça integrante de sua identidade e memória coletivas.

No universo do turismo — incluindo o turismo cultural focado em bens materiais —, até o presente momento, ao menos, houve uma necessidade e uma preocupação em gerir a capacidade de saturação dos bens no contexto supracitado, dada uma forte preocupação com a perda material, através de danos irreparáveis pelo turismo em massa. No cenário mundial da COVID-19, entretanto, onde o uso coletivo dos espaços se tornou diminuído — por vezes, inexistente —, a situação apresenta uma nova ótica de "dano" para além do material, que é originado de um turismo constante e descontrolado. Pelo mundo, não é incomum ver atualmente Patrimônios da Humanidade fechados (Figura 01) ou museus sem perspectivas de abertura — um problema denso, inclusive, considerando-se o papel social de entidades culturais nas sociedades ao redor do planeta.

*Figura 1* - Mapa do Acesso aos Patrimônios da Humanidade no Contexto da COVID-19. Em azul claro, sítios parcialmente abertos (26%); em vermelho, sítios fechados (37%); em azul escuro, sítios abertos (37%). Fonte: UNESCO, 2020

A falta de uso, em razão dos protocolos sanitários, trouxe uma estagnação econômica em todo o setor turístico, impactando bens culturais pela **relação simbiótica** entre ambos na atualidade. Com essa situação, percebe-se que a tendência é de que os danos provenham, agora, não de um potencial uso hiperbólico, mas, opostamente, da falta de uso.

O impacto gerado por tal situação nos espaços coletivos decai sobre a balança econômica, impulsionada, por sua vez, por um turismo cultural que tem como cenário de fundo esses bens. Os valores econômicos gerados por um bem cultural vão para além do valor direto de uso (traduzido em tickets de entrada ou aluguel de espaços, por exemplo), perpassando, em segunda instância, por valores de não-uso, como a qualidade urbana dada por um conjunto bem conservado, e em última instância pelas externalidades (em inglês, *externalities*).

> [...] Externalidades são as consequências de transações e outras decisões sobre os valores de uso e de não-uso, benéficas (externalidades positivas) ou maléficas (externalidades negativas). Sobre os valores do patrimônio, a externalidade valoriza o resultado das transações

envolvendo os valores de uso e de não-uso do patrimônio, como descrito acima. Exemplos [de externalidades] são custos de viagem associados à visitação de um patrimônio ou o preço aumentado de terrenos adjacentes a um bem imóvel conservado." (Mason, 2002) (tradução nossa)[15]

Considerando o patrimônio popular urbano como os centros históricos, os quais têm acesso amplo e gratuito, por exemplo, os valores de não-uso e as externalidades são os principais agentes que impactam na economia local, pelo simples motivo de que eles influenciam no valor mercadológico e em transações financeiras na região ao redor da atração. Num cenário de pandemia, o impacto econômico acerca do *status* histórico-cultural desses bens (conjuntos urbanos) foca na impossibilidade de eles funcionarem como atrativos turísticos, o que, por sua vez, impacta economicamente de forma negativa em nichos de mercado que estão, de certa forma, atrelados a esses bens.

A situação difere um pouco ao considerar o patrimônio monumental como museus, fortes, templos, dentre outros... O controle de visitantes e a própria cobrança de tickets tornam o valor de uso do espaço um valor econômico tão importante quanto os demais (o de não-uso e as externalidades), uma vez que a arrecadação financeira do local é fruto do turismo cultural ali existente. Em uma situação de pandemia, em que o uso coletivo dos espaços é comprometido, muitos desses lugares estão fechados, afetando não só os nichos de mercado adjacentes que dele dependem (as externalidades), como também a arrecadação financeira das organizações que funcionam nesses imóveis (proveniente do seu valor de uso). É verdade que esses bens culturais contam com outras fontes de renda para sua manutenção e sobrevivência — repasses governamentais, doações variadas, serviços, dentre outros. Entretanto, a impossibilidade de funcionamento enquanto atração turística acaba por ter impactos mais severos, sentidos pela infraestrutura de apoio ao turismo cultural que deles é dependente.

Para além do campo financeiro, a redução do turismo cultural, em ambos os casos supracitados, é sentida ainda nos valores de não-uso dos bens histórico-culturais. A impossibilidade de fruir um espaço tem impacto direto na atribuição de valores e no significado que determinada sociedade faz de um certo bem cultural, de forma que o distanciamento pode causar esquecimento e orientar uma errônea desimportância. Vale ressaltar, entretanto, que isso pode ser catalisado pela diminuição do exercício do turismo em tempos de pandemia: o acesso a centros históricos e ao uso de espaços públicos por grupos residentes nos arredores desses sítios não são de todo extintos, apesar de diminuídos por conta da necessidade do isolamento social e da quarentena. O uso da cidade ainda vive, readaptado à nova situação global, ao menos por quem nela reside.

## O CONTEXTO BRASILEIRO

### Plano Nacional do Turismo no Brasil

Em um contexto anterior à COVID-19, o Brasil registrou um aumento significativo do número de turistas nos últimos anos. Entretanto, em 2020, como ocorre em todo o planeta, o país sofre uma baixa muito significativa do fluxo turístico por causa do distanciamento e isolamento social, hoje frutos da pandemia, o que impacta severamente na economia local.

No Brasil, há uma rica diversidade tipológica do turismo cultural podendo ser classificada como segue: (a) cívico: motivado por visitas a monumentos, memórias políticas e símbolos identitários nacionais, (b) religioso: buscas espirituais, retiros e romarias, como igrejas, templos e terreiros, (c) místico e esotérico: busca por práticas, crenças e rituais considerados alternativos, (d) étnico: busca por modos de vida e a identidade de grupos étnicos com estilos de vida e costumes singulares, (e) cinematográfico: "caracteriza-se pelos deslocamentos motivados para a visitação a locais ou atrações que tiveram aparição no cinema ou na TV" (BRASIL, 2010).

Segundo BRASIL (2010, p. 14), "a cultura continua a ser uma das principais motivações das viagens em todo o mundo e durante muito tempo as destinações eram exclusivamente os grandes conjuntos arquitetônicos, os museus e os lugares que abrigavam os tesouros materiais de culturas passadas." Por definição, o turismo é o "conjunto de atividades realizadas por pessoas físicas durante viagens e estadas em lugares diferentes do seu entorno habitual, por um período inferior a um ano, com finalidade de lazer, negócios ou outras" e atrativos turísticos são "locais, objetos, equipamentos, pessoas, fenômenos, eventos ou manifestações capazes de motivar o deslocamento de pessoas para conhecê-los, sejam naturais ou culturais, de atividades econômicas, de eventos programados e de realizações técnicas, científicas e artísticas" (BRASIL, 2019). Para Beni (2007),

> [...] uma política de turismo é a espinha dorsal do 'formular' [planejamento], do 'pensar' [plano], do 'fazer' [projetos e programas], do 'executar' [preservação, conservação,

utilização], do 'reprogramar' [estratégia] e do 'fomentar' [investimentos e vendas] o desenvolvimento turístico de um país ou de uma região e seus produtos finais (p.77).

Percebe-se que o planejamento, o turismo, a preservação e a conservação são temáticas conexas e que, quando juntas, potencializam o desenvolvimento econômico de uma região. Além disso, Krinppendorf (2002) apud Soares (2006, p. 2) sustenta que

> [...] o crescimento do turismo também é desigual e não coordenado, e consome seu próprio lucro. Ele explora a terra, danifica a paisagem e a natureza, priva a população local de sua autonomia e independência, debilita a singularidade da sua cultura nativa, traz consigo tensões sociais e agrava instabilidade. (grifo nosso)

Na mesma linha Oliveira acrescenta que,

> O desenvolvimento do turismo em cidades históricas – que, por sua beleza, exercem grande magnetismo – pode provocar excesso de demanda e superdimensionamento de oferta, agredindo e descaracterizando o meio ambiente. (OLIVEIRA, 2003 p. 45).

No Brasil, via de regra, o documento para "planejar, pensar para fomentar para fazer" é o Plano Nacional de Turismo (PNT), que atualmente é um dos grandes indutores das políticas do turismo nacional brasileiro e é um importante aparato legal para o estabelecimento de diretrizes e estratégias para a implementação dessa atividade (BRASIL, 2018). Dentre as temáticas que normalmente se imagina quando se acessa a expressão turismo brasileiro é de um imaginário de uma cidade histórica, como Tiradentes (MG), Salvador (BA), Rio de Janeiro (RJ) ou mesmo Recife (PE) ou das imaterialidades nelas presentes, como o samba, o carnaval carioca e a festa do boi-bumbá. No entanto as cidades têm sido severamente impactadas por uma série de fenômenos totalmente indesejáveis (por exemplo, a gentrificação) que beneficia uma parcela muito pequena da sociedade em detrimento de um bem regional, estadual ou mesmo nacional.

O PNT ganhou maior força em 2008, quando alterou-se o corpo da lei anterior, a Lei no 6.505, de 13 de dezembro de 1977, o Decreto-Lei no 2.294, de 21 de novembro de 1986, e dispositivos da Lei no 8.181, de 28 de março de 1991, sendo então criada a Lei N° 11.771, de 17 de setembro de 2008 dispondo sobre a Política Nacional de Turismo, definindo as atribuições do Governo Federal no planejamento, desenvolvimento e estímulo ao setor turístico.

Em contrapartida, na legislação, o patrimônio é descrito como um bem para ser preservado, conservado, inventariado e protegido pelo interesse público (BRASIL, 2008). Para Paes (2017, p. 673) a cultura está longe de ser somente considerada como uma mercadoria, e que, inegavelmente, "[...] reduzir a interpretação da cultura a sua apropriação pelo mercado, como alguns autores o fazem, ao tratarem a cultura como commodity implica uma redução interpretativa". Embora essa relação entre economia e patrimônio cultural seja amplamente defendida por boa parte das produções científicas da área, percebe-se ainda uma menção pouco relevante da temática sobre patrimônio, bens tombados e palavras-chave afins no documento oficial sobre o turismo, o Plano Nacional de Turismo (PNT).

Optou-se, neste trabalho, por realizar a coleta de dados uma visão histórica sobre como os PNT´s trataram o Patrimônio Cultural durante os anos PNT's — de 2003 - 2007, 2007- 2010, 2013 - 2016 e o mais atual 2018 – 2022. Ainda que a pandemia da COVID-19 seja um assunto recente, faz-se válida uma análise histórica para reflexão sobre o tema.

Conforme é possível perceber no gráfico 01, quando os PNT's tratam da questão do patrimônio e turismo, os conceitos que são trazidos à baila foram: "Patrimônio Histórico", precedido pelo termo "conservação" e muito raramente mencionam o "sítio histórico". Sublinha-se que no PNT 2003 - 2007 houve apenas três menções no documento sobre a temática no patrimônio. Já no PNT quadriênio 2007-2010 percebe-se um grande número de menções sobre a temática patrimônio e conservação em comparação aos demais quadriênios, sendo evidente essa expressividade pelo lançamento na época pelo PAC Cidades Históricas, iniciado em 2007. Essa estratégia fica clara na abertura do PNT 2007-2010 quando afirma que,

essa prioridade pela inclusão social, por meio do fortalecimento do mercado interno, é boa para todo mundo. É boa para o aposentado, que terá facilidade de viajar e curtir a melhor idade de forma merecida. É boa para o trabalhador, que poderá propiciar à sua família a abertura de novos horizontes que o turismo oferece. É boa para os estudantes, que poderão conhecer os lugares, monumentos, prédios, cidades e manifestações culturais que hoje só conhecem por meio dos livros escolares e dos meios de comunicação. (BRASIL, 2007, p. 7)

*Gráfico 1* - Análise de menções das temáticas do patrimônio nos Plano de Turismo de 2003 a 2022
Fonte: Planos Nacionais de Turismo (PNT 2003-2007, PNT 2007-2010, PNT 2013-2016 e PNT 2018-2022) adaptado pelos autores.

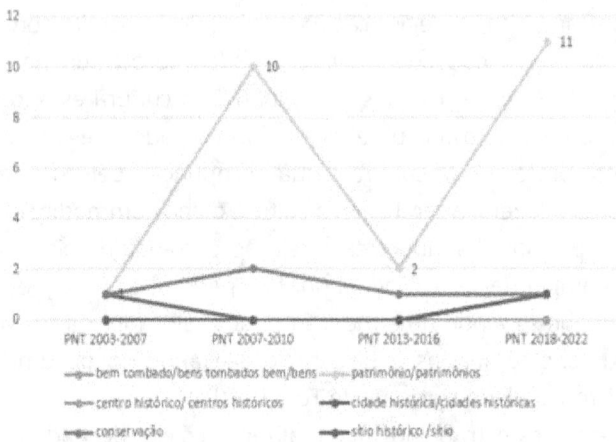

Por fim, percebe-se que, de uma forma geral, em vários PNT´s não houve participação formal do IPHAN (ou qualquer instituição responsável pelo patrimônio regionais), somente trazendo uma singela citação que o plano tem em vista que "deverá transformar-se em um agente da valorização e conservação do patrimônio ambiental (cultural e natural)" (BRASIL, 2003, p. 08).

**Turismo e Cidade: Novos Tempos?**

Ao mesmo tempo que Honey-Rosés et al (2020) afirma que o impacto da SAR-CoV-2 alterará os princípios dos sujeitos para com o espaço público, também pontua que demorará alguns anos para que se possa tecer com maior precisão sobre quais estruturas a pandemia reverberará e no que exatamente os reflexos da COVID-19 incitará mudanças . Honey-Rosés *et. al.* (2020, p. 04) ainda reflete sobre *"Qual é o futuro dos grandes espaços públicos?"* [16](tradução nossa) sustentando que haverá no futuro uma aversão a locais com grandes públicos[17], e inclusive cita alguns espaços que poderão sofrer com esvaziamento de público ou restrições de acesso, como praças públicas e grandes eventos culturais. O autor ainda acrescenta que essa "aversão" pode influenciar a forma com que as cidades serão desenhadas e projetadas[18]. Nesse ponto, faz-se a reflexão: se áreas adjacentes a conjuntos histórico-culturais tendem a receber um número maior de pessoas por dia, qual será a forma de experiência nesses estes locais no pós-pandemia? Haverá alguma perda na socialização e relação com os bens?

Com o turismo, se apresenta ainda, uma série de mudanças dos públicos e dos tipos de dinâmicas econômicas das cidades, possibilitando uma refuncionalização. De acordo com Harvey (1996), os governos dos municípios foram atingidos por uma espécie de empresariamento urbano, impactando — dentre todas as alterações da cidade -, o fluxo de turismo. Além disso todo esse contexto de transformação do lugar em marca/produto global, Cidade espetáculo, cidade-mercadoria (MASCARENHAS, 2014) modifica dinâmicas urbanas locais anteriores. Exemplos disso ocorrem em: Centro Histórico de Salvador (BA), Centro Histórico de Tiradentes (MG), Centro Antigo de Recife (PE), Zona Portuária do Rio de Janeiro (RJ).

De acordo com Neves (2013, p. 52) essa divulgação e mercantilização (pela refuncionalização) "vai fazendo com que os territórios turísticos ganhem uma nova história territorial, ou seja, surgem, nessas paisagens, novos imóveis e estabelecimentos comerciais (resorts, pousadas, restaurantes, bares, lojas, etc.)" em função da atividade turística.

Para Somekh (2016), a *preservação do Patrimônio Histórico e a questão urbana* são temáticas que não devem se dissociar quando se discute a cidade, posto que com a velocidade da cidade contemporânea as memórias acabam, proporcionalmente, sendo desvinculadas e esquecidas (SOMEKH, 2016). Além disso, para a autora, os processos que envolvem o patrimônio também não devem objetar ou travar o pleno desenvolvimento das cidades.

Pode-se dizer que há um "paradigma da preservação para o da conservação e da reabilitação, propondo o desafio da integração das ações de preservação do patrimônio com estratégias de desenvolvimento local" (CASTRIOTA *et al.*, 2010), cabendo ao gestor do patrimônio cultural lidar com os vários atores sociais, e de desenvolvimento econômico (SOMEKH, 2016), com a salvaguarda dos vários tipos de patrimônio cultural e com os demais desafios contemporâneos impressos na cidade capitalista.

Observa-se ainda que, "[...] a administração urbana se transformou em uma forma de capitalismo tardio" (HARVEY, 1996, p. 53) e ainda sublinha que "as tradicionais reivindicações locais são integradas com a utilização do poder público para atrair fontes externas de financiamento ou de investimento" (HARVEY, 1996, p. 52) que pode ser interpretado como "novo empresariamento urbano", estando presente investimentos econômicos na parceria público-privado (PPP) e na renovação e mudança abrupta do ambiente construído das cidades (BOTELHO, 2004), inclusive "negando" edifícios históricos que não se adequem aos interesses econômicos atuais.

Assim a "venda da cidade", por meio do *marketing urbano*, tem se tornado comum na gestão das cidades (VAINER, 2000, p. 79-85; BOTELHO, 2004, p. 114). Cabe destacar que os centros históricos reconhecidos (protegidos ou não por meio de tombamento) estão, gradativamente, sendo inseridos na lógica do turismo em massa — por uma atração de investimentos em serviços —, culminando, pouco a pouco, na sua entrada no modus operandi do City Marketing (BOTELHO, 2004), isto é, na venda da beleza do lugar — por vezes pequenas glebas da cidade (por exemplo, núcleos históricos) —, e no fortalecimento via iniciativa privada de áreas que rendem maior lucro (BENACH E TELLO *apud* BOTELHO, 2004, p. 113), alguns exemplos que ilustram essa tensão advinda do *city marketing* em locais tombados ou de interesse de preservação estão: os centros históricos de Salvador, Belém e Olinda e a Zona Portuária do Rio de Janeiro, dentre outras.

## UM FUTURO RESILIENTE

Em abril de 2020, momento de pico da pandemia do novo coronavírus em várias partes do mundo, a UNESCO publicou em seu website um artigo com o seguinte título: "Em momentos de crise, as pessoas precisam da cultura" (UNESCO, 2020) (tradução nossa)[19]. E, de fato, auxiliada pelo avanço da tecnologia atual que nos permite o encontro ainda que não presencial, a cultura resiste como um dos principais pilares de identidade social. Em um tempo onde a crise inicia-se na esfera sanitária e perpassa a economia, o social, as relações humanas e o bem-estar psicológico e emocional do ser humano, a cultura parece ser o único aspecto permanente que se mantém como uma estrutura resistente, como que a memória presente e latente de que ainda estamos juntos. É através da cultura, em tempos de crise, que não esquecemos do que somos. "Num momento em que bilhões de pessoas estão fisicamente distanciadas umas das outras, a cultura nos une." (UNESCO, 2020) (tradução nossa)[20].

Entendendo a cultura como "um bem comum para sociedades resilientes" (UNESCO, 2020) e o Patrimônio Cultural como uma via de exercício da Cultura, a análise final deste trabalho não poderia ser outra senão uma transcrição de resoluções criativas dentro do contexto atual para a continuidade da funcionalidade do Patrimônio Cultural nas suas respectivas esferas de atuação.

Aspectos antes corriqueiros[21], como o turismo e a visitação, tendem a alterar-se com a nova lógica global trazida pela pandemia. O turismo cultural focado no patrimônio edificado é hoje caracterizado como parte de um turismo de experiência, onde a interpretação fornecida ao visitante acerca do patrimônio tem impactos diretos na qualidade da experiência do usuário e nas suas absorção e atribuição de valores sobre aquele bem. Entendendo o mundo atual como um organismo mutável e em constante transformação, espera-se que essas interpretações também mudem, e o façam conforme mudam-se os valores atribuídos aos bens e altera-se o próprio significado do patrimônio cultural. Num tempo de pandemia, o esgotamento da experiência traz uma esperada mudança na forma de apresentação dos bens culturais ao público.

Com relação direta na engrenagem econômica que circunda o patrimônio cultural, o turismo constrói novas formas, partindo de ideias criativas auxiliadas pelo encurtamento de distâncias proposto por plataformas virtuais. Um bom exemplo de resiliência nesse sentido é o Museu Palestino, instituição transnacional importante na manutenção da identidade de comunidades no Oriente Médio, com sua campanha *"Museum from Home - Palestine Perseveres"* (em tradução nossa, 'Museu de casa, - A Palestina Persevera'). Com conteúdo em árabe e em inglês, a campanha do Museu Palestino fornece material cultural e educacional através de uma plataforma online, numa tentativa de manter vivos os laços da instituição com o público nesse cenário de pandemia, assim como contribuir para o fortalecimento da identidade cultural do povo palestino mesmo com o distanciamento social consequência do COVID-19. Em outros casos, instituições internacionais como o *International Council of Museums* (ICOM) abrem espaço online tanto para exposição de medidas de segurança sanitária de forma a orientar a futura reabertura física de museus ao redor do mundo como também para expor situações criativas de como instituições culturais podem contornar a impossibilidade agrupamento social (ICOM, 2020).

É fato que também em outros campos do Patrimônio Cultural o desenvolvimento atual da tecnologia possibilita encurtar distâncias. No caso de bens histórico-culturais construídos, tecnologias avançadas de documentação arquitetônica que oferecem produtos cada vez mais fiéis (como nuvens de pontos geradas a partir de Laser Scanners, a Fotogrametria e a modelagem digital) permitem uma recriação virtual de espaços construídos — e, porque não, a disseminação desse material ao público através de plataformas virtuais. Cabe salientar que a proposta de virtualização desses espaços não tem por objetivo substituir a experiência física nos bens históricos construídos — por mais avançadas que sejam essas tecnologias, certas experiências sensoriais ainda não podem ser recriadas com exatidão. Entretanto, a realidade virtual surge nesse cenário como uma alternativa contra o total afastamento do público do patrimônio construído, postando-se, assim, como uma opção em prol da resiliência de bens histórico-culturais.

Estudos na área da tecnologia e do patrimônio cultural edificado, como os projetos desenvolvidos no programa de mestrado do Raymond Lemaire International Centre for Conservation, parte da KU Leuven, mostram uma crescente fusão entre bens históricos e tecnologias de documentação. Exemplos de trabalhos desenvolvidos por alunos deste Centro foram a documentação arquitetônica de uma casa de fazenda do século XVIII (imagens 01 e 02), em que a leitura com laser scanner foi feita em razão de uma simples documentação arquitetônica; e a dissertação desenvolvida pela arquiteta Alice Paladini, em 2019, acerca de um projeto de realidade virtual como uma alternativa de acessibilidade ao templo budista de Myin-pya-gu em Bagan, no Mianmar (imagens 03 e 04).

*Imagens 1 e 2* - Exemplo de produto de documentação arquitetônica virtual de um bem edificado histórico - nuvens de pontos de Laser Scanner.
Fonte: VINOD. A; DUCROIZET-BOITAUD. C.; THAKKAR, K.; COSTA, L. A. 2020.

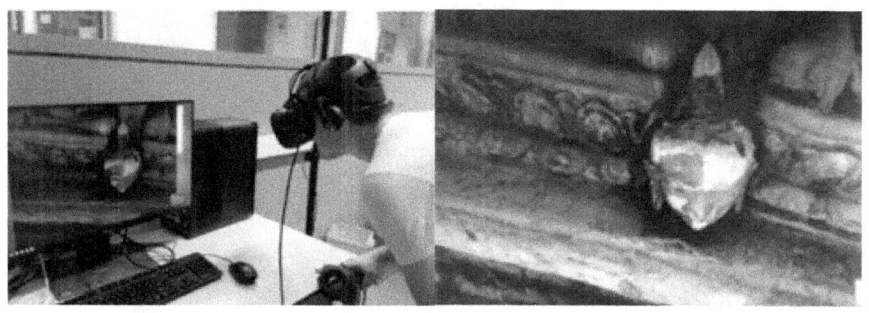

*Imagens 3 e 4* - Uso da ferramenta de Realidade Virtual proposta para o templo budista de Myin-pya-gu em Bagan, no Mianmar.
Fonte: PALADINI, A. 2019.

Ferramentas como as supracitadas podem funcionar como fortes aliados do patrimônio cultural em um cenário de crise, em que a experiência virtual se torna um meio de vivência de espaços históricos, podendo configurar, no futuro, uma nova vertente do turismo em bens históricos edificados.

Outras ferramentas de resiliência surgem no cenário da pandemia do COVID-19, para além da recriação virtual de espaços. Museus pelo mundo têm se adaptado trazendo *tours* virtuais por seus espaços, a exemplo do Metropolitan em Nova York, do Museu da Vale em Minas Gerais e o Museu do Louvre, em Paris. (A GAZETA, 2020). Ressalta-se aqui que *tours* virtuais permitem não só o acesso a coleções, no caso dos museus, como ainda uma experiência do ambiente construído, postando-se duplamente válida para casos em que essas entidades culturais situam-se em edifícios históricos.

Trazendo a análise para o contexto brasileiro, em São Paulo, o MAM (Museu de Arte Moderna) instalou painéis com fotos de obras primas pelos postos de ônibus da cidade, numa tentativa de trazer o museu para espaços públicos, como a rua, que ainda são utilizados mesmo em um contexto de pandemia. Em outro exemplo brasileiro, o serviço de *City Tour de Manaus* — serviço integrante do roteiro turístico-cultural da capital amazonense — voltou a operar no mês de outubro de 2020, adaptando-se à pandemia. (GLOBO, 2020a; GLOBO, 2020b) O *city tour*, que operava de quinta-feira a domingo, adapta-se à nova agenda trazida pela pandemia, oferecendo o serviço unicamente aos sábados e com lotação de apenas 50% dos veículos de maneira a evitar aglomerações e, assim, barrar o contágio.

## CONCLUSÃO

Entendendo a 'resiliência' como um conceito mais amplo do que uma mera preservação material de bens históricos edificados — um aspecto que se apresenta pelos impactos da pandemia nos setores da cultura e do patrimônio cultural —, pode-se perceber que tanto no Brasil como no restante do mundo, diferentes experimentações têm sido produzidas com o objetivo de se contornar os efeitos devidos à COVID-19 no setor cultural, principalmente no que tange o patrimônio. Porém, como trata-se de um contexto inesperado e recente, não há, ainda, uma fórmula identificada como correta de gestão desses espaços nesse cenário: nota-se que cada instituição/bem cultural tem tratado a questão da maneira adequada a sua realidade (econômica, física e de planejamento), conjuntamente aos grandes desafios sanitários. Entretanto, em todos os aspectos supracitados, percebe-se que a preocupação em evitar aglomerações físicas trouxe uma mudança criativa do paradigma de funcionamento dessas entidades, levando outros nichos de mercado — como a produção de conteúdo e material digital - a se tornarem cada vez mais próximos do setor cultural.

Por fim, vale ressaltar o papel fundamental de instituições imperativas no setor - como o ICCROM, o ICOMOS e a UNESCO, no sentido de suscitar debates, encurtar distâncias e orientar medidas cabíveis às instituições culturais. Contudo, de lição para o futuro, extrai-se a latente e inadiável necessidade de estratégias consistentes de gestão de bens culturais, uma vez que a adequada gestão assegura a sobrevivência mediante a adversidade. Coloca-se como responsáveis por esse trabalho a multiplicidade de setores envolvidos na gerência e governança desses bens, principalmente os governos locais, seus departamentos e as instituições diretamente ligadas ao funcionamento de espaços culturais - responsáveis pelo Controle dos Impactos, pela elaboração de Planos de Gestão, pelo Monitoramento dos Riscos e pelo incentivo de uso de ferramentas criativas e tecnológicas que via regra serão incorporados no setor.

## NOTAS

[1] Doutora em Arquitetura e Urbanismo pelo IAU – USP. Professora Associada do DPHT-FAU-UFJF.. E-mail: ana.pereira@ufjf.br

[2] Arquiteta e Urbanista. Mestranda em Conservação de Monumentos e Sítios pelo Raymond Lemaire International Centre for Conservation (RLICC) - KU Leuven. E-mail: ludmila.albuquerquedacosta@student.kuleuven.be

[3] Arquiteto e Urbanista. Mestrando em Ambiente Construído pelo Programa em Ambiente Construído (UFJF). E-mail: cleyton.rosa@arquitetura.ufjf.br

[4] Técnica em Edificações. Graduanda em Arquitetura e Urbanismo (UFJF). E-mail: ana.elisa@arquitetura.ufjf.br

Em inglês, Corona Virus Disease.

[5] Notícia citada por Magê Flores e Rodrigo Vizeu no episódio "A Propagação do coronavírus no mundo", Podcast: Café da Manhã, Folha de São Paulo, em 27 de janeiro de 2020.

[6] É importante salientar que as semelhanças de disrupção devem ser consideradas de acordo com o contexto. Em comparação à década de 1970, a velocidade de disseminação de informações que se tem no ano de 2020 apresenta uma cadência mais acelerada.

[7] Fonte: Comissão Mundial Sobre Meio Ambiente e Desenvolvimento. Nosso Futuro Comum. 2. ed. Rio de Janeiro: Editora da Fundação Getúlio Vargas, 1991, xviii, 430 p.).

[8] Em inglês, International Centre for the Study of the Preservation and Restoration of Cultural Property.

[9] World Conference Risk Reduction (WCDRR).

[10] Fonte: ICCROM. First Aid and Resilience for Cultural Heritage in Times of Crisis (FAR). Disponível em: https://www.iccrom.org/section/disaster-resilient-heritage/first-aid-and-resilience-cultural-heritage-times-crisis-far. Acesso em: 10 out. 2020.

[11] Em inglês, "Historic parts of cities are powerful magnets for attracting talent, tourists and investment." (Gustafsson; Mellar, 2018 apud Gustafsson, 2019, p. 24).

[12] Gustafsson (2019) menciona em "Conservation 3.0" que, teoricamente, seriam os dias atuais - ou ao menos o que se espera no campo do patrimônio cultural edificado para os dias atuais - um novo paradigma em que as etapas de meras "proteção através de legislação" e "pura conservação material de edifícios históricos" seriam

fases já ultrapassadas, abrindo precedentes para que hoje se instale uma maior busca pelo reuso adaptativo de edifícios históricos. O autor sugere, como novo lema dessa era, a frase "Da proteção ao pró-ação" (Gustafsson, 2019).

[13] Em inglês, "Today, cultural heritage is increasingly regarded as a dynamic force that drives social, cultural and economic changes and thereby strengthens societies by starting from a rich cultural heritage consisting of knowledge and ideas, stories and opportunities for social exchange transferred over generations." (Gustafsson, 2019, p. 27).

[14] Em inglês: "Externalities are consequences of transactions and other decisions regarding use and nonuse values, and they are generated for better (positive externalities) and for worse (negative externalities). In the sense of heritage values, externality values result from transactions involving the use and nonuse values of heritage as described above. Examples are the travel costs associated with visiting a heritage site or the increased price of land adjacent to a conserved site." (MASON, 2002).

[15] Em inglês, "What is the future of large public spaces?" (Honey-Rosés et. al. 2020, p. 04).

[16] Em inglês, "An obvious potential consequence of COVID-19 is a generalized aversion to large crowds." (Honey-Rosés et. al. 2020, p. 04).

[17] Em inglês, "A permanent aversion to large public gatherings might change how cities are designed." (Honey-Rosés et. al. 2020, p. 04).

[18] Em inglês, In moments of crisis, people need culture (UNESCO, 2020).

Em inglês, "At a time when billions of people are physically separated from one another, culture brings us together." (UNESCO, 2020)

[19] Não é a intenção aqui avaliar se tais aspectos eram maléficos ou benéficos para a longevidade do Patrimônio Cultural, e sim apenas entender que faziam parte da logística de gestão e sobrevivência desses espaços.

## REFERÊNCIAS

A GAZETA (ed.). **Coronavírus:** museus do Brasil e do mundo oferecem visitas virtuais. 2020. Acesso em: 10 out. 2020. Disponível em: https://www.agazeta.com.br/entretenimento/ cultura/coronavirus-museus-do-brasil-e-do-mundo-oferecem-visitas-virtuais-0320.

A PROPAGAÇÃO do coronavírus no mundo. [S.l.]: Folha de São Paulo & Spotify Studios, 2020. (28 min.), Podcast, son., P&B. Acesso em: 28 jan. 2020. Disponível em: https://open.spotify.com/episode/49NLYjOYLipULq0x4yj6bF?si=Gcvmg7KhTwmx7Fb7vqaTWw.

BENI, M. C.. A política e desenvolvimento do turismo. In: Trigo, L. G. G. (Org.). **Turismo:** como aprender, como ensinar. São Paulo: Senac, 2007. p. 177-203.

BOTELHO, A. A produção do espaço e o empresariamento urbano: o caso de Barcelona e seu Fórum das Culturas de 2004. GEOUSP **Espaço e Tempo** (Online), [S. l.], v. 8, n. 2, p. 111-124, 2004. DOI: 10.11606/issn.2179-0892.geousp.2004.73958. Acesso em: 10 out. 2020. Disponível em: http://www.revistas.usp.br/geousp/article/view/73958.

BRASIL. (ed.). **Plano Nacional de Turismo:** 2003-2007. Acesso em: 10 out. 2020. Disponível em: https://edisciplinas.usp.br/pluginfile.php/5163416/mod_resource/content/1/plano_nacional_turismo_2003_2007.pdf.

BRASIL. (ed.). **Plano Nacional de Turismo:** 2007-2010. Acesso em: 10 out. 2020. Disponível em:http://www.turismo.gov.br/sites/default/turismo/o_ministerio/publicacoes/downloads_publicacoes/plano_nacional_turismo_2007_2010.pdf.

BRASIL. (ed.). **Plano Nacional de Turismo:** 2013-2016. Acesso em: 10 out. 2020. Disponível em: http://www.turismo.gov.br/sites/default/turismo/noticias/todas_noticias/Noticias_download/PNT_2013-2016.pdf.

BRASIL. (ed.). **Plano Nacional de Turismo:** 2018-2022. Acesso em: 10 out. 2020. Disponível em:http://www.turismo.gov.br/images/pdf/PNT_2018-2022.pdf.

BRASIL. Decreto nº 9763, de 11 de abril de 2019. . Brasília, DF, 11 abr. 2019. Acesso em: 10 out. 2020. Disponível em: http://www.planalto.gov.br/ccivil_03/_ato2019-2022/2019/decreto/D9763.htm.

BRASIL. Lei nº 11771, de 17 de setembro de 2008. . Brasília, DF, 17 set.

2008. Acesso em: 10 out. 2020. Disponível em: http://www.planalto.gov.br/ccivil_03/_ato2007-2010/2008/lei/l11771.htm.

BRASÍLIA. Secretaria Nacional de Políticas de Turismo. Ministério do Turismo. **Turismo Cultural:** informações básicas. Informações Básicas. 2010. Acesso em: 10 out. 2020. Disponível em: http://www.turismo.gov.br/sites/default/turismo/o_ministerio/publicacoes/downloads_publicacoes/Turismo_Cultural_Versxo_Final_IMPRESSxO_.pdf.

CASTRIOTA, L. B.; ARAÚJO, G. M.; CARDOSO, K.; SOUZA, V. P. DE. PAC Cidades Históricas – oportunidade para a conservação integrada?. **Locus:** Revista de História, v. 16, n. 2, 29 mar. 2011.

COMISSÃO MUNDIAL SOBRE MEIO AMBIENTE E DESENVOLVIMENTO. **Nosso Futuro Comum.** 2. ed. Rio de Janeiro: Editora da Fundação Getúlio Vargas, 1991. xviii, 430 p.

SOARES, Geísa Martins. Os Impactos do Turismo em Cidades Históricas – Estudo de Caso Tiradentes MG. In: IV SEMINTUR – SEMINÁRIO DE PESQUISA EM TURISMO DO MERCOSUL, 7., 2006, Caxias do Sul. Anais [...] . Caxias do Sul, 2006. p. 1-12. Acesso em: 11 set. 2020. Disponível em: https://www.ucs.br/ucs/tplSemMenus/eventos/seminarios_semintur/semin_tur_4/arquivos_4_seminario/GT04-4.pdf.

OLIVEIRA. Fernando Vicente. **Capacidade de carga nas cidades históricas.** Campinas: Papirus, 2003.

GLOBO (ed.). Com museus fechados por causa da pandemia, MAM instala painéis com fotos de obras em 140 pontos de ônibus na capital de SP. 2020. Acesso em: 10 out. 2020. Disponível em: https://g1.globo.com/sp/sao-paulo/noticia/2020/08/18/com-museus-fechados-por-causa-da-pandemia-mam-instala-paineis-com-fotos-de-obras-em-140-pontos-de-onibus-na-capital-de-sp.ghtml.

GLOBO (ed.). **Serviço de 'City Tour' retorna com dois roteiros em Manaus neste sábado (10).** 2020. Acesso em: 09 out. 2020. Disponível em: https://g1.globo.com/am/amazonas /noticia/2020/10/09/servico-de-city-tour-retorna-com-dois-roteiros-em-manaus-neste-sabado-10.ghtml.

GUSTAFSSON, Christer. **CONSERVATION 3.0:** cultural heritage as a driver for regional growth. Scires It, Uppsala, Sweden, v. 9, n. 1, p. 21-32, jan. 2019. Acesso em: 10 out. 2020. Disponível em: http://www.sciresit.it/article/view/13067/11817.

HARVEY, David. Do gerenciamento ao empresariamento: a transformação da administração urbana no capitalismo tardio. São Paulo, **Espaço e Debates,** n. 39, 1996.

HONEY-ROSES, J. et al. **The Impact of COVID-19 on Public Space:** a Review of the Emerging Questions. Acesso em: 22 jul. 2020. Disponível em: <osf.io/rf7xa>.

INSTITUTO DE PESQUISA ECONÔMICA APLICADA (Brasil). **Petróleo:** da crise aos carros flex. 2010. Acesso em: 29 mar. 2010. Disponível em: https://www.ipea.gov.br/desafios/index.php?option=com_content&view=article&id=2321:catid=28&Itemid=23.

INTERNATIONAL CENTRE FOR THE STUDY OF THE PRESERVATION AND RESTORATION OF CULTURAL PROPERTY (Italy). **Heritage in crisis:** covid adverse economic impacts. COVID adverse economic impacts. 2020. Acesso em: 08 abr. 2020. Disponível em: https://www.iccrom.org/heritage-crisis-covid-adverse-economic-impacts.

INTERNATIONAL COUNCIL OF MUSEUMS. **Museums and COVID-19:** 8 steps to support community resilience. 8 steps to support community resilience. 2020. Acesso em: 29 abr. 2020. Disponível em: https://icom.museum/en/news/museums-and-covid-19-8-steps-to-support-community-resilience/.

INTERNATIONAL COUNCIL OF MUSEUMS. **Heritage in crisis:** COVID adverse economic impacts 2020. Acesso em: 10 out. 2020. Disponível em: https://www.iccrom.org/heritage-crisis-covid-adverse-economic-impacts/.

MASCARENHAS, G. Cidade mercadoria, cidade-vitrine, cidade turística: a espetacularização do urbano nos megaeventos esportivos. **Caderno Virtual de Turismo.** Edição especial: Hospitalidade e políticas públicas em turismo. Rio de Janeiro, v. 14, supl.1, s.52-s.65, nov. 2014.

MASON, R. Assessing Values in Conservation Planning: Methodological Issues and Choices. In: **Getty Conservation Institute**. Los Angeles: De La Torre, M. Research Report. Assessing the Values of Cultural Heritage, 2002.

MCCOOL, Stephen F.; LIME, David W.. Tourism Carrying Capacity: tempting fantasy or useful reality?. **Journal Of Sustainable Tourism**, [S.L.], v. 9, n. 5, p. 372-388, dez. 2001. Informa UK Limited. http://dx.doi.org/10.1080/09669580108667409. Acesso em: 10 out. 2020. Disponível em: https://www.researchgate.net/publication/228729166_Tourism_Carrying_Capacity_ Tempting _Fantasy_or_Useful_Reality.

NEVES, Rodrigo. **História e turismo:** a "mercadorização" do "patrimônio histórico" e a elitização da área central de Tiradentes, Minas Gerais (1980-2012). 2013. 134 f. TCC (Graduação) - Curso de História, Departamento de Ciências Sociais, Política e Jurídicas, Universidade Federal de São João Del-Rei, São João Del-Rei, 2013.

PAES, M. T. D. Gentrificação, preservação patrimonial e turismo: os novos sentidos da paisagem urbana na renovação das cidades. **Geousp – Espaço e Tempo** (Online), v. 21, n. 3, p. 667-684, dez. 2017. ISSN 2179-0892.

PALADINI, Alice. **Development of a Virtual Reality experience to provide accessibility to Myin-pya-gu Buddhist temple in Bagan.** 2019. 1 v. Dissertação (Mestrado) - Conservação de Monumentos e Sítios, Raymond Lemaire International Centre For Conservation (RLICC), KU Leuven, Leuven, 2019.

SALDÍAS, Marcela Hurtado. Turismo cultural en los Sitios Patrimonio Mundial (SPM): el papel de los stakeholders. **Revista Márgenes**, Valparaíso, v. 12, n. 16, p. 45-51, 2015.

SOMEKH, N. A construção da cidade, a urbanidade e o patrimônio ambiental urbano: o caso do Bexiga, São Paulo. **Revista CPC**, [S. l.], n. 22, p. 220-241, 2016. DOI: 10.11606/issn.1980-4466.v0i22p220-241. Disponível em: http://www.revistas.usp.br/cpc/article/view/121993. Acesso em: 10 out. 2020.

UNESCO (ed.). **Monitoring World Heritage site closures:** introduction to the global map on the closure of world heritage sites due to covid-19 and analysis. Introduction to the global map on the closure of World Heritage sites due to Covid-19 and analysis. 2020. Disponível em: https://en.unesco.org/covid19/cultureresponse/monitoring-world-heritage-site-closures. Acesso em: 10 out. 2020.

UNESCO. Convenção para a proteção do patrimônio mundial, cultural e natural. In: **Conferência Geral da Organização das Nações Unidas Para A Educação, a Ciência e a Cultura.** 17ª sessão, Paris, 17 out. - 21 nov. 1972.

VAINER, Carlos B. Pátria, Empresa e Mercadoria: Notas sobre a estratégia discursiva do Planejamento Estratégico Urbano. In: Carlos Vainer; Otilia Arantes; Ermínia Maricato (Org.). **A Cidade do Pensamento Único:** Desmanchando Consensos. Petrópolis: Vozes, 2000. p. 75-104.

VINOD. A; DUCROIZET-BOITAUD. C.; THAKKAR, K.; COSTA, L. A. **Ferme de la Bouverie & Spontin**. 2020. RLICC/KULeuven. Acesso em: 08 de outubro de 2020. Disponível em: https://issuu.com/spontingroup/docs/ipw3book-compactado.

# DO PASSADO AO FUTURO DAS FORTIFICAÇÕES BRASILEIRAS

*Cyro Corrêa Lyra*[1]
*(Comitê de Fortificações e Patrimônio Militar – ICOMOS/BRASIL)*

### Vida e morte

As fortificações foram as primeiras obras de vulto, construídas em caráter prioritário no Brasil. Antecedem as igrejas e Casas de Câmara. Grande parte delas, na medida em que sua localização se revelou estratégica passou por reformas e melhorias ao longo de sua história. Muitas começaram como paliçadas e outras com muralhas feitas de terra.

O principal motivo das defesas construídas no primeiro século de colonização consistiu na necessidade de consolidar o domínio do território conquistado. Como ocorreu com as fortificações erguidas na entrada das três baías situadas a leste da linha de Tordesilhas: a da Guanabara, a de Santos, e a de Todos os Santos, pelas condições excepcionais que ofereciam aos navios a vela do século XVI, constituindo-se em um dos motivos para a disputa pelo seu domínio.

A primeira a ser visitada foi a Guanabara, descoberta por Gaspar de Lemos, em 1502. Depois de transposta sua entrada, os navegantes, deparavam-se com uma extensa baía, dotada de amplitude suficiente para abrigar com segurança uma esquadra, protegida dos ventos vindos do Sul graças à estreiteza da sua entrada e à antepara formada pelos penhascos que a guarnecem. Um dos primeiros navegantes que ali se abrigou foi Fernão de Magalhães, em dezembro de 1519, no comando de uma frota de cinco navios na fase inicial de sua famosa viagem de circum-navegação da Terra. Permaneceu na Guanabara por treze dias para abastecimento e descanso da tripulação, naquela parada no início da longa e penosa volta ao redor do planeta (PIGAFETTA, 2019, p. 57).

No primeiro século de colonização diversas fortificações são erguidas na entrada desses portos naturais para defesa contra adversários diversos. Para proteção da vila de São Vicente do ataque dos indígenas construiu-se em 1532 no canal da Bertioga o Forte de São João e, alguns anos depois, em 1584, para repelir piratas e corsários, ergueu-se na entrada do estuário de Santos o Forte de Santo Amaro sobre um esporão rochoso. (Figura 1)

A primeira construção defensiva da entrada da baía de Guanabara foi construída alguns anos antes de 1580, por iniciativa do Governador Salvador Correia de Sá, na península localizada a leste da barra. Denominado de N. Sra. da Guia, o forte, pouco tempo depois de construído teve parte de sua muralha ruída, segundo Gilberto Ferrez, por ter sido mal feita, *"(...) já que as fundações não foram escavadas na pedra viva onde assentavam."* (FERREZ, 1972, p .8). No início do século XVII a fortificação já está refeita, com a denominação de Fortaleza de Santa Cruz e cruza fogos com a Fortaleza de São João, erguida no promontório a oeste da entrada da barra. (Figura 2)

A defesa do terceiro grande porto natural, a baía de Todos os Santos, revelava-se fundamental, inclusive por ali se situar a primeira capital do Brasil-colônia, a cidade de Salvador. Contemporâneas das fortificações das outras duas baías do sudeste, em Salvador foram erguidos os fortes de Santo Antônio da Barra (1549) e o Monte Serrat (1585). Na primeira metade do século XVII a proteção de Salvador é ampliada com a construção dos fortes de Santa Maria (1614) e o de São Marcelo (1650).

Durante o período histórico da União das Coroas Ibéricas (1580/1640) os ataques vindos do oceano intensificam-se, oriundos dos inimigos da Espanha (franceses, ingleses e holandeses), acarretando a ampliação da rede de fortificações a par da reforma e melhoria das existentes. No período mais crítico da guerra com os holandeses, 1624 a 1654, foram construídas 229 fortificações. No século seguinte, quando os inimigos eram outros - os espanhóis, na disputa do território ao sul, a oeste da linha de Tordesilhas – 176 obras de defesa foram erguidas durante a Guerra dos Sete Anos (1756/1763). Mas a década de maior número de obras de defesa erguidas em nosso território corresponde a fase de consolidação da independência: 1820/1830. Só no ano de 1822 foram construídos 161 fortes (FONSECA DE CASTRO, 2019, p. 584).

No final do século XIX, as fortificações construídas ao longo dos quatro primeiros séculos vão se revelar obsoletas diante da evolução dos meios de guerrear, motivando propostas como a do Conde d'Eu, comandante geral da Artilharia, de demolir a maior parte das fortificações herdadas do período colonial, ideia felizmente não realizada... (FONSECA DE CASTRO, 2019, p. 595).

Do início do século XVI até 2006, ano em que foram desativadas as últimas unidades de artilharia costeira, o historiador Adler Homero Fonseca de Castro, contabilizou um total de 1.296 obras defensivas construídas em território brasileiro. A grande maioria dessas construções não existe mais, devido a diversos fatores. O principal foi a obsolescência dos fortes que determinou seu arruinamento pelo abandono, ou mesmo, pela demolição. A desativação levou à ruína muitas fortificações como ocorreu com a maior delas, feita no Brasil colonial, o Forte Real Príncipe da Beira. Construído sobre a margem direita do Rio Guaporé, junto à fronteira com a Bolívia, no período compreendido entre os anos de 1776 e 1783, por ter sido considerada inútil já estava abandonado em meados do século seguinte (NUNES, 1985, p. 300).

Em muitos casos a precariedade dos materiais constitutivos de suas muralhas e a ausência de conservação provocaram sua extinção, como foi o caso das fortificações construídas em taipa de pilão. É interessante notar que os holandeses durante o período de 24 anos durante o qual dominaram o Nordeste, tudo indica, só edificaram em alvenaria de pedra apenas um forte (FONSECA DE CASTRO, 2019, p. 597).

A urbanização constituiu-se em um outro fator determinante pois, a medida em que as cidades cresciam, fortes que guarneciam seu entorno tornavam-se obstáculos ao crescimento da rede viária. Nas cidades litorâneas muitas avenidas foram abertas à custa do aterramento da orla provocando a demolição das obras de defesa ali existentes, como fortes, fortins, baterias e redutos. Em muitos casos os alicerces de suas muralhas foram soterrados. Em Florianópolis, por exemplo, a denominação da Praça Forte de São Luís da Praia de Fora, situada na Avenida Beira-mar Norte, homenageia a fortificação que ali existiu no período de 1771 a 1839. Ao longo da orla marítima da Baía Norte chegou a haver um total de 10 fortificações, todas já desaparecidas (TONERA e OLIVEIRA, 2015. p. 28).

*Figura 1* – Fortaleza de Santo Amaro, atual Museu Histórico de Guarujá, Santos/SP.
Fonte: Victor Hugo Mori

*Figura 2* – Fortalezas de Santa Cruz e São João situadas na entrada da Baía da Guanabara, no Rio de Janeiro/RJ. Em primeiro plano à direita antiga guarita da Forte construído sobre o morro situado atrás da fortaleza. Fonte: Victor Hugo Mori

## Preservação

O primeiro texto sobre a história das nossas fortificações é um artigo publicado em 1885 na Revista do Instituto Histórico e Geográfico Brasileiro assinado por Augusto Fausto de Souza e nessa mesma época ocorreu a primeira campanha pela preservação de uma dessas obras foi um artigo sobre o Forte de São Pedro, situado em Salvador. (FONSECA DE CASTRO, 2013, p. 12-13).

Mas as ações concretas de preservação das fortificações têm início logo após a assinatura do Decreto lei 25, ocorrida a 30 de novembro de 1937, que instituiu a proteção do patrimônio cultural brasileiro. Em 1938, primeiro ano de aplicação do decreto lei institucionalização, o SPHAN – Serviço do Patrimônio Histórico e Artístico Nacional, inscreveu nos Livros de Tombo um total de 214 bens edificados[2].

Desse total, vinte e quatro eram fortificações, sendo no estado de Santa Catarina, por exemplo, os quatro tombamentos realizados naquele ano eram de fortes. Embora a preocupação em preservar os bens edificados de função militar tenha prosseguido na instituição nesses últimos oitenta anos a quantidade de tombamentos desses monumentos não cresceu na mesma proporção em que aumentou o número total de bens protegidos. Atualmente, no conjunto de mais de 1.200 bens materiais tombados, somente 54 referem-se a fortificações, incluindo aí, não só edificações como, também, ruínas. Em contrapartida o conhecimento da arquitetura antiga de função militar tem sido objeto de muitos estudos e pesquisas. Desde 1995 conta a Universidade Federal de Santa Catarina, com o Projeto *Fortalezas Multimidia* que tem como objetivo a utilização de recursos computacionais e de multimidia no estudo, divulgação e, consequentemente valorização e preservação das fortificações existentes em todo o mundo. Um dos resultados desse Projeto foi a criação de um Banco de Dados Internacional sobre Fortificações, acessado através do website fortalezas.org[3].

A pesquisa para um conhecimento mais aprofundado de nossas antigas fortificações tem tido a colaboração da arqueologia histórica. Entre os trabalhos já realizados nessa área vale a pena citar dois trabalhos desenvolvidos no Nordeste. O primeiro refere-se às pesquisas arqueológicas realizadas no Forte Orange, na ilha de Itamaracá, de 2000 a 2010, através da qual foi revelada a constituição do primitivo Forte holandês cujas muralhas de taipa foram, a partir de 1696, demolidas e substituídas por muralhas de alvenaria de pedra na retomada do domínio português na região. O segundo exemplo foi a descoberta de remanescentes do antigo Fortim *Bass*, construído em 1640 pelos holandeses, em Porto Calvo, no atual Estado de Alagoas. Suas muralhas de terra, como as do Orange, foram recuperadas passando a integrar, em 2019, um Parque sob a administração do governo local[4].

Outra atividade de pesquisa e salvamento de testemunhos vem sendo desenvolvida através da arqueologia subaquática, como o trabalho realizado em 2015 no entorno do Forte de São Marcelo, em Salvador.

Em 2013, o historiador Adler publicou um levantamento da situação dos fortes e espaços rememorativos de batalhas, protegidos por tombamento, sob o ponto de vista de sua utilização como espaço de interesse cultural e das possiblidades de visitação. As tabelas resultantes desse estudo revelavam uma situação precária: Nos 52 bens incluídos nessas categorias, 14 estavam em estado de abandono. Nos cinquenta restantes, 15 monumentos não tinham uso cultural, ou seja, não possuíam instalações museológicas ou espaços de atividades culturais. Com acesso a visitantes através de agendamento, havia 7 fortes. A situação melhor, aquela em que os bens exerciam atividades culturais abertas à população só ocorria em, apenas, 16 monumentos. ((FONSECA DE CASTRO, 2013, p.19-21).

Esforços no sentido de reverter essa situação vem sendo empreendidos, inclusive nas fortificações que abrigam unidades militares, mas há alguns aspectos peculiares desse gênero de monumento. Em primeiro lugar, como todo espaço construído, a fortificação tem sua expressão muito peculiar, decorrente da função inicial. Partes dela tornaram-se locais cuja função é apenas museológica, não se prestando a uma reocupação. Incluem-se nessa categoria as casamatas, os paióis de pólvora e as cafuas (originariamente, prisões). Mas esses espaços são em muitos casos os mais interessantes locais, inclusive, por se apresentarem como locais únicos, não encontráveis em nenhuma outra arquitetura. Exemplificam isso as casamatas das fortalezas de Santa Cruz e de São João, no Rio de Janeiro, com suas galerias abobadadas feitas com uma magnifica cantaria realizada com técnica exemplar.

Um outro aspecto peculiar à fortificação é seu distanciamento com relação à comunidade em que está inserida. No imaginário da população não há uma noção de pertencimento em relação a ela. Sempre foi distante, separada por muralhas guarnecidas com canhões e por um fosso e só visitada em determinadas horários e sob a vigilância de seus ocupantes. Nas fortificações que ainda são guarnecidas por unidades militares apesar de serem comuns os esforços dos seus dirigentes por receber visitantes, é comum a adoção de visitas guiadas que são restritas a áreas prefixadas, permanecendo parte da fortificação vedada ao público.

Entretanto, esse distanciamento histórico é muitas vezes motivo para despertar a curiosidade da população por esses espaços, carregados de mistério, e pela singularidade de sua arquitetura. Soma-se a isso o fato de sua implantação, principalmente nas fortificações litorâneas, se dar em promontórios situados em locais de extrema beleza.

A intenção de utilização da fortificação como espaço cultural motivou sua destinação como museu, especialmente nos fortes desativados, como ocorreu com a Fortaleza de Santo Amaro que é hoje o Museu Histórico de Guarujá (Figura 5), com o Forte de Santo Antônio da Barra, em São Luís que abriga o Museu das Embarcações Maranhenses, com o Cinco Pontas em Recife que abriga o Museu da Cidade do Recife (Figura 7) e com o Forte do Brum, também em Recife, onde está instalado o Museu Militar do Forte do Brum.

Na maioria dos casos, notadamente naqueles que cumprem função militar, uma das edificações passou a abrigar um museu em seu interior, como aconteceu com o Santo Antônio da Barra em Salvador, onde funciona o Museu Náutico da Bahia e com a Fortaleza de São João, no Rio de Janeiro[5].

As fortificações, com a evolução da artilharia, passaram por muitas reformas que alteram ou eliminam algumas de suas edificações, com exceção da capela que é mantida enquanto o forte estiver em uso. Em um programa de reciclagem de fortificações há alguns espaços vocacionados potencialmente para novos usos. Um deles é o quartel, cuja principal vocação em um projeto de revitalização, é aquela para a qual foi concebido, ou seja, a hospedagem. Assim como ocorre com os conventos desativados, os quarteis, por se tratar de edificações dotadas de uma sequência de janelas dispostas ao longo de suas extensas fachadas para ventilar e iluminar os dormitórios. Nas nossas fortificações destacaria como edificação vocacionada para hospedagem o quartel da Fortaleza de Anhatomirim, em Santa Catarina. A observação que fizemos em 2016 ainda é válida: "Décadas depois da recuperação da cobertura, pisos e esquadrias ainda não se definiu sua reutilização". (LYRA, 2016, p. 149) (Figura 3).

Outro é o terrapleno, assemelhado a uma praça cercada por edificações (quarteis, casa de pólvora, capela etc.), espaço este perfeitamente reutilizável para programas culturais ou festivos. A visão dessa "praça" é sempre uma surpresa para o visitante ao transpor o portão de entrada da fortificação, porque, externamente, da edificação ele só vê a muralha que a circunda. (Figuras 4 e 5).

*Figura 3* – Quartel da Fortaleza de Santa Cruz, na ilha de Anhatomirim, Município de Celso Ramos/SC. Fonte: Victor Hugo Mori

*Figura 4 e 5* – Fortaleza de Santa Catarina, Cabedelo/PB. Exterior (muralha) e interior (terrapleno, quartel e capela). Fonte: Victor Hugo Mori

## Os "guardiões dos fortes"

A preservação das fortificações não se deve apenas às instituições como o IPHAN e aos órgãos similares instituídos na maioria dos estados brasileiros. Ela resulta da iniciativa de cidadãos que por conta própria assumem o papel de defensores. Ao chamá-los de *guardiões dos fortes* estou me apropriando do título pelo qual ficou conhecido o cidadão Jose Amaro de Souza Filho (1950/2010) que se dedicou durante 30 anos a cuidar da Fortaleza de Santa Cruz de Itamaracá, conhecida como Forte Orange, situada na ilha de Itamaracá, Pernambuco. Residindo ali com sua família, o "Zé Amaro", defendia o forte de depredações. Como a que ocorreu certa vez, quando pedras da muralha foram arrancadas e levadas para constituir o piso da calçada em frente à Prefeitura. Revoltado, ".... Zé Amaro, junto a outros trabalhadores, correu para recolher o patrimônio das muralhas, arrancando do chão pedra por pedra." (ROMEU, 2019, p. 18).

Alguns fortes devem sua preservação a pessoas como o Zé Amaro. Os de Santa Catarina, por exemplo, são devedores ao cidadão Armando Luiz Gonzaga (1936/2016). Sua trajetória em defesa do patrimônio catarinense de origem militar começou no final da década de 1960 quando possibilitou ao IPHAN iniciar as obras de restauração das fortificações de Florianópolis. Primeiro, conseguindo a remoção, pelo município, das famílias que ocupavam o Forte de Santana e, logo em seguida, a limpeza e desmatamento por presidiários da Fortaleza de Santa Cruz situada na ilhota de Anhatomirim. Durante os dez anos seguinte prestou ao IPHAN todo o apoio que se fizesse necessário para a restauração dessa Fortaleza. Quando em 1978 a Universidade Federal de Santa Catarina assumiu Anhatomirim, recebeu do IPHAN restauradas as principais edificações da ilhota - o Quartel, a casa do Comandante e o Paiol de Pólvora.

Nessa mesma década, Armando empenhou-se em salvar o Forte de Santa Bárbara de sua demolição, considerada necessária para implantação de um novo plano viário para a cidade. Além de conseguir que o plano, já aprovado e em execução, fosse modificado, Armando trouxe ao IPHAN a importância do forte, motivando seu tombamento em 1984.

Com a intenção de divulgar a situação de abandono em que se encontrava o Forte de Santo Antônio, situado na ilhota de Ratones, Armando criou um mutirão de voluntários que, a partir do dia 4 de setembro de 1982, durante um ano, passaram os dias de sábado desmatando e limpando os remanescentes edificados da fortificação. Segundo Armando, "A ideia básica desta Operação é motivar a população de Santa Catarina para cuidar diretamente de seu patrimônio histórico-cultural" (MARTINS e GONZAGA, 2017, p.174).

Assim como a preservação dos fortes catarinenses se deve não só ao IPHAN, mas também à atuação de um cidadão, o Armando, o mesmo ocorreu com as fortificações do litoral paulista cuja restauração teve início em 1989. Na baixada santista o IPHAN contou com o apoio inestimável de um cidadão: Elcio Rogério Secomandi, conforme relata Flávia Ferreira de Mattos em sua tese de doutorado:

> "O trabalho de mobilização social empreendido pelo coronel Elcio Secomandi para a valorização e implementação de um circuito turístico junto às fortificações da baixada Santista, desde os anos 1990, desdobrou-se no livro "O circuito turístico dos Fortes", publicado em 2006. Esse trabalho foi reconhecido pela equipe da DPHCEx como um exemplo precursor daquilo que poderia ser incentivado em larga escala."
> (MATTOS, 2018, p. 197).

## Perspectivas atuais

Em 2015 foi feita junto à UNESCO a inserção na lista de bens candidatos ao título de *Patrimônio Mundial*, como bem seriado, da candidatura do "Conjunto de Fortificações do Brasil". Esse conjunto é constituído por dezenove fortificações, construídas entre os séculos XVI e XIX e localizadas nas cinco regiões do país: Fortaleza Santo Antônio de Ratones; Fortaleza Santa Cruz de Anhatomirim; Fortaleza de Santo Amaro da Barra Grande; Forte de São João de Bertioga; Fortaleza de Santa Cruz da Barra; Fortaleza de São João; Forte de N. S. de Monte Serrat; Forte de Santa Maria; Forte de São Diogo; Forte de São Marcelo; Forte de Santo Antônio da Barra; Forte São Tiago das Cinco Pontas; Forte São João do Brum; Forte Santa Cruz de Itamaracá (Forte Orange); Forte de Santa Catarina; Forte dos Reis Magos; Fortaleza de São José de Macapá; Real Forte Príncipe da Beira; e Forte de Coimbra. (Figura 6)

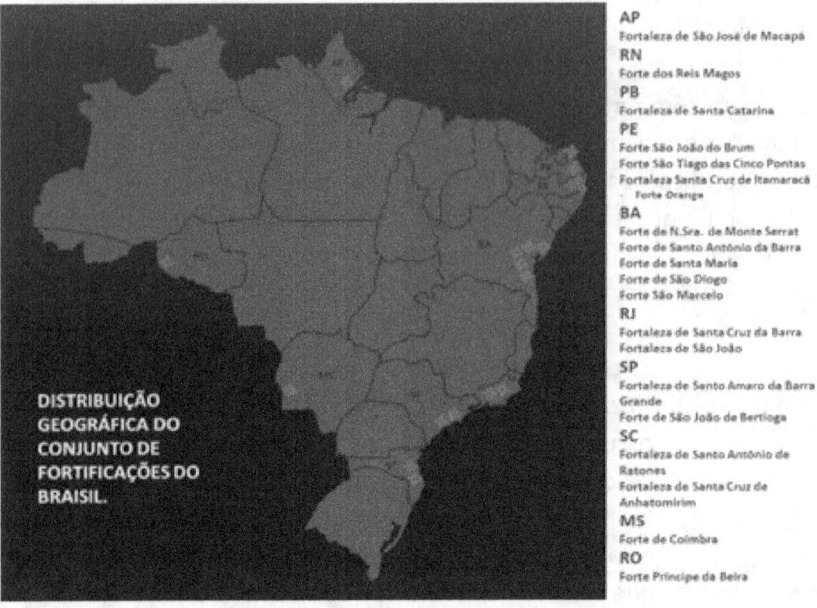

*Figura 6* – Mapa com localização das 19 fortificações que compõem o bem seriado da candidatura ao título de Patrimônio Mundial. Fonte: Departamento de Cooperação e Fomento. Coordenação Geral de Cooperação Internacional. Divisão de Reconhecimento Internacional de Bens Patrimoniais. IPHAN, 2020.

Essas fortificações são o exemplo do esforço para a ocupação, defesa e integração do vasto território nacional. Elas serviram para definir as fronteiras marítimas e fluviais, resultantes de um lento processo de expansão ocorrido ao longo de quatro séculos. Além disso exemplificam o contato entre as diferentes culturas do Velho e do Novo Mundo que resultou, inicialmente, no estabelecimento de vilas nos territórios então ocupados por aborígenes, passando, depois, por um longo período de conflitos entre as potencias europeias que resultaram na presença de franceses no Rio de Janeiro; ingleses e irlandeses no Amapá e São Paulo; holandeses no Nordeste – em uma área geográfica de 7 de milhares de quilômetros de extensão durante um período de 55 anos de guerras; e espanhóis em Santa Catarina e Rio Grande do Sul. A vitória dos luso-brasileiros nesses conflitos resultou no surgimento de um país cuja conformação que se mantém até hoje foi basicamente definida já no terceiro quartel do século XVIII, com a construção de estabelecimentos militares na fronteira oeste.

Em 2017 realizou-se no Forte das Cinco Pontas (Figura 7), em Recife, o

Seminário Internacional *"Fortificações Brasileiras – patrimônio mundial"*, com a apresentação de estudos para análise de modelos de gestão e valoração turístico-cultural e a participação de gestores de fortificações e agentes públicos do Brasil, da América Latina e da Europa. Do evento resultou a *Carta do Recife*, documento com diretrizes para o estabelecimento de parcerias público-privadas e para a certificação de destinos patrimoniais, com o objetivo de firmar acordos específicos para cada fortificação com a definição de diretrizes de trabalho destinadas a nortear o desenvolvimento das suas ações. Naquele ano e no seguinte realizaram-se oficinas nos Estados que sediam fortificações da lista indicativa para nivelamento conceitual do processo de candidatura com a participação de técnicos dos órgãos estaduais e municipais de cultura e turismo, de desenvolvimento urbano, de meio ambiente, além de representantes da DPHCEx – Diretoria do Patrimônio Histórico e Cultural do Exército e do IPHAN.

Em 2019, através de consultorias contratadas, no âmbito das Superintendências do IPHAN, nos estados que abrigam as fortificações, foram consolidadas as informações básicas para subsidiar o Dossiê de Candidatura a Patrimônio Mundial. Em dezembro daquele ano realizou-se, no Forte São João, Rio de Janeiro, o II Seminário Internacional Fortificações Brasileiras, promovido pelo IPHAN e a FUNCEP – Fundação Cultural Exército Brasileiro, onde foram apresentadas experiências de preservação de antigos sistemas de defesa situados na Europa e discutidos aspectos diversos ligados à gestão de fortificações.

A crise mundial deflagrada no início de 2020 pela pandemia trouxe consequências para o patrimônio cultural, afetando, inclusive, o andamento da candidatura com a substituição das reuniões presenciais por encontros virtuais além do adiamento da missão de acompanhamento da candidatura por especialistas da UNESCO. Em compensação, muitas iniciativas via internet foram realizadas como o lançamento no dia 12 de setembro da primeira versão digital do livro *Porto de Santos: Armada no mar & Bandeiras na terra*, de autoria de Elcio Rogério Secomandi e Clotilde Paul *(in memoriam)*, sob o patrocínio do IGHMB – Instituto de Geografia e Historia Militar do Brasil.

Assim como ocorreu com os museus também os fortes foram fechados à visitação. O Forte do Brum, em Recife foi reaberto em 1º de setembro com a adoção de medidas de proteção aos visitantes exigidas como prevenção à pandemia. Já a Fortaleza de São João, no Rio de Janeiro, fechada à visitação de 1º de março a 31 de julho, teve suas atividades culturais retomadas no primeiro dia o de agosto, mas com rigoroso controle de protocolos de proteção aos usuários e às equipes da Fortaleza.

A divulgação do tema das fortificações através da internet foi ampliada devido às medidas restritivas que passaram a impedir a visitação às fortificações. Destacaria ao projeto educacional denominado *Turismo Virtual em Fortificações Coloniais do Brasil*. Como o próprio título o objetivo á possibilitar, gratuitamente, uma "visita virtual". O foco é o conjunto das 19 fortificações que integram a candidatura ao título de Patrimônio Mundial pela UNESCO. Através desse projeto é possibilitado um "voo imaginário" sobre o território brasileiro com "descidas" nos 19 fortes complementadas com relatos históricos, ilustrados com desenhos e fotografias. Essa viagem integra o Projeto de educação patrimonial Fortes, *fortalezas e integração nacional*, disponível no portal da Universidade Católica de Santos (www.unisantos.br/fortifications) bem como no website (www.secomandi.com.br).

O potencial de uso turístico dos monumentos motivou uma parceria do Brasil com Portugal que resultou no lançamento de um projeto piloto inspirado no *Programa Revive* implementado em 2016 pelo governo português com o objetivo de requalificação e aproveitamento turístico de bens de valor patrimonial que, devido a ociosidade, estavam em processo de degradação. No projeto-piloto brasileiro quatro monumentos foram selecionados para requalificação e aproveitamento turístico por meio de investimentos privados a partir de contratos de concessão pública. Desses quatro, três são fortificações: Fortaleza de Santa Catarina, em Cabedelo/PB, (Figuras 4 e 5), Forte de Nossa Senhora dos Remédios, na ilha de Fernando de Noronha/PE e Forte Orange, na ilha de Itamaracá/PE.

Essa preocupação com o destino das antigas obras de defesa motivou a programação para o ano de 2021 da realização de um evento internacional na cidade de Belém, capital do Pará. Entre os dias 14 e 17 de setembro, sob o patrocínio do ICOFORT e o apoio da UFPA – Universidade Federal do Pará, ocorrerá o *Congresso Internacional sobre Fortificações e Herança militar*.

A crise deflagrada pela pandemia sustou a visitação às fortificações interrompendo diversos projetos de educação patrimonial, mas, por outro lado, motivou o uso dos meios fornecidos pela internet, o que resultou em muitos trabalhos de educação à distância que, sem dúvida, se desdobrarão numa ampliação do conhecimento de nossa antiga arquitetura militar. Além disso, a quantidade significativa de estudos sobre suas obras que estão em andamento vai resultar na identificação de obras, até então, desconhecidas e consequentemente na ampliação do número de remanescentes reconhecidos como detentores de valor para o patrimônio cultural brasileiro.

*Figura 7* – Forte de Cinco Pontas, Recife/PE. Abriga atualmente o Museu da Cidade do Recife. Fonte: Victor Hugo Mori

**NOTAS**

[1] Arquiteto e Urbanista pela Faculdade de Arquitetura e Urbanismo UFRJ, com Especialização em Conservação Arquitetural pelo ICCROM e doutorado em Artes Visuais pela Escola de Belas Artes da Universidade Federal do Rio de Janeiro; Membro Honorário do ICOMOS e Membro fundador do ICOMOS/ Brasil. É professor titular aposentado da Universidade Federal Fluminense e servidor aposentado do Instituto do Patrimônio Histórico e Artístico Nacional.

[2] O órgão de proteção do patrimônio cultural brasileiro começou com a denominação de SPHAN - Serviço do Patrimônio Histórico e Artístico Nacional. Além dessa denominação houve outras, até chegar à atual: IPHAN – Instituto do Patrimônio Histórico e Artístico Nacional.

[3] O Projeto *Fortalezas Multimidia* foi criado e é coordenado pelo arquiteto e pesquisador Roberto Tonera. Até o final de agosto de 2020 o Banco de dados fortaleza.org já editou um total 2.382 fortificações e 3.393 bibliografias.

[4] Esses dois trabalhos foram coordenados pelo arqueólogo Marcos Albuquerque, Coordenador do Laboratório de Arqueologia do

Departamento de História da Universidade Federal de Pernambuco, responsável por diversas pesquisas arqueológicas em fortificações, além do Orange e do Fortim Bass, como o Forte do Brum e o Príncipe da Beira, além dos campos de batalha para a expulsão dos holandeses. Esses trabalhos contaram ainda com a participação da Arqueóloga Veleda Lucena.

[5] O Espaço Cultural "Museu do Sitio Histórico da Fortaleza de São João" foi criado em 2009 e instalado no antigo Paiol à prova de bombas, localizado na retaguarda das casamatas do Forte de São José, sendo subordinado ao CCFEX - Centro de Capacitação Física do Exército instalado na Fortaleza de São João.

[6] Conforme relatou o Coronel Joel Francisco Corrêa, gestor do Espaço Cultural "Museu do Sitio Histórico da Fortaleza de São João".

## REFERÊNCIAS

ALBERNAZ, João Teixeira. **Livro que dá razão do Estado do Brasil.** Rio de Janeiro: Instituto Nacional do Livro/Ministério da Educação e Cultura,1968.

BAVA de CAMARGO, Paulo Fernando. **Arqueologia das Fortificações oitocentistas da planície costeira Cananéia/Iguape, SP.** (Dissertação de mestrado). Museu de Arqueologia e Etnologia da Universidade de São Paulo. São Paulo, 2002.

FERREZ, Gilberto. **O Rio de Janeiro e a defesa do seu Porto.** Rio de Janeiro: Serviço de Documentação Geral da Marinha, 1972. v. 1 e 2.

FONSECA DE CASTRO, Adler Homero. **Muralhas de pedra, Canhões de bronze, Homens de ferro:** fortificações do Brasil de 1504 a 2006. Rio de Janeiro: Fundação Cultural Exército Brasileiro, 2009. v. I.

FONSECA DE CASTRO, Adler Homero. Muralhas da memória: fortificações, patrimônio e turismo cultural. **Caderno Virtual de Turismo**, Rio de Janeiro, v. 1, n. 1, out. 2013, p. 8-22.

FONSECA DE CASTRO, Adler Homero. **Muralhas de pedra, Canhões de bronze, Homens de ferro:** fortificações do Brasil de 1504 a 2006. Rio de Janeiro: Fundação Cultural Exército Brasileiro, 2019. v. IV.

LYRA, Cyro Corrêa. **Preservação do patrimônio edificado:** a questão do uso. Brasília, DF: Iphan, 2016.

MARTINS, Celso. GONZAGA, Armando Luiz. **Memórias das Fortalezas-Ilha de Santa Catarina** - No meio do caminho havia um Armando. Florianópolis: Bernúncia, 2017.

MATTOS, Flávia Ferreira de. **Inovação Institucional e Patrimônio Cultural de Origem Militar no Brasil.** (Tese de Doutorado). Programa de Pós-Graduação em Engenharia de Produção, COPPE, da Universidade Federal do Rio de Janeiro. Rio de Janeiro, 2018.

MORI, Victor Hugo. **Arquitetura militar:** um panorama histórico a partir do Porto de Santos. São Paulo: Imprensa Oficial do Estado; Fundação Cultural Exército Brasileiro, 2003.

NUNES, José de Souza. **Real Forte Príncipe da Beira.** Rio de Janeiro: Spala Editora, 1985

PIGAFETTA, Antonio. **A primeira viagem ao redor do mundo:** o diário da expedição de Fernão de Magalhães. Porto Alegre: L&PM, 2019.

ROMEU, Gabriela. (org.) **Novas (velhas) batalhas:** educação patrimonial no contexto das fortificações de Pernambuco. Brasília: IPHAN, 2019.

TONERA, Roberto; OLIVEIRA, Mario Mendonça de. (orgs.) **As defesas da Ilha de Santa Catarina e do Rio Grande de São Pedro em 1786 por José Correia Rangel.** 2. Ed. Florianópolis: UFSC, 2015.

# PRINCÍPIO ATIVO DE HUMANIDADE: A COVID-19 E OS POVOS E COMUNIDADES TRADICIONAIS BRASILEIROS

*Marcos Olender[1] e Luciano Pereira da Silva[2]*
*(Comitê do Patrimônio Imaterial - ICOMOS/BRASIL)*

> "O que vai curar a humanidade nesse momento não é só o princípio ativo que está sendo pesquisado em laboratórios, mas nossa capacidade de reativar o princípio de humanidade, não somente pensando na imunidade corporal, mas também na imunidade espiritual." (Célia Xakriabá)

## "Deixar morrer": biopoder, soberania e os povos e comunidades tradicionais

Em 27 de março de 2020 é apresentado na Câmara dos Deputados, pela Deputada Federal Professora Rose Neide do PT do Estado do Mato Grosso, o Projeto de Lei (PL) 1142, que contaria com a participação, em sua autoria, de outros deputados federais[3], tendo como relatora a Deputada Joenia Wapichana, da Rede Sustentabilidade do estado de Roraima. O citado projeto visava a criação do "Plano Emergencial para Enfrentamento a Covid-19 nos Territórios Indígenas" mas estendia, também as suas ações (em seu art 4º. § 2º.), aos "pescadores, ribeirinhos e outras populações do campo, quilombolas, das florestas e das águas, que estejam em situação de vulnerabilidade social" (Neide, 2020). Mesmo tramitando em caráter de urgência, o PL só é aprovado no Senado (última fase do seu trâmite) em 16 de junho, quase três meses depois de dar entrada na Câmara e mais de quatro meses depois do próprio Governo Federal reconhecer a chegada da pandemia no Brasil com a decretação, pelo presidente do Estado de Emergência (em 4 de fevereiro). Mas além do atraso na aprovação do Plano outra situação, ainda mais grave, ainda estava por vir. Em 7 de julho a lei é finalmente sancionada pelo presidente da República, Jair Bolsonaro, mas com 22 vetos (!) que praticamente inviabilizavam a sua aplicação! Entre os vetos estavam aqueles, por exemplo, em relação à obrigatoriedade do acesso à agua potável e a distribuição gratuita, de materiais de higiene, limpeza e desinfecção aos povos indígenas, quilombolas e outras comunidades tradicionais, além de vetar, também, a instalação de leitos hospitalares e UTIs nas comunidades e a compra de "ventiladores e máquinas de oxigenação sanguínea" (Neide, 2020) para as mesmas.

A esses se juntavam outros vetos em itens que garantiam o mínimo amparo e estrutura para que esses povos e comunidades tradicionais pudessem enfrentar e sobreviver com dignidade à pandemia: como a garantia de acesso à internet, acesso à verbas emergenciais e a programas e políticas públicas de incentivo e custeio à produção agrícola.

Sendo a lei mais vetada pelo presidente desde o início do seu governo em janeiro de 2019, tais vetos apresentavam como justificativa, em sua maioria, a "ausência de demonstrativo de impacto orçamentário e financeiro" ou, em alguns casos, a existência de programas semelhantes que já serviriam para atender tais povo e comunidades.

A reação foi imediata. No dia seguinte, 8 de julho, a Articulação dos Povos Indígenas do Brasil -APIB (2020) publicava uma nota onde afirmava que os vetos não representariam:

> [...] apenas uma medida de precaução orçamentária, e nem de negação de direitos a cidadãos indígenas, quilombolas e demais comunidades tradicionais, nem muito menos mais uma declaração de guerra desproporcional frente a populações que já viviam em situação de vulnerabilidade. Bolsonaro assume publicamente com esses vetos a determinação de consumar o seu projeto genocida, de "limpar a área", de expansão de ilícitos nos territórios, áreas de proteção protegidos não apenas constitucionalmente mas pela aguerrida resistência dos povos originários e comunidades locais. [...]
> Massacrar direitos cidadãos, tanto de indígenas que moram nos seus territórios, quanto dos que vivem em contextos urbanos [...] e inclusive dos [...] indígenas "estrangeiros",

> como o caso dos Warão [provenientes da Venezuela], é inadmissível, não apenas por violar o texto constitucional (Art. 5º.) que assegura o direito à vida, à liberdade, à igualdade... mas porque tenta suprimir o direito à diferença, à diversidade, e o caráter multiétnico e pluricultural do país.
>
> A estratégia fascista é enterrar as especificidades étnicas e culturais, os modos de vida peculiares que estariam emperrando o projeto desenvolvimentista. (APIB, 2020)

Em nota publicada nesse mesmo dia 08/07, o Conselho Indigenista Missionário (CIMI) (2020) afirmava que esta atitude do presidente expressava "o preconceito, o ódio e a violência do atual governo em relação aos povos indígenas, quilombolas e populações tradicionais"

A Coordenação Nacional de Articulação das Comunidades Negras Rurais Quilombolas (Conaq) também se mobilizou em reação aos vetos. Como afirmou a sua coordenadora, Givânia Silva, em matéria de 9 de julho, "É com muita tristeza, mas nenhuma surpresa que recebemos esses vetos, já que ele [Jair Bolsonaro] se elegeu com essa proposta de atuar contrário às políticas indígenas e quilombolas" (Ribeiro, 2020).

No mesmo dia, na 44ª. Sessão do Conselho de Direitos Humanos da ONU foi apresentada pelo CIMI e pelo Instituto de Desenvolvimento e Direitos Humanos (IDDH) uma denúncia sobre os vetos e em 17 de agosto, em resposta a outra solicitação, dessa vez de representantes da Câmara de Deputados, o Alto Comissariado das Nações Unidas para os Direitos Humanos, se pronunciou, através do seu representante regional para a América do Sul, Jan Jarab (ACNUDH, 2020), afirmando, entre outras coisas que:

> [...] o combate à COVID-19 deve ocorrer à luz das obrigações legais de direitos humanos contraídas pelos Estados. É necessário ressaltar que, segundo as Diretrizes relacionadas à COVID-19, as estratégias de saúde pública devem abordar não apenas as dimensões médicas da pandemia, mas também as consequências imediatas, a médio e a longo prazo, sobre os direitos humanos. Ainda, os tratamentos devem ser acessíveis a todos, sem discriminação, o que implica consideração a barreiras pré-existentes que limitem este acesso.[....]
>
> É em razão da especial afetação a direitos que os povos indígenas, quilombolas e pescadores artesanais e demais

> povos e comunidades tradicionais necessitam que o Estado brasileiro elabore e implemente medidas afirmativas concretas de garantia e proteção a seus direitos humanos, guiadas por um enfoque culturalmente adequado, que respeite as tradições e especificidades locais, nos termos das obrigações emanadas dos diversos tratados internacionais de direitos humanos e segundo as diretrizes estabelecidas na Declaração das Nações Unidas sobre os Direitos dos Povos Indígenas (DDPI) de 2007. (ACNUDH, 2020)

Em 19 de agosto, o Congresso Nacional brasileiro derrubou os vetos da presidência da República ao citado Projeto de Lei concluindo um processo que desde a sua apresentação, já durava quase cinco meses!

Pautada em justificativas que fazem referência a uma postura de "precaução orçamentária", tal atitude do governo brasileiro foi vista, como transcrito anteriormente, por entidades como a APIB como parte de um "projeto genocida", visando a eliminação de povos indígenas e aos quais podemos acrescentar, por extensão, outras comunidades tradicionais.

Essa conduta, aliada a falta de um cuidado específico com as populações em situação de pobreza, na sua maioria negros (decorrência, ainda, do processo de escravização sofrido pelos africanos e seus descendentes por quase quatro séculos somado ao racismo estrutural), tornou relevante nos últimos meses, nos debates que vem ocorrendo na imprensa e, principalmente nas redes sociais, o conceito de necropolítica de Achiles Mbembe.

A pertinência da utilização desse conceito remonta também a outros conceitos que o fundamentam, segundo o próprio autor, como aqueles de biopoder e de soberania empregados por Michel Foucault.

No que concerne ao conceito de soberania, Foucault diz que no século XIX ele sofre uma transformação que o filósofo francês caracteriza como "uma das mais maciças transformações do direito político do século XIX" e que

> [...] consistiu, não digo exatamente em substituir, mas em completar esse velho direito de soberania – fazer morrer ou deixar viver – com outro direito novo, que não vai apagar o primeiro, mas vai penetrá-lo, perpassá-lo, modificá-lo, e que vai ser um direito, ou melhor, um poder exatamente inverso: poder de "fazer" viver e de "deixar" morrer".
> (FOUCAULT, 1999)

Essa nova concepção/postura da soberania tem a sua expressão política, ou melhor, de mecanismos e tecnologias políticas naquilo que Foucault denomina de biopoder. Do "poder que se incumbiu tanto do corpo quanto da vida, ou que se incumbiu, se vocês preferirem, da vida em geral, com o pólo do corpo e o pólo da população" (Foucault, 1999)

E Foucault (1999) se pergunta:

> Então, nessa tecnologia de poder que tem como objeto e objetivo a vida (e que me parece um dos traços fundamentais da tecnologia do poder desde o século XIX), como vai se exercer o direito de matar e a função do assassínio (...)? Como um poder como esse pode matar, se é verdade que se trata essencialmente de aumentar a vida, de prolongar sua duração, de multiplicar suas possibilidades, de desviar seus acidentes, ou então de compensar suas deficiências? Como, nessas condições, é possível, para um poder político, matar, reclamar a morte, pedir a morte, mandar matar, dar a ordem de matar, expor à morte não só seus inimigos mas mesmo seus próprios cidadãos? Como esse poder que tem essencialmente o objetivo de fazer viver pode deixar morrer? Como exercer o poder da morte, como exercer a função da morte, num sistema político centrado no biopoder? (FOUCAULT, 1999)

E ele mesmo responde: através do racismo.

> O que inseriu o racismo nos mecanismos do Estado foi mesmo a emergência do biopoder. Foi nesse momento que o racismo se inseriu como mecanismo fundamental do poder, tal como se exerce nos Estados modernos, e que faz com que quase não haja funcionamento moderno do Estado que, em certo momento, em certo limite e em certas condições, não passe pelo racismo.
> Com efeito, que é o racismo? É primeiro, o meio de introduzir afinal, nesse domínio da vida de que o poder se incumbiu, um corte: o corte entre o que deve viver e o que deve morrer (FOUCAULT, 1999).

A pandemia radicalizou essa situação. Não só manteve e ampliou aquilo que é "legitimado" pelo Estado, no que concerne a quem deve viver e quem pode (ou deve) morrer, como ampliou a postura do "deixar morrer". Essa situação é muito visível no caso brasileiro, em políticas públicas que aparentam ser, no mínimo, equivocadas (como a distribuição, em julho, de 100.500 comprimidos de cloroquina à serem prescritos para indígenas); na falta de políticas públicas apropriadas (ou no veto àquelas propostas) tanto para povos e comunidades tradicionais como para as populações mais carentes (ou desprovidas) de renda e de infra-estrutura ou, mesmo na exposição voluntária à ameaça da Covid-19, promovida pelos negacionistas do governo ou por seus simpatizantes ou por aqueles a quem foram negadas as informações necessárias para se precaverem da pandemia. Por sua vez, essa exposição descontrolada acarreta menos complicações e óbitos, obviamente, para os grupos e classes mais favorecidos social e economicamente, pela possibilidade bem maior que possuem de assistência médica adequada.

## A necropolítica brasileira na pandemia

No dia 19/03 ocorreu o primeiro falecimento pelo coronavírus entre indígenas, exatamente um dia antes do Decreto Federal que reconheceu a existência da transmissão comunitária do vírus no país. Mas a vítima, Lusia dos Santos Lobato, liderança indígena da etnia Borari, de 87 anos, por não viver em território reconhecido como aldeia pela FUNAI (Fundação Nacional do Índio) não teve o seu óbito registrado pela SESAI (Secretaria Especial de Saúde Indígena). Moradora da vila de Alter do Chão, em Santarém, no estado do Pará, foi também a primeira vítima do estado com teste positivo, embora o resultado do teste só tenha saído 5 dias depois do falecimento, e que, por falta de informação e orientação, no seu velório tenham estado presentes "centenas de pessoas" (Souza, 2020) colocadas, consequentemente, em risco.

O primeiro caso de infectação de um indígena reconhecido pela FUNAI se deu quase uma semana depois, em 25/03, com uma jovem indígena do povo Kokama de 20 anos, infectada por um médico da SESAI vindo de São Paulo para a sua aldeia. Uma semana depois, no dia 03/05, já eram 59 casos positivos entre os Kokama cujos territórios estão distribuídos em 11 municípios no estado do Amazonas, e que encontram-se entre os três povos indígenas com maior número de óbitos. Em dados apresentados pelo DSEI (Distritos Sanitários Especiais Indígenas), no dia 17/09, eram 35 casos fatais, informação, por sua vez, contestada pela APIB (Articulação dos Povos Indígenas do Brasil) que contabilizou 58 falecimentos, entre eles o de Messias Kokama, líder do Parque das Tribos, "maior bairro indígena do país" (Pacheco,

2020), localizado em Manaus, capital do estado. Esses dados apontam para outra situação extremamente grave, a das subnotificações da doença.

O primeiro óbito da COVID-19 reconhecido oficialmente, entre os indígenas, foi em 09/04, no Hospital Geral de Roraima (em Boa Vista). Tratava-se de um jovem yanomami chamado Alvanei Xirixanade de 15 anos, da aldeia Rehebe, localizada na Terra Indígena Yanomami (Mendonça, 2020). Em 09 de outubro existiam 869 casos e 7 óbitos entre os yanomami, povo indígena que se enquadra na categoria de grupos relativamente isolados. O garimpo ilegal, infelizmente comum na região, é uma grave ameaça para a infectação desse povo.

Nestes primeiros casos é possível notar algo que era e continua sendo rotineiro nos contágios entre os povos indígenas que são as falhas na execução de protocolos de segurança e, mesmo, muitas vezes a omissão do poder público em garantir essas normas e critérios, bem como ações governamentais que, como já explicitamos aqui, puseram em risco esses povos, somadas as invasões dos seus territórios por grupos religiosos, grileiros e garimpeiros, entre outros.

Algumas situações exemplificam bem o que afirmamos acima. Em Mato Grosso do Sul, por exemplo, temos o relato da enfermeira indígena *Indianara Ramires Guarani Kaiowá* da coordenação *técnica do DSEI Polo Dourados*. Em depoimento publicado em 3 de abril já apontava para diversos e graves problemas entre as comunidades próximas de Dourados no Mato Grosso do Sul (e que é comum em todo o estado). Tal situação coloca-os em grave risco no que concerne a pandemia. Por outro lado, os Guarani Kaiowá encontram em suas práticas tradicionais um contraponto importante para manter sua comunidade fortalecida perante as suas precárias condições e as ameaças da doença:

> Frente aos conhecimentos tradicionais, nossos anciões e anciãs têm trabalhado basicamente no fortalecimento espiritual da juventude. Têm feito rezas e cantorias para que a juventude indígena se fortaleça espiritualmente, para que a comunidade se fortaleça frente à pandemia, que tem gerado muita preocupação nas famílias. Isso tem gerado muito medo porque sabemos que há muitas vulnerabilidades nos territórios indígenas, como falta de água, falta de alimentos, falta de comida para as famílias. Como não estão indo para a cidade, a alimentação está escassa. Isso tem gerado alguns sentimentos que são preocupantes

> para os anciões e para nós, profissionais de saúde (ONU MULHERES BRASIL, 2020)

Mas uma situação bastante significativa é aquela vivenciada pelo povo xavante em Mato Grosso. O novo vírus chegou nos Xavante em meados de maio (Única News, 2020) sendo a primeira vítima um bebê, neto de uma grande liderança desse povo, o cacique geral da Terra Indígena Marãiwatsédé, Damião Paridzané.

No findar do mês de junho, o movimento indígena, a imprensa nacional e internacional alertavam para o elevado número de mortos e sinalizava-se para um genocídio em curso entre os xavantes. No dia 27/06 o *El País* noticiou: "Nove indígenas Xavante morrem em 24 horas com sintomas de covid-19, denunciam lideranças. Com uma população de 22.000 pessoas, índios da etnia já tem 102 casos de infecção confirmados". Um mês depois, era publicada a matéria "Covid-19 se espalha e mata xavantes, reavivando os traumas do passado" (Valente, 2020).

A menção a esses traumas fazem referência à remoção forçada dos xavante de Marãiwatsédé, empreendida pela Força Aérea Brasileira em 1966, para cederem espaço para expansão agropecuária. Essa remoção foi motivo da proliferação da epidemia de sarampo na aldeia São Marcos, para onde foi enviado o grupo, estimando-se que o sarampo matou um número entre 75 a 120 indígenas (Valente, 2020). A desintrusão da TI Marãiwatsédé e o pleno retorno desse grupo para seu território tradicional demorou 20 anos.

Os discursos e ações do governo federal no território xavante ilustram muito bem a postura assumida por este em diversos casos concernentes às comunidades tradicionais. Em 1 de julho, por exemplo, em uma videoconferência com políticos de Mato Grosso, como o senador Wellington Fagundes (PL) e o prefeito de Barra do Garças, Roberto Farias (MDB), a ministra da pasta da Mulher, Família e Direitos Humanos afirmava a respeito do projeto de se enviar uma força tarefa do exército para o território xavante:

> Acho que Exército tem que ir, a barreira sanitária tem que acontecer, o hospital tem que ser erguido, a profilaxia tem que chegar e a hidroxicloroquina tem que chegar em abundância. Para o território xavante: Se tem espaço físico para o hospital de campanha fica mais fácil ainda (AMARAL, 2020).

A força tarefa foi enviada em 27/07 sendo barrada nas terras indígenas Marãiwatsédé e Sangradouro, e provocando resistências a sua admissibilidade na TI São Marcos, pois, segundo as palavras de Aquilino Paridzané:

> Nossa reivindicação é por estrutura de saúde, não Força Tarefa. Não dá pra atender tudo isso em uns dias. Então é só pra fazer propaganda, divulgar mentira. Precisamos de hospital, Casai [casa de saúde indígena] em boa condição, profissionais de medicina, bons profissionais e um DSEI melhor, que atende o Xavante. (SANTANA, 2020)

As palavras do cacique Damião Paridzané, da TI Marãiwatsédé, retratam muito bem a forma como foi gerida essa Força Tarefa, sem consulta, pouco diálogo e falta de clareza.

> Ninguém vai na casa de outra pessoa sem falar antes, fazer o combinado. Tem que consultar, ter ofício, saber o que realmente precisa na saúde. A doença, coronavírus, todos os municípios decretaram para ninguém entrar na aldeia. Então (Sesai) vem de surpresa, um monte de gente, com prefeito que não gosta da gente, não ajuda a gente, incentiva invasão? E um monte de soldado também. Assustou todo mundo (SANTANA, 2020)

Tais exemplos explicitados acima, dão um breve panorama das situações sofridas pelos povos indígenas em relação à pandemia. Ausência de políticas públicas ou iniciativas governamentais completamente equivocadas, (algumas delas tardiamente retificadas e/ou realizadas por pressão e denúncia das associações representativas desses povos e comunidades e decisões do judiciário) reforçam tanto o conceito de soberania utilizado por Foucault quando aquele de necropolítica formulado por Achiles Mbembe.

Mbembe quando aborda o processo de colonização empregado pelos europeus no continente africano fala-nos de como esses colonizadores viam aqueles que intitulavam de "os selvagens":

> Da negação racial de qualquer vínculo comum entre o conquistador e o nativo provém a constatação de que as colônias possam ser governadas na ilegalidade absoluta. Aos olhos do conquistador, "vida selvagem" é apenas outra forma de "vida animal", uma experiência assustadora, algo alienígena além da imaginação ou compreensão. Na verdade, de acordo com Arendt, o que diferencia os selvagens de

> outros seres humanos é menos a cor de suas peles e sim o medo de que se comportem como parte da natureza, que a tratem como mestre irrefutável. Assim, a natureza continua a ser, com todo o seu esplendor, uma realidade esmagadora. Comparados a ela, os selvagens parecem fantasmas, aparições irreais. Os selvagens são, por assim dizer, seres humanos "naturais", que carecem do caráter específico humano, da realidade humana, de tal forma que, "quando os europeus os massacraram, de alguma forma não tinham consciência de que haviam cometido assassinato"
> (MBEMBE, 2016)

Essa afirmação pode ser ilustrada, por exemplo, por áudios e mensagens de texto que circularam pelo whatsapp em meados de julho, antes da citada Força Tarefa em território xavante, no município de General Carneiro (Lemos, 2020), também no estado do Mato Grosso e onde habitam indígenas das etnias xavante e bororo. Dois desses áudios diziam o seguinte:

> - Ô, companheiro, isso daí só é índio, rapaz... não é gente, não (...). Dentro de General mesmo, o número de infectados é muito pouquinho, graças a Deus. Agora os índios... esse povo aí é sem cultura, sem religião, quem dá conta desse povo aí?
> - Tem que fechar as aldeias, né? Chegar lá, colocar a polícia lá e travar tudo. Teriam que fechar as aldeias para esses 'bichos'
> (LEMOS, 2020).

Aqui ecoa o alerta de Foucault sobre o racismo presente na noção de soberania que caracteriza as raças, as hierarquiza, as qualifica ou as desqualifica, criando legitimações, inclusive, para a sua dominação ou extermínio.

Por outro lado, essa proximidade com a natureza, ou melhor, sentir-se como membro participe e integrado nela e distante dessa "humanidade" descolada da Terra tem sido afirmado pelos povos indígenas e por outras comunidades tradicionais como, justamente, a condição fundamental não só para entender e enfrentar a pandemia mas, também, para se afirmar uma vida mais saudável e consequente.

A esse respeito é importante atentarmos para os alertas explicitados por Ailton Krenak em seu texto "O Amanhã Não Está a Venda". Ele, que desde o início da pandemia encontra-se recluso na aldeia do seu povo no vale do Rio

Doce, em Minas Gerais, isolado em uma reserva de quatro mil hectares. Até o momento da escrita do texto, sua aldeia não tinha sofrido nenhum caso de contágio. Mas, "a verdade" diz ele:

> [...] é que vivemos encurralados e refugiados no nosso próprio território há muito tempo, numa reserva de 4 mil hectares – que deveria ser muito maior se a justiça fosse feita -, e esse confinamento involuntário nos deu resiliência, nos fez mais resistentes. Como posso explicar a uma pessoa que está fechada há um mês num apartamento numa grande metrópole o que é o meu isolamento? Desculpem dizer isso, mas hoje já plantei milho, já plantei uma árvore ...
> (KRENAK, 2020)

É difícil selecionar algum trecho desse texto curto mas tão necessário. Um texto que aponta que um mundo que ainda é movido e motivado por uma idéia de "progresso", que pensava que não podia parar, parou. Parou por causa de um vírus que ameaça especificamente a humanidade! "Basta olhar em volta", exemplifica Krenak (2020),

> O melão-de-são-caetano continua a crescer aqui do lado de casa. A natureza segue. O vírus não mata pássaros, ursos, nenhum outro ser, apenas humanos. Quem está em pânico são os povos humanos e seu mundo artificial, seu modo de funcionamento que entrou em crise. (KRENAK, 2020)

Mundo artificial criado por povos humanos que se descolaram da Terra e que se auto-denominam de "humanidade", mas, alerta Krenak (2020), "essa dor talvez ajude as pessoas a responder se somos de fato uma humanidade". Uma humanidade que devastou "o planeta, cavando um fosso gigantesco de desigualdades entre povos e sociedades. De modo que há uma sub-humanidade que vive numa grande miséria, sem chance de sair dela – e isso também foi naturalizado" (Krenak, 2020). A saída, aponta Krenak (2020), é "abandonar o antropocentrismo; há muita vida além da gente, não fazemos falta na biodiversidade". O nosso poder destruidor por outro lado, é muito pior que o da Covid-19. "Esse pacote", ou clube como ele se refere algumas vezes, "chamado de humanidade", que vive descolado da Terra "numa abstração civilizatória que suprime a diversidade, nega a pluralidade das formas de vida, de existência e de hábitos" é a grande ameaça. E a esperança está naquilo que

Krenak denominará de sub-humanidade pois vivem "agarrados nessa Terra", mas que poderíamos denominar também de sobre-humanidade, pois vivem com uma integração à Natureza que está muito além dessa humanidade. "São aqueles que ficaram meio esquecidos pelas bordas do planeta, nas margens dos rios, nas beiras dos oceanos, na África, na Ásia ou na América Latina". São os "caiçaras, índios, quilombolas, aborígenes [...] uma camada mais rústica e orgânica, uma sub-humanidade, que fica agarrada na Terra" (Krenak, 2020), que são também natureza, e com quem, humildemente, a humanidade terá que aprender se quiser sobreviver.

Como aponta Krenak essa "camada" de povos humanos "mais orgânica" é constituída, também, por outros povos e comunidades tradicionais, e que também sofrem cruelmente os efeitos, no caso brasileiro, de uma necropolítica pública.

Para ilustrar essa situação, seguem abaixo gráficos que mostram a proliferação (Figura 1) e óbitos do coronavírus entre povos indígenas aldeados (SESAI) (Figura 2) e os dados do Comitê Nacional de Vida e Memória Indígena (Figura 2), que busca contabilizar e monitorar a COVID-19 nas aldeias e entre indígenas em contexto urbano.

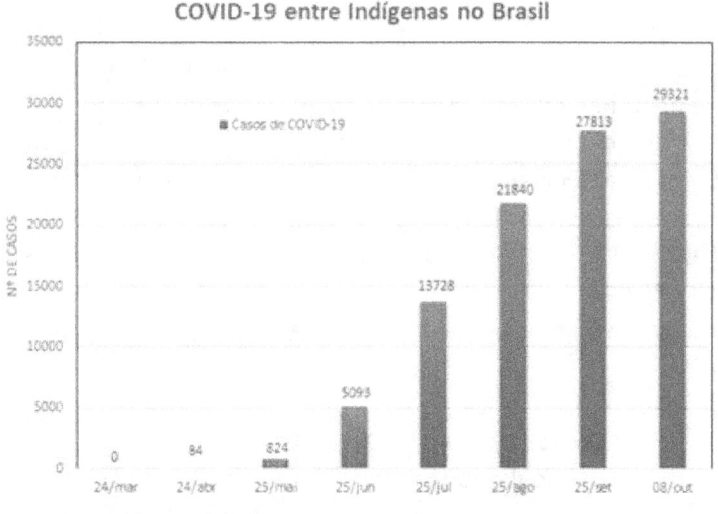

*Figura 1* – Proliferação do Covid-19 entre povos indígenas segundo a SESAI, no ano de 2020.

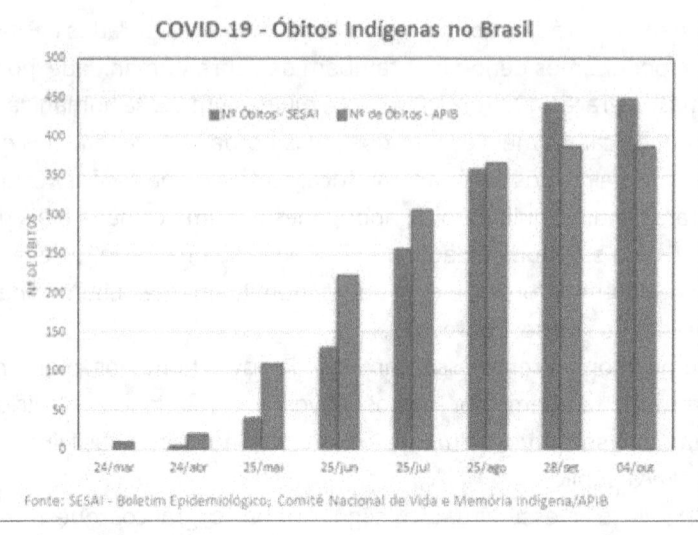

*Figura 2* – Número de óbitos entre os povos indígenas pela Covid-19 segundo a SESAI e a APIB, no ano de 2020.

Situações semelhantes aos dos povos indígenas também estão acontecendo em outros povos e comunidades tradicionais. É o que, por exemplo, nos informa o líder cigano Aluizio de Azevedo Silva Junior (depoimento em anexo) que relata também as precárias condições de vida do seu povo (falta de água potável encanada e energia elétrica), o racismo estrutural e a ausência de planos e procedimentos de auxilio emergencial como responsáveis pelo imenso risco que vivem as comunidades ciganas durante a pandemia. E, também, a impossibilidade de se realizar diversos rituais fundamentais para a cultura cigana como, principalmente, aqueles fúnebres,

> O vácuo deixado pela ausência dos rituais fúnebres afeta a população em geral; mas impacta, sobretudo, povos ciganos e outras minorias. O fino pano da trama social kalon foi rasgado: nossos mortos não puderam receber as homenagens em acordo com as tradições da kalonidade, se tornando figuras míticas ancestrais na constituição da memória coletiva de nossas comunidades. Apesar da falência do corpo, o morto permanece no culto ancestral e memória

> coletiva (Silva Júnior, p. 258). Se o corpo não for ritualizado adequadamente, o espírito do morto não terá paz, assim como os vivos também não (SILVA JUNIOR, 2020).

O modo de vida coletivo, extensivo a todas as atividades, inclusive a produção de alimentos e aos rituais fúnebres e que estruturam as sociedades tradicionais encontram-se ameaçados com a propagação da covid-19 e a sua chegada a esses povos e comunidades. No caso das cerimônias para os mortos esse impacto é extremamente forte não só para os ciganos, mas também para os povos indígenas e para as comunidades quilombolas. É o que nos narra, por exemplo, o jornalista Luiz Felipe Stevanim (2020):

> No quilombo África, em Moju, município paraense a cerca de 120 quilômetros de Belém, o luto pela morte de um parente é vivido como um ritual coletivo. Conhecidos, amigos e familiares vêm para o velório e costumam ficar de 8 a 30 dias; trazem comida, doações em dinheiro e bebidas permitidas pela comunidade. Prestam homenagem à memória do falecido e tentam "suavizar a dor" da família enlutada, com brincadeiras e conversas. "É um momento de solidariedade absoluta. Alguns vão pescar, fazer a farinha, lavar as roupas dos parentes, cuidar e rezar", conta Raimundo Magno, integrante da Coordenação Estadual das Associações das Comunidades Remanescentes de Quilombo do Pará (Malungu). A ameaça da covid-19 e a necessidade de medidas de distanciamento social, para evitar a proliferação do vírus, interromperam essa tradição que existe, segundo Raimundo, há 300 anos em sua comunidade. "Imagina o prejuízo cultural e social que essa doença está causando, além do adoecimento físico e psicológico e pela falta do que dar de comer para os filhos", relata. (Stevanim, 2020)

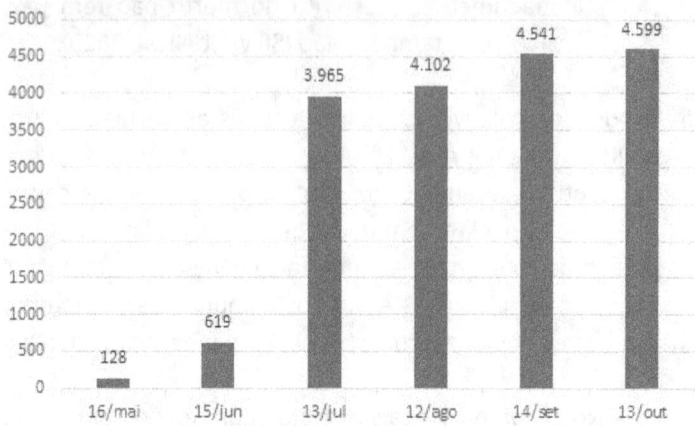

*Figura 3* – Proliferação da COVID-19 entre os quilombolas segundo a CONAQ, no ano de 2020.

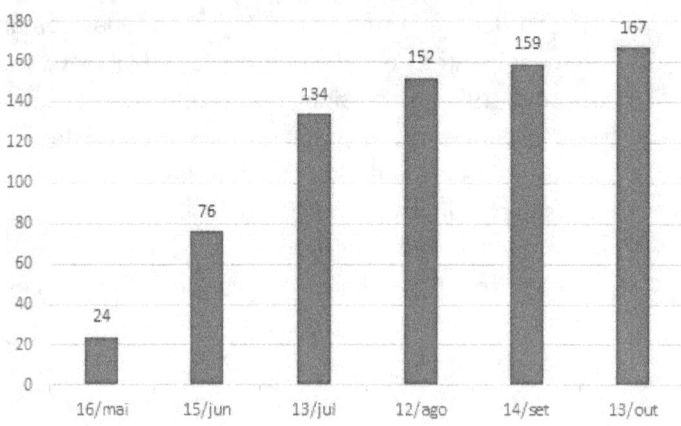

*Figura 4* – Número de óbitos pela COVID-19 entre os quilombolas segundo a CONAQ, no ano de 2020.

Entre os povos e comunidades tradicionais os riscos de desestruturação social e cultural também são, portanto, extremamente reforçados com a ameaça da covid-19 e, mais ainda, com a falta de uma política pública adequada para contê-la. E atinge fortemente, também, como visto, todos os seus costumes e rituais, como aqueles fúnebres. Um desses rituais mais conhecidos, o Kuarup, ritual fúnebre indígena celebrado em meados do ano por oito etnias no Parque Indígena do Xingu, homenageando aqueles que morreram no ano anterior, e que não aconteceu, em 2020, pela primeira vez em cinquenta anos. O cineasta Takumã Kuikuro (2020), membro de uma dessas etnias narra a situação:

> Este ano não teremos o Kuarup, o ritual mais importante e tradicional do Alto do Xingu, a primeira terra indígena demarcada no Brasil. Durante a cerimônia nos despedimos dos mortos com danças, lutas, corpos pintados e convidados de todo território e de fora dele. Oito etnias se reúnem numa grande festa para dar adeus aos que se foram.
> Pela primeira vez na história vamos permanecer de luto até que o ritual possa ser realizado na próxima temporada de seca na região, em Agosto de 2021. Mas até lá temeros chorar ainda mais por muitos que irão sucumbir a mais nova ameaça. (KUIKURO, 2020).

Além desse, outro ritual de sepultamento também não pode acontecer, devido a COVID-19.

> Aqui no Alto do Xingu, das 16 etnias, 9 pintam e enfeitam os corpos para que a pessoa chegue bonita ao mundo dos mortos. Mas com os corpos infectados pela Covid-19 teremos de abandonar mais um rito de passagem tradicional. E sem a despedida final do Kuarup vivemos agora um luto prolongado com o temor de um possível extermínio da nossa história e da nossa memória que pode estar por vir.
> Só pedimos para não sermos esquecidos (KUIKURO, 2020).

A ausência do Kuarup reforça, por sua vez, a ameaça ao modo de vida coletivo desta como de outras comunidades tradicionais:

> A nossa cultura também é coletiva. Diferentemente dos brancos que pensam individualmente, nós fazemos tudo juntos- vivemos em grandes casas comunitárias, cozinhamos, comemos, trabalhamos e celebramos nossos rituais com toda aldeia.
> O que nos resta fazer agora é nos isolarmos juntos.
> Quando recebemos as primeiras notícias pela TV e pela Internet de que a doença estava se aproximando do Xingu, decidimos cortar todo contato físico com as cidades mais próximas e com outras aldeias e as viagens e visitas agora só são permitidas em situações extremas. Uma casa de isolamento, construída de forma tradicional com material da floresta, vai abrigar quem apresentar qualquer sintoma da doença (KUIKURO, 2020).

A necropolítica do atual governo brasileiro atinge não só os vivos mas também os mortos destas comunidades, ao tentar "deixar morrer" também a celebração das memórias dos seus mortos.

Um caso de mobilização que podemos destacar como exemplo de articulação em rede, e que veio se somar aquelas que vinham sendo realizadas por entidades nacionais representativas desses povos e comunidades, foi aquele que se iniciou, no estado do Mato Grosso na semana seguinte da publicação, em 20 de março, do Decreto Federal que declarava o reconhecimento de transmissão comunitária do novo coronavírus no país. Essa articulação envolveu diversas instituições e entidades que se mobilizaram para o enfrentamento da COVID-19 naquele estado em apoio ao "Comitê Estadual de Povos e Comunidades Tradicionais de Mato Grosso – CEPCT/MT. O objetivo era tentar contribuir para constituir uma governança de povos e comunidades tradicionais por meio do diálogo com as instituições públicas do Estado.

O GT de Desastres e patrimônio cultural desse coletivo, em documento a ser, ainda, encaminhado para Superintendência do IPHAN em Mato Grosso, demonstra preocupações com os efeitos e impactos da COVID-19 sobre o patrimônio cultural imaterial. O objetivo das questões a serem elencadas tem por finalidade compreender as situações, inventariar riscos, analisar casos, prevenir, estimar quadros e impactos da COVID-19 e do pós-pandemia.

## Patrimônio cultural imaterial nacional reconhecido e ameaçado

A ameaça da Covid-19 e, principalmente, a falta de políticas públicas e de cuidados com os povos e comunidades tradicionais, possuem letalidades distintas e em alguns casos potencialidade de extermínio. Por consequência, põem em risco de enfraquecimento ou mesmo de extinção, também, as suas manifestações culturais, as quais participam significativamente da constituição daquilo que podemos denominar de cultura brasileira, sendo que várias dessas manifestações são, inclusive, reconhecidas como parte significativa do nosso patrimônio cultural nacional. Nos quarenta e oito bens registrados pelo IPHAN como patrimônio cultural imaterial brasileiro, pelo menos treze são diretamente vinculados a estes povos e comunidades tradicionais, ou seja cerca de 27%! Sem contar, entre os outros, aqueles que embora presentes em zonas urbanas também tiveram suas origens e continuam a ser praticados por esses povos e comunidades tradicionais como é o caso da Capoeira e dos Maracatus (Nação e Baque-Solto). E ainda consideramos pouco representativa essa porcentagem!

As treze manifestações culturais indicadas acima são:
1. Arte Kusiwa – Pintura Corporal e Arte Gráfica Wajápi (Livro de Registro das Formas de Expressão)
2. Modo de fazer viola de cocho (Livro de Registro dos Saberes)
3. Jongo no Sudeste (Livro de Registro das Formas de Expressão)
4. Cachoeira de Iauaretê – lugar sagrado dos povos indígenas dos rios Uaupés e Papuri (Livro de Registro dos Lugares)
5. Sistema Agrícola Tradicional do Rio Negro/AM (Livro de Registro dos Saberes)
6. Ritual Yaokwa do povo indígena Enawenê Nawê (Livro de Registro das Celebrações)
7. Saberes e práticas associados ao modo de fazer bonecas Karajá (Livro de Registro dos Saberes)
8. Ritxòkò: Expressão Artística e Cosmológica do Povo Karajá (Livro de Registro das Formas de Expressão)
9. Fandango Caiçara (Livro de Registro das Formas de Expressão)
10. Tava, Lugar de Referência para o Povo Guarani (Livro de Registro dos Lugares)
11. Modos de Fazer Cuias do Baixo Amazonas (Livro de Registro dos Saberes)
12. Sistema Agrícola Tradicional de Comunidades Quilombolas do Vale do Ribeira (Livro de Registro dos Saberes)

13. Marabaixo (Livro de Registro das Formas de Expressão)

Como pode-se perceber nessa lista, ela abrange tradições e manifestações culturais que abrangem povos indígenas (1, 2, 4, 5, 6, 7, 8, 10, 11), comunidades quilombolas (2, 3, 12, 13) e caiçaras (9), reforçando o que já afirmamos no início desse ítem de que a ameaça a própria existência dessas comunidades é, também, um risco a importantes produções culturais constituintes da cultura brasileira.

Dessas manifestações culturais, gostaríamos de nos deter, a guisa de exemplo, em três:

Primeiramente, o Jongo do Sudeste brasileiro. Segundo a definição explicitada no próprio dossiê do registro enquanto patrimônio cultural imaterial brasileiro elaborado pelo IPHAN (2007):

> O jongo é uma forma de louvação aos antepassados, consolidação de tradições e afirmação de identidades. Ele tem raízes nos saberes, ritos e crenças dos povos africanos, principalmente os de língua bantu. São sugestivos dessas origens o profundo respeito aos ancestrais, a valorização dos enigmas cantados e o elemento coreográfico da umbigada.
> [...]
> Tambu, batuque, tambor, caxambu. O jongo tem diversos nomes, e é cantado e tocado de diversas formas, dependendo da comunidade que o pratica. Se existem diferenças de lugar para lugar, há também semelhanças, características comuns em muitas manifestações do jongo. (IPHAN, 2007)

Mas, uma das características mais importantes do jongo é que, nas comunidades de descendentes de africanos escravizados ele "tem sido um fator de integração, construção de identidades e reafirmação de valores comuns – estratégias em que a memória e a criatividade são fundamentais" (IPHAN, 2007).

E que comunidades são essas? Como afirmam Hebe Mattos e Martha Abreu são, principalmente, os quilombos. Elas constataram, em suas pesquisas que "a identidade entre os registros da prática do jongo, ainda que apenas como referência de memória, e as comunidades remanescentes de quilombo do Sudeste faz-se em impressionante justaposição" (MATTOS e ABREU, 2007), o que demonstra portanto a vital relação entre várias comunidades quilombolas do Sudeste com o jongo (Figuras 5 e 6).

*Figura 5* – Jongo no Quilombo da Fazenda do Pinheiro em Pinheiral
Foto: Luciane Barbosa de Souza

Outro patrimônio cultural imaterial ameaçado pela COVID-19 que gostaríamos de ressaltar são os "Saberes e práticas associados ao modo de fazer bonecas Karajá" e "Ritxòkò: Expressão Artística e Cosmológica do Povo Karajá" que, na verdade, encontram-se associados. O requerimento para registro das bonecas em cerâmica, produzidas pelo povo indígena Karajá, nomeadas ritxoo (fala masculina) e ritxoko (fala feminina) foi realizado em 2011. O pedido teve como subsidio a pesquisa "O registro Bonecas Karajá: arte, memória e identidade indígena no Araguaia", elaborada entre 2008-2011 pelo Museu Antropológico da Universidade Federal de Goiás (UFG, 2011).

A primeira parte dos trabalhos de campo tiveram por objetivos apresentar a proposta, fazer a gestão, realizar parcerias e obter as anuências. Passada essa etapa, as pesquisas concentraram-se nas aldeias Santa Isabel do Morro (Hawalò Mahãdu) e Aruanã (Buridina). A primeira por ser uma referência na arte da produção da boneca, a segunda por ser a única aldeia no estado de Goiás que havia se dedicado nos últimos vinte anos a revitalizar práticas culturais e desenvolvê-la como uma fonte de renda e sustento das famílias (UFG, 2011).

Em 2012 a boneca Karajá é registrada no Livro dos Saberes, como "Saberes e Práticas Associados ao Modo de Fazer Bonecas Karajá" e no Livro das Formas de Expressão, como "Ritxòkò: Expressão Artística e Cosmológica do Povo Karajá" (UFG, 2011).

As bonecas de cerâmica Karajá, como informa o próprio IPHAN:

> Mais do que objetos meramente lúdicos, [...] são representações culturais que comportam significados sociais profundos, reproduzindo o ordenamento sociocultural e familiar dos Karajá. Com motivos mitológicos, de rituais, da vida cotidiana e da fauna, são importantes instrumentos de socialização das crianças que se vêem nesses objetos e aprendem a ser Karajá, recebem ensinamentos, aprendem as técnicas e saberes associados à sua confecção e usos. Por representarem cenas do cotidiano e dos ciclos rituais, elas portam e articulam sistemas de significação da cultura Karajá e, dessa forma, são lócus de produção e comunicação dos seus valores. (IPHAN, 2009)

A Viola-de-cocho por sua vez, é um instrumento musical da região do Pantanal e da bacia do rio Paraguai e das cidades da Baixada Cuiabana, envolvendo dois estados: o Mato Grosso e o Mato Grosso do Sul. A sua apresentação ocorre invariavelmente em celebrações religiosas, ao ritmo do gêneros musicais cururu e siriri. A sua referência mais antiga é de Karl Von Stein no final do século XIX e Max Schimdt em 1900/1901. É confeccionada de maneira artesanal e com matéria prima retirada da natureza (IPHAN, 2009).

A trajetória do registro como patrimônio imaterial inicia em 1988, em exposição realizada pelo Centro Nacional de Folclore e Cultura Popular/ Funarte, com a presença de pesquisadores e cururueiros de Cuiabá e Santo Antônio do Leverger, na qual, apresentou-se parte dos resultados da pesquisa etnográfica realizada. O objeto foi motivo de disputa jurídica entre os dois estados. Em 2002, uma nova pesquisa foi realizada em Corumbá e Ladário em Mato Grosso do Sul, a eminência do desaparecimento desse bem cultural em razão da idade dos cururueiros destas duas cidades foi ressaltado. Em janeiro de 2005 a viola de cocho recebe o título de patrimônio imaterial. A manutenção e salvaguarda da viola de cocho está associada à sustentabilidade ambiental, acesso a matéria-prima, valorização e difusão (IPHAN, 2009; IPHAN, 2018).

Atualmente, pesquisas realizadas em Mato Grosso, mostram que a viola-de-cocho está presente, com intensidade de uso diferenciada, entre quilombolas (COSTA; SILVA, 2020b); pescadores e ribeirinhos (COSTA; SILVA,

2020a), aldeias indígenas da etnia guató, em comunidades tradicionais rurais (como as dos morroquianos, Figura 6) ou em festas de Santos nas cidades.

*Figura 6* – Festa de Nossa Senhora do Carmo, Comunidade do Taquaral – Morraria ou Província Serrana de Cáceres. Foto: Luis Lemos.

## Considerações finais

A ação das organizações representativas dos povos e comunidades tradicionais e de outras instituições acadêmicas, culturais, sociais e políticas que lhes dão apoio, tem sido fundamental na luta pela conquista de condições adequadas de resistência à pandemia provocada pelo Covid-19, principalmente devido à postura assumida pelo governo federal.

Ameaçados pela necropolítica aplicada por esse governo, a sobrevivência desses povos e comunidades tradicionais é fundamental para a própria sobrevivência da humanidade no Brasil e, mais do que isso, na Terra. Humanidade aqui entendida não como aquela pela qual se autodenominam alguns dos povos que habitam esse planeta e que fascinados pelo mundo artificial que criaram não conseguem perceber que o seu descolamento da natureza é o principal responsável pela crise em que estamos imersos. E que faz com que alguns representantes desses povos e comunidades tradicionais, como Ailton Krenak, cheguem a abdicar de serem reconhecidos sob a mesma designação de conjunto.

Humanidade entendida como tudo aquilo que concerne ao ser humano e a sua presença na Terra. Presença essa cada vez mais ameaçada se não entendermos a demanda feita por essa Terra nesse momento em que vivemos. Demanda assim verbalizado pelo próprio Krenak (2000):

> A nossa mãe, a Terra, nos dá de graça o oxigênio, nos põe para dormir, nos desperta de manhã com o sol, deixa os pássaros cantar, as correntezas e as brisas se moverem, cria esse mundo maravilhoso para compartilhar, e o que a gente faz com ele? O que estamos vivendo pode ser a obra de uma mãe amorosa que decidiu fazer o filho calar a boca pelo menos por um instante. Não porque não goste dele, mas por querer lhe ensinar alguma coisa. "Filho, silêncio". A Terra está falando isso para a humanidade. E ela é tão maravilhosa que não dá uma ordem. Ela simplesmente está pedindo: "Silêncio". Esse é também o significado do recolhimento. (KRENAK, 2000)

Mas toda essa situação, alerta Krenak, não adiantará de nada se voltarmos a àquilo que denominamos de "normalidade". Se quisermos efetivamente viver enquanto humanidade teremos que aprender com a crise provocada a partir dessa pandemia. Teremos que nos reconciliar com a Natureza.

Em entrevista feita no início de setembro desse ano, Célia Xakriabá fazia um diagnóstico da situação que, ainda é, infelizmente, muito atual. E nele, fazia também um alerta:

> O plano do governo brasileiro para o povo indígena é o do aceleramento do genocídio. Para grande parte da sociedade, pode não significar o extermínio da totalidade, mas, para nós, indígenas, são 756 indígenas mortos, sendo 170 anciões, vitimizados pela Covid-19. Não é somente o corpo que está morrendo, mas é uma mão de sabedoria que deixa de sustentar o nosso maracá. Já são mais de 20 mil indígenas contaminados, mais de 156 povos atingidos. Nós temos medo dessa cegueira monocular, essa cegueira social, que normaliza as mortes indígenas. Dizendo que nós somos 1% da população brasileira. Ao mesmo tempo esse quase 1% de indígenas na população brasileira, somado aos 5% dos

povos indígenas na população do mundo, protegemos 82% da biodiversidades do mundo.

Aquelas pessoas que ainda não entenderam o significado, a importância dos povos indígenas, e que conseguirem sobreviver a essa guerra respiratória, vão ter que enfrentar um segundo momento das mudanças climáticas. O planeta vai ter febre, vai entrar em convulsão. Mas, se matar os povos indígenas, vai ter matado o principal princípio ativo da humanidade. Porque a nossa luta é pela cura dos pulmões, não apenas os que fazem parte do nosso corpo, mas o pulmão da terra também (MEDINA, 2020).

A esses povos indígenas podemos somar todos aqueles outros identificados por Krenak (2020) como "agarrados nessa Terra": os "caiçaras, [...] quilombolas, aborígenes" aos quais se somam aqueles pertencentes às outras comunidades tradicionais. Serão eles que poderão formar o "princípio ativo da humanidade" que possivelmente, não só nos salvará dessa situação mas devolverá ao próprio termo "humanidade" o seu sentido mais positivo e adequado.

**REFERÊNCIAS**

AMARAL, Thalyta. Damares defende que Exército feche aldeias em MT para conter pandemia. **Gazeta Digital**, 01 de julho de 2020. Disponível em: https://www.gazetadigital.com.br/editorias/politica-de-mt/damares-defende-que-exrcito-feche-aldeias-em-mt-para-conter-pandemia/621414. Acesso em: 20 de setembro de 2020.

APIB. **Contra as decisões anti-indígenas do governo Bolsonaro**. 08 de julho de 2020. Disponível em: http://apiboficial.org/2020/07/08/contra-as-decisoes-anti-indigenas-do-governo-bolsonaro/. Acesso em: 20 de setembro de 2020.

ACNUDH. 17 de agosto de 2020. Disponível em: https://www2.camara.leg.br/atividade-legislativa/comissoes/comissoes-permanentes/cdhm/

noticias/consulta-acnudh. Acesso em: 20 de setembro de 2020.

CIMI. **Nota pública sobre os vetos do presidente às medidas emergenciais de apoio aos povos indígenas na pandemia.** 2020. Disponível em: https://cimi.org.br/2020/07/nota-publica-vetos-presidente-medidas-emergenciais-povos-indigenas-pandemia/. Acesso em: 20 de setembro de 2020.

COSTA, Manuela Areias; SILVA, Luciano Pereira. Movimento Social de Pescadores e Pescadoras Artesanais em Mato Grosso: patrimônio cultural e lutas políticas. **Revista Brasileira de História & Ciências Sociais**, v. 12, n. 23, jan-jun, 2020a.

COSTA, Manuela Areias; SILVA, Luciano Pereira. Patrimônio Cultural, "Festas e Lutas Políticas em Comunidades Quilombolas de Mato Grosso". **Revista Memória em Rede**, Pelotas, v. 12, n. 22, Jan/Jun.2020. Disponível em: https://periodicos.ufpel.edu.br/ojs2/index.php/Memoria/article/view/16220. Acesso em: 17 de outubro de 2020b.

FOUCAULT, Michel. **Em defesa da sociedade:** curso no Collège de France (1975-1976). São Paulo: Martins Fontes, 1999.

IPHAN. **Dossiê IPHAN 5**: Jongo no Sudeste. Brasília,DF: IPHAN, 2007.

IPHAN. **Dossiê IPHAN 8**: Modo de fazer Viola de Cocho. Brasília, DF : IPHAN, 2009.

IPHAN. **Saberes, fazeres, gingas e celebrações**: ações para a salvaguarda de bens registrados como patrimônio cultural do Brasil 2002-2018. Brasília-DF: IPHAN, 2018.

KRENAK, Ailton. **O Amanhã Não Está À Venda**. São Paulo: Companhia das Letras, 2020.

KUIKURO, Takumã. Povos Indígenas do Alto Xingu estão em luto prolongado. **Americas Quarterly**, 01 de julho de 2020. Disponível em: https://www.americasquarterly.org/ article/povos-indigenas-do-alto-xingu-estao-em-luto-prolongado/. Acesso em: 17 de outubro de 2020.

LEMOS, Vinicius. Isso não é gente: os áudios com ataques a indígenas na pandemia que se tornaram alvo do MPF. **Revista Época**, 27 de julho de 2020. Disponível em: https://epoca.globo.com/brasil/isso-nao-gente-os-audios-com-ataques-indigenas-na-pandemia-que-se-tornaram-alvos-do-mpf-24552614. Acesso em: 20 de setembro de 2020.

MBEMBE, Achille. Necropolítica. **Arte & Ensaios**, n. 32. Dezembro de 2016. Disponível em: https://revistas.ufrj.br/index.php/ae/article/view/8993/7169. Acesso em: 26 de setembro de 2020.

MEDINA, Martina. Célia Xakriabá: Curar a Terra é Curar a Nós Mesmos. **YAM**, 04 de setembro de 2020. Disponível em: https://yam.com.vc/sabedoria/791662/celia-xakriaba-curando-a-terra-curamos-a-nos-mesmos. Acesso em: 17 de outubro de 2020.

MENDONÇA, Heloisa. Yanomami de 15 anos morre vítima do coronavírus em Roraima. **El País Brasil**, 10 de abril de 2020. Disponível em: https://brasil.elpais.com/brasil/2020-04-10/yanomami-de-15-anos-morre-vitima-do-coronavirus-em-roraima.html Acesso em: 17 de outubro de 2020.

NEIDE, Rosa e outros. **Projeto de Lei 1142/2020**. Câmara dos Deputados: Distrito Federal, 27 de março de 2020. Disponível em: https://www.camara.leg.br/proposicoesWeb/prop_mostrarintegra;jsessionid=AB1F5969F98BF24839FFF4075C5D8CB1.roposicoesWebExterno1?codteor=1871094&filename=PL+1142/2020. Acesso em: 17 de outubro de 2020

ONU MULHERES BRASIL. **Enfermeira indígena destaca falta de água e de alimentos como desafios à prevenção do coronavírus na maior reserva indígena do Brasil.** 03 de abril de 2020. Disponível em: http://www.onumulheres.org.br/noticias/enfermeira-indigena-destaca-falta-de-agua-e-de-alimentos-como-desafios-a-prevencao-do-coronavirus-na-maior-reserva-indigena-do-brasil/ Acessado em: 20 de setembro de 2020.

PACHECO, Tânia e outros. Etnias Xavante, Kokama e Terena concentram 23% das mortes por Covid-19 entre indígenas. **Boletim Combate Racismo Ambiental**. 17 de setembro de 2020. Disponível em: https://racismoambiental.net.br/2020/09/17/etnias-xavante-kokama-e-terena-concentram-23-das-mortes-por-covid-19-entre-indigenas/. Acesso em: 20 de setembro de 2020.

RIBEIRO, Flávia. Quilombolas estudam medidas para derrubar vetos de Bolsonaro em plano emergencial da pandemia. **Alma Preta**, 09 de julho de 2020. Disponível em: https://www.almapreta.com/editorias/realidade/quilombolas-estudam-medidas-para-derrubar-vetos-de-bolsonaro-em-plano-emergencial-da-pandemia. Acesso em: 20 de setembro de 2020.

SANTANA, Renato. Sem consulta prévia, terras indígenas Xavante se negam a receber Força Tarefa da Sesai com militares, prefeitos e cloroquina. **Conselho Indigenista Missionário (CIMI),** 21 de agosto de 2020. Disponível em: https://cimi.org.br/2020/08/sem-consulta-previa-e-denunciando-atraso-terras-indigenas-xavante-se-negam-a-receber-forca-tarefa-da-sesai-com-militares-e-cloroquina/. Acesso em: 20 de setembro de 2020.

SILVA JÚNIOR, Aluízio de Azevedo. **Comunidades ciganas no Brasil:** racismo e exclusão durante a pandemia. 2020 (anexo 1)

SOUZA, Oswaldo Braga de. Teste de indígena falecida dá positivo para Covid-19 em Alter do Chão (PA). **Instituto Sócioambiental**, 02 de abril de 2020. Disponível em: https://www.socioambiental.org/pt-br/noticias-socioambientais/em-alter-do-chao-pa-teste-de-indigena-falecida-da-positivo-para-covid-19. Acesso em: 20 de setembro de 2020.

STEVANIM, Luiz Felipe. Quilombos ameaçados: racismo e abandono do Estado afetam comunidades quilombolas na luta contra a COVID-19. **RADIS:** Comunicação e Saúde, Rio de Janeiro, n. 214, p. 22-25, 2020.

ÚNICA NEWS. **Índia Xavante é a primeira indígena a testar positivo para Covid-19 em MT**. 15 de maio de 2020. Disponível em: https://www.unicanews.com.br/cidades/india-xavante-e-a-primeira-indigena-a-testar-positivo-para-covid-19-em-mt/50046. Acesso em: 17 de outubro de 2020.

UNIVERSIDADE FEDERAL DE GOIÁS MUSEU ANTROPOLÓGICO.
**Bonecas Karajá:** arte, memória e identidade indígena no Araguaia Dossiê descritivo dos modos de fazer ritxoko (versão atualizada). Goiânia. 2011.

VALENTE, Rubens. **Covid-19 se espalha e mata xavantes, reavivando os traumas do passado.** 26 de junho de 2020. Disponível em: https://noticias.uol.com.br/colunas/rubens-valente/2020/06/26/covid-indigenas-mato-grosso.htm. Acesso em: 20 de setembro de 2020.

## ANEXO 1. COMUNIDADES CIGANAS NO BRASIL: RACISMO E EXCLUSÃO DURANTE A PANDEMIA

### Aluízio de Azevedo Silva Júnior[4]

Todos os impactos e crises que a pandemia trouxe à população brasileira impactaram as comunidades ciganas. Ainda que as nossas contribuições à identidade e à cultura nacionais tenham sido inviabilizadas pelo Estado e mesmo que estejamos integrados por um sistema de pertença pela exclusão ou desigualdade; fazemos parte da nação e somos impactados pelos fatores que a atingem. Mas também sofremos impactos específicos, que dizem respeito ao histórico de desigualdade social e exclusão das pessoas ciganas; e as políticas persecutórias que operam nos dias de hoje, por meio de lógicas de colonização do poder, do ser, do saber e outros campos da vida.

Como as palavras "índio" ou "negro", o termo "cigano" foi criado pelos portugueses para nomear várias etnias diferentes, com costumes, tradições, histórico de vida, culturas, identidades e dialetos distintos. São três troncos étnicos principais: os Rom, os Sinti e os kalon, que se subdividem em inúmeros subgrupos, vivendo em quase todos os países do mundo, somando 15 milhões de pessoas. Os grupos Rom têm uma ligação histórica com países do leste europeu; os sinti com países da Europa central e os kalon com a península ibérica.

No Brasil temos os três troncos, com maior número de comunidades Kalon, seguidas pelas da etnia Rom e poucas de origem Sinti. Estas duas últimas, chegaram ao país no contexto da primeira e da segunda guerras mundiais. Já os kalon foram expulsos, cem cessar de Portugal para o Brasil, durante toda colonização. Desde quando os primeiros ciganos chegaram em terras lusitanas, no século XV - vindos numa diáspora milenar possivelmente da Índia - sofreram políticas persecutórias, tendo seus costumes, línguas, tradições e modos de vida proibidos em normativas que previam penas como açoite, separação de famílias, tortura, prisão, degredo e morte.

As autoridades portuguesas emitiam ordens da forma racista e persecutória como as pessoas ciganas deveriam ser tratadas na colônia. Com a perseguição, veio também o imaginário estereotipado, que reverbera ainda hoje. A mídia, a ciência e a literatura, construíram ou reforçaram estigmas e preconceitos contra as pessoas ciganas, nos atribuindo desqualificações negativas, como preguiçosos, sujos, bandidos, trapaceiros etc. O resultado é que a imensa maioria das pessoas ciganas estão em situação de pobreza, não tem acesso à educação ou trabalho formais, previdência social e aposentadoria.

A taxa de analfabetismo é maior e o índice educacional é menor se comparado à população brasileira. Historicamente, as comunidades ciganas trabalham com comércio informal e de segunda mão; atividades circenses; doma de animais; leitura de mãos ou atividades com metais, artesanatos, entre outros, atividades suspensas pelas medidas de isolamento social. Além do que, as pessoas ciganas são mais afetadas pela mortalidade infantil, tem menor expectativa de vida e encontram dificuldades para um acesso integral e equitativo aos serviços, que manifestam um racismo institucional latente.

Ainda assim, desenvolvemos táticas de sobrevivência, resistindo, mantendo saberes, filosofias, tradições e dialetos próprios, que nos diferenciam da sociedade majoritária, inclusive nos modos de ver a morte, a vida e o processo de adoecimento/cura. A inclusão dos romani brasileiros só começou com a aprovação da Constituição Federal de 1988. Mesmo assim foram necessários 18 anos para que houvesse a primeira política afirmativa: o Decreto Presidencial de 25 de maio de 1996, que estabeleceu 24 de maio como o dia nacional dos Ciganos.

Em 2007 fomos abarcados pela Política Nacional de Desenvolvimento Sustentável dos Povos e Comunidades Tradicionais (decreto nº 6.040). Em 2018, o Ministério da Saúde editou a "Política Nacional de Atenção Integral ao Povo Cigano/Romani", que estabelece recomendações, objetivos, diretrizes e competências para o atendimento às especificidades ciganas no âmbito do SUS.

Essas leis não saíram do papel, sendo apropriadas pelas pessoas ciganas ou os profissionais de saúde. O pior é que a partir de 2019, com a chegada do governo fascista à presidência da república, as políticas afirmativas vêm sofrendo retrocessos no Brasil e anticiganismo (racismo contra ciganos) ampliando. A situação piorou desde o início da pandemia, quando as desigualdades sociais e o racismo estrutural contra as pessoas e etnias ciganas, afloraram no Brasil. O governo federal não elaborou um plano específico de combate e atendimento ao Covid-19 para populações ciganas.

Em 08 de abril coordenei a construção de uma nota pública[5], assinada 20 associações ciganas brasileiras e 30 pesquisadores deste universo, denunciando "o descaso e a forma racista com que algumas cidades brasileiras estão tratando comunidades ciganas nômades durante a pandemia". No documento, denunciamos que as autoridades dos municípios de Cachoeira do Sul (RS), Imbituva (PR) e Dois Vizinhos (PR) expulsaram grupos kalon itinerantes, alegando que seriam vetores do coronavírus.

Vivendo nas periferias ou mantendo o nomadismo, em muitos casos as comunidades ciganas não possuem habitações com infraestrutura com serviços de água encanada ou luz elétrica, o que inviabiliza a segurança e as ações de higienização recomendadas pelos órgãos de saúde. Muitos não têm registro de nascimento, o que dificulta acesso a programas como o bolsa família ou o de renda básica emergencial. Milhares de pessoas ciganas estão passando por dificuldades, inclusive alimentares.

Além disso, as comunidades ciganas estão tendo de abrir mãos de práticas importantes de suas culturas, como os rituais fúnebres. No dia 1º de julho, a comunidade kalon a qual pertenço, que se concentra nos municípios de Rondonópolis, Cuiabá e Tangará da Serra, em Mato Grosso (MT), reunindo 300 pessoas; vivenciou a dor de perder dois primos para a Covid-19: o primo José Martins Júnior, 30 anos, em Cuiabá e o primo Albéricles Cabral Nunes, 39 anos, em Rondonópolis. Foi desolador, pois as medidas sanitárias não permitiram que realizássemos os rituais fúnebres, bloqueando consolos e lamentos, processos importantes para o ethos cultural kalon.

O vácuo deixado pela ausência dos rituais fúnebres afeta a população em geral; mas impacta, sobretudo, povos ciganos e outras minorias. O fino pano da trama social kalon foi rasgado: nossos mortos não puderam receber as homenagens em acordo com as tradições da kalonidade, se tornndo figuras míticas ancestrais na constituição da memória coletiva de nossas comunidades. Apesar da falência do copo, o morto permanece no culto ancestral e memória coletiva (Silva Júnior, p. 258). Se o corpo não for ritualizado adequadamente, o espírito do morto não terá paz, assim como os vivos também não.

Daí a importância que o funeral ocorra de forma adequada, para que o luto e o posicionamento dos vivos diante da vida ocorram também de forma adequada. Além disso, talvez as duas mortes pudessem ser evitadas, caso o governo federal implementasse uma política de prevenção ao Covid-19 e não uma política de extermínio na saúde pública, utilizando a pandemia como arma de guerra biológica.

## ANEXO 2 .
## DEPOIMENTO DE KAIANAKU FOGAÇA KAMAIURA

**Introdução**

Segundo a Convenção 169 da Organização Internacional do Trabalho, define que os povos originários são aqueles que originariamente ocupavam determinado território e com os processos de independências passaram a se considerar como povos indígenas.

Essa Convenção da OIT garante a autodeterminação do sujeito indígena. Diferente do que diz alguns não indígenas, quando se falam ou perguntam: "- Como identificar se uma pessoa é indígena ou não?", primeiramente não é um não indígena que identifica se uma pessoa é ou não indígena. Isso também é uma herança colonialista deixada pelo europeu. A pessoa que diz ser indígena tem todo direito de ser quem é se auto afirmar, segundo a Convenção 169 da OIT - Organização Internacional do Trabalho -, e ser reconhecido pelo seu próprio povo ao qual pertence.

> "A consciência de sua identidade como indígena ou tribal deverá ser considerada um critério fundamental para definição dos grupos aos quais se aplicam as disposições da presente Convenção" (Artigo 1°, inciso 2 - Convenção 169/OIT)

Então, não é porque o indivíduo usa calça jeans, usa celular, dirige um carro que ele não deva ser considerado como indígena. Não são por esses elementos que denomina um indígena. Então, povos originários ou povos indígenas são aquele descendente que se auto identificam como indígena e é reconhecido pelo seu próprio povo.

Os povos tradicionais são aqueles que tradicionalmente possuem uma relação com a terra, à natureza e às águas como os povos quilombolas, que são considerados tradicionais. São povos sequestrados do continente africano por europeus. Neste sequestro, foram para América. Eles possuíam outra forma de relacionamento que não da propriedade privada e econômica que os europeus sempre pregavam. São sujeitos tradicionais, assim como ribeirinhos, pescadores, as quebradoras de cocos, trabalhadores rurais. Todos eles são povos tradicionais, porque possuem uma relação de tradição com a natureza. Diferente do Agronegócio, que trabalham em larga escala com intuito de exportar e enriquecer, sem os cuidados com o meio ambiente.

Desde muito tempo, trava- se uma luta dos povos indígenas pelos processos de demarcação dos territórios e acabam sendo expulsos da terra que fora dos seus avós e muitos terminam por montar acampamentos às margens de rodovias, sem nenhum tipo de assistência por parte do Estado Brasileiro. Ao contrário da assistência, encontram em sistemas de saúde precários.

Existem muitos não indígenas que falam: "- Se eu não sou indígena, porque eu devo me interessar sobre esses assuntos?". O "branco" pode até não ser indígena, mas pode ser mulher, negro, gay, deficiente. Pode ser um sujeito sem nenhuma dessas características, mas deve acreditar que o Brasil deve ser um país democrático e que cumpre seu dever como Estado, garantindo os direitos positivados na Constituição. Não há democracia sem subjetividade, não há democracia sem alteridade, não há democracia que não respeite o multiplicidade da cultura indígena.

Segundo o IBGE, atualmente a população indígena no brasil conta com 817.962 indígenas, sendo 305 povos, falantes de 274 línguas diversas, residentes em praticamente todos os estados brasileiros.

Segundo a Federação dos Povos e Organizações Indígenas de Mato Grosso – FEPOIMT, no estado do Mato grosso são aproximadamente 43 povos indígenas e são regionais, sendo: Xingu, Norte e Kayapo, Médio Araguaia, Xavante, Cerrado Pantanal, Vale do Guaporé e Noroeste.

A Regional Xingu está localizado na parte centro/norte do estado do Mato Grosso e é composto por 16 Povos divididos em Alto, médio, baixo e leste Xingu. O Alto Xingu consiste na parte sul da Terra Indígena do Xingu, situada em Mato Grosso, composta por 9 etnias indígenas, distribuídas em muitas aldeias ao longo dos rios formadores do Rio Xingu, e do próprio Rio Xingu. Comunidades grandes e pequenas, cada uma apresentando características culturais próprias e também certas homogeneidades decorrentes da aproximação dos povos em questão quando foi criado o Parque Indígena do Xingu.

**Desafio dos Povos Indígenas frente ao Covid 19**

Primeiramente antes do Covid 19, todos os tratados internacionais de direitos humanos e a Constituição Federal de 1988, já eram desrespeitados ao que diz respeito aos Povos Indígenas em especial a demarcação dos Territórios Indígenas. Pois não há como falar dos Povos Indígenas sem o reconhecimento das suas Terras Originárias.

Temos abaixo, tristes dados que mostra veemente o contraste do que diz respeito o que diz a lei e o que diz a prática.

No dia XX o Boletim informativo da APIB - Articulação dos Povos Indígenas do Brasil apresentou a seguinte situação: 35.353 confirmados, 840 mortos. 158 povos afetados. Os dados oficiais apresentados no Boletim da SESAI - Secretaria Especial de Saúde Indígena, nesse mesmo dia de outubro, mostrou: 29.461 confirmados, 453 óbitos, 713 suspeitos, 27.187 descartados, 29.461 recuperados

É possível notar o quanto é diferente o que está sendo apresentado pelo órgão oficial do governo e pelo que é feito pelos povos indígenas. São muito questionáveis, pois temos quase o dobro de mortes. Isso se dá porque a SESAI não considera as mortes pela COVID-19 advindas do agravamento de doenças crônicas, e nem mesmo os indígenas em contexto urbano, ou seja, não considerar o indígena por estar em contexto urbano é não reconhecer como indígena, o que fere mais uma vez a todos os tratados internacionais mencionados acima.

A Resolução 01/2020 sobre a Pandemia e Direito Humanos na América – Política OEA afirma:

> 054 – Proporcionar informação sobre a Pandemia em seu idioma tradicional, estabelecendo quando for possível, facilitadores interculturais que lhe permitam compreender de maneira clara as medidas adotadas pelo Estado e os efeitos da Pandemia.

Infelizmente no Brasil não é adotado nenhum tipo de política pública de informação nos idiomas tradicionaisl neste período. Toda informação se dá através da Língua Portuguesa, ou seja, para os não indígenas que assistem diversos canais de notícias e programas, informando sobre a Covid19. Os povos indígenas ficam perdidos, imagine para aqueles que tem como primeira língua a materna, e passar a ouvir informações sobre uma doença pouco conhecida, é bem desafiador para um ouvinte de segunda língua.

> 055- Respeitar de forma irrestrita o não contato com os Povos e segmentos de Povos Indígenas em isolamento voluntário, dados os gravíssimos impactos que o contagio do vírus

poderia representar para sua subsistência e sobrevivência como povo.

Esse parágrafo fala das possíveis invasões aos territórios durante esse processo de pandemia. O que mais houve foi sinal verde do governo federal para destruição das florestas, o que implica diretamente na vida dos povos indígenas como a invasão de madeireiros, grileiros e garimpos ilegais em terras indígenas, como aconteceu no Pará e em Roraima. Nestes estados a contaminação por Covid19 se deu por meio do contato com esses invasores, e também na relação com a mão de obra barata como acontece no Mato Grosso do Sul.

> 056- Extremar as medidas de proteção dos direitos humanos dos Povos Indígenas no contexto de pandemia da Covid19, levando em consideração que estes coletivos tem direito a receber uma atenção à saúde com pertinência cultural, que leve em conta os cuidados preventivos, as práticas curativas e as medicinas tradicionais.

É preciso medidas de saúde que tenha pertinência teórica cultural ou seja, não basta apenas oferecer o acesso ao serviço de saúde para os Povos Indígenas, é também importante garantir o seu modo de saúde efetivo afim de valorizar e considerar os rezadores, benzedeiras, pajés e raizeiros.

> 057- Abster- se de promover iniciativas legislativas e/ou avanços na implementação de projetos produtivos e/ou extrativos nos territórios dos Povos Indígenas durante o tempo que durar a Pandemia, em virtude da impossibilidade de levar adiante os processos de consulta prévia, livre e informada (devido a recomendação da OMS de adotar medidas de distanciamento social) dispostos na convenção 169 da OIT e outros instrumentos internacionais e nacionais.

Ou seja, o estado não pode adotar medidas legislativas no meio de uma Pandemia, como aconteceu no estado do Mato grosso sobre a PLC 17/2020, trata de lei de grilagem de terra.

Foi publicado também, em maio de 2020 pela Comissão Interamericana de Direitos Humanos, um importante comunicado o qual afirma que os indígenas devem ter o direito a proteção coletiva individual, acessibilidade de informações, medicamentos e diagnósticos. É preciso elaborar um protocolo de prevenção e contingenciamento especializado para os Povos Indígenas. É necessário criar políticas diferenciadas de proteção dos Povos Indígenas contra Covid 19 e principalmente o Estado precisa estar em diálogo permanente com as lideranças indígenas.

Existem muitas reportagens que evidenciam, em parte, os desafios enfrentados pelos povos indígenas em tempos de Pandemia como: falta de água e alimentos, invasão de territórios, políticas públicas lesivas e omissões, mortes e sepultamentos[6].

## Consequências Pós Pandemia

Como já foi abordado de maneira bem abrangente sobre os impactos da Pandemia de Covid 19, os efeitos também são os rastros que vemos por onde ela passa. Para os Povos do Alto Xingu tivemos perdas irreparáveis, como o maior deles o cacique Aritana. O Cacique Aritana, era filho de Paru Yawalapiti e Tepori Kamaiura, juntos tiveram a missão de repovoar o povo Yawalapiti e Aritana dava sequência a missão que seu pai deixou como herança.

Muito sábio e culto, Aritana tinha um poder de liderança pelo interesse do povo, e neste sentido não apenas defendeu e liderou o povo Yawalapiti e sim todo o povo Xinguano.

Mestre em canto, mestre em histórias, mestre de técnicas artesanais da sua cultura, Aritana possuía um grande saber na cultura do seu povo, literalmente uma biblioteca viva, que infelizmente não está mais entre os povos do alto Xingu.

Além do cacique Aritana tivemos mais 15 óbitos, entre eles Juka Kamayura, outra liderança muito importante para o povo Kamayurá, ele já foi um grande lutador de UkaUka (luta corporal do alto xingu), com vasto conhecimento na cultura indígena xinguana.

| NOME | DATA DO ÓBITO | REFERÊNCIAS |
| --- | --- | --- |
| Recém-nascido | 13/06/2020 | Aldeia Tanguro |
| Juvenil Yawalapiti | 24/06/2020 | Cacique/liderança Yawalapiti |
| Jamiko nafukua | 01/07/2020 | Cacique da Aldeia Nafukua |

| NOME | DATA DO ÓBITO | REFERÊNCIAS |
|---|---|---|
| Mami Kalapalo | 09/07/2020 | Cacique aldeia Yaramã |
| Walama Kalapalo | 11/07/2020 | Cacique aldeia Tanguro |
| Inhapi Kuikuro Yawalapiti | 12/07/2020 | Liderança do povo Yawalapiti |
| Javariu Kayabi | 17/07/2020 | Liderança kayabi |
| Karikari Kamayura | 22/07/2020 | Liderança do povo Kamayura |
| Juka Kamayura | 25/07/2020 | Cacique/liderança do povo Kamayura |
| Ekunã Kamayura | 26/07/2020 | Aldeia Afukuri |
| Tahana Kuikuro | 01/08/2020 | Cacique aldeia Yaramã |
| Aritana Yawalapiti | 05/08/2020 | Cacique aldeia Tanguro |
| Kuiaiu Kamaiura Yawalapiti | 09/08/2020 | Liderança feminina Kamayura/Yawalapiti |
| Kuatsiat Kamaiura | 22/08/2020 | Liderança feminina Kamayura |
| Kayabi | | Sem informação (residente da cidade) |
| Kutia Kamayura | 15/09/2020 | |

**Fonte:** Kaianaku Kamaiura

A Covid-19 é uma doença muito traiçoeira, que se inicia com sintomas parecidos de uma gripe comum, que às vezes nem aparecem. Poucas eram as informações que se tinham quando iniciou essa pandemia. Considerando que os povos indígenas falam diversas línguas diferentes do português, é muito pouca compreensão de como essa doença age. As campanhas de comunicação existentes geram dificuldades no entendimento do que é o coronavírus e torna muito mais difícil o seu enfrentamento entre os povos indígenas, principalmente por seu modo de vida comunitário e compartilhado. Entende-se que essas dificuldades são duas vezes maiores para os povos indígenas.

**NOTAS**

¹ Graduado em Arquitetura e Urbanismo pela UFRJ. Mestre em História Social pela UFRJ. Doutor em Arquitetura e Urbanismo pela UFBA. Professor Titular do Departamento de História e da Pós-Graduação de História da UFJF, Diretor do Centro de Coservação da Memória da UFJF, Diretor de Projetos do Icomos-Brasil. E-mail: olender@terra.com.br

² Arqueólogo, Historiador (Doutorando no Programa de Pós-Graduação em Memória Social e Patrimônio Cultural da UFPEL) e Professor na Universidade Estadual de Mato Grosso (UNEMAT). Atualmente é membro do ICOMOS – Brasil e presidente da Associação de Pesquisa Xaraiés. E-mail: lucianopatrimoniomt@gmail.com.

³ São eles: José Guimarães - PT/CE , Camilo Capiberibe - PSB/AP , João Daniel - PT/SE , Célio Moura - PT/TO , Fernanda Melchionna - PSOL/RS , José Ricardo - PT/AM , Alexandre Padilha - PT/SP , Marcon - PT/RS , Jorge Solla - PT/BA , Luiza Erundina - PSOL/SP , Carlos Veras - PT/PE , Padre João - PT/MG , Zé Carlos - PT/MA , Patrus Ananias - PT/MG , Paulo Teixeira - PT/SP , Marcelo Freixo - PSOL/RJ , Edmilson Rodrigues - PSOL/PA , Jandira Feghali - PCdoB/RJ , Benedita da Silva - PT/RJ e outros.    Ver: https://www.camara.leg.br/proposicoesWeb/fichadetramitacao?idProposicao=2242218

⁴ Cigano da Etnia Kalon, cientista social, jornalista, especialista em cinema, mestre em educação e mitologias ciganas e doutor em Comunicação e Saúde Cigana. Assessor para Ciência e Comunicação da Associação Estadual das Etnias Ciganas de MT (AEEC-MT).

⁵ Disponível em: https://aeecmt.blogspot.com/2020/04/nota-publica-pesquisadores-e-ativistas.html

⁶ Possui graduação em Licenciatura Intercultural Habilitação de Educadores Indígenas pela Universidade Federal de Goiás. É mestre em Direitos Humanos pela UFG. Assessora da Federação dos Povos e Organizações Indígenas de Mato Grosso - FEPOIMT

⁷     A) http://www.onumulheres.org.br/noticias/enfermeira-indigena-destaca-falta-de-agua-e-de-alimentos-como-desafios-a-prevencao-do-coronavirus-na-maior-reserva-indigena-do-brasil/; B) https://www.midiamax.com.br/cotidiano/2020/indigenas-de-ms-caminham-ate-dois-quilometros-em-busca-de-agua-contaminada; C) https://brasil.elpais.com/brasil/2020-06-24/maes-yanomami-imploram-pelos-corpos-de-seus-bebes.html; D) https://www.cartacapital.com.br/blogs/change-org/liderancas-indigenas-reivindicam-testes-de-covid-19-

nas-aldeias-do-mt/; E) https://racismoambiental.net.br/2020/06/28/nove-indigenas-xavante-morrem-em-24-horas-com-sintomas-de-covid-19-denunciam-liderancas/; F) https://tangaraemfoco.com.br/2020/07/09/indigenas-denunciam-invasao-de-terra-demarcada-em-campo-novo-invasores-atiraram-contra-grupo.html; G) https://diariodopoder.com.br/brasil-e-regioes/trf1-mantem-suspensa-norma-da-funai-que-facilita-grilagem-em-terras-indigenas-no-mt; H) https://terradedireitos.org.br/acervo/artigos/vetos-ao-pl-1142-negacao-da-politica-de-combate-a-covid19-para-quilombolas-indigenas-e-povos-tradicionais/23429

MIRADAS DESDE AMÉRICA LATINA

# POVOS E COMUNIDADES TRADICIONAIS EM DEFESA DA VIDA: PATRIMÔNIOS CULTURAIS E AMBIENTAIS

*Luciane Barbosa de Souza*[1]
*(Comitê do Patrimônio Imaterial - ICOMOS/BRASIL)*

> "Quando você enfraquece a terra assim, ela começa a morrer. S e a terra morrer, se nossa Terra morrer, nenhum de nós será capaz de viver, e todos nós também morreremos."
> Raoni Metuktire (The Guardian, 2019[2])

Em Brasília, nove horas da manhã, em Cáceres, oito horas da manhã e mais um dia sem a luz do sol. Em Cuiabá, céu cinza, densa fumaça, paisagens invisíveis, quase inexistentes, tempo seco, calor de 40°C, doenças respiratórias e pandemia. Na Chapada dos Guimarães, incêndio constante. No Pantanal, em setembro, do "início do ano até domingo (20/10/2020), a área queimada alcançou 3.179.000 hectares, equivalente a 21,2% do bioma" (TV Folha[3]). O Mato Grosso "é o estado mais devastado, com 1.941.000 hectares", "apesar de ter a menor parte do Pantanal" (Idem). O ano de 2020 é o ano do recorde de queimadas e destruição dos biomas pelo fogo, após meses de focos de incêndios (Idem). Com relação à região amazônica - de acordo com o IPAM[4] "é o lar de 20 milhões de brasileiros" abrangendo nove estados - desde 1985, ano inicial do monitoramento governamental, o desmatamento já destruiu "meio milhão de quilômetros quadrados" (IPAM). Acerca da Mata Atlântica, conforme a ONG SOS Mata Atlântica, "após dois períodos consecutivos de queda, aumentou o desmatamento"[5], com total de 14.502 hectares de desflorestamento em 2019. Os dados da organização informam que as áreas desmatadas são agravamentos do desmatamento em curso, regiões que fazem limite com outros biomas, como o Cerrado por exemplo. Tendo em vista a notória situação de destruição dos nossos territórios, esse artigo tem como objetivo correlacionar o atual cenário de violações - ao meio ambiente e aos povos e comunidades tradicionais - às reflexões do campo do patrimônio cultural imaterial, mapeando e salientando a importância do olhar para a salvaguarda, integrando as esferas culturais e ambientais.

No dia 11 de março de 2020 a Organização Mundial da Saúde (OMS) declarou, por meio do diretor geral Tedros Adhanom, a pandemia do novo Coronavírus (Sars-Cov-2), em razão da disseminação geográfica rápida e da gravidade do Covid-19[6]. No final do mês de maio, assistimos ao vídeo da reunião ministerial de 22 de abril de 2020, após o ministro do Supremo Tribunal Federal (STF), Celso de Mello, derrubar sigilo, permitindo liberação de quase todos os diálogos[7]. Durante reunião, o atual ministro do Meio Ambiente, Ricardo Salles (Partido Novo), declarou que seria, portanto, devido à pandemia, o período ideal para "ir passando a boiada, ir mudando todo o regramento" (Brasil de Fato[8]). Naquela ocasião, o país registrava 45 mil vítimas de covid-19 *(Idem)*. Em outubro de 2020, as vítimas somam 150 mil e o país acumula mais de cinco milhões de casos (Fonte: Google Notícias[9]).

Pensando nos efeitos e perdas dos direitos dos povos e comunidades tradicionais, diante da política de governo no campo do licenciamento ambiental e patrimônio cultural, o Comitê Científico Nacional do Patrimônio Imaterial (do ICOMOS Brasil) propôs webinário (roda de conversa) no formato ao vivo com plataforma de interação, reunindo lideranças de comunidades tradicionais para o debate acerca do tema patrimônio cultural imaterial e o meio-ambiente. No dia 26 de agosto de 2020, ocorreu a webinar preparatória para o 4º Simpósio Científico Icomos Brasil (2020)[10] "Patrimônio Imaterial, Meio-Ambiente e Paisagem Cultural"[11], com a mediação do Comitê Científico Nacional do Patrimônio Imaterial e do Comitê Científico Nacional de Paisagens Culturais do ICOMOS Brasil, a roda contou com a participação das seguintes lideranças: o quilombola Antônio Bispo (Nego Bispo), do Quilombo Saco Curtume; Chefe Almir Suruí, da etnia Pater Suruí - da terra indígena 7 de setembro localizada no estado de Rondônia; e, a caiçara Leila da Conceição, Presidente da Associação de Moradores da Praia do Sono do município de Paraty. Em relação aos debates da roda, o anti-colonialismo pode ser considerado uma das pautas apresentadas pelo grupo - no que diz respeito à preservação dos biomas brasileiros e dos povos e comunidades tradicionais - que nos possibilita transversalizar tantos outros temas, em destaque: o racismo e o patriarcado; as crises e desastres ambientais provocados pelo sistema econômico; as ameaças de destruição da cultura pelo viés etnocêntrico, por meio do missionarismo cristão; a ausência de políticas públicas que garantam a permanência e proteção dos territórios; as redes comunitárias de resistência para a salvaguarda da natureza e dos modos de vida das comunidades; as ações institucionais que possibilitam apoio para a salvaguarda do patrimônio cultural e ambiental dos povos e comunidades tradicionais.

Refletindo sobre os impactos, causados pelas crises e desastres ambientais - oriundos da ausência de políticas de preservação ambiental: incluindo a intervenção inadequada e o licenciamento ambiental - relacionadas às ações governamentais para a salvaguarda do patrimônio cultural das comunidades tradicionais, mapeamos os bens culturais registrados pelo Instituto do Patrimônio Histórico e Artístico Nacional (IPHAN)[12]. A partir de levantamento, nas bases de dados do IPHAN, dos bens culturais e referências culturais pertencentes aos povos e comunidades tradicionais, foram identificados 26 bens culturais imateriais registrados pelo IPHAN, por meio do Decreto n.º 3.551/2000[13]; 14 bens em processo de registro, ou seja, com estudos em andamento para a conclusão do processo de registro (total de 40 bens); 7 inventários de referências culturais em andamento, de acordo com a política do Inventário Nacional de Referências Culturais (INRC[14]); e, 10 bens culturais listados pela UNESCO.

As comunidades tradicionais coexistem nos territórios, em cultura e natureza, preservando biomas, produzindo patrimônios e paisagens culturais. Afetados pela política de impulsionamento do agronegócio, de negação da crise climática e degradação ambiental (devido à situação atual de agravamento da política governamental), as comunidades tradicionais, detentoras de seus patrimônios culturais, estão em constante situações de violações à vida. Por vezes, as situações de emergência apontam para o deslocamento forçado das comunidades - por exemplo: em busca de matéria-prima para confecção dos seus bens culturais, territórios onde ainda existe água potável, acesso à condições alimentares mais adequadas, deslocamento devido à ameaças de grileiros, milicianos, corporações e do Estado. Em destaque, apontamos para a violação dos biomas, fauna, flora, direitos das comunidades tradicionais em virtude da ausência de planejamento e de políticas pelo Estado para o enfrentamento das crises climáticas e situações emergenciais de crimes ambientais[15].

O Instituto Socioambiental (ISA) mantém o monitoramento das áreas protegidas no Brasil[16], sistematizando informações e dados do Instituto Nacional de Pesquisas Espaciais (INPE), disponibilizando relatórios para a sociedade em sua base de dados[17]. No final do ano de 2017, o ISA publicou reportagem acerca do desmatamento da Amazônia e da importante ação de preservação dos povos e comunidades tradicionais. Para isso, é constatado que: "As terras indígenas (TIs) continuam sendo uma barreira contra o desmatamento"[18]. Nessa reportagem o ISA destaca as ações dos madeireiros ilegais, garimpeiros ilegais e grileiros para dentro das TIs e o consequente desmatamento das terras para plantação. Para compreendermos a localização dos biomas e as regiões geográficas brasileiras, com o intuito de identificarmos o nosso patrimônio cultural, nos orientamos pelo mapa dos biomas brasileiros do Instituto Brasileiro de Geografia e Estatística (IBGE)[19].

Para a visualização desse panorama, apresentamos breve painel[20] dos bens culturais relacionados aos Povos e Comunidades Tradicionais, existentes nos territórios (biomas brasileiros[21]). O critério para a identificação do patrimônio cultural foi feito a partir do mapeamento dos territórios, localização em seus respectivos Biomas[22] - Amazônia; Cerrado; Pantanal; Caatinga; Mata Atlântica; Pampa e Marinho - e, a identificação dos povos e comunidades tradicionais detentores. Os Bens culturais registrados pelo Iphan, por meio do Decreto n.º 3.551/2000[23], diretamente relacionados aos Povos e Comunidades Tradicionais - indígenas (1); ribeirinhas, extrativistas, caiçaras, pescadores de práticas e territórios tradicionais (2); de matriz afro-ameríndia (3); de matriz africana (4); quilombolas (5); de terreiro (6); agricultores de práticas e territórios tradicionais (7) - identificados na base de dados do órgão, é correspondente à 26. Sobre os bens culturais imateriais em processo de registro[24], conforme Decreto n.º3.551/2000, 14 são correspondentes aos Povos e Comunidades Tradicionais e seus respectivos territórios sagrados. Ou seja, mais da metade dos bens registrados pelo Iphan, ou em processo de registro, são diretamente relacionados aos povos e comunidades tradicionais, e, incontestavelmente, diretamente relacionados aos biomas brasileiros. Isto é, por meio da relação com a natureza e seus territórios sagrados, o patrimônio cultural imaterial é constituído a partir das dinâmicas de integração cultural, social e ambiental, atravessadas pelos processos históricos de resistências e sobrevivências às diversas formas de colonização dos povos em sua diversidade étnica. Em outras palavras, povos e comunidades tradicionais e seus respectivos biomas, constituídos de acordo com as dinâmicas de integração cultural, social e ambiental, atravessadas pelos processos colonizadores e "civilizatórios".

Isto posto, destacamos três bens registrados pelo IPHAN, para que seja possível dimensionar os danos causados com dados e informações atuais acerca das questões relacionadas aos danos ambientais, situações de crise e emergência: (1) Modo de fazer Viola-de Cocho - tradição pantaneira antiga nos estados do Mato Grosso e Mato Grosso do Sul, necessita de conhecimento dos mestres pantaneiros, transmitidos por tradições familiares, e, confeccionadas artesanalmente com o uso de madeira adequada[25]; (2) Ofício das Baianas de Acarajé - preparo do bolinho de acarajé, comida sagrada de religiosidade de matriz africana e afro-brasileira, tradicional com feijão fradinho, atravessou o Atlântico com a escravidão na diáspora africana, em sua receita é utilizado o óleo de palma, conhecido como azeite de dendê, cada vez mais escasso e caro para a produção; e, (3) o Sistema Agrícola Tradicional do Rio Negro, compartilhado por mais de 20 povos indígenas da região Amazônica, segundo o ISA[26], no estado do Amazonas, local bastante afetado na pandemia.

O modo de Fazer Viola de Cocho foi reconhecido em 2005 pelo IPHAN. O instrumento musical artesanal em formato de viola é um dos símbolos da cultura pantaneira e dá origem à outras formas de expressão, o cururu e o siriri[28]. O nome deriva do recipiente que alimenta animais na roça, a viola de cocho é adaptado durante a colonização a partir da viola portuguesa. Antigamente, o instrumento era feito com cordas de tripas de animais (de preferência do macaco), hoje é produzido com o nylon, porém seu formato original se manteve preservado[27]. De acordo com SANTOS (2020),

> o IPHAN [...] registrou este bem, não exatamente a viola, o objeto viola é registrado, nós registramos o modo de fazer viola de cocho, ou seja, esta cultura pantaneira. Essa tradição passada de geração em geração, que ensina às novas gerações a confecção do bem nesse universo do cururu e do siriri.

De acordo com o Mestre Alcides, artesão e mestre cuiabano e pantaneiro de viola de cocho, a continuidade do saber familiar está presente em sua família há 150 anos, "Meu pai, o mestre Caetano, tem 81 anos e ele já via o avô dele fazendo a viola-de-cocho"[29]. Para a confecção são utilizadas a madeira da árvore chimbuva (possui melhor qualidade), mangueira, o sarã de leite, cedro rosa, cajá manga e tamburi (para substituição da chimbuva) (SANTOS, 2006). Sobre as árvores na região, onde há a produção da viola de cocho - território onde são encontrados os biomas pantanal, amazônico e cerrado - há aumento dos desmatamentos, agravados em 2020 pelas queimadas no Pantanal. Os males causados pelo fogo e o não planejamento governamental ambiental marcam o cotidiano dos moradores da região. Alguns pesquisadores ligam as queimadas na região, em aumento significativo, ao fato das queimadas na Amazônia terem diminuído a umidade que alimenta o Pantanal[30], nesse sentido, em meio ao cenário de emergência, também há evidências de incêndios propositais para a produção de gado e monocultura.

A Terra Indígena dos Guató, por exemplo, localizada no município de Barão do Melgaço (MT), "teve ao menos 83% da sua área destruída nas últimas semanas, segundo cálculo do Instituto Centro de Vida (ICV). Os 16 mil hectares devastados até agora equivalem a 101 parques Ibirapuera" (FOLHA DE SÃO PAULO, 2020).

Sobre o Ofício das Baianas de Acarajé, podemos elencar alguns problemas relacionados à continuidade do bem cultural, relacionando-o às questões ambientais e à economia, tais como, a baixa produção do azeite de dendê[31] por empresas nacionais, falta de investimentos por parte do governo na agricultura familiar[32], aumento do preço de venda no mercado e consumo doméstico, importação, alta do dólar e a produção de biodiesel. Em agosto de 2020, o UOL, publicou a seguinte reportagem: "Produção de dendê cai, preço sobe 146% e há risco de faltar óleo do acarajé". Um dos pontos apresentados sobre a crise é a substituição da produção por maior retorno lucrativo,

> Muitos produtores preferem derrubar os dendezeiros e plantar no lugar mandioca, cacau ou fazer pastagens, acrescenta. Para o professor Caldas, as produções do Pará e da Bahia não podem ser comparadas, porque a segunda possui importância histórica e cultural. "O azeite do Pará é feito por multinacionais com produção mecanizada, e que conta com rede de apoiadores como bancos e agentes públicos de fomento. É uma commodity. O dendê baiano é um produto cultural com mais de 300 anos de cultivo e preparo, que sustenta esse imaginário simbólico e não pode ser entendido apenas como mecanismo de mercado" - Alcides dos Santos Caldas. (UOL ECONOMIA, 2020)

Por fim, o Sistema Agrícola Tradicional do Rio Negro e a importância do bem para as comunidades indígenas da região amazônica. Reconhecido em 2010 pelo IPHAN[33], o sistema reúne:

> um conjunto de saberes e práticas das técnicas de manejo dos espaços de cultivo (roça e quintais); do sistema alimentar; dos utensílios de processamento e armazenamento; e, por fim, da conformação de redes sociais de troca de sementes e plantas que se estende de Manaus, no Amazonas, à Mitu, na Amazônia Colombiana. (ISA, 2015)

Presente em mais de 20 povos indígenas da região[34], as práticas existem há milênios, reunindo inúmeros conhecimentos sobre a sociobiodiversidade e o patrimônio genético da Amazônia, sobre o manejo da floresta, ferramentas, utensílios tradicionais e o preparo dos alimentos[35]. Além das queimadas, desmatamento e invasão das TIs, há a pandemia por Covid-19, com alta taxa de mortalidade no Brasil, acometendo povos indígenas, incluindo os povos isolados na Amazônia. De acordo com o ISA[36], há 31.327 casos de covid-19 em terras indígenas e 464 óbitos em terras indígenas (atualização em 19/10/2020). O Sistema Agrícola Tradicional do Rio Negro nos municípios localizados ao longo do Rio Negro - Barcelos (TI Yanomami), Santa Isabel do Rio Negro (TI Yanomami) e São Gabriel da Cachoeira (TI Yanomami[37]), seguindo até a fronteira com a Colômbia e a Venezuela, no estado do Amazonas. E, na Amazônia, a "Mortalidade de indígenas por covid-19 na Amazônia é maior do que média nacional" (IPAM, junho de 2020). Sobre os Yanomamis,

> Três ianomâmis já morreram por coronavírus e líderes indígenas afirmam que há pelo menos 55 casos de infecção. "Nossa maior preocupação agora é que os garimpeiros disseminem a doença para as comunidades", disse Dario Kopenawa, vice-presidente da Hutukara Associação Yanomami, entidade que representa os 26 mil indígenas habitantes do território Yanomami. "Os garimpeiros vão matar os ianomâmis por contaminação." (NATIONAL GEOGRAPHIC BRASIL, 2020)

Com base nos Artigos nº 215[38] e nº 216[39] da Constituição Federal (CF) de 1988, temos hoje o nosso arcabouço legal de atuação no campo do patrimônio cultural, com leis e normativas federais, estaduais e municipais. Segundo o professor Humberto Cunha Filho, "direitos culturais relacionam-se à ideia de respeito aos modus vivendi peculiares aos distintos povos destinatários e signatários da declaração" (2011, p. 116). Refere-se à Declaração Universal dos Direitos Humanos da Organização das Nações Unidas[40](ONU),

> A compreensão mais ampla está no Artigo 22, que diz que "toda pessoa, como membro da sociedade, tem direito à segurança social e à realização, pelo esforço nacional, pela cooperação internacional e de acordo com a organização e recursos de cada Estado, dos direitos econômicos, sociais e culturais indispensáveis à sua dignidade e ao livre desenvolvimento da

sua personalidade". (CUNHA FILHO, 2011, p. 115)

De acordo com CUNHA FILHO, a Declaração orientou a formulação do Artigo n.º 215 da CF de 1988, "O Estado garantirá a todos o pleno exercício dos direitos culturais..." (2011, p. 116). Para o professor, "a Constituição brasileira é abundante no tratamento da cultura" (Idem, p. 119),

> Poderia, por isso, ser chamada de "Constituição cultural", mas também pelo fato de possuir seção específica para o tema, em cujo artigo inaugural – 215 – se lê que "o Estado garantirá a todos o pleno exercício dos direitos culturais e acesso às fontes da cultura nacional, e apoiará e incentivará a valorização e a difusão das manifestações culturais". (Idem)

Perante o exposto, apontamos para a necessidade de ações imediatas do Estado, para a salvaguarda do patrimônio cultural, promovendo políticas públicas que garantam os direitos humanos - econômicos, sociais, culturais (memória coletiva, artes, fluxo dos saberes, etc) e dos direitos civis[41] - dos povos e comunidades tradicionais. Em caráter de urgência, as comunidades tradicionais necessitam de proteção às suas práticas culturais e aos seus territórios pelo Estado. Conforme prevê a Convenção n.º 169 da Organização Internacional do Trabalho (OIT), sobre Povos Indígenas e Tribais; a Declaração Universal dos Direitos Humanos da ONU; a Convenção para a Proteção do Patrimônio Mundial, Cultural e Natural[42]; a Constituição da República Federativa do Brasil de 1988[43]; o Decreto Federal nº 3.551/2000 (que Institui o Registro de Bens Culturais de Natureza Imaterial que constituem patrimônio cultural brasileiro, cria o Programa Nacional do Patrimônio Imaterial[44]); e, a Convenção para a Salvaguarda do Patrimônio Cultural Imaterial .

*Toda essa destruição não é nossa marca,*
*é a pegada dos brancos, o rastro de vocês na terra.*
*Davi Kopenawa Yanomami*

**NOTAS**

[1] Luciane Barbosa de Souza é pedagoga (UERJ), mestre pelo Programa de Pós-Graduação em Patrimônio, Cultura e Sociedade (PPGPACS / UFRRJ) e Secretária Executiva do Comitê Nacional do Patrimônio Imaterial do ICOMOS Brasil (http://lattes.cnpq.br/2654221523193294). Contato: llucianebarbosa@gmail.com.

[2] Para maiores informações, consultar: http://raoni.com/biografia.php Acesso em: 03/10/2020.
Ver também: "Relatório da ONU menciona violações de direitos indígenas no Mato Grosso do Sul". Disponível em: Disponível em: https://www.socioambiental.org/pt-br/noticias-socioambientais/relatorio-da-onumenciona-violacoes-de-direitos-indigenas-no-mato-grosso-do-sul

[3] TV Folha - "PANTANAL: o rastro de destruição do fogo que já devastou 21% do bioma". Reportagem de 26 de setembro de 2020. Acesso em: 03/10/2020.
Disponível em: https://www.youtube.com/watch?v=ENZyAaV8tqg&ab_channel=TVFOLHA

[4] IPAM - Instituto de Pesquisa Ambiental da Amazônia. Disponível em: https://ipam.org.br/bibliotecas/o-ar-e-insuportavel-os-impactos-das-queimadas-associadas-ao-desmatamento-da-amazonia-brasileira-na-saude/. Acesso em: 03/10/2020.

[5] SOS Mata Atlântica (Fundação SOS Pro-Mata Atlântica). Disponível em:https://www.sosma.org.br/noticias/desmatamento-na-mata-atlantica-cresce-quase-30/ Acesso em: 03/10/2020.

[6] Para maiores informações, consultar:
https://www.unasus.gov.br/noticia/organizacao-mundial-de-saude-declara-pandemia-de-coronavirus. Acesso em: 03/10/2020.

[7] Para maiores informações, consultar: https://noticias.uol.com.br/politica/ultimas-noticias/2020/05/22/confira-a-integra-da-degravacao-da-reuniao-ministerial-de-22-de-abril.htm. Acesso em: 03/10/2020.

[8] De acordo com reportagem do jornal Brasil de Fato, destacamos: "ideal para passar reformas "infralegais", de "simplificação" e "desregulamentação" de leis ambientais. Na sequência, chega a convocar outros ministros para "ir passando a boiada, ir mudando todo o regramento", enquanto a imprensa estava ocupada tratando do impacto do novo coronavírus no Brasil. (...) Mas o que o ministro queria dizer com "reformas infralegais" e "passar a boiada"?". Disponível em:

https://www.brasildefato.com.br/2020/06/09/o-que-passou-na-boiada-de-ricardo-salles-durante-a-pandemia Acesso em: 03/10/2020.

[9] Para maiores informações, consultar: https://news.google.com/covid19/map?hl=pt-BR&gl=BR&ceid=BR%3Apt-419. Acesso em: 10/10/2020.

[10] Para maiores informações, consultar: https://www.even3.com.br/simposioicomos2020/. Acesso em: 10/10/2020.

[11] A roda ocorreu com mediação da Secretária Executiva do Comitê Científico Nacional do Patrimônio Cultural Imaterial, Luciane Barbosa, também com mediação da Coordenadora do Comitê Nacional de Paisagens Culturais, Vanessa, e, com a participação do cientista social e membro do Icomos, André Bazzanella. Para maiores informações, consultar: https://youtu.be/E1BokxIvRR4 Acesso em: 10/10/2020.

[12] Identificação por meio de consulta à base de dados do IPHAN. Disponível em: http://portal.iphan.gov.br/pagina/detalhes/606 Acesso em: 09/10/2020.

[13] O Decreto Federal n.º 3.551 de 04 de agosto de 2000, "INSTITUI O REGISTRO DE BENS CULTURAIS DE NATUREZA IMATERIAL QUE CONSTITUEM PATRIMÔNIO CULTURAL BRASILEIRO, CRIA O PROGRAMA NACIONAL DO PATRIMÔNIO IMATERIAL E DÁ OUTRAS PROVIDÊNCIAS..." (IPHAN). Disponível em: http://portal.iphan.gov.br/pagina/detalhes/418. Acesso em: 09/10/2020.

[14] O Inventário Nacional das Referências Culturais (INRC) é uma metodologia de pesquisa desenvolvida pelo Iphan para produzir conhecimento sobre os domínios da vida social aos quais são atribuídos sentidos e valores e que, portanto, constituem marcos e referências de identidade para determinado grupo social." (IPHAN). Disponível em: http://portal.iphan.gov.br/pagina/detalhes/685/ Acesso em: 09/10/2020.

[15] Para maiores informações, consultar: Carta do Comitê Científico Sobre Mudanças Climáticas e Patrimônio do ICOMOS-BR, "que defende o combate aos incêndios no Pantanal, a fim de alertar o poder público, federal, estadual e municipal, para que dialoguem e consultem comunidades para planejarem planos de contingenciamento e aprimoramento" (Fórum Nacional da Sociedade Civil nos Comitês de Bacias Hidrográficas – FONASC.CBH). Disponível em: https://fonasc-cbh.org.br/?p=22977. Acesso em: 09/10/2020.

[16] Informações sobre as regiões, biomas e unidades de conservação, podem ser encontradas nos portais do Ministério do Meio Ambiente

(MMA) e do órgão ambiental Instituto Chico Mendes de Conservação da Biodiversidade (ICMBIO), porém, os mapas e informações de georreferenciamento encontram-se indisponíveis no momento. Para maiores informações, consultar: https://www.icmbio.gov.br/portal/. Acesso em: 09/10/2020.

[17] Para maiores informações, consultar: https://terrasindigenas.org.br/pt-br/brasil e https://www.socioambiental.org/pt-br/o-isa/programas/monitoramento-de-areas-protegidas. Acesso em: 09/10/2020.

[18] "Terras Indígenas seguem barrando desmatamento, mas situação de algumas áreas é crítica" (ISA, 07/12/2017). Para maiores informações, consultar: https://terrasindigenas.org.br/pt-br/node/49. Acesso em: 09/10/2020.

[19] Para maiores informações, consultar: https://geoftp.ibge.gov.br/informacoes_ambientais/estudos_ambientais/biomas/mapas/biomas_e_sistema_costeiro_marinho_250mil.pdf. Acesso em: 09/10/2020.

[20] Para maiores informações, consultar: https://docs.google.com/spreadsheets/d/1oicXIlzlo7bzRbzwx7G1UxfCRsx7vkjoYNvh1anp7JA/edit#gid=0. Elaborada e atualizada em outubro de 2020.

[21] O panorama, dos povos e comunidades tradicionais e seus bens culturais, está agrupado por região de acordo com a proteção e norma vigente.

[22] Para maiores informações, consultar: https://uc.socioambiental.org/pt-br/biodiversidade#recortes-ecolgicos e https://antigo.mma.gov.br/biomas.html#:~:text=O%20Brasil%20%C3%A9%20formado%20por,de%20vegeta%C3%A7%C3%A3o%20e%20de%20fauna.&text=Ocupa%20dez%20estados%20brasileiros%2C%20abriga,27%20de%20milh%C3%B5es%20de%20pessoas; https://www.gov.br/icmbio/pt-br/assuntos/biodiversidade/todas-as-unidades-de-conservacao. Acesso em: 09/10/2020.

[23] Para maiores informações, consultar: http://portal.iphan.gov.br/pagina/detalhes/606/. Acesso em: 09/10/2020.

[24] IPHAN, Bens em Processo de Registro, disponível em: http://portal.iphan.gov.br/pagina/detalhes/426/ e Sistema Eletrônico de Informação, disponível em: http://portal.iphan.gov.br/pagina/detalhes/1564. Acesso em: 10/10/2020.

[25] Para maiores informações, consultar: http://www.cnfcp.gov.br/interna.php?ID_Materia=84. Acesso em: 09/10/2020.

[26] Para maiores informações, consultar: https://www.socioambiental.

org/pt-br/blog/blog-do-monitoramento/sistema-agricola-do-rio-negro-e-patrimonio-cultural-brasileiro e https://www.socioambiental.org/pt-br/blog/blog-do-rio-negro/sistema-agricola-tradicional-do-rio-negro-e-fortalecido. Acesso em: 09/10/2020.

[27] Atualmente é necessário que o artesão realize cadastro no IBAMA para a extração da madeira com registro de produção de viola de cocho.

[28] Para maiores informações, consultar: https://radios.ebc.com.br/brasil-rural/2020/02/o-brasil-rural-fala-sobre-viola-de-cocho. Acesso em: 09/10/2020.

[29] Para maiores informações, consultar: http://www.controladoria.mt.gov.br/noticias?p_p_id=101&p_p_lifecycle=0&p_p_state=maximized&p_p_mode=view&_101_struts_action=%2Fasset_publisher%2Fview_content&_101_returnToFullPageURL=http%3A%2F%2Fwww.controladoria.mt.gov.br%2Fnoticias%3Fp_auth%3DfCNOCK7s%26p_p_id%3D3%26p_p_lifecycle%3D1%26p_p_state%3Dnormal%26p_p_state_rcv%3D1&_101_assetEntryId=1003991&_101_type=content&_101_groupId=21013&_101_urlTitle=artesao-mostra-como-fazer-a-viola-de-cocho&inheritRedirect=true#:~:text=Diariamente%2C%20assim%20como%20os%20demais,que%20come%C3%A7ou%20h%C3%A1%20150%20anos. Acesso em: 09/10/2020.

[30] Para maiores informações, consultar: https://g1.globo.com/jornal-nacional/noticia/2020/07/28/pesquisadores-ligam-as-queimadas-no-pantanal-ao-desmatamento-da-amazonia.ghtml ; https://www.greenpeace.org/brasil/blog/brasil-em-chamas-negando-as-aparencias-e-disfarcando-as-evidencias/; https://noticias.uol.com.br/meio-ambiente/ultimas-noticias/bbc/2020/08/05/por-que-pantanal-vive-maior-tragedia-ambiental-em-decadas.htm; https://www.bbc.com/portuguese/brasil-53662968#:~:text=Expans%C3%A3o%20do%20desmatamento&text=De%20acordo%20com%20o%20Inpe,16%2C5%25%20do%20bioma.&text=Entre%20janeiro%20e%20maio%20de,de%202.393%20hectares%20do%20bioma; https://www.socioambiental.org/pt-br/noticias-socioambientais/desmonte-ambiental-do-governo-bolsonaro-chega-ao-stf; https://gente.ig.com.br/colunas/quehistoriaeessa/2020-09-23/a-foto-ja-historica-da-onca-pintada-vitima-dos-incendios-no-pantanal.html; https://www1.folha.uol.com.br/ambiente/2020/09/abandonados-pelo-poder-publico-primeiros-habitantes-do-pantanal-perdem-83-do-territorio-para-o-

fogo.shtml. Acesso em: 09/10/2020.

[31] Para maiores informações, consultar: https://www.bahianoticias.com.br/noticia/251465-safra-abaixo-do-esperado-provoca-escassez-de-dende-na-bahia.html. Acesso em: 09/10/2020.

[33] Para maiores informações, consultar: https://www.correio24horas.com.br/noticia/nid/seca-do-dende-por-que-o-liquido-sagrado-esta-prestes-a-faltar-na-bahia/. Acesso em: 09/10/2020.

[34] Para maiores informações, consultar: https://pib.socioambiental.org/pt/Categoria:Povos_indígenas_no_Amazonas; https://terrasindigenas.org.br/pt-br/brasil; http://portal.iphan.gov.br/pagina/detalhes/75/. Acesso em: 09/10/2020.

[35] Para maiores informações, consultar: https://www.socioambiental.org/pt-br/blog/blog-do-rio-negro/sistema-agricola-tradicional-do-rio-negro-e-fortalecido. Acesso em: 09/10/2020.

[36] Para maiores informações, consultar: https://covid19.socioambiental.org/. Acesso em: 19/10/2020.

[37] Para maiores informações, consultar: https://pib.socioambiental.org/pt/Povo:Yanomami; https://terrasindigenas.org.br/pt-br/terras-indigenas/4016. Acesso em: 19/10/2020.

[38] Para maiores informações, consultar: https://www.senado.leg.br/atividade/const/con1988/con1988_07.05.2020/art_215_.asp#:~:text=215&text=Da%20Cultura-,Art.,a%20difus%C3%A3o%20das%20manifesta%C3%A7%C3%B5es%20culturais. Acesso em: 09/10/2020.

[39] Para maiores informações, consultar: https://www.senado.leg.br/atividade/const/con1988/CON1988_05.10.1988/art_216_.asp. Acesso em: 09/10/2020.

[40] Para maiores informações, consultar: https://brasil.un.org/pt-br/91601-declaracao-universal-dos-direitos-humanos. Acesso em: 09/10/2020.

[41] Para maiores informações, consultar: "DECRETO Nº 10.088, DE 5 DE NOVEMBRO DE 2019" - que revogou o "DECRETO Nº 5.051, DE 19 DE ABRIL DE 2004" (Promulga a Convenção nº 169 da Organização Internacional do Trabalho - OIT sobre Povos Indígenas e Tribais): "Art. 3º - As Convenções anexas a este Decreto serão executadas e cumpridas integralmente em seus termos. Parágrafo 1º Considera-se, para todos os efeitos, que as Convenções objeto desta consolidação permanecem vigentes, em âmbito interno, desde a data em que a República Federativa do Brasil tenha se obrigado, conforme

decretos de promulgação originais, sem modificação do alcance nem interrupção da força normativa dos dispositivos consolidados. Anexo LXXII: CONVENÇÃO Nº 169 DA OIT SOBRE POVOS INDÍGENAS E TRIBAIS. Disponível em:
http://www.planalto.gov.br/ccivil_03/_Ato2019-2022/2019/Decreto/D10088.htm#art5
http://www.planalto.gov.br/ccivil_03/_Ato2004-2006/2004/Decreto/D5051.htm
https://pib.socioambiental.org/pt/Convenção_OIT_sobre_Povos_Indígenas_e_Tribais_em_países_independentes_nº._169. Acesso em: 09/10/2020.

[42] Elaborada em 1972 (UNESCO) e ratificada pelo Decreto nº 80.978, de 12 de dezembro de 1977. Disponível em:https://www2.camara.leg.br/legin/fed/decret/1970-1979/decreto-80978-12-dezembro-1977-430277-publicacaooriginal-1-pe.html;http://portal.iphan.gov.br/uploads/ckfinder/arquivos/Convenção1972.pdf.
Acesso em: 09/10/2020.

[43] Para maiores informações, consultar: https://www.planalto.gov.br/ccivil_03/Constituicao/Constituicao.htm. Acesso em: 09/10/2020.

[44] Para maiores informações, consultar: http://www.planalto.gov.br/ccivil_03/decreto/D3551.htm. Acesso em: 09/10/2020.

[45] Elaborada em 2003 (UNESCO) e ratificada pelo Decreto nº 5.753 de 12/04/2006. Para maiores informações, consultar:http://portal.iphan.gov.br/pagina/detalhes/71;http://portal.iphan.gov.br/uploads/ckfinder/arquivos/ConvencaoSalvaguarda.pdf;http://www.planalto.gov.br/ccivil_03/_Ato2004-2006/2006/Decreto/D5753.htm.
Acesso em: 09/10/2020.

## REFERÊNCIAS

BRASIL. **Constituição Federal de 1988**. Disponível em: http://www.planalto.gov.br/ccivil_03/ constituicao/constituicao.htm. Acesso em: 09 out. 2020.

BRASIL. **DECRETO Nº 3.551, DE 4 DE AGOSTO DE 2000**. Institui o Registro de Bens Culturais de Natureza Imaterial que constituem patrimônio cultural brasileiro, cria o Programa Nacional do Patrimônio Imaterial e dá outras providências. Disponível em: http://www.planalto.gov.br/ccivil_03/decreto/d3551.htm. Acesso em: 09 out. 2020.

BRASIL DE FATO. O que passou na "boiada" de Ricardo Salles durante a pandemia? Portal **Brasil de Fato**: Uma visão popular do Brasil e do Mundo. Publicado em: 09/06/2020. Disponível em: https://www.brasildefato.com.br/2020/06/09/o-que-passou-na-boiada-de-ricardo-salles-durante-a-pandemia. Acesso em: 03 out. 2020.

CUNHA FILHO, Francisco Humberto. Direitos Culturais no Brasil. **Revista Observatório Itaú Cultural** / OIC, n. 11 , jan./abr. 2011.

FOLHA DE SÃO PAULO. PANTANAL. **Abandonados pelo poder público, primeiros habitantes do Pantanal perdem 83% do território para o fogo** - Índios guatós combateram incêndio sozinhos e agora sofrem com falta de água e de atenção médica. Publicado em 17/09/2020. Disponível em: https://www1.folha.uol.com.br/ambiente/2020/09/abandonados-pelo-poder-publico-primeiros-habitantes-do-pantanal-perdem-83-do-territorio-para-o-fogo.shtml. Acesso em: 03 out. 2020.

ISA - Instituto Socioambiental. Disponível em: https://acervo.socioambiental.org/acervo/noticias/abandonados-pelo-poder-publico-primeiros-habitantes-do-pantanal-perdem-83-do. Acesso em: 09 out. 2020.

IBGE. Instituto Brasileiro de Geografia e Estatística. **Mapa Biomas e Sistema Costeiro** - Marinho do Brasil. Disponível em: http://geoftp.ibge.gov.br/informacoes_ambientais/estudos_ambientais /biomas/mapas/biomas_e_sistema_costeiro_marinho_250mil.pdf. Acesso em: 09 out. 2020.

ICOMOS (Brasil). **Carta do Comitê Científico Sobre Mudanças Climáticas e Patrimônio do ICOMOS-BR**. Disponível em: https://fonasc-cbh.org.br/?p=22977. Acesso em: 09 out. 2020.

IPAM. Instituto de Pesquisa Ambiental da Amazônia. **Mortalidade de indígenas por covid-19 na Amazônia é maior do que média nacional.** Publicado em: 21/06/2020. Disponível em: https://ipam.org.br/mortalidade-de-indigenas-por-covid-19-na-amazonia-e-maior-do-que-medias-nacional-e-regional/ Acesso em: 03 out. 2020.

IPAM. Instituto de Pesquisa Ambiental da Amazônia. O ar é insuportável – Os impactos das queimadas associadas ao desmatamento da Amazônia brasileira na saúde. **Portal IPAM**, Documentos e Relatórios. Publicado em: 26/08/2020. Disponível em: https://ipam.org.br/bibliotecas/o-ar-e-insuportavel-os-impactos-das-queimadas-associadas-ao-desmatamento-da-amazonia-brasileira-na-saude/. Acesso em: 03 out. 2020.

IPHAN. Instituto do Patrimônio Histórico e Artístico Nacional. **Bens culturais registrados.** Disponível em: http://portal.iphan.gov.br/pagina/detalhes/606. Acesso em: 03 out. 2020.

IPHAN. Instituto do Patrimônio Histórico e Artístico Nacional. **Bens em Processo de Registro**. Disponível em: http://portal.iphan.gov.br/pagina/detalhes/426/. Acesso em: 03 out. 2020.

IPHAN. Instituto do Patrimônio Histórico e Artístico Nacional. **Inventários em andamento.** Disponível em: http://portal.iphan.gov.br/pagina/detalhes/680. Acesso em: 03 out. 2020.

IPHAN. Instituto do Patrimônio Histórico e Artístico Nacional. **Lista do Patrimônio Mundial Cultural e Natural e Lista do Patrimônio Cultural Imaterial da Humanidade (UNESCO).** Disponível em: http://portal.iphan.gov.br/pagina/detalhes/29. Acesso em: 03 out. 2020.

ISA. Instituto Socioambiental. **Programa: Monitoramento das Áreas Protegidas. Sistema Agrícola do Rio Negro é Patrimônio Cultural Brasileiro.** Publicado em: 17/06/2015. Disponível em: https://www.socioambiental.org/pt-br/blog/blog-do-monitoramento/sistema-agricola-do-rio-negro-e-patrimonio-cultural-brasileiro. Acesso em: 09 out. 2020.

ISA. Instituto Socioambiental. **COVID-19 e os Povos Indígenas**. Plataforma de monitoramento da situação indígena na pandemia do novo coronavírus (Covid-19) no Brasil. Disponível em: https://covid19.socioambiental.org/. Acesso em: 19 out. 2020.

NATIONAL GEOGRAPHIC (Brasil). **Coronavírus avança e tragédia entre indígenas da Amazônia é iminente**: De um lado, comunidades indígenas sofrem com a ameaça do vírus, do outro, com intrusos "genocidas". Publicado em: 18/09/2020. Disponível em: https://www.nationalgeographicbrasil.com/historia. Acesso em: 09 out. 2020.

NATIONAL GEOGRAPHIC (Brasil). **Coronavírus avança e tragédia entre indígenas da Amazônia é iminente**: De um lado, comunidades indígenas sofrem com a ameaça do vírus, do outro, com intrusos "genocidas". Publicado em: 18/09/2020. Disponível em: https://terrasindigenas.org.br/pt-br/noticia/208377. Acesso em: 09 out. 2020.

SANTOS, Alcides Ribeiro dos. **Matéria com a participação do Mestre de viola de Cocho Alcides Ribeiro para conteúdo de divulgação do Salão do Turismo no Portal da Controladoria Geral do Estado do Mato Grosso**. Publicado em: 06/06/2006. Disponível em: http://www.controladoria.mt.gov.br/noticias?p_p_id=101&p_p_lifecycle=0&p_p_state=maximized&p_p_mode=view&_101_struts_action=%2Fasset_publisher%2Fview_content&_101_returnToFullPageURL=http%3A%2F%2Fwww.controladoria.mt.gov.br%2Fnoticias%3Fp_auth%3DfCNOCK7s%26p_p_id%3D3%26p_p_lifecycle%3D1%26p_p_state%3Dnormal%26p_p_state_rcv%3D1&_101_assetEntryId=1003991&_101_type=content&_101_groupId=21013&_101_urlTitle=artesao-mostra-como-fazer-a-viola-de-cocho&inheritRedirect=true. Acesso em: 09 out. 2020.

TV FOLHA. Folha de São Paulo. **PANTANAL**: o rastro de destruição do fogo que já devastou 21% do bioma. Publicado em: 26/09/2020. Disponível em: https://www.youtube.com/watch?v= ENZyAaV8tqg&ab_channel=TVFOLHA. Acesso em: 03 out. 2020.

PORTAL UOL (Economia). **Produção de dendê cai, preço sobe 146% e há risco de faltar óleo do acarajé**. Publicado em: 18/08/2020. Disponível em: https://economia.uol.com.br/noticias/redacao/2020/08/18/crise-do-oleo-dende-ameaca-a-existencia-das-baianas-doacaraje.htm?. Acesso em: 09 out. 2020.

# DESCOLONIZAR O PATRIMÔNIO: EDUCAÇÃO PATRIMONIAL, INVENTÁRIO PARTICIPATIVO E MÚLTIPLAS NARRATIVAS

Sonia Rampim; André Bazzanella; Claudia Feierabend Baeta Leal; Simone Scifoni; Mariana Kimie Nito; Sandra Schmitt Soster; Tiago Silva Alves Muniz (Comitê de Interpretações do patrimônio – ICOMOS/BRASIL)

### Patrimônio e crise

Darcy Ribeiro, antropólogo brasileiro e árduo defensor da educação pública, afirmou, na 29a reunião da Sociedade Brasileira para o Progresso da Ciência (SBPC) em 1977, que a "[...] crise educacional do Brasil do qual tanto se fala, não é uma crise, é um programa" (SBPC, 2018, p. 1). O conteúdo de sua fala, publicado posteriormente com o título provocativo "Sobre o óbvio", traz questões fundamentais para a reflexão sobre a atualidade da crise da cultura, do patrimônio e da educação, só para abordar algumas de suas dimensões.

Trata-se de uma crise que se explica pela conjuntura de retrocessos no Estado, nas políticas públicas e na vida social ou algo maior, que se repete continuamente na história do país sempre que alguns avanços democráticos e sociais são implementados? Voltando ao autor:

públicas que garantam a permanência e proteção dos territórios; as redes

> O que houve e o que há é uma massa de trabalhadores explorada, humilhada e ofendida por uma minoria dominante, espantosamente eficaz na formulação e manutenção de seu próprio projeto de prosperidade, sempre pronta a esmagar

qualquer ameaça de reforma da ordem social vigente (RIBEIRO, 1997, p. 452).

Quer seja entendida como crise ou como um projeto das classes dominantes, nos termos do autor, como esse problema se expressa nos campos do patrimônio, educação e cultura e, mais especificamente, na educação patrimonial e na interpretação do patrimônio?

Após pouco mais de uma década de avanços e políticas que buscaram democratizar o campo aplicando recursos para apoiar iniciativas de produção de cultura autônomas e autogeridas, espalhadas pelos rincões do Brasil, assistiu-se à extinção do Ministério da Cultura (MinC) no atual governo e à incorporação de suas instituições, de forma subalterna, ao Ministério do Turismo. Com isso, são enfraquecidas as políticas voltadas aos Pontos de Cultura, que foram fundamentais nas gestões anteriores, particularmente do Ministro Gilberto Gil e do Ministro Juca Ferreira, e que apostavam na autonomia e protagonismo social, no trabalho colaborativo e na generosidade intelectual, como afirmou o coordenador do programa (TORINO, 2010). Essa importante política pública era o nó que articulava outras ações como Cultura Digital, Cultura da Paz e Griôs, em um esforço para tratar os grupos sociais como sujeitos de cultura, de memória e de patrimônio.

A cultura teve, naquele momento, uma centralidade nas políticas públicas, a partir da posse de Gilberto Gil, em 2003, e com a ampliação dos recursos da pasta, a criação de inúmeros editais para apoiar produção cultural, e a valorização das instituições como o Iphan (Instituto Nacional de Patrimônio Artístico Nacional). Esse instituto passou a ampliar a sua atuação nos estados e estender o tombamento para uma nova categoria de bens ligados a grupos sociais invisibilizados: são exemplos a Casa de Chico Mendes, no Acre, representativa da memória dos seringueiros; os Bens Culturais da Imigração Japonesa, ligados aos colonos agricultores e imigrantes fixados no Vale do Ribeira, em São Paulo; e os terreiros de matriz africana nos estados da Bahia, Maranhão e Pernambuco.

O rebaixamento do Ministério a Secretaria Especial de Cultura foi acompanhado do enfraquecimento de importantes instituições públicas vinculadas a ele. Os retrocessos afetaram, também, a educação, em um contexto de desvalorização da ciência, em particular das humanidades que produzem um pensamento crítico sobre a realidade, mas também com a expansão de negacionismos da história política do país, da ditadura pós-64 e das violações dos direitos humanos, repressão e tortura.

Como isso afeta o patrimônio, a educação e a sua interpretação?

Um desses efeitos é a valorização dos cânones tradicionais do patrimônio, constituídos na década de 1930 e ligados à arquitetura barroca edificada pelo colonizador português, como atestou Nascimento (2016), os quais retornam, hoje, com ênfase total, sendo um dos traços da atual política pública. Após décadas de avanços a partir da Constituição Federal de 1988, as políticas se voltam novamente à hipervalorização do passado colonial, em detrimento de outras possibilidades de leitura do Brasil, mais próximas às nossas origens ou à história dos povos nativos. Assim, todos os esforços se voltam novamente para o passado e para os bens consagrados que trazem em seu DNA as heranças da colonização.

O retorno aos cânones dos anos 1930 é testemunho de que não se consegue superar a colonialidade do saber nas políticas de patrimônio, mesmo após décadas de busca de outros olhares sobre a herança nacional que tinham como orientação geral a valorização da diversidade e a ampliação da representatividade territorial. A colonialidade do saber no campo do patrimônio tem seu marco inicial e gênese na instituição de uma política federal que foi inspirada na experiência europeia de patrimônio histórico.

Sobre a colonialidade do saber toma-se como base as reflexões de autores como Castro-Gomes e Grosfoguel (2007), além de Maldonado-Torres (2007). De acordo com esses autores, a colonialidade do saber diz respeito às formas eurocêntricas de pensar o mundo que estão na base da produção do conhecimento e que subordinam nossas reflexões a partir de uma relação hierárquica estabelecida, na qual o conhecimento europeu é superior, é a verdadeira abstração. Diz respeito a uma atitude colonial diante do conhecimento, baseada na ideia de centro e periferia e que se relaciona à colonialidade do poder - um saber que sustenta um poder.

A colonialidade do saber se expressa na construção das políticas de patrimônio que resultaram em um conjunto patrimonial desigual, com uma grande concentração dos bens ligados à formação do Brasil Colônia, como já observaram vários autores (RUBINO, 1996; SANTOS, 1996; FONSECA, 2005, 2013). Assim, a predominância da arquitetura colonial no conjunto da herança coletiva comunica o processo de colonização como o momento de origem, ou o que Chauí (2000) chamou de mito fundador, o ponto de partida que oferece um repertório de representações distorcidas, nas quais o colono é o herói desbravador do território, a natureza é selvagem e deve ser dominada e o nativo é considerado primitivo e inferior, portanto devendo ser naturalmente submetido ao poder do conquistador (CHAUÍ, 2014).

Além da predominância do colonial que acaba indicando a ênfase em única linguagem arquitetônica, tem-se os problemas relacionados aos discursos construídos sobre esse patrimônio, os quais são celebrativos da colonização ou, quando menos, naturalizam o processo, retirando dele a sua dimensão de violência e de barbárie. A colonização aparece nos discursos como força econômica motriz dos processos de transformação do território de forma naturalizada e positivada, ocultando-se as relações de poder que submeteram a terra, a natureza e o nativo a diversas formas de violência que depois foram reproduzidas aos negros escravizados como força de trabalho. Os discursos sobre o patrimônio colonial abstraem essa violência física e simbólica do processo de colonização que invadiu a cultura indígena, impôs uma língua, memória e cultura externas, que desenraizou e desumanizou seres humanos, considerados inferiores mediante a noção de raça. Tais violências desaparecem no tratamento do patrimônio colonial que se transforma em uma espécie de grife, objeto de estatuto especial, único e o mais relevante.

A colonialidade do pensamento no campo do patrimônio oculta, também, a existência de desigualdades sociais que caracterizam a sociedade brasileira desde a sua origem, ao construir uma imagem de nação una que partilha de uma mesma memória, o que é, em sua essência, autoritário. "Aliás, a memória que privilegia as ações vindas do alto e minimiza as práticas de contestação e de resistência social e popular é, ela própria, uma memória autoritária" (CHAUÍ, 2014, p. 48).

Nesse sentido, é preciso descolonizar o patrimônio cultural. A educação patrimonial desempenha um papel fundamental nessa tarefa e, para tanto, é preciso que tanto ela como a interpretação do patrimônio sejam vistas como atividades críticas, problematizadoras das políticas públicas, compreendendo seu sentido político e as disputas em torno da memória oficial. Elas devem, também, basear suas ações em um processo dialógico, que se faz no respeito aos múltiplos olhares, saberes e narrativas possíveis dos diferentes sujeitos sociais. Por fim, elas devem ser entendidas como processo de construção de conhecimentos e não atividades meramente informativas de reprodução de conteúdos prontos e acabados, demandando, portanto, um fazer-se constante.

Um caminho para descolonizar o patrimônio tem sido a utilização da ferramenta dos inventários participativos, como será discutido mais adiante a partir da apresentação de três diferentes experiências. Ao final, são propostas saídas para enfrentar a crise as quais situam-se em diferentes dimensões, quer no plano teórico-conceitual, no que diz respeito a ação e mobilização social e, por fim, no âmbito das práticas institucionais.

### Educação Patrimonial e interpretações do patrimônio

A Constituição Federal de 1988, em seu artigo 216, afirma o entendimento basilar do conceito ampliado de patrimônio cultural quando destaca o direito à memória dos diferentes grupos formadores da sociedade brasileira. Essa construção, resultado de resistências de movimentos sociais do campo da cultura, ampara legalmente a necessidade de modificação de práticas de preservação calcadas na colonialidade do saber e que estão expressas, por tanto tempo, nas políticas de patrimônio.

Em que pese o esforço dessas atualizações de práticas pelos órgãos oficiais de preservação em direção à ampliação das narrativas e representatividade dos diferentes grupos sociais da sociedade brasileira, ainda permanece um arcabouço conceitual e prático que reforça as narrativas hegemônicas do Estado em direção à ideia de um passado comum, compartilhado por todos e que afirmam o patrimônio de certos grupos sociais representativos das classes dominantes. No campo da Educação Patrimonial, também permanecem práticas educativas que privilegiam métodos instrutivistas, conteudistas e verticalizados de ensino e aprendizagem.

Assim, alguns princípios[1] de atuação são fundamentais para o trabalho educativo e para a interpretação do patrimônio, de forma a ampliar o entendimento de ambos como processos que privilegiam a mobilização social em torno das referências culturais identificadas pelos diferentes grupos sociais e como recurso e estratégia para a defesa do direito à memória e ao patrimônio.

Um princípio basilar para essa tarefa é incentivar a participação social na formulação, implementação e execução das ações, sejam elas de educação ou de interpretação, de modo a estimular o protagonismo dos diferentes grupos sociais. Qualquer projeto se inicia em um profundo processo de escuta coletiva. Os diferentes agentes envolvidos têm, também, diferentes expectativas em relação aos resultados e impactos que o trabalho pode gerar. Portanto, desde o início do processo, ou seja, na idealização e formulação dessas ações, é necessário um alinhamento das expectativas e um exercício dialógico contínuo para compreensão das motivações, inclusive políticas, desses agentes e para a construção coletiva de práticas educativas e de interpretação integradas ao cotidiano, associando bens culturais aos espaços de vida e de luta dessas pessoas. Murta e Goodey (2002) destacam a importância desse diálogo especificamente em se tratando da interpretação do patrimônio. Para os autores, é preciso iniciar a interpretação em parceria com a comunidade, entendendo o processo como troca de conhecimentos e não como imposição de uma verdade universal. Goodey (2002), lembra, também como a interpretação vem sendo reconhecida cada vez mais como um processo que se baseia na comunidade, já que ela tem o conhecimento mais profundo e enraizado sobre o lugar.

Dessa forma, caminha-se em direção à valorização do território como **espaço educativo**, passível de múltiplas leituras e interpretações, por meio de inúmeras estratégias educacionais e de comunicação, sobretudo, aquelas inerentes às diferentes formas de se relacionar com o conhecimento. Essa abordagem favorece as relações de afeto, compreendidas aqui como portadoras de impacto que levam os sujeitos a resistências e lutas para o exercício do direito à memória.

Tais princípios contribuem para a multivocalidade das narrativas sobre o patrimônio, mostrando que não há sentido em produções de conhecimento sobre referências culturais que não levem em consideração a significação afetiva e de memória coletiva de quem utiliza o território como espaço de vida e, portanto, como seu estimado jeito de ser e estar no mundo.

As ações educativas e a interpretação do patrimônio devem, portanto, contemplar os princípios dialógicos e democráticos, nos quais o processo de preservação do patrimônio cultural deve ser protagonizado por todos. Logo, necessitam ser construídas em conjunto com os grupos sociais que vivem nos territórios. É preciso defender a Educação Patrimonial e a Interpretação do Patrimônio como processos que primam pela construção coletiva do conhecimento, por práticas horizontalizadas e por processos de escuta que evidenciem as múltiplas narrativas e interpretações do patrimônio cultural.

## Estratégia de resistência nos territórios: inventários participativos

A participação social na própria definição do patrimônio se amplia com os Inventários Participativos, ferramenta elaborada no âmbito da Educação Patrimonial do Iphan, para aplicação dos grupos sem mediação do instituto. Propostos como metodologia aberta e adaptável pelos usuários, permite, por um lado, a mobilização social das pessoas envolvidas no uso do inventário, e por outro, a produção de conhecimento coletivo com base nas diversas noções, categorias e conceitos que os diversos grupos formadores mobilizam para entender e identificar patrimônio.

Alguns Inventários Participativos já realizados dão visibilidade às práticas educativas, de mobilização social e de produção de conhecimento sobre referências culturais e patrimônio. Em recente webinar realizado pelo Comitê

Científico de Interpretações, Educação Patrimonial e Múltiplas Narrativas (ICOMOS-Brasil e IEDS[2]), algumas experiências de Inventário Participativo foram apresentadas e debatidas, trazendo a questão: o que inventários realizados sobre engenhos de farinha no Sul, museus indígenas no Nordeste e práticas culturais urbanas em uma metrópole no Sudeste têm em comum?

Tais experiências se destacam por fazer do inventário participativo "[...] uma forma de ativismo que toma como tática essencial a educação voltada a colocar em evidência outros patrimônios possíveis, mais próximos do cotidiano e do trabalho das classes populares" (NITO; SCIFONI, 2018, p. 84). Os inventários participativos são mobilizados em momentos de crise e questionamento sobre as ações de preservação, quando sujeitos sociais se articulam na produção de conhecimento por meio da identificação, na escolha e no registro de seus patrimônios.

O Inventário Participativo do Minhocão foi desenvolvido pela REPEP[3], em São Paulo-SP, entre 2015 e 2019. Ele nasceu da necessidade do enfrentamento de uma problemática do território central da cidade: a da revalorização imobiliária e espacial patrocinada pelo poder público, com consequente expulsão de população moradora mais pobre, ou seja, o processo de gentrificação. Assim, o Inventário Participativo do Minhocão buscou mapear as referências culturais dos grupos mais vulneráveis ao processo de expulsão social, como forma de mobilizar argumentos em defesa de sua permanência. É preciso reconhecer que as práticas culturais foram constituídas na existência do cotidiano de moradores e trabalhadores pobres, moradores em situação de rua, grupos LGBTQIA+, imigrantes e trabalhadores da cultura.

Esse inventário, além de possibilitar o reconhecimento dos grupos como agentes locais e sua mobilização frente a ameaças de marginalização e até criminalização, identificou 44 referências culturais em risco. Se as referências culturais expressam a forma como as pessoas vivem o território, o risco está no processo de expulsão dos grupos sociais, o que pontua o fim e o enfraquecimento de muitas práticas. Entre as referências, destacam-se: Saberes - Luta por Moradia no Centro, Produção e práticas do pixo e do graffiti, Ativismo Feminista Negro; Formas de Expressão - Performance Drag, Teatro Político e Social; Celebrações - Festas e Encontros de Rua, Daira Baifá; Objetos - Folhinha; Lugares - Largo do Arouche, Feira de Santa Cecília; e Edificações - Teatro de Arena, Vila Adelaide[4].

A leitura do espaço do Minhocão partiu da ressignificação do espaço pelos grupos populares que o tornaram "*locus* de intensa atividade cultural, de apropriação e uso social e de vida urbana em sua complexidade" (NITO; SCIFONI, 2017, p.49). O Minhocão e o centro de São Paulo não devem ser encarados como lugares que precisam de intervenção para maquiar problemas sociais muito mais complexos. Não se trata de ir contra as intervenções urbanas, mas questionar para quem estão sendo feitas, a forma como estão sendo planejadas e os interesses que estão em jogo por meio delas. E, principalmente, colocar um outro papel para o patrimônio cultural na cidade e outro significado ao patrimônio como um direito social.

Outra dessas experiências de inventário participativo aparece articulado às ações do Museu Indígena Kanindé, no estado do Ceará. O museu foi criado pelo cacique Sodero, em 1995, visando a salvaguarda da memória dos modos de fazer e viver dos Kanindé de Aratuba. O inventário, por sua vez, foi desenvolvido em 2011, em uma escola indígena, pelo professor e grupo de alunos do 6º ao 9º ano do ensino fundamental, visando ampliar e atualizar o acesso ao Museu[5]. Com a participação do cacique Sodero concomitante ao inventário, os alunos foram formados para contribuírem com a identificação, higienização, preenchimento de fichas e marcação do acervo. Vale ressaltar que alguns dos objetos identificados para a musealização do acervo, entre eles cachimbos, machados, trancados e artesanatos, maracás, cocares, adornos, entre outros, refletem a dimensão cotidiana presente na cosmovisão Kanindé.

A partir dessa experiência, o Museu se firmou como centro de processos formativos em arqueologia, etnoconstrução e fotografia e, em 2013, tornou-se Ponto de Memória do IBRAM. Os alunos que participaram do inventário tornaram-se formadores e educadores dentro da comunidade, e 80% deles se inseriram em Universidades e são hoje o principal sustentáculo do movimento indígena Kanindé. Além disso, a equipe do Museu tem compartilhado a metodologia do Inventário Participativo com outras comunidades do entorno, como a comunidade quilombola da Serra do Evaristo e a comunidade Fernandes. As articulações em torno do patrimônio indígena culminaram na Rede Indígena de Memória e Museologia Social[6], onde as diferentes experiências encontram um espaço de diálogo.

Em 2014, houve uma atualização do Inventário em um processo formativo continuado que uniu comunidade, museu e escola por meio da realização de inventários periódicos. Segundo Vieira Neto e Gomes (2009, p. 96-97):

> [...] das etnias indígenas no Ceará contemporâneo, os Kanindé são os menos estudados (junto a algumas etnias do sertão). O Museu constitui-se, deste modo, num centro de documentação que guarda interessantes indícios sobre o processo de organização política em torno da identidade

étnica. Esse é o único museu de Aratuba e recebe visitas constantes de escolas e universidades do município e vizinhança, que vêm à busca de informações acerca da etnia.

A terceira experiência de inventário participativo foi produzida pela Rede Catarinense de Engenhos de Farinha em Santa Catarina (nos municípios de Florianópolis, Garopaba, Imbituba, Angelina, Palhoça e Bombinhas), visando o registro das Práticas e Saberes como patrimônio imaterial[7]. Essa experiência demonstra como o inventário serve tanto à mobilização social como à própria construção do objeto patrimonial. A problemática do território diz respeito a conflitos com a especulação imobiliária, notadamente nas áreas litorâneas, dada a pressão da indústria portuária; aos altos impostos (como o IPTU) decorrentes do avanço das cidades na área rural; assim como disputas referentes à legislação sanitária que cria obstáculos à produção tradicional. Ocorre ainda que, com as mudanças climáticas e dos regimes hídricos, os sistemas agroalimentares encontram-se em situação particularmente difícil, que se agrava diante da crise social e da perda de direitos. As comunidades envolvidas dependem, mais do que nunca, da sinergia entre gestores públicos e iniciativa privada, buscando a união de esforços que favoreçam a resiliência frente aos desafios.

Segundo Pieroni (2014, p. 43), a Rede Catarinense de Engenhos de Farinha "[...] surgiu como espaço de troca entre famílias com histórias peculiares e especificidades locais, mas que compartilham do ideal de manter seus lugares produtivos e elementos históricos culturais vivos". Ela abrange basicamente a comunidade açoriana, com mais de 200 anos de pertencimento ao local e aos fazeres e saberes associados à produção agrícola. Ao todo, 127 pessoas participaram do Inventário, que mobilizou as famílias proprietárias dos bens em torno da preservação da memória e da importância dos engenhos para sua própria segurança alimentar. Foram identificados como referências culturais saberes e fazeres associados ao cultivo de diferentes tipos de mandioca, usos diversos da planta e festividades associadas, como a Farinhada, a Festa da Colheita e o movimento de encontro para a troca de diferentes tipos de mandioca.

A abordagem de Inventários Participativos pode ser considerada o início de uma mobilização social que leva a outros processos, como a valorização das práticas alimentares, a preservação da diversidade biológica de uma espécie cultivada, a luta política pela preservação de um modo de vida, a mobilização das comunidades em defesa de um território, sua valorização identitária como resistência face ao processo de homogeneização cultural, e muitos outros.

As experiências de Inventários Participativos apresentadas constituem-se em lutas políticas e poéticas que colocam em cheque decisões do poder público, instrumentos de preservação, conceitos de patrimônio e de museu, e reprodução do espaço. Isso ocorre porque se desloca a educação patrimonial e a interpretação das coisas acauteladas pelo poder público para o exercício de cidadania dos sujeitos sociais. O que gera uma autonomia de "afirmação de memórias, no plural, histórias e não uma história, ou seja, ter presentes as determinações de classe, etnia e gênero e das lutas sociais e políticas como constitutivas da produção da memória e da história" (CHAUÍ, 2006, p. 125). São formas que buscam um patrimônio cultural mais democrático e que não reproduzam as desigualdades sociais existentes.

A fim de desafiar e rever categorias, diferentes saídas são apresentadas aqui, rumo aos usos do patrimônio como recurso para afirmar direitos no presente e assegurar o bem viver dos detentores patrimoniais, comunidades locais e seus futuros.

## O que se pode esperar do futuro: a dimensão política do patrimônio

O historiador François Hartog, em seu artigo "Tempo e patrimônio" (2006, p. 272), ao discutir o que chama de atual "movimento de extensão e de universalização do patrimônio", afirma que "O patrimônio é um recurso para o tempo de crise": na longa duração em que está inscrita tal noção, permite o reconhecimento de diversos estados, acepções e rupturas, e possibilita a produção de semióforos dessas mudanças. Isso requer, porém, que se assuma a dimensão política e conflituosa dessa noção e do campo que se define a partir dela. Nesse sentido, a definição de patrimônio apresentada pela arqueóloga australiana Laurajane Smith reforça o entendimento de patrimônio como recurso, remetendo a suas possibilidades de ruptura, revisão e mudanças:

> Por um lado, patrimônio diz respeito à promoção, por uma versão consensual da história, com vistas a regular tensões culturais e sociais no presente. Por outro lado, patrimônio pode ser também um recurso usado para desafiar e redefinir valores e identidades recebidos por uma gama de grupos subalternizados. Patrimônio não diz necessariamente respeito à manutenção de valores e sentidos culturais, e

pode igualmente tratar de mudança cultural (SMITH, 2006, p. 4, grifo nosso, tradução nossa)[8].

Na proposta trazida neste artigo e no âmbito do Comitê Científico de Interpretações, Educação Patrimonial e Múltiplas Narrativas, as discussões que a autora apresenta sobre os sentidos do Discurso Autorizado de Patrimônio (SMITH, 2006) remetem exatamente às forças envolvidas no reconhecimento de bens culturais como patrimônio, inclusive ao desequilíbrio entre essas forças, mas colocam também possibilidades que dizem respeito a saídas para a crise, as quais pretende-se apontar. Tais saídas dizem respeito à própria noção de patrimônio cultural, e envolvem uma discussão teórico conceitual que perpassou todo este artigo; referem-se ao fortalecimento de ações políticas da sociedade, por meio de iniciativas que foram destacadas e valorizadas neste texto; e apontam para a importância da revisão de práticas institucionais, visando sua renovação e a adoção de práticas progressistas e participativas. Isso tudo para retomar o argumento central desta discussão, que é a necessidade de descolonizar o patrimônio cultural por meio da incorporação das múltiplas narrativas disponíveis sobre patrimônio.

## Saída n°1 - Discussão teórico-conceitual sobre a própria noção de patrimônio

Marco insistentemente referido neste artigo, a Constituição Federal de 1988 consolidou e promoveu uma importante mudança no patrimônio, sendo inclusive descrita como "uma ponte para a atual dimensão que hoje temos do patrimônio" (CAMPOS, 2017, p. 203). A partir do que define seu artigo 216, patrimônio deixou de se limitar ao "conjunto dos bens móveis e imóveis" "inscritos separada ou agrupadamente num dos quatro Livros do Tombo" (BRASIL, 1937, Art. 1°, §1°), para abranger bens materiais e imateriais que, protegidos por uma variedade de "formas de acautelamento e de preservação", sejam "portadores de referência à identidade, à ação, à memória dos diferentes grupos formadores da sociedade brasileira" (BRASIL, 1988, Art. 216).

Essa mudança incluiu, a nosso ver, tanto possibilidades de reconhecimento diversificados, quanto uma ampliação tipológica de bens e ainda uma revisão dos papéis dos agentes envolvidos na patrimonialização de bens culturais.

No que diz respeito a possibilidades de reconhecimento e à ampliação tipológica desses bens culturais, remete-se à constatação de Maria Cecília

Londres Fonseca, quando afirma que o Registro de bens culturais de natureza imaterial teria surgido

> no sentido de suprir uma lacuna, que o tombamento não preencheu, referente a uma série de bens reconhecidos ou considerados implicitamente como Patrimônio Cultural Brasileiro, ainda que não houvesse um rito, um instrumento que viabilizasse esse reconhecimento, do ponto de vista legal (IPHAN, 2006, p. 44, grifo nosso).

De forma imediata, Fonseca refere-se aqui à inclusão de bens de natureza imaterial no rol do patrimônio cultural do Brasil - trata-se justamente da reunião do Conselho Consultivo que deliberou sobre a inscrição do primeiro Lugar no Livro do Registro de Lugares, a Cachoeira de Iauaretê, lugar sagrado dos povos indígenas dos rios Uaupés e Papuri. No entanto, permite também que se relacione sua afirmação às noções de patrimônio *stricu senso e latu senso*, conforme propostas por Scifoni (2019): enquanto o primeiro remete aos bens oficialmente reconhecidos pelo Estado, nas suas diversas instâncias, o último abarca os bens portadores de referência cultural para um determinado grupo, sendo eles acautelados pelo Estado ou não.

No que diz respeito à revisão do papel dos agentes envolvidos na identificação, reconhecimento, promoção e proteção do patrimônio cultural, destaca-se o que Meneses (2012) chamou de "deslocamento de matriz" dos valores atribuídos aos bens: por um lado, o poder público deixou de ter a exclusividade da definição do valor cultural; por outro, reforçou-se a participação da comunidade nesse processo, fosse na própria definição daquilo que compõe o patrimônio – os "bens de natureza material e imaterial [...] portadores de referência à identidade, à ação, à memória dos diferentes grupos formadores da sociedade brasileira" (CF88, art. 216) –, fosse em sua atuação junto ao Poder Público para a promoção e proteção do patrimônio cultural brasileiro. A comunidade, incluindo aí aqueles que Smith (2006) descreve como "grupos subalternizados" por políticas homogeneizantes e coloniais, passou de "mera detentora dos bens atingidos pelo tombamento" (ANDRADE, 1987 [1939]) a ser entendida em seu papel de agente legítimo e instituinte de valor cultural.

Daí o que entende-se como saída teórico-conceitual para a crise, e que aparece de forma sistematizada, objetiva e reforçada nos Inventários Participativos: partir de patrimônio a partir do seu sentido *latu* (SCIFONI, 2019) e de acordo com o art. 216 da CF88, e afirmar os "diferentes grupos formadores da sociedade brasileira" como agentes legítimos na própria definição de patrimônio.

## Saída n°2 - Fortalecimento de ações políticas da sociedade

É possível afirmar que a noção de patrimônio discutida no item anterior não cabe num entendimento de patrimônio como acervo mais ou menos estável de bens culturais; antes, exige uma leitura de patrimônio como processo e como política, demandando atenção à participação social e à mobilização do poder público e da comunidade.

Entender patrimônio como política e, especialmente, como política pública envolve entender os papéis exercidos pelos agentes envolvidos na patrimonialização de bens culturais, o que envolve "demandas, disputas e questões" (SANT'ANNA, 2015) que influenciam "decisões públicas [...] destinadas a manter ou modificar a realidade de um ou vários setores da vida social" (SARAVIA, 2006). Nesse sentido, e com vistas a identificar as demandas e disputas e a assegurar o efetivo envolvimento de grupos sociais diversos na preservação do patrimônio cultural, três noções são muito importantes: ressonância, representatividade e interconhecimento.

Ressonância, de acordo com José Reginaldo Gonçalves, diz respeito ao respaldo ou reconhecimento que um bem cultural classificado como patrimônio pelo Estado encontra junto a setores da população (GONÇALVES, 2005). Se, conforme Gonçalves (2005), "um patrimônio não depende apenas da vontade e decisão políticas de uma agência de Estado", as políticas de patrimônio dependem de ressonância para não serem rejeitadas. Sendo patrimônio uma escolha e uma construção do presente, para sua efetividade - seja em relação à manutenção ou continuidade do bem; seja em relação à afirmação de identidades, memórias e direitos -, sua ressonância depende de como esse patrimônio se manifesta materialmente e como se relaciona com a subjetividade dos grupos envolvidos e como ressoa junto à diversidade de experiências desses grupos. E essa diversidade de experiências acredita-se remeter à noção de representatividade.

Como já indicado aqui, as políticas de patrimônio nas últimas décadas promoveram a extensão do reconhecimento de novas categorias de bens, muitos deles ligados a grupos sociais invisibilizados. Para Marins (2016), porém, "O desafio de incluir as referências patrimoniais dos 'diferentes grupos formadores da sociedade brasileira' reconhecidos pela Constituição de 1988 permanece", exigindo dos órgãos e profissionais de patrimônio o reconhecimento das diferenças e diversidades do país. Esse reconhecimento, que pode fazer toda a diferença na constituição de um acervo representativo da diversidade cultural brasileira, depende de forma contundente da participação dos grupos sociais nos processos para tal renovação do acervo patrimonial. Essa participação, por sua vez, depende, nos termos de Marins - e em estreita articulação com o que vem sendo apresentado neste artigo - da adoção "da gradual reorientação metodológica que procura trazer os agentes da sociedade civil para o processo de identificação, nomeação e autoproclamação de valores patrimoniais atribuíveis a seus suportes de memória e práticas culturais" (MARINS, 2016). Depende, nos termos já tratado aqui, de escuta coletiva, da Educação Patrimonial, de interpretações do patrimônio que incorporem múltiplas narrativas.

Chega-se, então, à noção de interconhecimento, que estaria, a nosso ver, na base das possibilidades de ressonância e representatividade do patrimônio, assim como de fortalecimento de ações políticas e de mobilização social. Sobre essa noção, Boaventura Santos (2010, p. 157) afirma que "A utopia do interconhecimento é aprender outros conhecimentos sem esquecer os próprios." Para o sociólogo português, o interconhecimento enfatiza o caráter relacional de todo conhecimento; isto implica considerar que todo conhecimento existe em meio a outros conhecimentos e exige reconhecer os outros conhecimentos como igualmente válidos e potentes.

Nessa perspectiva, a incorporação de novos agentes ao processo de patrimonialização põe em xeque saberes hegemônicos: tornam-se claros sentidos e valores que são não necessariamente analisáveis, comparáveis e categorizáveis a partir de conhecimentos técnicos, científicos e ou acadêmicos. Tal incorporação assim exige que se acionem e valorizem os conhecimentos dos grupos sociais envolvidos com bens e manifestações culturais, que se promova o interconhecimento e o que Boaventura chama de "co-presença radical": trata-se da presença e da participação efetiva dos grupos, de suas perspectivas e valores nas intervenções no real.

## Saída n°3 - Renovação de práticas institucionais e adoção de práticas progressistas e participativas

Reforçando o entendimento de políticas públicas de Enrique Saravia, segundo o qual estas seriam "um sistema de decisões públicas que visa a ações ou omissões, preventivas ou corretivas, destinadas a manter ou modificar a realidade de um ou vários setores da vida social" (SARAVIA, 2006, p. 29, grifo nosso); referindo ao sentido de patrimônio proposto por Laurajane Smith (2006, grifo nosso), que prevê a possibilidade de "desafiar e redefinir valores e identidades"; se reforçam as discussões postas neste artigo até o momento para vincular a descolonização do patrimônio ao desafio, redefinição e renovação de valores, categorias e práticas de patrimonialização de bens culturais.

As saídas teórico-conceitual e política propostas anteriormente têm um grande peso nessa terceira perspectiva: trata-se de partir do sentido ampliado de patrimônio, do patrimônio tomado em seu sentido latu (SCIFONI, 2019); de reconhecer e afirmar a legitimidade dos "diferentes grupos formadores da sociedade brasileira" como agentes das políticas de patrimônio; de adotar de maneira contundente e ininterrupta o interconhecimento como base dos diálogos entre poder público e comunidade; de promover a contínua revisão e renovação das práticas institucionais, a partir das perspectivas lançadas pelo interconhecimento e, sempre que possível, na co-presença dos grupos diretamente envolvidos com os bens e manifestações culturais.

Trata-se de reforçar ao máximo o processo de escuta previsto no contexto da Educação Patrimonial, dos Inventários Participativos e também das Interpretações do patrimônio; de sensibilizar o poder público, especialistas, servidores públicos para esse processo de escuta, de tradução (SANTOS, 2010), de criação de espaços para participação e co-presença; de debates e revisões de instrumentos, ferramentas, procedimentos. É certo que já se notam esforços - ainda que tímidos - do poder público nesse sentido, notadamente no reconhecimento de parte da diversidade cultural brasileira, mas também proposição de metodologias e ferramentas participativas e na abertura à participação social dos "diferentes grupos sociais formadores da sociedade brasileira. Os Inventários Participativos podem ser entendidos nesse sentido, mas principalmente como uma ferramenta capaz de sistematizar e fazer ecoar múltiplas narrativas para as interpretações do patrimônio.

## Considerações finais

A crise convida o patrimônio a resistir, se reinventar e lutar a fim de praticar sua resiliência e criar estratégias frente às políticas destinadas ao setor. A sobrevivência dos patrimônios reconhecidos, não-reconhecidos e seus respectivos futuros convida a refletir sobre práticas, ressignificações e consequências para o campo do patrimônio.

Conforme salienta Smith (2006), o discurso do patrimônio estabelece responsabilidades, valores e significados sobre o presente e passado legitimando discursos e definindo identidades. Seguindo tal raciocínio do patrimônio como um processo, Harrison *et al.* (2020) apontam que as ontologias do patrimônio reúnem práticas de diferentes tipos legitimando diferentes realidades e, por conseguinte, diferentes futuros. Pensar o patrimônio e as atividades relativas ao seu fazer no futuro são tarefas vitais para o campo de estudos de patrimônio e para o patrimônio propriamente dito (HARRISON et al., 2020). Destarte, pensar os patrimônios ontem, hoje e amanhã é uma chave fundamental para pensar a resiliência das práticas e processos patrimoniais.

Nesse sentido, cabe reiterar a importância dos saberes locais frente ao projeto político produzido pelas classes dominantes e à promoção de uma visão hegemônica de "mundo moderno". De tal maneira, as pedagogias decoloniais convidam a resistir/romper com a dimensão das colonialidades imposta pela modernidade/colonialidade e os impactos do projeto "capitalista-modernizador-extrativista" e sua lógica "patriarcal-paternal-colonial" (WALSH, 2017).

**NOTAS**

[1] Como parte dos avanços nas políticas públicas após os anos 2000, foram definidos princípios e diretrizes da Educação Patrimonial definidas pela Portaria IPHAN n° 137, de 28 de abril de 2016. Somam-se ainda os princípios definidos pela REPEP (Rede Paulista de Educação Patrimonial): transversalidade; dimensão política; respeito à diversidade; interlocução; autonomia e centralidade dos sujeitos; e transformações sociais (REPEP, s.d.). Muitos desses princípios são também os da interpretação do patrimônio, conforme apresentam Murta e Goodey (2002).

[2] ICOMOS-Brasil / IEDS. **Múltiplas narrativas interpretativas do Patrimônio:** experiências e práticas. 29 Jul. de 2020. [Webinar] Disponível em: <https://www.youtube.com/watch?v=-jZqtE3Er-4>.

[3] A REPEP é formada por profissionais de diferentes formações acadêmicas e pessoas de movimento social. Trata-se de um espaço formativo que atuar a partir de ações educativas e culturais. Para mais informações vide: www.repep.fflch.usp.br e www.facebook.com/repep.

[4] O inventário participativo do Minhocão pode ser acessado através do link: <www.bit.ly/minhocaocontragentrificacao>.

[5] O inventário participativo do Museu Indígena Kanindé pode

ser acessado através do link: <https://povokaninde.wixsite.com/historiandokanindes/museu-kaninde>

⁶ O site da Rede Indígena de Memória e Museologia Social é: <https://www.facebook.com/redeindigenamemoria/>.

⁷ O inventário da Rede Catarinense de Engenhos de Farinha pode ser acessado através do link: <http://portal.iphan.gov.br/uploads/ckfinder/arquivos/Engenhos%20final_Reduzido.pdf>.

⁸ **Do original em inglês:** "At one level heritage is about the promotion of a consensus version of history by state-sanctioned cultural institutions and elites to regulate cultural and social tensions in the present. On the other hand, heritage may also be a resource that is used to challenge and redefine received values and identities by a range of subaltern groups. Heritage is not necessarily about the stasis of cultural values and meanings, but may equally be about cultural change" (SMITH, 2006, p. 4, tradução de Claudia Feierabend Baeta Leal).

## REFERÊNCIAS

ANDRADE, R.M.F. Como se instituiu o Serviço do Patrimônio Histórico e Artístico Nacional. Jornal do Comércio, Recife, 18/08/1939. In: **Rodrigo e o SPHAN**: Coletânea de textos sobre patrimônio Cultural. Rio de Janeiro: Ministério da Cultura, Fundação Nacional Pró-Memória, 1987. p. 30-31.

BRASIL. Constituição (1988). **Constituição [da] República Federativa do Brasil**. Brasília: Senado. Federal, 1988.

BRASIL. **Decreto-Lei n° 25**, de 30 de novembro de 1937. Organiza a proteção do patrimônio histórico e artístico nacional. Brasília: Presidência da República, 1937.

BRASIL. **Lei n° 14.017**, 29 de junho de 2020. Publicado em: 30/06/2020. Edição: 123. Seção: 1. Página: 1. Diário Oficial da União.

CAMPOS, Y.D.S. Desafios propostos pela Constituição de 1988 ao patrimônio cultural. **Revista do Patrimônio Histórico e Artístico Nacional**, n.35, p. 203-211, 2017.

CASTRO-GOMES, S.; GROSFOGUEL, R. Giro decolonial, teoría crítica y pensamiento heterárquico. In: **El giro decolonial**: Reflexiones para una diversidad epistémica más allá del capitalismo global. Bogotá: Siglo del Hombre, 2007. p.9-24.

CHAUÍ, M. **Brasil**: mito fundador e sociedade autoritária. São Paulo: Perseu Abramo, 2013.

CHAUÍ, M. **Cidadania Cultural**: O direito à cultura. São Paulo: Fundação Perseu Abramo, 2006.

CHAUÍ, M. **Conformismo e resistência**. Belo Horizonte: Autêntica, 2014.

FONSECA, M.C.L. O patrimônio cultural imaterial inscrito nas listas de Convenção de 2003 da UNESCO: observações preliminares. **Políticas Culturais em Revista**, v.2, n.6, p.1-13, 2013.

FONSECA, M.C.L. **O patrimônio em processo**: Trajetória da política federal de preservação no Brasil. Rio de Janeiro: UFRJ/IPHAN, 2005.

GOODEY, B. Interpretação e comunidade local. In: MURTA, S.M.; ALBANO, C. (orgs.). **Interpretar o patrimônio um exercício de olhar**. Belo Horizonte: Editora da UFMG, 2002. p.47-58

GONÇALVES, J.R.S. Ressonância, materialidade e subjetividade: as culturas como patrimônios. **Horizonte Antropológico**, Porto Alegre, v.11, n.23, p.15-36, 2005.

HARRISON, R. et al. **Heritage futures**: Comparative approaches to natural and cultural heritage practices. Londres: UCL, 2020.

HARTOG, F. Tempo e patrimônio. **Varia história**, v.22, n.36, 2006, p. 261-273.

IPHAN. **Ata da 49ª reunião do Conselho Consultivo do Patrimônio Cultural.** 3 Ago. 2006. Disponível em <http://portal.iphan.gov.br/uploads/atas/2006_01_49a_reuniao_ordinria_03_de_agosto.pdf>.

MALDONADO-TORRES, N. Sobre la colonialidad del ser: contribuciones al desarrollo de un concepto. In: CASTRO-GOMES, S.; GROSFOGUEL, R. (Orgs.). **El giro decolonial**: Reflexiones para una diversidad epistémica más allá del capitalismo global. Bogotá: Siglo del Hombre, 2007. p.127-168.

MARINS, P.C.G. Novos patrimônios, um novo Brasil? Um balanço das políticas patrimoniais federais após a década de 1980. **Estudos Históricos**, Rio de Janeiro, v.29, n.57, p.9-28, 2016.

MURTA, S.M.; GOODEY, B. Interpretação do patrimônio para visitantes: um quadro conceitual. In: MURTA, S.M.; ALBANO, C. (Orgs.). **Interpretar o patrimônio um exercício de olhar**. Belo Horizonte: UFMG, 2002. p.13-46

MENESES, U.T.B. O campo do Patrimônio Cultural: uma revisão de premissas. In: FÓRUM NACIONAL DO PATRIMÔNIO CULTURAL, 1., 2012, Brasília. **Anais...**

NASCIMENTO, F.B. Patrimônio Cultural e escrita da história: a hipótese do documento na prática do Iphan nos anos 1980. **Anais do Museu Paulista**, São Paulo, v.24, n.3, p.121-147, set.-dez., 2016.

NITO, M.K.S.; SCIFONI, S. Ativismo urbano e patrimônio cultural. **Arq. Urb**, n. 23, p.82-94, 2018.

NITO, M.K.; SCIFONI, S. O patrimônio contra a gentrificação: a experiência do Inventário Participativo de Referências Culturais do Minhocão. **Revista do Centro de Pesquisa e Formação do Sesc**, n.5, nov/2017.

PIERONI, G.C. **Engenhos da Cultura**: teias agroecológicas. Florianópolis: Cepagro - Centro de Estudos e Promoção da Agricultura de Grupo, 2014.

REPEP. **Princípios da Educação Patrimonial**. São Paulo: REPEP, s.d.

RIBEIRO, D. **O povo brasileiro**: a formação e sentido do Brasil. São Paulo: Companhia das Letras, 1997.

RUBINO, S. O mapa do Brasil passado. **Revista do Patrimônio Histórico e Artístico Nacional**, n.24, p.97-105, 1996.

SANT'ANNA, M. Preservação como prática: sujeitos, objetos, concepções e instrumentos. In: REZENDE, M.B.; GRIECO, B.; TEIXEIRA, L.; THOMPSON, A. (Org.). **Dicionário IPHAN de Patrimônio Cultural. Brasília**: IPHAN, 2015.

SANTOS, B.S. **A gramática do tempo**: para uma nova política. São Paulo: Cortez, 2010.

SANTOS, M.V.M. Nasce a academia SPHAN. **Revista do Patrimônio Histórico e Artístico Nacional**, n.24, p.77-95, 1996.

SARAVIA, E. Introdução à Teoria da Política Pública. In: SARAVIA, E.; FERRAREZI, E. (Org.). **Políticas públicas**. v.1. Brasília: ENAP, 2006.

SBPC. **Educação falha ou indisponível**. 17 Jan. 2018. [online] Disponível em:<http://portal.sbpcnet.org.br/noticias/educacao-falha-ou-indisponivel/>.

SCIFONI, S. Interpretar qual patrimônio? A experiência do inventário participativo do Minhocão, São Paulo. In: SIMPÓSIO CIENTÍFICO 2019 DO ICOMOS/BRASIL. Autenticidade em risco, 3., Belo Horizonte, 2019. **Anais...**

SMITH, L. **Uses of Heritage**. Nova York: Routledge, 2006.

TORINO, C. **Ponto de Cultura**: O Brasil de baixo para cima. São paulo: Anita Garibaldi, 2010.

VIEIRA NETO, J.P.; GOMES, A.O. **Museus e memória indígena no Ceará**: uma proposta em construção. Fortaleza: Museu do Ceará, 2009.

WALSH, C.E. (Ed.). **Pedagogías decoloniales**: prácticas insurgentes de resistir,(re) existir y (re) vivir. Tomo II. Quito: Abya Yala, 2017. (Serie Pensamiento Decolonial)

Copyright © 2021 by,
Leonardo Barci Castriota

Todos os direitos reservados. Nenhuma parte desta obra poderá ser reproduzida ou transmitida, por quaisquer processos, especialmente gráficos, microfílmicos, fotográficos e videográficos sem a permissão por escrito dos autores.

IEDS – Instituto de Estudos do Desenvolvimento Sustentável
Rua Além Paraíba, 442 – Lagoinha - Belo Horizonte / MG
institutoeds@ieds.org.br

Conselho Editorial / IEDS:
Eneida Maria de Souza (UFMG)
Jorge Ramírez Nieto (Universidad Nacional de Colombia)
José Geraldo Simões Junior (Mackenzie)
Lutz Katzschner (Universität Kassel)
Margareth de Castro Afeche Pimenta (UFSC)
Maria Cecília Loschiavo (USP)
Ramón Gutierrez (CEDODAL / Universidad de Sevilla)
Sylvia Fisher (UNB)

---

C355p    Patrimonio y crisis – Patrimônio & Crise / Leonardo Barci Castriota, organizador. – Belo Horizonte: IEDS; ICOMOS Brasil, 2021.

p.
ISBN: 978-1-946070-34-0

1. Patrimônio cultural. 2. Pandemia. 3. Sustentabilidade. 4. Crise. I. Castriota, Leonardo Barci. II. IEDS. III. Nhamérica. IV. Título.

CDD: 720
CDU: 72

---

Dados internacionais de catalogação na publicação
Bibliotecária - Carla Angelo (CRB-6/2590)

Cuando pensamos en organizar el Primer Simposio Científico de la región Latino América y el Caribe en ICOMOS, sugerimos como tema justamente "Patrimonio y crisis". No teníamos todavía ni idea de que viviríamos una crisis tan profunda y de consecuencias tan amplias. De hecho, pensamos entonces en analizar un duplo aspecto de la crisis de nuestro tiempo: por un lado, la crisis que vivíamos en Latino América, y de otro, la crisis en nuestro propio campo disciplinar, en el campo del patrimoniocultural. La idea era analizar la confluencia de esas dos dimensiones de la crisis contemporánea. No sabíamos todavía lo que iba a pasar en ese raro año de 2020.

**Leonardo Barci Castriota**

www.ingramcontent.com/pod-product-compliance
Lightning Source LLC
Chambersburg PA
CBHW071955110526
44592CB00012B/1091